자료와 함께 읽는
현대 한일관계사

자료와
함께 읽는
현대
한일관계사

일러두기
- 한글맞춤법, 외래어표기법 등 어문 규범은 국립국어원에 따랐다.
- 단체명, 사건명, 협정명 등은 한 단어로 보아 붙이되, 너무 긴 경우 편의상 띄었다.
- '한·일', '한일'은 같은 자료 내에서도 통일되지 않아, 책 전체에서 중점을 삭제하였다.
- 제2부 자료의 순서는 본문 내용 흐름과 시기를 고려하여 배치했다.
- 자료는 한국과 일본 정부가 발행한 공식 문서 또는 해당 기관 홈페이지 게시문 등에서 추출했다.
- 자료는 원문을 최대한 살리되, '도오꾜오, 샌프런시스코우'와 같은 옛 외래어표기법은 국립국어원에 맞춰 수정하였다.

책머리에

한국과 일본은 올해 을사늑약 120년을 비롯해 해방과 패전 80주년 그리고 국교정상화 60주년을 맞는다. 이 세 가지 사안은 4세대 이상에 걸쳐 서로 원인과 결과로 얽혀 있기 때문에 장기적·통합적 시야에서 다각적으로 논의할 필요가 있다. 다만 한일관계의 현황을 진단하고 비전을 전망하는 데는 국교정상화 60주년에 초점을 맞추는 게 실용성이 높다고 할 수 있다. 이런 공리적 목적에서 이 책은 한일협정체제의 형성과 변용을 기축으로 한일관계의 큰 흐름을 정리해 보려고 한다. 한일협정체제란 한일회담과 한일협정 그리고 그에 따라 짜여진 한일관계의 기본 틀을 의미한다.

한국과 일본은 1951년부터 1965년까지 중단과 재개를 되풀이하며 마침내 1개 기본관계조약과 4개 협정 및 이에 부속하는 25개 문서를 조인했다. 그 후 양국은 60년 동안 원칙적으로 한일협정체제 속에서 매우 깊은 관계를 맺어왔다.

그런데 한일협정체제는 고정불변한 것이 아니었다. 양국은 국내외 상황의 변화와 연동해 충돌과 타협을 거듭하면서 한일협정체제를 개선해 왔다. '어업협정'과 '재일한국인의 법적지위협정'을 다시 체결했고, 기본관계조약·청구권협정·문화재협정 등은 보완했다. 보완 조치로서 일본은 1980년대 이후 식민지 지배에 대해 사죄와 반성을 표명했고, 한국 거주 원자폭탄 피해자와 전 일본군 '위안부' 및 사할린에 버려둔 한국인에게 현금·의료 등을 지원했다. 그리고 북관대첩비·조선왕조실록·조선왕실의궤 등을 한국에 반환했다.

그럼에도 불구하고 한일협정체제에 관한 논의는 개선해 온 사실을 도외시한 채, 오로지 한일회담의 경위나 한일협정의 조문을 해설하는 데 머물러 있다. 그리고 그 논조도 대부분 한일회담에서 한국이 굴욕적 처지로 몰렸다거나 한일협정이 한국에 불리한 내용으로 점철됐다고 비판하는 데 치우쳐 있다. 이와 같은 한일회담에 대한 부정적 인식과 한일협정에 대한 피해의식은 결과적으로 한일협정체제를 청산의 대상으로 여기게 만드는 데 강한 영향을 미쳤다. 나아가 한국과 일본을 과거의 늪에 빠트려 역사전쟁을 부추기는 요인으로도 작용했다. 그러므로 양국 국민이 한일협정체제에 대한 오해와 편견을 불식하고 공정한 이해와 식견을 체득하는 것이야말로 한일관계를 안정적으로 개선하는 지름길이라고 할 수 있다.

파란만장한 한일관계의 흐름을 제대로 인식하기 위해서는 먼저 한일협정체제가 지난 80년 동안 어떻게 진화했는가를 총체적으로 이해할 필요가 있다. 곧 한일회담에서의 충돌이나 한일협정에 깃든 결함에만 얽매이지 말고, 그 후 양국이 한일협정체제를 개정·보완해 온 내력까지도 정확히 파악하고 인식해야 한다. 그런 위에서 균형감각을 가지고 한일협정체제의 성취와 폐단을 공정하게 평가하는 것이 마땅한 태도이다. 양국 국민이 사실에 기초해 한일협정체제를 똑바로 논평할 수 있는 역사인식을 갖추면 한일관계는 한 차원 더 높은 경지로 발전할 것이다.

이 책은 위와 같은 문제의식 아래, 먼저 현대 한일관계사를 한일협정체제의 형성과 진화 과정으로 새롭게 파악한다. 그 다음에는 한국과 일본이 충돌과 갈등을 되풀이하면서도 협력을 통해 서로 대등한 관계를 형성하는 과정을 돌아본다. 그리고 마지막으로 양국 국민이 화해와 공영을 이룩하기 위해 필요한 미래지향적 한일관계사상(韓日關係史像)의 수립을 모색한다. 곧 양국의 현대사를 존중한 위에서 바람직한 상호관계를 전망하는 것이다.

이 책은 현대 한일관계사에 관한 간명한 통사(通史)이자 충실한 자료집이다. 따라서 번거로움을 피하기 위해 본문에 일일이 각주를 달지 않았다. 대신에 자세한 설명을 붙인 사진·지도를 많이 삽입했다. 그리고 주요 사안에 대해서는 별도로 관련 문서를 제시했다. 본문을 읽으며 이 자료들을 함께 참고하면 도움이 될 것이다.

이 책은 크게 두 부분으로 나뉜다. 제1부에서는 해방과 패전 이후 한국과 일본의 국가 건설 과정, 한일회담의 경과와 쟁점, 한일협정의 내용과 특징, 한일협정의 개정과 보완, 한일관계의 진화와 지위 변화, 호혜적 한일관계사 인식의 방법, 새로운 한일관계의 과제와 지향 등을 기술한다. 아울러 중요 주제와 관련해서는 자세한 설명을 붙인 사진·지도 등을 삽입해 가독성과 이해력을 높인다.

제2부에서는 제1부의 기술을 뒷받침하는 각종 문서를 게재한다. 카이로선언부터 미군정 법령과 샌프란시스코평화조약, 한일 기본관계조약과 4개 협정, 한일협정의 개정과 보완 문서, 한일의 역사인식과 과거사 처리 기록, 북일 정상의 평양선언, 한미일 정상의 캠프데이비드선언에 이르기까지 현대 한일관계를 규정한 38개 문건이다.

제1부의 기술과 제2부의 자료를 함께 대조하며 읽으면 한일협정체제의 진화 과정을 역동적으로 이해할 수 있다. 그리고 양국 국민과 정부가 한일협정체제에서 때때로 발생한 현안을 해결하기 위해 진지하게 노력해 왔다는 사실도 새삼스럽게 깨달을 수 있을 것이다.

제2부에 게재한 자료는 현대 한일관계에서 심각한 논쟁을 불러일으킨 사안의 문서로서, 독자 여러분이 연구·강의·토론·보도 등에 활용할 수 있

도록 시기 순서로 전문을 싣도록 노력했다. 따라서 이 자료들만 꼼꼼히 살펴봐도 한일협정체제에서 어떤 문제가 발생하고 어떻게 극복해 왔는지를 생생하게 파악할 수 있다. 독자 여러분이 이 자료들만이라도 요긴하게 활용한다면 이 책은 반 이상 효과를 거두는 셈이다.

한국과 일본 그리고 국제사회가 생산한 핵심 자료에 기초해 집필한 이 책이 한일 국교정상화 60년 내지 현대 한일관계 80년을 정확하고 공정하게 이해하는 데 도움이 되면 좋겠다. 나아가 평화로운 교류협력과 공동번영에 필요한 역사인식을 수립하는 데 길잡이가 된다면 다행이겠다.

이 책을 마무리하는 과정에서 겪은 뜻밖의 어려움을 언급하지 않을 수 없다. 이 책은 원래 2024년 말에 상재할 예정이었다. 한일관계의 주요 마디를 맞는 2025년 초부터 양국에서 각종 행사와 논설이 잇달을 것을 예상하고 그 방향을 미리 제시하고 싶은 욕심 때문이었다.

그런데 2024년 12월 3~4일 윤석열 대통령이 비상계엄령을 선포하고 국회가 그 해제를 결의하는 등 전혀 예상치 못한 중대 사건이 발생했다. 국회는 윤 대통령을 탄핵하고 헌법재판소는 그 인용 여부를 심리했다. 여야는 물론 국민은 극명하게 찬반으로 나뉘고, 검찰과 법관마저 이에 가담해 대결을 부추겼다. 그 와중에서 한국의 정국은 한 치 앞을 내다볼 수 없는 혼미 상태로 빠져들었다. 게다가 삼남 지방에서 초대형 산불이 번져 가늠하기 어려운 피해가 발생했다. 참으로 엎친 데 덮친 불행이었다. 그리하여 안타깝지만 요동치는 상황이 어느 정도 정리될 때까지 이 책의 출간을 미뤘다. 국내 정치와 민심의 향방이 윤 대통령이 주도한 한일관계 개선에도 적지 않은 영향을 미칠 수 있으므로, 조금이라도 그 귀추를 지켜보는 게 마땅하다고 여겼기 때문이다.

그렇지만 원래 한일 국교정상화 60주년을 맞아 집필한 이 책의 출간을 마냥 늦출 수도 없다. 마침 헌법재판소는 4월 4일 탄핵소추안을 인용해 윤 대통령을 파면했다. 이에 한국의 정치 상황은 급격히 대통령선거 국면으로 바뀌었다. 정국은 여전히 혼미하지만, 일단 새 대통령을 뽑아 정권을 바꾸는 쪽으로 방향을 잡은 것이다. 따라서 한일관계는 새 정부가 본격적으로 가동하기까지 상당 기간 엉거주춤한 상태에 놓이게 되었다. 이렇게 혼란스런 정황 속에서 이 책을 마무리하면서 필자는 저간의 정세 변화를 최대한 반영하려고 노력했다. 다만 당장에라도 돌발 사태가 발생할 가능성이 없지 않으므로 필자의 현실 분석과 미래 전망은 미세하게나마 차질을 빚을 수도 있다. 독자 여러분이 필자가 겪은 뜻밖의 고충을 혜량해 행간의 주지(主旨)를 너그럽게 이해해 주면 고맙겠다.

  이 책을 간행하는 데 많은 분들의 도움을 받았다. 먼저 이 책의 출판을 지원해 준 동북아역사재단에 감사한다. 몇 연구위원은 이 책의 집필을 권했을 뿐만 아니라 원고의 오류도 여럿 바로잡아 주었다. 고마울 따름이다. 그리고 출판 관계자 여러분은 여러 차례 수정과 가필로 난삽한 원고를 보기 좋은 책으로 만들어주었다. 그분들의 노고에도 감사의 뜻을 전한다.

  2025년 4월 나라 걱정으로 잠 못 이루는 밤에
  정재정

차례

책머리에 5
차례 및 사진·지도목록 10

제1부 현대 한일관계의 궤적	1장 현대 한일관계사 성찰의 자세	1. 한일관계사의 정확한 이해 19 2. 한일관계사의 공정한 평가 23
	2장 한일의 분리와 각자도생	1. 일본의 패전과 체제 전환 29 2. 한국의 독립과 국가 건설 36 3. 국교 없는 교류와 마찰 48
	3장 한일회담의 추진과 타결	1. 한일회담의 목적과 특징 57 2. 한일회담의 준비와 동력 59 3. 한일회담의 대립과 절충 67 4. 한일회담의 반대와 방해 85
	4장 한일협정의 내용과 평가	1. 한일협정의 구조와 성격 99 2. 한일협정의 개요와 쟁점 109 3. 한일협정의 기능과 세평 124
	5장 한일협정의 운용과 보완	1. 재일한국인의 법적지위 각서와 　신어업협정의 체결 139 2. 역사인식의 대립과 접근 142 3. 과거사 처리의 갈등과 협조 189
	6장 한일관계의 진전과 성취	1. 국가 건설과 국교정상화 추진 248 2. 경제·안보 협력과 연대 강화 250 3. 교류 확대와 격차 축소 253 4. 역사전쟁에서 한미일 공조로 258
	7장 한일관계의 과제와 지향	1. 역사인식의 전환 271 2. 공동번영의 지속 280

제2부 현대 한일관계의 자료

1. 카이로선언 — 293
2. 조선 내에 있는 일본인 재산권 취득에 관한 건 — 294
3. 대한민국과 미국 정부 간의 재정 및 재산에 관한 최초 협정 — 296
4. 샌프란시스코평화조약(대일강화조약) 중 한국 관련 조항 — 297
5. 대한민국 인접 해양 주권에 관한 대통령 선언(평화선선언) — 299

6. 김종필·오히라 메모 — 301
7. 한일회담 반대 선언문과 결의문 — 302
8. 이동원 외무부장관과 시나 에쓰사부로 외무대신 간의 공동성명 — 305
9. 대한민국과 일본국 간의 기본관계에 관한 조약 — 308
10. 대한민국과 일본국 간의 재산 및 청구권에 관한 문제의 해결과 경제협력에 관한 협정 — 311

11. 대한민국과 일본국 간의 일본국에 거주하는 대한민국 국민의 법적지위와 대우에 관한 협정 — 315
12. 대한민국과 일본국 간의 어업에 관한 협정 — 319
13. 대한민국과 일본국 간의 문화재 및 문화협력에 관한 협정 — 326
14. 한일회담 타결에 즈음한 박정희 대통령의 특별담화 — 328
15. '역사 교과서'에 관한 미야자와 기이치 관방장관 담화 — 333

16. 교과서 검정기준에 관한 오가와 헤이지 문부대신 담화(근린제국 조항) — 334
17. 재일한국인 3세 이하 자손의 법적지위에 관한 한일 외무장관 간 합의각서 — 336
18. 위안부 관계 조사 결과 발표에 관한 고노 요헤이 내각관방장관 담화 — 339
19. '전후 50주년 종전기념일을 맞아'(무라야마 총리 담화) — 341
20. 전 위안부 여러분들에 대한 내각총리대신의 편지 — 343

제2부
현대 한일관계의 자료

21	21세기의 새로운 한일 파트너십 공동선언 (김대중·오부치 공동선언)	344
22	대한민국과 일본국 간의 어업에 관한 협정 (신어업협정)	351
23	조일평양선언	361
24	전후 60주년에 즈음한 총리 담화(고이즈미 총리 담화)	364
25	한일회담 문서공개 후속대책 관련 민관공동위원회 개최(국무조정실 보도자료)	366
26	노무현 대통령의 한일관계에 관한 특별담화문	369
27	내각총리대신 담화(간 총리 담화)	373
28	대한민국과 일본국 간의 재산 및 청구권에 관한 문제의 해결과 경제협력에 관한 협정 제3조 부작위 위헌 확인	375
29	위안부 문제를 둘러싼 일한 간 의견교환의 경위 – 고노 담화 작성부터 아시아여성기금까지	379
30	내각총리대신 담화(아베 총리 담화)	410
31	일본군'위안부' 피해자 문제 관련 합의	415
32	한일 일본군위안부 피해자 문제 합의(2015.12.28) 검토 결과 보고서	420
33	위안부 TF 조사 결과에 대한 문재인 대통령 입장문	445
34	일제 강제동원 피해자의 일본기업을 상대로 한 손해배상청구사건 대법원 판결 요지	447
35	대한민국 대법원의 일본기업에 대한 판결 확정에 관한 일본 외무대신 담화	449
36	강제징용 대법원 판결 관련 해법 설명자료	451
37	한미일 정상회의 캠프데이비드공동성명	457
38	윤석열 대통령의 제105주년 3·1절 기념사	466

사진목록			
	1	대일전쟁 논의를 위해 카이로에 모인 미영중 정상(1943)	30
	2	조선총독의 항복문서 서명(1945)	38
	3	이승만 대통령과 요시다 시게루 총리의 만남(1953)	50
	4	박정희 국가재건최고회의 의장과 이케다 하야토 총리의 환담(1961)	75
	5	김종필 중앙정보부장과 오히라 마사요시 외무대신 회담(1962)	76
	6	한일협정 조인식(1965)	81
	7	박정희 대통령, 한일협정 조인 특별담화 발표(1965)	82
	8	한국의 한일회담 반대시위(1964)	87
	9	포항종합제철 건설자금 조달을 위한 한일기본협약 체결(1969)	125
	10	전두환 대통령과 히로히토 천황의 회담(1984)	144
	11	김대중 대통령과 오부치 게이조 총리 정상회담(1998)	149
	12	고이즈미 준이치로 총리와 김정일 국방위원장의 조일평양선언(2002)	150
	13	한일 역사공동교재 출간(2007)	158
	14	『한일역사공동연구보고서』 간행(1기 2005, 2기 2010)	167
	15	이명박 대통령의 독도 방문(2012)	186
	16	김학순의 일본군'위안부'에 관한 증언(1991)	190
	17	합천원폭피해자복지회관 개관(1996)	220
	18	윤석열 대통령과 기시다 후미오 총리의 한국인원폭희생자위령비 공동참배(2023)	223
	19	사할린 한인문화센터 건립(2006)	229
	20	이명박 대통령과 간 나오토 총리의 조선왕실의궤 열람(2010)	243
	21	한일 월드컵 공동개최(2002)	255
	22	한미일의 캠프데이비드 정상회의(2023)	264
지도목록	1	'일반명령 제1호'에 따른 일본군 항복 경계선과 분할선(1945)	37
	2	한일 어업협정의 수역관할도(1965)	120
	3	한일 신어업협정의 수역관할도(1999)	141

현대 한일관계사 연표 470

참고문헌 484

사진출처 486

찾아보기 487

제1부

현대 한일관계의 궤적

1장

현대 한일관계사 성찰의 자세

1. 한일관계사의 정확한 이해

1965년 6월 22일, 한국과 일본은 1개 기본관계조약과 4개 협정 및 25개 부속문서를 조인함으로써 '한국병합'(1910.8.22, 대일본제국의 대한제국 폐멸) 이래 사라져버렸던 공식 외교관계를 정상화했다. 이 책에서는 한일이 1965년에 맺은 일련의 조약과 협정 및 부속문서를 한일협정, 한일협정 체결에 이르는 14년의 양국 간 협의를 한일회담, 한일회담과 한일협정에 따라 형성된 상호관계를 한일협정체제라고 부르겠다.

한국과 일본은 지난 60년 동안 한일협정체제 속에서 미국과 각각 안보동맹을 맺고 자유민주주의와 시장경제체제를 공유하면서 정치·경제·사회·문화 등에서 아주 깊은 관계를 맺어왔다. 웅장한 스케일로 세계문명의 흥망성쇠를 탐구한 미국 UCLA의 재레드 다이아몬드(Jared Diamond) 교수는 한일의 특별한 인연을 주목해 자신의 명저 『총·균·쇠(Guns, Germs, and Steel)』에서 두 나라를 '유년기를 함께 지낸 쌍둥이 형제'에 비유했다.

그런데 제삼자의 눈에 쌍둥이처럼 닮아 보이는 한국과 일본은 국교정상화 60년, 곧 사람의 나이로 치면 환갑이라는 경축의 해를 맞으면서도 서로를 데면데면하게 바라보고 있다. 실제로 윤석열(尹錫悅) 정부와 기시다 후미오(岸田文雄) 정부가 2022년 전격적으로 한일관계의 개선에 나선 지 2년 이상 지났는데도 절반가량의 국민은 서로 싫어하고 미워하는 마음을 버리지 못하고 있다.

그 원인에 대해서는 이미 전문가나 매스컴 등이 다양한 견해를 밝혔기 때문에 중언부언할 필요는 없겠다. 다만, 근대 일본이 한국을 식민지로 지배한 데 대한 사죄와 배상, 곧 과거사 처리를 둘러싼 인식의 차이가 한일관계를 악화시킨다는 점만은 분명하다. 요컨대 과거사 처리에 관한 반목과 대립이 한일관계를 뒤틀어지게 만드는 근본 요인이라는 것이다. 과거사 처리는 곧잘 '역사 문제 해결'이라는 말로 쓰기도 한다.

원래 한일협정은 제국과 식민지 관계의 역사를 청산하고 새로운 한일관계를 구축하는 계기가 되었어야 마땅하다. 그렇지만 한일협정은 양국의 사정뿐만 아니라 국제정세의 제약 등이 복잡하게 얽혀 과거사를 제대로 처리하지 못한 채 체결되었다. 당시까지만 하더라도 세계에서 조약을 맺어 제국과 식민지 관계를 청산한 예는 거의 없었다. 그렇기 때문에 한국과 일본은 국익을 최우선으로 내세우며 주의주장을 되풀이하는 상황을 연출했다. 그 결과 맺어진 한일협정은 국제사회의 선구적 업적임에는 틀림없었으나 구체적인 내용에서는 여러 약점을 안고 있었다. 그 태생적 결함은 오늘날까지 한국과 일본 사이에 역사갈등을 재생산하는 업보로 작용하고 있다.

한국과 일본의 역대 정부는 2000년 무렵까지 과거사 처리 문제가 한일관계 전반을 손상시키지 않도록 조심스럽게 관리해 왔다. 양국 정부는 한일협정이 미흡하다는 점을 잘 알고 있었기 때문에 역사 문제가 발생할 때마다 서로 타협해 한일협정을 개정하거나 보완하는 방안을 모색했던 것이다. 그리하여 일정 부분에서는 세계의 제국과 식민지 관계 청산에서 예를 찾을 수 없는 성과를 거두기도 했다. 양국의 이러한 대응 내력을 고려하면 한일협정체제는 1965년 단계에서 고정불변한 것이 아니라 진화해 왔다고 평가하는 게 마땅하다.

그렇지만 한국과 일본에서는 한일협정이 개정·보완되어 왔다는 필자의 주장을 별로 반기지 않는다. 당사자인 양국 정부조차 한일협정의 개정과 보완을 공식적으로 언급하기를 꺼린다. 한국에서는 한일협정 때보다 일본의 역사인식이 개선되고 과거사 처리가 진전되었다고 말하면 일본에 사죄와 배상을 더 이상 요구하기 어렵다고 우려한다.

반면에 일본에서는 한일협정이 개정·보완됐다고 인정하면 한국이 앞으로도 역사인식의 개선이나 과거사 처리를 계속 요구할 것이라고 지레 겁을 먹는다. 그리하여 일본 정부는 역사 문제가 한일협정으로 완전히 그리고 최종적으로 정리되었다는 공식 입장을 굽히지 않는다.

양국 정부의 의도나 국민감정을 잘 따르는 대다수 연구자나 매스컴도 한일협정체제의 발전과 성취를 주목하지 않는다. 그들은 한일협정체제의 결함을 지적하는 게 자신의 애국적·진보적 성향을 어필하는 데 도움이 된다고 여긴다. 실제로 한일관계의 폐단을 지적하면 지적할수록 세간의 주목을 받는 경우가 한국과 일본에서는 허다하다. 따라서 대부분의 논자는 한일협정체제의 부정적 인식 틀에서 벗어나려 하지 않는다.

한일협정체제에 대한 평가가 아주 인색한 상황임에도 불구하고 필자는 왜 한일협정이 개정과 보완을 거듭하며 한일관계를 우호협력의 방향으로 이끌어왔다고 주장하는가? 그리고 한일회담의 경과와 한일협정의 내용 못지않게 한일협정의 개정과 보완 곧 한일협정체제의 진화에 더 많은 지면을 할애하는가? 한마디로 답하면 그것이 역사적 진실이기 때문이다.

역사는 사실과 해석을 씨줄과 날줄로 삼아 짜는 피륙과 같다. 그런데 최근 몇 년 동안 한일의 역사논쟁에서는 사실에 근거하지 않은 멋대로의 주장이 횡행했다. 곧 편향된 해석이 엄연한 사실을 압도했다. 필자는 이 점을 안타깝게 여겨 이 책의 3분의 1가량을 자료 소개로 채웠다. 무리한 해석보다는 엄존한 사실을 제시함으로써 제대로 된 피륙을 짜고 싶기 때문이다.

한일협정의 개정에서는 재일한국인의 법적지위협정과 어업협정의 새로운 체결을 다룬다. 그리고 한일협정의 보완에서는 역사인식(일본 천황과 총리의 식민지 지배에 대한 사죄와 반성 표명, 역사 교과서 기술, 역사와 미래의 공동연구, 야스쿠니신사 참배, 독도 영유권)과 과거사 처리(전 일본군'위안부', 재한 원자폭탄 피해자, 사할린 잔류 한국인, 강제동원 피해자, 일본 소재 한국 문화재)의 진전을 자세히 살펴본다. 이어서 한일협정체제의 진화와 더불어 발전해온 한일관계, 특히 양국 위상의 변화 과정을 시기별로 나눠 그 성과와 특성을 총괄한다. 마지막으로 한일관계의 새로운 개선을 위해 극복해야 할 과제 및 방법을 미래 지향 속에서 모색해 보겠다.

한국과 일본은 한일협정체제 위에서 60년 동안 교류와 협력을 강화해 마침내 자유민주주의와 시장경제 등의 가치를 공유하는 유사한 선진국가 반열에 올라섰다. 요즘 상황을 보건대 한국에는 아직 후진적 요소가 많이 남아있지만 말이다.

그런데 이런 성취에도 불구하고 양국은 아직 역사화해를 이룩하지 못하고 역사전쟁을 벌이고 있는 것이 엄연한 현실이다. 그 원인 중 하나는 양국 국민이 한일협정체제의 진화 과정을 잘 알지 못하는 데서 연유한다. 여기에는 정치계의 편향된 선전·선동이 큰 몫을 하지만, 학계와 언론계의 책임도 크다. 한국과 일본의 연구와 보도는 한일협정체제의 전체모습을 균형 잡힌 시각에서 체계적으로 총괄해서 제시하지 않는다. 오히려 한일협정체제에 대해 편향된 견해를 유포하는 경우가 많다.

게다가 학교교육에서는 현대 한일관계사를 거의 가르치지 않는다. 한국의 중고등학생용 한국사 관련 교과서를 예로 들면, 직접·간접으로 근대 한일관계(1875~1945)에 대한 기술은 150여 쪽이나 되지만, 그보다 긴 현대 한일관계(1945년 이후)에 대한 기술은 3쪽밖에 되지 않는다. 그마저도 한일회담과 한일협정에 대한 반대운동, 일본의 역사왜곡과 독도 영유권 주장 비판 등이 대부분이다. 일본의 중고등학생용 일본사 관련 교과서는 근대 한일관계에 관한 기술이 한국 교과서보다 훨씬 적다. 반면에 현대 한일관계에 대해서는 한국 교과서와 거의 유사한 경향을 보인다. 곧 한국과 일본의 학교교육은 현대 한일관계사를 아주 소홀히 다루고 그마저도 특정 주제만을 아주 편향되게 가르친다.

한국과 일본의 여론 주도자나 국정 담당자 또는 일반인은 한일협정체제의 전체상을 균형 잡힌 시각에서 정확히 이해할 수 있는 교육을 받았다고 보기 어렵다. 양국 국민의 역사인식 형성 과정이 이런 상황일진대 한일 간의 반목과 대립은 앞으로도 상당 기간 지속될 것이다.

이렇게 막막한 현실을 어떻게 극복할 수 있을까? 그 방안으로 이 책의 마지막 부분에서는 현대 한일관계사 인식의 방향 전환을 주창한다. 그리고 한국과 일본이 공동번영으로 나아가는 방법과 비전을 제시한다.

한국과 일본의 해방과 패전 80주년, 그리고 국교정상화 60주년은 역사적 관점에서 현대 한일관계를 총괄할 수 있는 좋은 기회다. 이를 위해서는 그 뼈대가 되는 한일협정체제의 형성과 진화 및 성취를 먼저 정확하게 파악해야 한다. 지금부터 이 책을 벗 삼아 현대 한일관계 80년과 국교정상화 60년의 역사탐방에 나서보자.

2. 한일관계사의 공정한 평가

한국과 일본의 역사갈등은 곧 정체성 싸움이다. 따라서 과거사 현안을 해결한다고 해서 한일관계가 온전히 개선되지는 않는다. 역사관의 충돌을 완화할 수 있는 근본적 대책을 마련해야 한다. 그 방안의 하나가 한일협정체제의 전체상을 현대 한일관계사 속에서 새롭게 인식하는 것이다. 한국과 일본의 대다수 국민은 현대 한일관계의 역사를 잘 모른다. 설령 안다 하더라도 선입관과 편향성에 기울어 있다.

현대 한일관계의 역사는 파란만장하기 때문에 어느 한 면만을 도드라지게 보아서는 전체상을 정확히 파악할 수 없다. 또 한일의 역사를 말할 때는 감정에 들뜨기 쉬워, 모르는 것을 아는 것처럼, 틀린 것을 맞는 것처럼 확신하고 떠드는 경우가 많다. 지금 다루려는 한일협정체제 속에서 전개된 현대 한일관계사만 하더라도, 국내정세뿐만 아니라 국제관계 속에서 거시적으로 공정하게 파악해야만 참모습을 그려낼 수 있다.

한국과 일본에서 접할 수 있는 한일관계에 관한 역사인식은 적폐사관과 성공사관 그리고 성찰사관으로 분류할 수 있다. 적폐사관은 한일관계를 부정 일변도로만 인식한다. 반면에 성공사관은 한일관계를 긍정 일변도로만 인식한다. 어느 쪽도 타당하지 않다. 역사는 폐단과 성공만으로 가득 찬 게 아니다. 평가의 저울추는 그 중간 어디쯤에 머물 것이다. 현대 한일관계사를 공정하게 바라보는 가장 바람직한 역사관은 균형 잡힌 시각에서 시시비비를 가리고 그 속에서 공생공영의 교훈과 지혜를 찾는 것이다. 이런 역사관은 성찰사관이라 부를 수 있다. 이 책을 쓰는 필자의 역사관이 바로 여기에 속한다.

성찰사관으로 현대 한일관계사를 공정하게 파악하려면 어떤 자세를 취하면 좋겠는가? 다음 다섯 가지를 들 수 있다.

첫째, 장기사적(長期史的)·문명사적(文明史的) 시야에서 한일관계에 접근한다. 역사 속의 한일관계는 2,500여 년에 걸칠 정도로 길고 깊다. 그 과정에서 한국과 일본은 서로 영향을 주고받으며 문명을 건설해 왔다. 문명의 전파와 수용은 폭력과 강제에 의해 이루어진 적도 있고, 교류와 협력을 통해 이루어진 적도 있다. 1875년부터 1945년까지 한국의 근대문명 수용에 끼친 일본(지배자)의 행위가 전자라면, 야요이(彌生)시대부터 8세기까지 일본의 고대문명 건설에 기여한 한국(전파자)의 역할은 후자일 터다. 1945년 이래 현대 한일관계 80년의 역사는 그중에서 어떤 경우에 해당할까? 현대 한일관계의 전개를 긴 역사 속에서 문명의 교류라는 관점에서 바라보는 자세가 필요하다.

둘째, 한일관계의 복합적·중층적 요소를 고려한다. 보통 한일관계를 운위할 때는 정치나 경제 또는 문화 등 어느 한 측면에 치우치기 쉽다. 그러나 한일관계는 여러 문제가 복잡하게 얽혀 있기 때문에 어느 한 면만을 보고 전체를 재단할 수는 없다. 한일 사이에서 나타난 인간이동과 문화접변, 전쟁의 충격과 사회변동, 물자의 교역과 생활변화 등 다양한 측면을 염두에 두어야 한다.

셋째, 국제정세와 국제관계 속에서 한일관계를 부감한다. 한국과 일본은 지정학적 위치상 미국·중국·러시아·북한 등의 동향이나 상호관계를 무시하고 현대사를 이야기할 수 없다. 미국·중국·북한을 상대하는 한국과 일본의 태도 여하가 양국관계를 호전 또는 악화시키는 요인으로 작용한다. 최근 몇 년 동안 양국이 갈등과 충돌을 빚은 근저에는 미국과의 동맹이나 중국·북한을 다루는 자세의 차이에서 비롯한 바 크다. 세계 또는 국제관계 속에서 한일관계를 바라보는 것은 숲과 나무를 함께 보는 이치와 같다.

넷째, 현재적·모색적 관점에서 한일관계를 탐구한다. 한일 양국 사이에는 오래된 새로운 현안이 끊임없이 발생한다. 100년 전, 50년 전에 양국이 치열하게 논쟁했던 역사 문제가 오늘날에도 여전히 새로운 과제로 부상하는 것이 좋은 사례다. 따라서 한일관계를 제대로 파악하기 위해서는 현재의 관점에서 그 내력을 추적하고, 그것의 극복 방향을 모색하는 자세를 버려서는 안 된다. '모든 역사는 현대사다'라는 말이 한일관계사에서처럼 잘 들어맞는 경우도 드물다.

다섯째, 한일의 교류·협력과 경쟁·의존을 중시한다. 겉으로 보면 한일관계의 역사는 반목과 대립으로 꽉 차 있는 것 같다. 그렇지만 몇 차례 전쟁을 제외하면 양국은 대부분의 시기에 서로 교류·협력하고 경쟁·의존하는 길을 걸어왔다. 그 결과 오늘날 양국은 각 분야에서 거의 대등한 수평적·대칭적 관계를 이룩했다. 한국과 일본 국민은 양국관계의 이런 혁명적 변화를 제대로 이해하지 못한다. 이러니 양국에서 상호관계에 대한 평가도 아주 인색하다. 무지와 편견은 한일관계를 악화시키는 요인의 하나다. 따라서 양국 정부뿐만 아니라 시민의 교류·협력과 경쟁·의존에도 주의를 기울일 필요가 있다.

　필자는 한일협정체제의 전개를 기축으로 현대 한일관계사를 쓰면서 처음부터 끝까지 위와 같은 성찰사관의 자세를 견지하려고 애썼다.

2장

한일의 분리와
각자도생

1. 일본의 패전과 체제 전환

제2차 세계대전 중인 1943년 11월 23일부터 26일까지 미국 루스벨트(Franklin D. Roosevelt) 대통령, 영국 처칠(Winston L. Spencer-Churchill) 총리, 중국의 장제스(蔣介石) 총통 등 연합국 수뇌는 이집트 카이로에서 일본에 대한 전략과 전후 처리를 논의했다. 그 결의를 정리한 카이로선언은 일본의 무조건 항복 요구, 일본이 탈취한 태평양 도서의 박탈, 만주·타이완·펑후(澎湖)제도의 중국 반환 등을 담았다. 아울러 '한국 인민의 노예상태에 유의하여, 한국이 적절한 시기에 자유롭게 독립할 것'이라는 결의도 포함했다. 카이로선언의 주지(主旨)는 미영소 정상의 테헤란회담(1943.11.28), 얄타회담(1945.2.8), 포츠담선언(1945.7.26) 등으로 계승되었다. 이처럼 카이로선언은 동아시아의 전후 처리에 지대한 영향을 미친 역사적 문건이었다. 현대 한일관계를 다루는 이 책이 카이로선언에서 시작하는 것은 바로 이 때문이다. 카이로선언의 전문은 자료1을 참조하기 바란다.

연합국 미국·영국·소련 수뇌는 1945년 7월 하순 독일 포츠담에서 회담을 갖고 일본의 무조건 항복을 요구하는 선언을 발표했다. 일본 정부는 일단 이 선언을 묵살했다. 미국은 8월 6일 히로시마에, 9일 나가사키에 원자폭탄을 투하했다. 일본과 불가침조약을 맺은 소련은 8일 일본에 선전 포고했다. 이에 일본은 더 이상 버티지 못하고 14일 어전회의에서 포츠담선언 수락을 결정했다. 일본 천황은 15일 정오 라디오 방송을 통해 이를 국내외에 공포했다.

패전이 알려지자 일본 사회는 큰 충격에 휩싸였다. 일본의 영역은 이제 혼슈·규슈·홋카이도·시코쿠 등 4개 큰 섬과 연합국이 지정하는 작은 섬들로 줄어들었다. 대다수 일본인은 패전을 처참하게 느꼈고, 곧 있을 연합군의 상륙에 공포심을 가졌다. 반면에 평화가 도래했다는 사실을 자각하고

사진 1
대일전쟁 논의를 위해 카이로에 모인 미영중 정상(1943.11)

제2차 세계대전 중 연합국 수뇌인 미국 대통령 루스벨트(가운데), 영국 총리 처칠(오른쪽), 중국 총통 장제스(왼쪽)는 1943년 11월 23~26일 이집트 카이로에서 회담하고, 12월 1일 대일항전과 전후 처리에 관한 선언을 발표했다. 일본이 태평양과 중국에서 빼앗은 영토의 반환, 적절한 절차를 거친 한국의 독립 등을 결의했다. 카이로선언은 한국의 해방을 가져왔으나 선언 중의 '적절한 절차'는 신탁통치문제로 불거져 극심한 좌우 대립을 초래했다.

안도하는 일본인도 많았다. 그렇지만 전쟁 동안 일본이 아시아를 비롯해 세계 인류에 끼친 지독한 재앙을 참회하는 일본인은 적었다.

미국을 중심으로 한 연합국과 일본 정부는 1945년 9월 2일 항복문서에 조인했다. 이로써 1931년 만주사변 이래 15년 동안 계속된 전쟁은 끝났다. 도쿄에 설치된 연합국최고사령부(GHQ)는 일본 정부를 통해 일본열도를 간접적으로 통치했다. 미국 육군 원수 맥아더(Douglas MacArthur)가 최고사령관을 맡았다. 연합군은 오키나와를 일본 본토에서 분리해 군정을 실시했다.

연합군의 초기 점령정책은 일본에서 군국주의를 일소하고 민주주의를 보급하는 일이었다. 그 일환으로 GHQ는 자유와 권리를 억압하는 법과 제도를 폐지하고 정치적·사상적 이유로 구류·투옥된 사람을 석방하도록 명령했다. 또 여성참정권 부여, 노동조합 결성, 자유주의 교육 실시, 민주주의 경제기구 수립 등을 촉진하는 지령을 내렸다. 그리고 1945년 9월부터 전쟁을 수행한 각료와 고급관료 등 28명을 전범용의자로 기소했다. 일본 천황은 1946년에 들어서 스스로 신이 아니라 인간임을 선언했다. 이로써 눈 가리고 아웅 하는 시대는 끝났다. GHQ는 1948년 5월까지 군국주의에 가담한 각료와 고급관료 및 귀족원과 중의원 의원, 지방공직자 등을 포함해 1,000명 이상을 공직에서 추방했다.

패전 직후 일본 정부는 3년 동안 총리가 5번이나 바뀌는 등 갈피를 잡지 못했다. GHQ는 이런 정부를 상대로 점령정책을 펼쳐나갔다. 1947년 5월 3일부터 새로운 헌법을 시행했는데, 이때 반포된 이른바 평화헌법은 주권재민과 기본적 인권을 존중하는 자유민주주의 이념을 담았다. 그리고 군대 보유 금지와 전쟁 포기 등을 규정했다. 1948년 10월 요시다 시게루(吉田茂) 내각이 출범했다. 요시다 내각은 1954년 12월까지 집권하면서 GHQ의 방침에 부응해 국가체제를 군사 대신 경제를 중시하는 쪽으로 재편해나갔다.

미국을 비롯한 연합국은 일본 정부의 요청을 받아들여 쇼와(昭和) 천황의 전쟁 책임을 면제했다. 그리하여 쇼와 천황은 국민통합의 상징으로서 여전히 자리를 유지했다. 절대군주에서 상징적 지위로 바뀌었다고는 하지만, 천황제 존속은 식민지 지배와 침략전쟁에 관련된 일본의 가해 책임을 애매하게 만드는 화근을 남겼다.

패전 직후 일본 경제는 극도로 혼란했다. 민중의 생활은 패전 직전의 최저 수준에도 미치지 못할 정도로 악화되어 도시에서는 굶어 죽는 사람이 속출했다. 정부의 도움을 받을 수 없는 민중은 자력으로 살길을 찾았다. 도시에서는 암시장이 번성하고, 농촌에 식량을 구하러 가는 어른이나 점령군 지프를 쫓아다니며 과자를 얻어먹는 어린이가 넘쳐났다.

GHQ는 민주화정책의 일환으로 정치활동을 허용하고 노동조합운동을 장려했다. 이에 힘입어 전국에서 다양한 단체와 조직이 생겨나 쌀과 일자리를 달라는 시위와 집회를 자주 벌였다. 도쿄에서는 1946년 5월 19일 황거(皇居) 앞 광장에 25만 명이나 모여 식량을 요구하는 민중대회를 열었다. 전국의 노동단체는 연대해서 1947년 2월 1일 총파업을 강행하려는 계획을 세웠다. GHQ는 애초의 유화적 방침과는 달리 혼란 방지를 명목으로 이를 단호히 중지시켰다. GHQ의 권위를 실감한 일본인은 대체로 점령군의 지시에 온순하게 따랐다.

일본 정부는 극도로 피폐한 경제를 부흥시키고자 석탄과 철강 등 기간산업에 자금을 집중적으로 투입했다. 그 결과 1947년 말에 패전 전의 30%에 불과하던 광공업 생산이 1948년 말에는 거의 70% 정도까지 회복됐다. 인플레이션도 빠르게 안정되어 갔다.

한편 도시지역 학교에서는 아시아태평양전쟁 말기에 미군의 공습으로 교사(校舍)가 소실되어 옥외수업을 하는 경우가 많았다. 패전 전에 발행한 교과서는 군국주의 색채가 짙었는데, 해당 부분을 먹으로 지워 재활용했다. 1947년부터 소학교는 미국의 식량 원조를 받아 주 2회 급식을 실시했다.

일본인은 체제 전환에 재빨리 적응해 나갔다. 패전의 아픔을 딛고 곧 국제수영경기대회에서 세계신기록을 수립했다. 그리고 노벨물리학상과 베네치아국제영화제 그랑프리도 수상했다. 일본인은 전쟁 중에 금지한 영어를 새로 배우며 미국의 현대문명을 자신의 것으로 익혀갔다. 『일미회화수첩』은 1945년 후반에 벌써 베스트셀러에 올랐다.

1945년 8월 15일 패전과 더불어 일본열도 대신 한반도가 남북으로 분단되어 북쪽에 공산주의 세력이 뿌리를 틀었다. 게다가 1948년에 들어 중국 본토에도 공산주의 정권이 들어설 가능성이 높아졌다. 미국은 일본열도를 공산주의 세력의 팽창을 막는 거점으로 삼았다. 이를 위해 일본의 민주화와 비군사화를 우선하던 정책에서 기업 발흥과 군비 보유를 장려하는 정책으로 전환했다. 이른바 '역코스(Reverse Course)'로 나간 것이다.

GHQ와 일본 정부는 대기업과 은행 등의 활력 회복을 꾀했다. 반면에 중소기업에 대한 지원은 미약했다. 기업의 도산과 해고가 멈추지 않자 전국 각지에서 GHQ와 일본 정부의 정책을 비판하는 운동이 일어났다. GHQ와 일본 정부는 1949년 사회운동을 단속하는 법령을 공포하고 반정부 단체들을 해산시켰다. 여러 기관에서 일본공산당 관계자 등을 추방하고 법을 개정해 노동자의 쟁의권을 제한했다. 반면에 경영자의 권리를 확대했다.

일본은 직간접으로 6·25전쟁에 관여했다. 유엔군은 일본 각지의 기지를 전투기의 발진과 군수물자의 수송에 활용했다. 일본 정부는 유엔군의 활동을 전면적으로 도왔다. 그리고 물자를 지원하고 소해정을 파견했다. 소해정은 원산만 등에 깔린 기뢰 등을 제거했다. 작업 중에 여러 일본인이 사망하거나 부상을 입었다. 재일한국인 학생은 의용병 곧 학도병으로 참전했다.

한편 일본에서 6·25전쟁 참전을 저지하는 운동도 일어났다. 노동조합은 군사기지 제공을 반대하고, 좌파 세력은 열차를 습격해 군수물자 수송을 방해했다. 원자·수소 폭탄의 사용 금지도 호소했다. 여기에는 북한의 영향을 받은 조총련 등이 가세했다. 재일한국인 사회는 6·25전쟁 참전을 둘러싸고 남(찬성)·북(반대)으로 분열되는 양상을 보였다.

GHQ와 일본 정부는 한국에서 6·25전쟁이 확대되자 1950년 7월 7만 7,000명 규모의 경찰예비대를 창설했다. 경찰예비대는 미군의 한국 출동으로 약화된 치안유지를 담당했다. 그리고 6·25전쟁이 끝나자 1954년 자위대로 재편됐다. 이로써 일본은 확실히 재군비화의 길로 들어섰다. 이와 함께 전쟁 책임을 묻기 위해 공직에서 추방한 기업가와 정치가의 복귀를 허용했다.

6·25전쟁은 일본의 주권 회복에 긍정적 영향을 미쳤다. 미국을 중심으로 한 연합국은 일본을 자본주의 진영의 일원으로 독립시키기 위해 강화조약 체결을 서둘렀다. 그리하여 1951년 9월 샌프란시스코에서 연합국과 일본 사이에 강화조약이 체결되고 이듬해 4월부터 효력이 발생했다.

샌프란시스코평화조약 체결과 아울러 미국과 일본은 미일안전보장조약과 부속협정을 맺었다. 골자는 미국이 일본의 시설과 토지를 군사적으로 자유롭게 사용하는 대신에 일본은 미국의 군사전략에 가담해 각종 교류·협력을 강화한다는 것이었다. 한마디로 말해 군사동맹이었다.

미국은 6·25전쟁을 계기로 동아시아 방위정책을 강화했다. 오키나와를 군사적 요충으로 삼고 일본 본토에도 많은 미군기지를 배치했다. 방대한 미군기지가 설치된 오키나와에서는 많은 농지와 주택을 수용해 주민의 원성을 샀다. 미국은 한국과 타이완을 군사 분야, 일본을 경제 분야에서 동아시아 안보에 기여하는 쪽으로 유도했다.

일본은 6·25전쟁을 활용해 떼돈을 벌었다. 미국이 대량의 군수물자와 생활용품의 생산과 판매를 일본에 주문한 덕분이었다. 이른바 6·25전쟁 특수로 일본 경제는 전무후무한 호황을 누렸다. 그리하여 1956년 무렵에는 패전의 후유증에서 완전히 벗어나 고도성장의 궤도에 진입했다. 대다수 가정은 고가인 세탁기·냉장고·텔레비전 등의 전자제품을 갖추고 안락한 생활을 즐겼다.

고도경제성장기에 프로레슬러 역도산(力道山)은 미국 등 외국인 레슬러를 잇달아 때려눕혔다. 일본인은 텔레비전을 통해 그가 단방에 거한의 서양 선수를 쓰러트리는 모습을 보고 환호했다. 패전으로 의기소침해진 일본인은 마음의 상처에서 벗어나는 희열을 맛봤다. 역도산은 재일한국인인데, 패전 전에는 스모선수로 활약했었다.

경제·사회 등의 체제 전환이 진척됨에 따라 정치세력의 재편도 이루어졌다. 1955년 11월 보수정당이 하나로 합쳐 자유민주당(자민당)을 결성했다. 이후 자민당은 현재까지 대부분의 시기에 국회 과반수를 유지하면서 장기간 정권을 독점했다. 자민당은 GHQ의 점령 아래 제정된 평화헌법을 군대 보유가 가능한 보통헌법으로 개정하려고 시도했지만 뜻을 이루지는 못했다.

한편 야당도 좌우로 분열된 세력을 재통합해 1955년 10월 일본사회당(사회당)을 결성했다. 사회당을 중심으로 한 야당은 헌법 개정을 저지할 수 있는 3분의 1 이상의 의석을 유지함으로써 자민당의 개헌 책동을 막았다. 자민당(보수, 우파)과 사회당(혁신, 좌파)을 중심으로 한 좌우 세력이 40년가량 의회를 나눠 가진 정치구도를 흔히 '55년체제'라 부른다.

미국과 일본 정부는 중국·소련 등과 긴장이 높아지는 가운데 1950년대 말부터 미일안전보장조약 개정을 논의했다. 그 결과 1960년 1월 신안보조약이 체결됐다. 이로써 양국의 군사관계는 훨씬 더 강화됐다.

일본의 야당과 노동조합·시민·학생 등은 신안보조약의 국회 비준을 저지하기 위해 궐기했다. 패전 후 최대 규모의 민중운동이라 불리는 안보투쟁이었다. 그러나 자민당은 1960년 6월 참의원의 자연승인 등 이례적 형식을 빌려 신안보조약을 비준했다. 안보투쟁은 예정된 미국 대통령의 방일을 저지하고 기시 노부스케(岸信介) 내각을 퇴진시키는 등 부수적 성과를 거두었다.

일본 정부는 강화조약을 맺지 않은 나라와도 국교를 확대했다. 소련이 훗카이도 동쪽 4개 섬을 점령하고 있는 상황에서 1956년 외교관계를 맺었다. 아울러 유엔에도 가입했다. 반면에 한국·북한·중화인민공화국과의 국교 수립은 미뤘다. 이런 가운데 일본에 거주하는 식민지 출신자 곧 한국인과 타이완인은 불안정한 생활을 영위할 수밖에 없었다.

한마디로, 1945년부터 1960년까지 일본은 패망의 나락에서 벗어나는 동시에 군국전체주의에서 자유민주주의로 체제를 전환해 선진국으로 발돋움할 수 있는 기반을 마련했다고 총괄할 수 있다.

2. 한국의 독립과 국가 건설

소련은 포츠담회담의 합의에 따라 1945년 8월 9일 만주와 한반도에 진공을 개시했다. 불가침조약을 파기하고 일본과 전쟁에 돌입한 것이다. 그때 미국은 서울에서 1,500km나 떨어진 오키나와에서 일본군의 단말마적인 저항에 발이 묶여 있었다. 미국은 한반도 전체가 소련 수중에 들어가는 사태를 막기 위해 8월 11일 북위 38도선을 경계로 분할 점령을 제안했다. 소련이 이에 동의하자 한반도는 일제의 패망과 동시에 남북으로 분단되는 운명을 맞았다.

소련군은 1945년 8월 11일부터 북한에 진입해 9월 초까지 전역을 점령

지도 1
'일반명령 제1호'에 따른 일본군 항복 경계선과 분할선(1945.8.11)

일본 정부가 1945년 8월 10일 무조건 항복 의사를 전하자 연합국최고사령관 맥아더는 미군 합동참모본부가 마련한 '일반명령 제1호'를 일본군에 내렸다. 이 문서에 첨부된 위 지도에 따르면, 만주와 북위 38도 이북의 한반도 및 남부 사할린, 쿠릴열도의 일본군은 소련 극동군사령관, 북위 38도 이남의 한반도와 일본열도의 일본군은 미국 태평양육군사령관, 중국과 타이완의 일본군은 중국 장제스 장군에게 항복하도록 되어 있었다. 소련도 이를 용인함으로써 북위 38도를 경계로 한 남북 분단이 현실로 다가왔다.

사진 2
조선총독의 항복문서 서명(1945.9.9)

미군의 진입은 해방보다 한 달 가까이나 늦어 조선총독부가 기밀문서 등을 파기하는 여유를 주었다. 할복에 실패한 조선총독 아베 노부유키(阿部信行)는 서울을 점령한 미군 사령관 하지(John R. Hodge) 앞에서 1945년 9월 9일 항복문서에 서명했다. 이로써 35년에 걸친 조선에 대한 일본의 식민지배는 끝났다. 그러나 식민지배는 남북 분단과 북한의 남침으로 이어져 한국현대사의 불행을 확대재생산하는 업보로 작용했다.

했다. 일본군의 항복을 받은 소련군은 스탈린(Joseph Stalin)의 지령에 따라 곧바로 소련에 우호적인 정권을 세우기 시작했다. 북한 공산주의자들은 8월 16일 함경남도 인민위원회 결성을 시발로 5개 도에 인민위원회를 출범시켰다. 소련군 대위 김일성(金日成)은 9월 19일 소련군을 따라 원산을 통해 입국했다. 스탈린은 김일성을 북한의 지도자로 낙점했다.

1946년 2월 8일에 평양에서 김일성을 수반으로 하는 북조선임시인민위원회가 출범해 행정·치안 등을 담당했다. 사실상 정부가 수립된 셈이다. 소련은 이를 지휘·통제하면서 점령정책을 펴나갔다. 북조선임시인민위원회는 토지개혁을 3월 한 달 안에 해치웠다. 골자는 토지 5정보 이상을 소유한 지주의 땅을 무상으로 몰수해 토지 없는 농민에게 무상으로 분배하는 것이었다. 실상은 분배한 토지의 매매·양도·저당 등을 금지했기 때문에 소유권이 아니라 경작권을 나눠준 것에 지나지 않았다. 그리하여 농민은 지주의 소작농에서 국가의 소작농으로 바뀐 신세가 되었다. 토지를 몰수당한 지주는 즉시 먼 곳으로 쫓겨났다. 토지개혁의 광풍 속에서 다수의 부농뿐만 아니라 빈농도 남한으로 피난했다. 토지개혁은 북한의 공산주의 지배를 공고히 하는 데 큰 도움을 주었다.

한편 미군은 소련군보다 한 달 늦게 남한에 상륙했다. 그리고 9월 9일 서울에서 조선총독의 항복을 받고 군정 실시를 선언했다. 일제의 패망에 임박해 조선총독부는 조선인 명망가들과 행정·치안 등의 이양을 협의했다. 여운형(呂運亨) 등은 정치범 석방과 식량 확보 등을 요구하고 8월 15일 조선건국준비위원회를 결성해 권력 인수작업에 들어갔다. 그러나 미국은 남한에 미군이 진주할 때까지 조선총독부에 행정과 치안을 맡겼다. 그리고 조선총독의 항복을 받은 이후부터 미군이 직접 통치권을 행사했다.

주요 연합국인 미국·영국·소련의 외교장관은 1945년 12월 모스크바에서 회의를 열었다. 그들은 한반도에 통일임시정부를 수립할 것, 미·영·중·소가 최장 5년간 신탁통치를 실시할 것, 이런 절차를 논의하기 위해 미소공동위원회를 먼저 개최할 것 등을 결의했다. 신탁통치는 카이로선언에서 천명한 "적절한 절차에 따라(in due course)" 한국 독립을 실행에 옮긴다는 것을 의미했다. 카이로선언의 전문은 자료1을 참조하기 바란다.

모스크바삼상회의 결의를 전해 들은 대다수 한국인은 신탁통치가 식민통치의 연장이라고 격분하며 반대했다. 여기에는 좌우가 따로 없었다. 그런데 북한의 조선공산당 북조선분국 등은 소련의 지령에 따라 1946년 1월 2일 모스크바삼상회의 결정을 지지하는 성명을 발표했다. 북한의 지시를 받은 남한의 좌파 세력은 갑자기 태도를 바꿔 신탁통치가 통일 독립을 위한 합리적 방안이라며 찬성으로 돌아섰다. 좌파 세력은 신탁통치를 활용해 한반도 전체를 장악할 속셈이었다. 반면에 우파 세력은 즉시 독립을 희망하며 좌파 세력의 기도에 맞섰다. 그리하여 남한에서는 신탁통치를 둘러싼 좌우의 찬반투쟁이 들불처럼 번졌다.

1946년 3월과 1947년 5월에 서울에서 열린 미소공동위원회는 아무런 성과 없이 끝났다. 국제정세는 이미 냉전상태에 돌입했다. 게다가 한국 사회까지 좌우로 갈라져 치열하게 싸웠다. 이런 상황에서 미국과 소련이 한반도의 신탁통치에 쉽게 합의할 까닭이 없었다. 이후 미국은 한반도 문제를 유엔에 이관했다. 유엔 총회는 한반도에서 총선거를 통한 정부 수립을 의결했다. 그러나 소련은 신탁통치를 가장해 한반도 전체를 공산화하겠다는 속셈 아래 유엔의 조치에 반대했다. 그리하여 한반도에서 통일정부가 수립될 가능성은 현실적으로 거의 사라졌다. 실제로 북한에서는 이미 공산주의 정권이 국가와 같은 조직을 만들어 행세하고 있었다.

1948년 5월 10일 남한에서는 유엔 위원단의 참관 아래 제헌국회의원을 뽑는 총선거를 실시했다. 당선자들은 제헌국회를 구성하고 7월 17일 헌법을 제정했다. 그리고 이승만(李承晩)을 대통령으로 뽑았다. 그는 독립협회에 가담해 만민공동회를 주관하는 등 개혁운동을 주도하다 고종 정부에 체포되어 5년 이상 옥살이를 했다. 그 후 선교사의 도움으로 미국에 건너가 프린스턴대학에서 국제법을 전공해 박사학위를 받았다. 그는 귀국해 YMCA 등에서 활약하다가 일제의 탄압에 쫓겨 미국으로 망명했다. 그리고 해외에서 줄곧 독립운동에 헌신했다. 이 대통령은 1948년 8월 15일 대한민국의 수립을 국내외에 선포했다. 유엔 총회는 12월 4일 대한민국을 한반도에서 유일한 합법정부로 승인했다.

한편 남한보다 먼저 정부체제를 구축한 북한은 유엔 위원단의 활동을 거부했다. 그리고 1948년 8월 최고인민회의를 구성하고 김일성 중심의 내각을 조직했다. 이어서 9월 9일 조선민주주의인민공화국의 수립을 선포했다. 이리하여 해방된 지 3년 만에 남과 북에 각각 자본주의·자유주의와 공산주의·전제주의를 표방하는 분단국가가 출현했다.

1950년 6월 25일, 북한군이 38도선을 넘어 남한 침공을 개시했다. 북한군은 분전하는 한국군을 격파하고 3일 만에 서울을 점령했다. 북한군의 남진에 맞서 트루먼(Harry S. Truman) 대통령의 명령으로 미군이 신속하게 전투에 참가했다. 그리고 유엔은 안전보장이사회의 결의에 따라 북한의 남침을 침략으로 규정하고 16개국 연합군대를 파견했다. 유엔은 한국의 탄생에서 산파 역할을 했는데, 한국이 절체절명의 위기에서 처하자 다시 군대와 물자 등을 보내 한국을 지킨 것이다.

미군이 주력을 이룬 유엔군은 9월 15일 인천상륙작전에 성공하고 28일 서울을 탈환했다. 한국군은 이승만 대통령의 명령에 따라 10월 1일 38도선을 넘어 북진해 19일 평양을 해방했다. 유엔군도 한반도의 동서에서 진격해 10월 하순 북한의 빈가량을 점령했다.

패배에 직면한 김일성은 중화인민공화국에 원병을 요청했다. 이에 마오쩌둥(毛澤東)의 파병 명령에 따라 이른바 의용군이 1950년 10월 19일 전선에 침투했다. 중공군의 참전으로 전세가 역전되어 유엔군이 남쪽으로 밀려났다. 1951년 1월 4일 서울은 다시 공산군의 수중에 떨어졌다. 그러나 곧 전열을 가다듬은 유엔군의 반격으로 전선은 다시 38도선 근처로 북상했다.

유엔군과 공산군은 1951년 7월 10일부터 개성에서 휴전회담을 시작했다. 양측은 2년에 걸쳐 지루한 협상을 계속했다. 휴전회담 동안 양측은 땅 한 뼘이라도 더 차지하려고 치열한 전투를 계속했다. 이로 인해 희생자는 기하급수적으로 늘어났다. 이승만 대통령은 통일 없는 휴전을 반대하며 휴전회담을 방해했다. 그리고 유엔군 몰래 반공포로를 일방적으로 석방했다. 이 대통령의 무모한 듯한 도발적 조처는 휴전 후에도 미국 등이 한국의 안전을 보장하도록 압박하는 벼랑 끝 전술이었다.

6·25전쟁의 주요 당사자인 미국·북한·중국은 치열한 회담 끝에 1953년 7월 27일 휴전협정을 조인했다. 한국은 휴전을 반대하는 이승만 대통령의 의지에 따라 회담에 대표단을 보내지 않았다. 그리고 협정에도 참가하지 않았다. 이 대통령의 탁월한 외교 수완으로 한국은 곧 미국과 상호방위조약을 체결하는 행운을 얻었다.

6·25전쟁의 피해는 처참했다. 한반도 건축물의 40%와 생산설비의 절반가량이 파괴됐다. 사망자는 적게는 100만 명, 많게는 200만~300만 명이나 되었다. 남북한의 이산가족은 1,000만 명을 넘었다.

이승만 정부는 6·25전쟁 중에도 민주주의의 꽃인 대통령·국회의원 등의 선거를 9차례나 실시했다. 1952년에는 임시수도 부산에서 헌법을 개정했다. 이 대통령은 의원내각제를 도입해 정권을 차지하려는 야당의 반대를 무릅쓰고 대통령중심제를 마련했다. 이로써 대통령을 국회가 아닌 국민이 직접 뽑는 이른바 대통령직선제가 한국에 뿌리를 내리게 되었다. 개정 헌법에 따라 치른 선거에서 이승만은 압도적 지지로 제2대 대통령에 당선됐다.

　이승만 정부는 1954년 9월 또 헌법을 개정했다. 초대 대통령만은 연임을 허용함으로써 장기집권의 길을 연 것이다. 야당은 맹렬히 반대했다. 이승만 정부는 남북 대결 속에서 어렵게 도입한 자유민주주의체제를 지키겠다는 명분 아래 의결 정족수를 사사오입으로 채우는 술수를 부렸다. 이처럼 무리한 헌법 개정은 막 자라나기 시작한 민주주의 정치에 오히려 큰 상처를 입혔다.

　이승만 대통령은 1956년과 1960년에 치른 제3·4대 대통령선거에서 유력 야당 후보가 갑자기 병사하는 바람에 쉽게 당선됐다. 그런데도 정부·여당은 부통령 자리를 차지하기 위해 부정선거를 저질렀다. 고령인 이 대통령에게 어떤 사고가 발생하더라도 정권을 계속 장악하겠다는 속셈이었다. 헌법은 대통령 유고 시에 부통령이 권력을 계승하도록 규정했다. 당시 야당인 민주당이 부통령을 차지하고 있었기 때문에 여당인 자유당의 우려는 현실이 될 가능성도 높았다. 대통령과 부통령을 한 팀으로 묶지 않고 각각 따로 선출하도록 정한 헌법 자체가 불합리하다고 볼 수 있다.

　1960년 3월부터 전국 각처에서는 부정선거와 장기집권에 항의하는 학생시위가 잇달아 벌어졌다. 4월 19일에는 시민까지 참가한 수만 명의 군중이 서울 중심가를 가득 메우고 독재타도와 민주쟁취를 외쳤다. 진압 경찰의 발포 등으로 224명의 사망자가 발생했다. 정부가 계엄령을 발포하고 군대를 동원했으나, 군부는 치안을 유지하는 선에서 신중히 대응했다. 미국은 사태 악화를 우려하며 정권의 교체를 모색했다. 이승만 대통령은 학생 희생과 민심 이반 등 사태의 심각성을 깨달았다. 그리고 곧바로 4월 26일 대통령직에서 물러났다.

　새로 들어선 민주당의 과도정부는 헌법을 개정해 정치구조를 내각책임제로 바꿨다. 1960년 7월 29일 치른 총선거에서 민주당이 승리했다. 그러나 민주당 정부는 내부 분열이 심하고 통치역량도 부족했다. 정쟁은 격화되고 국가안보도 위험해졌다. 대다수 국민은 생활고에 시달렸다. 민심은 악화되고 시위는 만연했다.

박정희(朴正熙) 소장을 비롯한 일단의 무장부대는 1961년 5월 16일 서울로 들어와 민주당 정권을 전복하고 정권을 장악했다. 그들은 국가재건최고회의를 설치해 혁명공약을 실행에 옮겼다. 골자는 반공체제를 강화하고, 기아선상에 허덕이는 민중을 구제하며, 흐트러진 사회기강을 확립하고, 자유 우방과 유대를 강화하는 것 등이었다. 군사정부는 각종 개혁을 단행해 민중의 지지를 받았다. 나아가 민정 이양을 천명하고 다시 대통령중심제로 헌법을 개정했다. 1963년 10월에 치러진 대통령선거에서 막 전역해 민간인 신분이 된 박정희 후보가 근소한 표 차이로 대통령에 당선됐다.

해방 이후 남한 주민의 생활은 별로 나아지지 않았다. 아시아태평양전쟁으로 큰 희생을 치른 데다, 국토까지 분단돼 경제의 유기적 결합은 해체되었다. 생산은 급격히 줄어들고 유통은 사방으로 막혔다. 더구나 해외에서 200만 명의 동포가 돌아오자 의식주 등은 턱없이 부족해졌다.

미군정기 전반을 통해 남한에서는 인플레이션이 극심했다. 게다가 원자재·소비재·식량 등의 공급이 달려 민중의 생활은 극히 어려웠다. 지하자원과 중공업시설이 대부분 북한에 편중돼 연료·전기 등의 부족이 심각했다. 이렇게 힘든 상황에서 미국 등이 원조한 농산물과 달러 등은 큰 도움이 되었다. 절망적 상황에서 서윤복이 1947년 보스턴 세계마라톤경기대회에서 우승해 한 가닥 희망을 주었다.

미군정은 1945년 9월 25일 법령 제2호를 발포해 일본 재산의 이전을 금지했다. 그리고 12월 6일 법령 제33호를 발포해 일본 재산을 미군정으로 이관하거나 몰수했다. 남한에 있는 일본의 국유·공유 및 사유 재산 모두가 이에 해당했다. 이를 흔히 귀속재산(歸屬財産) 또는 적산(敵産)이라 부른다.

미군정은 귀속재산 가운데 중소기업, 민간주택, 농지 등의 일부를 민간에게 불하했다. 그 나머지는 1948년 9월 11일 새로 출범한 한국 정부와 협정을 맺어 모두 넘겨주었다. 귀속재산은 한국의 경제발전에 밑거름이 되었다. 귀속재산은 나중에 한일회담에서 주요 문제로 부상하므로 그쪽에서 좀 더 자세히 설명하겠다. 여기서는 일단 자료2와 자료3을 살펴봐 두기 바란다.

한국 정부는 1949년 6월 21일 법률 제31호로 농지개혁법을 제정해 시행했다. 농촌 사회에 만연한 지주소작관계를 철폐하고 자작자영농민을 육성하기 위한 농지분배정책이었다. 농지개혁법은 개정과 시행령 제정을 거쳐 1950년 4월부터 실행에 들어갔는데, 골자는 다음과 같다.

- 정부는 유상매수 유상분배의 원칙을 관철한다.
- 그 방법으로는 3정보 이상 소유한 토지 면적을 소유자로부터 평년작의 1.5배로 계산한 지가로 매수한다.
- 지가는 지가증권으로 보상하되 5년간 균분 상환으로 지불한다.
- 지가증권은 기업자금으로 투자할 수 있다.
- 매수농지는 해당 농지를 실제 경작하는 소작농에게 경작능력에 따라 분배한다.
- 분배받은 농민은 매수농지가격과 동일한 금액을 정부에 납입하되 5년간 균분 상환한다.
- 분배받은 토지는 맘대로 처분할 수 있다.

농지개혁으로 매수농지 32만 정보, 귀속농지 26만 정보, 도합 58만 정보가량이 분배됐다. 이는 1945년 당시 소작지 면적 145만 정보의 40.4%, 매수대상농지 60만 정보의 52.7% 정도였다. 많은 지주들은 농지개혁이 곧 시작되리라는 것을 예상하고 소작지의 반 이상을 싼값으로 이미 처분했다. 그리하여 농지개혁 이전의 자유매매 또한 농지개혁과 비슷한 효과를 발휘했다.

그런데 농지개혁 직후 북한의 남침으로 6·25전쟁이 시작되자 예상치 못한 여러 일이 발생했다. 특히 지주에게 발급된 지가증권은 전시인플레이션 등 때문에 기업자금으로 투자되지 못한 경우가 많았다.

그럼에도 불구하고 농지개혁은 전근대적 지주소작관계를 철폐하고 근대적 토지소유제도를 확립했다는 점에서 역사적 의의가 매우 컸다. 자기 땅을 소유하게 된 농민은 무산자(無産者)의 천국을 만들겠다는 북한의 선전선동에 동조하지 않았다. 지가증권을 받은 지주는 상공업 등에 투자해 산업자본가로서의 활로를 개척했다. 한마디로 말해 농지개혁은 한국이 자유민주주의와 시장경제에 기초한 국가체제를 구축하는 데 토대가 되었다고 평가할 수 있다.

해방된 한국에서는 일제 잔재의 청산이 당연한 과제로 떠올랐다. 곧 일제로 인해 훼손된 민족정기를 회복하는 일이었다. 학교에서 일본어 사용을 금지하고, 한글로 쓴 새 교과서를 만들어 보급했다. 일본식으로 바꾼 인명이나 지명도 다시 한국식으로 새로 붙였다. 사회 전반에서 이른바 왜색제거운동이 벌어졌다.

한국 정부는 1948년 9월 22일 국회가 9월 7일 의결한 반민족행위처벌법을 공포했다. 골자는 특별조사기구와 재판기관을 설치해 국권피탈에 적극 협력한 자, 독립운동가 및 그 가족을 살상·박해한 자, 직간접으로 일제에 협력한 자 등을 조사·처벌한다는 내용이었다. 흔히 말하는 친일파 척결이었다.

이승만 정부는 친일파 척결에 소극적이었다. 남북 분단의 악조건 속에서 국가 건설에 매진하는 마당에 국민역량을 분열·축소시키기보다는 통합·활용하는 게 더 시급하다고 여겼기 때문이다. 더구나 반민족행위 처벌을 강력히 주장하는 국회의원 중 여럿은 북한의 간첩으로 판명되었다. 이런 사정이 겹쳐 반민족행위 처벌은 혐의자 682명 가운데 기소 221명, 체형(體刑) 14명이라는 초라한 실적으로 끝났다. 이승만은 평생 독립운동에 헌신하고 자유민주주의체제의 대한민국을 세우는 데 앞장섰다. 그럼에도 불구하고 국가 건설을 앞세워 반민족행위 처벌을 소홀히 함으로써 반대세력으로부터 두고두고 친일파를 비호했다는 욕을 먹게 되었다.

일본이 이식한 법령·제도·관습·의식·이념·체제 등 이른바 일제 또는 식민 유산은 해방 이후 남북한에 큰 영향을 미쳤다. 그중에서 남한은 대체로 문명국가 건설에 필요한 법령·제도 등은 활용하고, 자유민주주의 확립에 배치되는 의식·이념·체제 등은 폐기했다. 반면에 북한은 공산주의 일당독재국가를 세우기 위해 개인의 자유와 능력을 보장한 법령·제도를 버리고 천황제 군국주의를 고취한 의식·이념·체제를 수용했다.

이처럼 식민지 유산의 처리에서 남북한은 활용과 폐기, 단절과 연속에서 서로 상이한 모습을 보였다. 여기에는 점령군으로 남북한에 각각 진주한 자유민주주의 미국과 공산전체주의 소련의 영향도 크게 작용했다. 남북한 중 어느 쪽이 현명했는지는 현재의 남북한 실상을 살펴보면 금방 알 수 있다. 남북한의 취사선택은 처음에는 사소한 차이로 보였지만 나중에 그 결과는 엄청나게 큰 격차로 나타났다.

6·25전쟁 직후 물자 고갈에다 전비(戰費) 증가가 겹쳐 국민 생활은 무척 힘들었다. 서울을 비롯한 대도시에는 판자촌이 형성되고 거리에는 실업자가 넘쳐났다. 농촌의 생활도 대단히 어려웠다. 반수 이상의 농민이 봄이 오면 식량이 떨어져 굶주림에 시달렸다. 춘궁기를 보내기가 너무 힘들어 보릿고개라는 말이 유행했다.

6·25전쟁의 휴전과 더불어 한국은 1953년 10월 1일 미국과 한미상호방

위조약을 체결했다. 골자는 한국이 외부의 침략을 받으면 미국이 원조한다는 것이다. 이에 따라 한국에 주둔한 미군은 한국 방위의 핵심전력이 되었다. 그뿐만 아니라 동북아시아에서 전쟁을 억제하고 평화와 안전을 보장하는 방파제 역할을 했다.

한국은 1950년대 이후 동아시아의 반공 보루로 재편되었다. 그리고 미국을 비롯해 서방 여러 나라의 원조에 힘입어 전쟁 피해를 극복해 나갔다. 특히 경제면에서는 1950년대 후반부터 원조물자를 가공하는 제분·제당·섬유 공업이 빠르게 발전했다. 시멘트·비료 공업도 활황(活況)을 보이기 시작했다. 그리하여 소비재산업이 급속히 성장했다. 반면에 기계공업 등 생산재산업은 지지부진했다.

한국인은 빈곤 속에서도 더 나은 삶을 개척하기 위해 피땀 어린 노력을 계속했다. 특히 자식교육에 열심이었다. 이로 인해 1950년대에 벌써 중등학교는 물론 대학도 우후죽순 격으로 늘어났다. 매년 많은 사람이 미국으로 유학을 가고, 구미 선진국의 문화와 기술을 적극적으로 받아들였다. 일상에서는 〈가거라 삼팔선〉, 〈굳세어라 금순아〉처럼 6·25전쟁으로 인한 아픔을 애절하게 표현한 대중가요가 사랑을 받았다.

총체적으로 보면, 1945년 8월부터 1960년까지 한국은 국토 분단과 민족상잔이라는 최악의 불행을 겪으면서도 불굴의 노력으로 자유민주주의와 시장경제에 터전한 자주독립국가의 기초를 닦았다고 평가할 수 있다.

3. 국교 없는 교류와 마찰

일본의 패전과 한국의 해방은 곧 새로운 한일관계의 시작을 알리는 신호였다. 그렇지만 그것이 앞으로 어떻게 전개될지는 아무도 예측할 수 없었다. 양국은 곧바로 연합국의 점령 아래 들어가고 그 관할 아래 놓였다. 더구나 한반도는 남북으로 갈려 남한은 미국, 북한은 소련의 강력한 지도를 받게 되었다.

한국은 GHQ와 의사를 소통하고 특히 미국의 도움을 받기 위해 1949년 1월 14일 도쿄에 주일한국대표부를 설치했다. 이승만 대통령은 1950년 2월과 1953년 1월, 각각 GHQ 사령관 맥아더와 클라크(Mark Wayne Clark)의 초청으로 두 번 일본을 방문했다. 이승만 대통령은 이들의 중개로 요시다 시게루 총리를 만났지만 서로 마음속에 응어리가 맺혀 외교적 성과는 별로 없었다.

요시다 총리는 일제강점기 외무관료 출신이었다. 이승만 대통령은 독립운동가 출신인 데다 반일정책을 폈다. 둘은 서로 결이 달랐다. 게다가 일본은 서울에 일본대표부를 설치하지 못했다. 이승만 정부가 국민의 반일감정을 고려해 일본 외교관의 상주를 허용하지 않았기 때문이다. 그리하여 한국과 일본은 자연스럽게 의사를 소통할 수 없었다. 실제로 양국은 1965년 12월까지 GHQ 또는 미국을 매개로 국교 없는 외교를 전개했다.

패전과 함께 한반도에서 거주한 일본인의 본국 귀환이 시작됐다. 미군정은 일본인을 모두 돌려보는 정책을 구사했다. 대다수 일본인도 돌아갈 결심을 했다. 극소수 한국인은 일본인에게 적개심을 가지고 보복하는 경우도 있었다. 일부 지역에서는 식민지 지배의 상징인 경찰서를 습격하거나 강제참배의 대상인 신사를 파괴했다.

패전 직후 일본인은 미군이 진주한 남한보다 소련군이 진주한 북한에서 훨씬 큰 피해를 입었다. 북한에서는 일본 군인이나 관리·경찰 등을 억류하고 기술자 등을 국가 건설에 동원했다. 게다가 소련군은 중요 공업시설이나 철도 등을 철거해 시베리아 등으로 실어갔다. 1945년 9월 5일까지 소련군이 잡아들인 일본 군인은 약 6만 3,000여 명이었다. 이들 중 상당수는 중

사진 3
이승만 대통령과 요시다 시게루 총리의 만남(1953.1.6)

이 대통령은 1950년 2월 16~18일 맥아더 연합국최고사령관 초청으로, 1953년 1월 5~7일 클라크 연합국군최고사령관 초청으로 일본을 방문해 두 번 요시다 총리를 만났다. 두 정상은 독립운동가와 외교관으로서 앙숙관계였으나, 양국의 기초를 닦았다는 점에서는 서로 닮았다. 아시아의 거물 정치인인 두 정상은 한일회담에 관해 구체적인 이야기는 나누지 않았지만, 식민지 지배에 대한 사죄를 둘러싸고 가시 돋친 입씨름을 벌이기도 했다.

국 옌지(延吉)를 거쳐 소련으로 압송됐다. 그 밖의 일본인 1만 8,000여 명도 옌지로 연행되었는데, 그중에는 약 2,800명의 관리·경찰이 포함되어 있었다.

북한 거주 일본인은 소련군을 피해 목숨을 걸고 남한으로 탈출을 시도했다. 소련군이 8월 하순 38도선을 봉쇄하는 바람에 많은 일본인은 열악한 이동 과정에서 굶주림과 추위 그리고 전염병으로 사망했다. 일본인이 대거 몰려든 함흥에서는 1945년 8월 15일부터 5개월 동안 5,400명이 죽었다. 1946년 말까지 북한에서 귀국한 일본인은 30만 4,469명이었다.

남한에 거주한 일본인도 귀국을 서둘렀다. 1945년 8월 15일을 전후해 소련군이 곧 서울에 입성한다는 소문이 나돌자 일본인들은 크게 동요했다. 그들은 다투어 은행 예금을 인출하고 가재도구를 헐값에 내다 팔았다. 그리고 8월 16일부터 부산항 등에 몰려들어 화물선·범선·어선까지 활용해 귀국길에 올랐다.

미군정은 귀국 일본인에게 1,000원 이내의 현금과 간단한 휴대품만 가져가도록 허용했다. 게다가 미군정은 1945년 9월 25일 일본의 국유·공유 및 사유 재산의 처분을 금지하고 12월 6일 이를 몰수했다. 이에 관한 법령 등에 관해서는 3장에서 좀 더 부연하겠다. 일단 법령의 자세한 내용은 자료2와 자료3을 참조하기 바란다.

남한으로부터 일본인의 귀국은 대체로 평온한 가운데 이루어졌다. 패전 후 한 달 가까이 조선총독부가 행정·치안을 담당한 데다, 진주한 미군도 정해진 계획에 따라 일본인을 돌려보냈기 때문이다. 미군은 1945년 11월 하순까지 군인, 이어서 1946년 3월까지 일반인을 차례로 송환했다. 1945년 8월 15일부터 1946년에 걸쳐 남한에서 귀국한 일본인은 57만 1,765명이었다.

남북한에서 일본인이 귀국함으로써 한반도에서 한일 두 민족의 잡거 현상은 사라졌다. 그렇다고 해서 민족 사이의 위세나 차별, 멸시와 원망이 관념 속에서까지 지워진 것은 아니었다. 이런 악감정은 두고두고 한일 사이에 갈등과 대립의 씨앗으로 남게 된다.

한편, 일본이 항복하자 재일한국인 사회에서도 귀국 열기가 폭발했다. 먼저 귀환을 서둔 부류는 아시아태평양전쟁 말기에 징용·징병 등으로 일본에 끌려온 사람이었다. GHQ의 점령통치 아래에서도 일본 정부가 실질적으로 내정을 담당했다. 일본 정부는 한국인에 대해 여전히 강압적 태도를 유지했기 때문에 재일동포는 언제 어떤 피해를 입을지 모르는 불안에 빠졌다. 드러내놓고 해방을 기뻐할 수도 없던 한국인은 한시라도 빨리 일본 생활을 청산하고 귀국하기를 바랐다.

귀국을 희망한 한국인은 시모노세키(下關)·하카타(博多)·사세보(佐世保)·마이즈루(舞鶴)·센자키(仙崎) 등의 항구로 몰려들었다. 일본 각지에서 각 항구에 모인 수십 만의 한국인은 언제 승선할 수 있을지 확실한 전망도 갖지 못한 채 주변의 판잣집 또는 창고나 마구간에 임시로 묵었다. 며칠씩 야숙(野宿)하다가 여비가 떨어져 귀국을 단념하는 한국인도 적지 않았다.

GHQ는 금지했던 한국과의 연락선 통행을 9월 1일부터 허락했다. 이에 따라 연락선 고안호(興安丸)와 도쿠주호(德壽丸)가 하카타-부산 또는 센자키-부산 사이를 왕래했다. 일본 각 항구에서 귀국길에 오른 한국인 가운데 어뢰나 해적 또는 풍랑을 만나 목숨을 잃는 사례도 속출했다. 그중에서 가장 큰 사고는 우키시마호(浮島丸)의 침몰이었다. 8월 22일 해군특별수송선 우키시마호(4,730톤)는 한국인 노동자와 가족 3,735명, 일본인 해군 승무원 255명을 태우고 아오모리현(靑森縣) 무쓰항(大湊港)을 출발해 부산항으로 향했다. 그런데 중간 기항지인 마이즈루에 들어서다 어뢰 폭발로 침몰했다. 일본 정부의 공식 발표로는 한국인 524명과 일본인 승무원 25명이 사망했다. 일본인이 고의로 배를 폭파시켰다는 흉흉한 소문이 나돌았다. 이로 인해 일본인에 대한 한국인의 적개심은 더 깊어졌다.

1945년 8월부터 1946년 말까지 재일한국인 약 200만 명 가운데 140만 명가량이 귀국했다. 이 숫자는 징용·징병 등으로 끌려간 사람만이 아니라 자발적으로 일본에 건너가 정주한 사람도 포함한다. GHQ와 일본 정부는 귀국자에게 현금 1,000원 이내와 간단한 휴대품만 지니고 나가도록 허용했다. 그리하여 일본에서 생활기반을 마련한 한국인은 귀국을 포기하고 주저앉는 경우가 많았다.

한국인이 일본 다음으로 많이 귀환한 나라는 중국이었다. 해방 이후 1년여 사이에 중국에서 돌아온 한국인은 100만 명을 넘었다. 동남아시아나 미국·소련 등에 나가 있던 한국인도 속속 귀환했다.

이승만 대통령은 연합국과 일본의 강화조약 발효를 앞두고 수산자원 보호와 국방태세 강화를 명목으로 1952년 1월 18일 '대한민국 인접 해양 주권에 관한 대통령 선언'을 발표했다. 이른바 평화선이다. 일본은 이승만라인이라 불렀다. 평화선은 1929년 일본이 제정한 '트롤어업금지 구역'을 기준으로 한반도 연안 70해리에서 150해리에 걸쳐 그어졌다. 평화선의 내역과 해양영토 범위 등에 대해서는 자료5를 참조하기 바란다.

일본의 항복 이후 한반도 주변에는 맥아더라인(MacArthur Line)이라는 일종의 해양경계선이 있었다. 이는 '연합국최고사령관 각서(SCAPIN) 제1033호'에 따라 선포된 것으로, 일본의 과도한 근해어업구역을 제한하기 위한 조치였다. 한국 정부는 1952년 4월 28일 샌프란시스코평화조약의 발효로 맥아더라인이 폐지되면 일본 어선이 침범할 것을 우려해 평화선을 설정했다. 곧 평화선은 동해, 특히 독도 주변의 해양자원을 보호하기 위한 선제 조처였다. 나아가 평화선 선포에는 막 시작한 한일회담에서 유리한 지렛대를 확보하려는 이승만 대통령의 외교적 심모원려(深謀遠慮)가 깔려 있었다.

일본 정부는 평화선 획정이 '공해의 자유'라는 국제법을 위반했다며 맹렬히 반발했다. 독도가 평화선 안에 들어있는 점도 문제로 삼았다. 한국 정부는 이에 아랑곳하지 않고 평화선을 넘어오는 일본 선박을 잡아들였다. 1966년 1월까지 한국이 나포한 일본 어선은 233척, 일본 어민은 2,791명에 이르렀다. 어민의 표를 의식한 자민당 정권은 울며 겨자 먹는 셈으로 한일회담에 나설 수밖에 없었다. 그렇지 않아도 한국인을 야만인이라고 깔보던 일본인의 한국 이미지는 더욱 나빠졌다.

한편 일본 정부는 1959년 12월 이후 재일한국인의 북송(北送)을 허용하거나 조장했다. 이 처사는 거꾸로 한국인의 일본 인식을 극도로 악화시켰다. 조총련의 귀국 선동과 일본적십자사의 인도주의 선전에 휘둘려 1984년까지 9만 3,340명(가족으로서 일본인 6,730명, 중국인 7명 포함)의 한국인이 북한으로 건너갔다. 그들의 대부분은 남한 출신이었다.

당시 재일한국인 거류민단을 비롯해 일본과 북한의 음흉한 꿍꿍이속을 잘 알고 있는 사람들은 북송사업의 기만성·야만성을 비난하며 저지운동을 전개했다. 실제로 북송사업은 귀국 또는 인도주의라는 미명으로 포장해 골치 아픈 재일한국인을 사지로 내모는 기민(棄民)행위였다.

한국 전역에서도 재일동포 북송반대시위가 일어났다. 그렇지 않아도 일본을 못마땅하게 여긴 이승만 정부는 반일정책을 더욱 강화했다. 그리고 기시 노부스케(岸信介) 정부와 모처럼 재개한 한일회담을 중단시켰다. 그 경위에 관해서는 3장에서 자세히 설명하겠다.

3장

한일회담의 추진과 타결

1. 한일회담의 목적과 특징

1) 한일회담의 목적

현대 한일관계를 규정하는 기본 틀은 1965년에 한국과 일본이 맺은 각종 조약·협정·부속문서이다. 이 책에서 뭉뚱그려 말하는 한일협정이다. 두 나라는 한일협정을 체결하기 위해 1951년 10월부터 1965년 6월까지 13년 8개월에 걸쳐 끈질기게 교섭을 되풀이했다. 이른바 한일회담이다.

한일회담의 목적은 한국에 대한 일본의 식민지 지배에서 유래된 여러 문제를 처리하고, 그 바탕 위에서 한국과 일본이 단절된 국교를 다시 맺는 것이었다. 곧 대등한 자주독립국가로서 영토와 주권을 서로 존중하고 인적·물적 교류를 통해 우호친선관계를 수립하는 데 목표를 두었다. 한국으로서는 대일본제국이 대한제국을 폐멸한 지 40여 년 만에 맞은 전례 없는 아주 중요한 외교프로젝트였다.

한일회담은 양국의 수석대표가 참가한 공식 회의만 7차례였고, 비공식 교섭을 포함하면 1,500회 이상이었다. 이것은 한국과 일본 사이에 해결해야 할 난제가 그만큼 많고, 오해와 불신 그리고 이견과 갈등이 그처럼 심각했음을 의미한다. 다음에서 그 전모를 자세히 살펴보자.

2) 한일회담의 특징

14년 가까운 긴 세월 동안 중단과 재개를 되풀이한 한일회담은 세계에서 유례를 찾기 어려운 장기회담이었다. 한국과 일본의 오랜 입씨름 이외에도 한일회담은 다음과 같은 점에서 대단히 큰 특징을 지녔다.

첫째, 제국과 식민지로 얽혀 있던 나라끼리 과거사를 공식적으로 청산하고 새로운 국가관계를 수립하려는 회담이었다. 20세기 중엽까지 세계의 4분의 3은 제국과 식민지 관계였다. 그중 한국과 일본처럼 조약을 맺어 제국과 식민지 관계를 청산하려고 시도한 사례는 거의 없었다.

둘째, 회담의 시작부터 타결까지 미국이 한일 양국에 직간접의 영향력을 행사했다. 곧 한일회담은 한미일 삼국이 함께 달린 장거리경주였다. 한일회담 진행 중에 미국은 한국·일본과 각각 안보동맹을 맺었다. 미국은 한국과 일본이 국교를 정상화함으로써 동아시아에서 함께 반공 보루 역할을 해주기 바랐다.

셋째, 기본관계, 청구권, 어업·평화선, 재일한국인의 법적지위, 문화재 반환 등의 복수 의제를 동시에 다루며 일괄 타결을 모색했다. 한국과 일본은 자국의 이익을 우선해 한일회담에서 다루고 싶은 의제의 선후·경중에서 서로 차이를 드러냈다. 그러면서도 실제로는 모든 상이(相異)를 절충해 일괄 논의·타결방식을 지향했다.

넷째, 한일회담은 기본적으로 샌프란시스코평화회담과 평화조약의 틀 안에서 이루어졌다. 한국과 일본은 회담 과정에서 강경하게 맞섰지만, 결국 샌프란시스코평화조약 제4조 (a)항(재산 및 채무를 포함한 청구권의 처리는 일본과 특별협정을 맺어 결정한다)에 따라 진행할 수밖에 없었다. 이에 관한 구체적 내용은 자료4를 참조하기 바란다.

다섯째, 한일회담은 북한의 반대와 견제 속에서 진행됐다. 조총련과 이에 동조하는 일본의 좌파 세력이 특히 심하게 한일회담 저지운동을 폈다. 이러한 상황은 한국에게 불리하고 일본에게 유리하게 작용했다. 그리하여 일본이 한국을 압박하거나 미국을 견제하며 운신할 수 있는 폭이 한국보다 훨씬 컸다. 하지만 한일회담의 타결로 결국 일본은 북한과도 수교해야 한다는 숙제를 짊어지게 되었다.

여섯째, 한일회담에서는 최고지도자의 리더십이 중요한 역할을 했다.

특히 한국에서 예비회담과 1~4차 회담은 이승만 대통령, 6~7차 회담은 박정희 대통령의 지휘대로 진행됐다. 한국은 외교역량이 아직 미숙했다. 게다가 한일회담에 대한 반발이 극심했다. 국민여론이 분열된 마당에서 최고책임자 특히 박정희 대통령은 정권의 명운을 걸고 한일회담을 밀어부쳤다.

이상과 같은 한일회담의 여러 특징은 앞으로 본문에서 자세히 설명할 것이다. 한국과 일본은 복잡다단한 국내외정세 속에서 오랫동안 중단과 재개를 거듭하며 협상한 끝에 마침내 한일협정을 체결했다. 그 결과 한일협정에는 한일회담의 파란만장한 내력이 짙게 배어들었다. 여기서는 그 특성을 먼저 지적하는 선에서 그치겠다.

2. 한일회담의 준비와 동력

1) 한일회담의 준비 과정

한국과 일본 그리고 미국은 각각 해방·패전·승전을 맞아 곧 한일회담이 열릴 것을 예상하고 나름대로 여러 대비책을 강구했다. 한국은 남북으로 분단되어 취약한 상황이었지만 일본과 싸워 승리한 나라로서의 지위 확보를 꾀했다. 일본은 미국의 점령정책에 협력하면서 동서 냉전의 격화를 활용해 배상 책임에서 벗어나려고 노력했다. 미국은 한국과 일본이 자유민주 진영의 결속을 위해 국교를 재개하도록 직간접으로 채근했다. 따라서 한일회담은 처음부터 끝까지 한일의 이해관계와 미국의 세계전략이 맞물려 추진된 삼국 공동프로젝트였다고 볼 수 있다.

한국은 일본에 정신적·물질적 피해배상을 요구하는 작업에 착수했다.

1946년 2월 미군정청 자문기관으로 설치된 민주의원은 남한이 일본의 전쟁배상 문제를 다루는 국제회의(대일배상회의)에 참석하고 싶다는 의견서를 제출했다. 조선상공회의소는 6월 일본의 배상 없이는 남한의 경제 건설이 불가능하다는 호소문을 미국 정부에 전달했다. 민주의원 후신으로 12월에 개원한 과도입법의원도 미국·영국·중국 수뇌에게 대일배상회의 참가 요망서를 보냈다. 1947년 6월 미군정청 법령에 따라 구성한 남한 과도정부의 대일배상문제대책위원회는 1948년 4월 약 411억 엔의 요구액을 발표했다. 미국은 남한의 이런 움직임에 부정적 반응을 보였다. 남한을 연합국의 일원으로 인정하지 않았기 때문이다.

대한민국 초대 대통령 이승만은 한국이 주권국가로서 정식으로 대일강화회의에 참석해 일본과 국교를 정상화하고 배상 문제도 정당하게 해결한다는 소신을 갖고 있었다. 이를 위해서는 한국이 미국을 비롯한 주요 연합국의 도움을 받을 필요가 있었다. 한국 정부는 그 소통창구로서 1949년 1월 도쿄에 주일한국대표부를 설치했다. 미국에서 이승만의 독립운동을 도운 정한경(鄭翰景)이 초대 대사로 부임해 이 대통령의 지시에 따라 GHQ와 의견을 조율했다.

한국 정부의 기획처에 설치된 대일배상조사심의회는 1949년 3월 「대일배상요구조서(현물 반환 요구)」를 작성해 4월 주일한국대표부를 통해 GHQ에 제출했다. 미국의 의향에 따라 미술품·금괴 등 현물 반환을 요구하는 자료였다. 이에 대해 GHQ는 7월 배상 내용은 연합국과 일본이 앞으로 체결할 강화조약에 따라 고려할 수 있다고 답신했다.

한국 정부는 대일배상요구 자료를 계속 보충했다. 그 성과를 반영해 1949년 9월 「대일배상요구조서(현물 반환 요구)」 속편 격인 2권을 작성했는데, 채권 이외에도 중일전쟁과 아시아태평양전쟁 때 입은 인적·물적 피해 등에 대한 배상을 포함했다. 1·2권은 1954년 8월 「대일배상요구조서」로 합쳐져 한일회담에서 일본에 제출한 대일청구요강의 저본이 되었다. 조서의 대일배상요구 총액은 현물 반환을 제외하고 약 315억 엔(약 20억 달러)이었다.

한편 일본 정부는 1946~1950년에 패전 전 대일본제국이 식민지·점령지 등에서 수행한 역할과 성과를 정리·평가하기 위해 『일본인의 해외활동에 관한 역사적 조사』(대장성 관리국)라는 방대한 보고서를 작성했다. 전체 23권 중 조선 편이 10권이나 되어 조선에 중점을 두었음을 알 수 있다. 게다가 작성 주체가 한국의 재정·경제 부처에 해당하는 대장성이어서, 주요 목적이 연합국이나 한국의 배상요구에 대응하기 위한 작업이었음을 시사했다.

일본 정부의 『일본인의 해외활동에 관한 역사적 조사』는 패전 직후 일본의 주요 인사가 한국 지배를 어떻게 인식하고 있는가를 보여주는 기본 자료다. 작성 취지를 밝힌 「조선 통치의 최고 방침」 일부를 소개한다.

> 조선 통치의 근본 방침은 내선(內鮮)의 일체화이고, 궁극의 목표는 조선의 시코쿠(四國)·규슈(九州)화이다. … 결과야 어찌되었든 간에 내선일체를 구체화하기 위한 역대 총독의 여러 정책은 통치자의 의도에서 혁신적인 동화정책이라고 하지 않을 수 없다. 생각하면, 민도(民度)가 낮은 후진자인 조선인을 내지인의 수준으로 끌어올리고, 내선인을 완전히 평등하게 만들어 내지인의 우월적 대우 또는 감정을 절멸시키려고 하는 숭고한 목적 아래 계획하고 추진했다는 면에서 볼 경우, 진보적이고 혁신적이며 또 민주적인 것은 이민족 통치사상 그 유례를 찾아볼 수 없다고 해도 과언이 아니다.

한일회담에서 일본 측 대표는 이런 방침과 유사한 역사관을 가끔 피력해 한국 측을 격분시켰다. 그리하여 한일회담은 몇 년 동안 중단되기도 했다.

GHQ도 1946년 일본의 도움을 받아 해방 당시 한국에 남은 일본 재산을 조사했다. 1945년 8월 기준으로 집계한 한반도의 일본 재산(정부·기업·개인 재산, 부동산 포함)은 남한 341억 엔(약 22억 8,000만 달러), 북한 약 445억 엔(약 29억 7,000만 달러), 합계 약 786억 엔(약 52억 5,000만 달러)이었다. 남북한 총생산의 80~85%에 해당하는 금액이었다.

그런데 한국의 미군정청은 1945년 9월 16일 법령 제2호를 발령해 모든 일본인 재산의 이전을 금지했다. 그리고 12월 6일 법령 제33호를 발령해 일본의 모든 재산을 미군정으로 이관하든지 또는 몰수하도록 조처했다. 이 일본 재산을 공식 용어로는 귀속재산이라 부르는데, 한국 사람들은 흔히 적산이라고 일컬었다. 귀속재산에는 국유·공유·사유를 모두 포함했다. 이에 대해서는 앞에서 간단히 설명했다. 법령 제33호 전문은 자료 2에 실려 있으므로 참조하기 바란다. 일본은 나중에 한일회담에서 사유재산 몰수는 국제법 위반이라고 항의한다.

미군정은 중소기업·민간주택·농지 등의 귀속재산 일부를 민간에게 불하했다. 그리고 나머지 대부분은 1948년 9월 11일 한국 정부에 이관했다. 한국 정부와 맺은 이관 협정의 자세한 내용은 자료 3을 참조하기 바란다. 귀속재산은 해방 직후의 혼란과 6·25전쟁 등을 거치며 많이 손실되었지만, 경제발전이 본격화하는 1960년대 중반까지 한국 산업에서 중요한 역할을 했다.

이승만 정부는 「대일배상요구조서」를 작성하는 한편 미국에 한국의 대일평화회의 참가를 요구했다. 미국은 1949년 12월 무렵 종래의 부정적 자세에서 긍정적 자세로 선회했다. 한국이 대일평화회의에서 배제되어 위상이 추락하는 것을 우려한 때문이다. 미국의 이런 태도는 1951년 4월 무렵까지 유지되었다. 공산 세력과 싸우는 한국의 처지를 고려한 셈이었다.

물론 일본은 한국이 대일평화회의에 참석하는 것을 반대했다. 일본이 볼 때 한국은 식민지였을 뿐으로 교전국은 아니었다. 게다가 한국이 조약 서명국이 되면 대부분 공산주의자라고 여기는 재일한국인 100만 명가량이 연합국 국민으로서 보상을 받을 권리를 갖게 된다고 걱정했다. 일본의 주장에 대해 미국은 재일한국인이 연합국 국민의 지위를 갖지 않는다는 조건을 내세워 설득했다. 일본은 마지못해 동의로 돌아섰다.

반면에 샌프란시스코평화조약의 주요 멤버인 영국은 시종일관 한국의 참가를 반대했다. 영국은 중국공산당 정부도 연합국으로 승인을 받지 못해 참가를 거절했는데, 같은 처지의 한국이 참가하면 부당하다는 것이다. 게다가 소련을 비롯한 공산권의 승인을 받지 못한 한국이 참가하면 분란이 일어나 조약 체결이 늦어질 수 있다고 보았다. 영국의 반대논리에 미국도 승복했다. 실제로 미국은 이미 일본의 배상 책임을 면제하는 쪽으로 방침을 정한 마당이어서 이승만 정부의 배상요구를 걸림돌로 여겼다.

샌프란시스코평화조약이 1951년 9월쯤에 체결될 가능성이 높아지자 한국과 일본은 미국·영국 등 주요 연합국을 상대로 치열한 외교활동을 전개했다. 이승만 대통령은 주요 연합국의 의도와 국제정세의 변화를 간파했다. 그리고 평화조약이 체결되어 일본이 주권을 회복하기 전에 일본과 직접 교섭해 배상 문제를 해결하고 국교정상화에서 유리한 고지를 점령하는 방안을 모색했다.

이승만 대통령의 지시에 따라 주일한국대표부는 1951년 6월 GHQ와 일본 정부에 한일회담 개최를 제안했다. 그리고 평화조약에 일본이 귀속재산을 포기하고 한국과 양자 협의를 개최한다는 조항을 넣어달라고 요구했다. GHQ와 일본 정부가 이를 받아들임으로써 이제 한일회담의 문이 열렸다. '외교귀신'이라는 이승만의 진가는 한일회담을 선제적으로 제안한 데서도 빛을 발휘했다.

일본은 샌프란시스코평화조약의 당사자가 아닌 한국과 직접 회담하는 것이 내키지 않았다. 그리하여 1951년 9월 한국과 단독으로 강화조약을 체결할 필요성을 느끼지 않는다는 성명까지 발표했다. 그렇지만 일본은 재일한국인의 처리라는 복잡하고 골치 아픈 문제를 안고 있었다. 따라서 이승만 대통령의 제안을 거절할 수도 없는 처지였다.

마침 미국은 한국의 제안을 검토한 끝에, 재일한국인의 법적지위로 의제를 한정한다는 조건으로 10월 8일부터 한일회담을 개최하는 방안을 제시했다. 한국은 의제를 현안 전체로 확대할 것을 요구했다. 미국과 일본이 한국의 수정 제의를 받아들임으로써 1951년 10월 20일부터 역사적인 한일회담이 시작됐다. 이것을 예비회담이라 부른다. 참관인 자격으로 예비회담에 참석한 미국은 동아시아의 냉전 격화에 대응해 지역통합을 강화하려는 구상 아래 한일회담을 중재했다. 샌프란시스코평화조약의 체결은 여기에 큰 멍석을 깔아준 셈이었다.

2) 한일회담의 추진 동력

1945년 제2차 세계대전이 끝날 무렵 미국의 루스벨트 대통령이 구상한 동북아시아 정책은 일본을 철저히 약화시키고 전쟁 기간 우방이었던 소련·중국과 협조함으로써 평화체제를 구축하는 것이었다. 곧 일본을 공업 생산 능력이 없는 농업국가로 만드는 전략이었다.

그러나 루스벨트 대통령의 급서로 뒤를 이은 트루먼 대통령은 일본 약체화정책을 대폭 수정했다. 당시 소련은 동유럽과 북한에서 공산주의 위성국가를 세우고 중국에서 마오쩌둥 군대를 지원하는 등 팽창정책을 추진했다. 미국은 이에 맞서 서유럽을 자본주의 진영으로 재건하고 한국과 일본을 반공의 방파제로 만드는 정책을 펼쳤다.

한반도에서는 1948년 8월과 9월에 체제와 이념이 상충하는 대한민국과 조선민주주의인민공화국이 수립됐다. 미국과 소련은 각각 양쪽을 지원하며 정면으로 대립했다. 중국에서는 치열한 내전 끝에 1949년 10월 대륙에 공산당의 중화인민공화국, 타이완에 국민당의 중화민국이 탄생했다.

이에 미국은 일본마저 소련과 중화인민공화국의 영향권에 들어가면 자국과 태평양의 안보가 아주 위험해지리라고 판단했다. 그리하여 트루먼 대통령은 일본을 냉전기지로 육성하는 방향으로 동아시아정책을 크게 전환했다. 일본을 군사강국보다는 공업강국으로 육성해 전쟁 억지력을 배양하고, 한일협력체제를 구축해 공산주의 세력의 위협에 맞서려 한 것이다.

1950년 6월 북한의 전면 남침으로 한반도에서 6·25전쟁이 발발하자 냉전은 열전으로 폭발했다. 미국·영국을 중심으로 한 연합국은 일본을 반공 방파제로 재편하기 위해 1951년 9월 8일 일본의 전쟁 책임을 관대하게 묻는 샌프란시스코평화조약을 체결했다. 동시에 미일은 미군이 일본에 주둔함으로써 일본의 안전을 확고히 보장한다는 미일안보조약을 맺었다.

한국과 일본이 한일회담을 추진하고 한일협정을 체결하는 데에는 이와 같은 국제정세 이외에 양국의 경제 및 안보 욕구도 큰 힘으로 작용했다. 일제강점기 말에 피폐해진 한국의 국토와 경제는 6·25전쟁을 거치며 더욱 나빠졌다. 북한과의 대치도 첨예했다. 한국은 빈곤에 허덕이며 허리띠를 졸라매고 전후 복구에 나섰다. 전후 복구 과정에서 한국은 미국 등의 원조에 힘입어 힘겹게 성장의 길로 접어들었다. 이 흐름을 타서 한국 정부는 1950년대 말에 자립을 향한 경제개발계획을 수립하고 1960년대 초부터 실행에 들어갔다. 국내의 자본 축적이 허약했던 한국이 경제발전을 이룩하기 위해서는 싫든 좋든 외국자본에 의존할 수밖에 없었다.

그런데 한국의 최대 원조국가인 미국의 사정이 녹록지 않았다. 미국은 소련과 냉전을 벌이는 과정에서 군사비와 원조비를 과도하게 지출함으로써 재정적자에 빠졌다. 그리하여 미국의 한국에 대한 원조는 해마다 감소 일로를 걸었다.

한국 정부는 전후 복구와 경제개발에 필요한 자본을 일본에서 도입할 작정이었다. 당시 일본 경제는 고도성장을 지속하고 있었다. 아시아태평양전쟁의 패배로 괴멸된 일본 경제는 6·25전쟁의 특수를 호기로 삼아 역사상 보기 드문 급속한 부흥을 이룩했다.

그런데 일본은 1950년대 중반부터 소련을 비롯한 공산주의 국가들과 국교를 맺고, 북한과도 민간의 경제·문화 교류를 추진했다. 한국은 이에 위기감을 느꼈다. 마침 1960년대에 들어서 일본 경제의 기세는 약간 수그러들었다. 구조개혁의 필요에 직면한 일본 경제계는 개발의 여지가 많고 반공으로 연결된 인접 국가 한국이 좋은 시장이 될 것이라고 여겼다.

국내외정세의 변화 속에서 한국과 일본은 상대방이 자국의 경제와 안보에 필요한 존재임을 새삼스럽게 자각하게 되었다. 두 나라는 지리적·문화적으로 가까울 뿐만 아니라 자유민주주의와 시장경제를 공유하고 있었다. 따라서 교류와 협력의 외형적 조건은 잘 갖춰진 셈이었다. 한국과 일본의 이런 국내외적 환경이 갈등과 반목 속에서도 장장 14년 동안이나 한일회담을 되풀이하고 마침내 한일협정을 체결하게 만드는 동력이었다고 볼 수 있다.

그런데 한일회담은 기본적으로 1951년 9월 8일에 체결되고 이듬해 4월 28일에 발효한 샌프란시스코평화조약의 틀 안에서 이루어졌다. 특히 한국과 일본이 실질적인 국익을 지키기 위해 가장 많이 다툰 청구권협정과 어업협정이 그러했다. 그러므로 샌프란시스코평화조약은 한일회담의 추진과 한일협정의 타결을 밖에서 규정한 국제조건이었다고 볼 수 있다.

여기서 샌프란시스코평화조약이 담고 있는 한국 관련 내용의 골자를 간단히 소개하면 다음과 같다.

- 일본은 한국의 독립을 승인하고 제주도, 거문도, 울릉도를 포함하는 한국에 대한 모든 권리·권원 및 청구권을 포기한다.
- 한국에 대한 일본인의 재산청구권과 한국인의 일본에 대한 재산청구권은 이후 양국 간의 개별 협정에 따라 처리한다.
- 일본은 미군정에 의해 또는 그 지령에 따라 행해진 일본과 일본 국민 재산의 처리와 효력을 승인한다.
- 일본은 공해에서 어로의 규제 또는 제한과 어업의 보존 및 발전을 규정하는 2개국 간 또는 다수 국가 간의 협정 해결을 희망하는 연합국과 조속히 교섭을 개시한다.
- 일본은 각 연합국과 무역·해운·통상 관계를 안정하고 우호적인 기초 위에 두기 위해 조약 또는 협정을 체결하기 위한 교섭을 조속히 개시할 용의가 있음을 선언한다.

각 조항에는 한국에 유리한 점과 불리한 점이 혼재되어 있다. 그 자세한 내용은 자료4를 참조하기 바란다.

3. 한일회담의 대립과 절충

1) 의제 선정과 논쟁(예비회담~5차 회담)

한일회담은 시종일관 팽팽한 긴장과 갈등, 대립과 반전 속에 진행됐다. 그 분위기는 한일회담의 예비회담(1951.10.20~12.4)에서부터 느낄 수 있었다. 예비회담은 미국의 주선으로 개최되었는데, GHQ 외교국장 시볼드(William J. Sebald)가 입회했다.

도쿄에서 열린 예비회담의 주요 의제는 재일한국인의 법적지위와 어업 문제였다. 당시 일본에는 64만여 명의 한국인이 거주하고 있었는데, 국적을 포함하여 이들의 법적지위는 대단히 불안했다. 한국 측은 이들에게 영주권 부여, 강제퇴거 금지, 일본인과 동등한 대우, 생활보호비 지급, 귀국 시 동산 휴대의 권리 허용 등을 일본에 요구했다. 일본 측은 이에 쉽사리 응하지 않았다.

어업 문제와 관련해서는 한국이 나포해 억류한 일본 어선과 어민의 송환 문제를 논의했다. 당시 한국과 일본 사이에는 맥아더라인이 존재했다. 한국은 맥아더라인을 넘어 한국 쪽 바다에서 어로활동을 한 일본의 어선 27척, 어민 330명을 억류하고 있었다.

그런데 회의 중인 1952년 1월 18일 이승만 대통령은 '대한민국 인접 해양 주권에 관한 대통령 선언'을 선포했다. 샌프란시스코평화조약이 발효되면 맥아더라인이 철폐돼 일본 어민이 한국 근해로 몰려와 고기를 남획할 것에 대비한 조처였다. 평화선은 맥아더라인보다 일본 쪽으로 좀 더 많이 치우쳐 있었다. 맥아더라인에서도 독도는 한국 측에 들어와 있었는데, 평화선을 그음으로써 독도는 더욱 분명하게 한국 영토에 편입되었다. '대한민국 인접 해양 주권에 관한 대통령 선언'의 원문은 자료5를 참조하기 바란다.

평화선 선포는 이승만이 국제정세의 흐름을 정확히 파악하고 과감히 대응했음을 보여준 묘수였다. 한국은 이후 한일회담에서 어려운 국면을 타개하는 데 평화선을 적절히 활용했다. 곧 '전가(傳家)의 보도(寶刀)' 역할을 한 셈이다. 물론 일본은 평화선을 일절 인정하지 않는다는 태도를 취했다.

예비회담에 이어 열린 제1차 회담(1952.2.15~1952.4.21)에서는 한일의 기본관계, 재일한국인의 법적지위, 재산과 청구권, 어업, 해저전선의 분할, 선박 등의 문제가 의제로 채택되었다. 그중 재산과 청구권, 어업, 기본관계

등을 둘러싸고 신랄한 설전이 벌어졌다. 일본은 한국에 남겨 놓은 일본의 재산을 돌려달라고 요구했다. 이른바 역청구권(逆請求權) 주장인데, 일본은 그것으로 일본에 대한 한국의 청구권과 연합국의 배상권 주장을 상쇄할 속셈이었다. 한국 측은 일본 측의 역청구권 주장이 비이성적이고 비논리적이라고 거세게 반발했다. 일본은 한일회담 중반까지 역청구권을 한국의 배상요구에 맞서는 수단으로 활용했다.

한국 측과 일본 측은 기본관계의 수립에 대해서도 의견 충돌을 빚었다. 한국은 '기본조약' 체결을, 일본은 '우호조약' 체결을 주장했다. 명칭은 절충 끝에 '기본관계를 설정하는 조약'으로 잠정 결정됐다. 한일 간의 근본적 견해 차이는 한국 측이 제시한 "대한민국과 일본국은 1910년 8월 22일 이전에 체결된 모든 조약이 무효라는 것을 확인한다"라는 조항에 대해 일본 측이 반발함으로써 분명하게 드러났다. 일본 측은 이 조항이 일본 국민의 감정을 자극할 우려가 있으므로 필요 없다고 주장했다. 반면에 한국 측은 일본 국민이 깨달음을 통해 민주주의로 재출발하는 선언이 될 수 있다며 옹호했다. 양측은 절충 끝에 '이미 효력을 상실했다'는 표현으로 합의했다. 제1차 회담은 결국 일제의 한국강점, 곧 '한국병합'에 이르는 옛 조약의 무효 여부와 역청구권 주장의 타당성 등을 둘러싸고 양측이 심각한 의견 차이를 노정한 채 중단되었다.

제2차 회담(1953.4.15~1953.7.23)은 일본 측의 요구에 따라 개최되었다. 1953년 1월 클라크 연합국최고사령관과 머피(Robert D. Murphy) 주일미국대사는 이승만 대통령을 도쿄로 초청하여 요시다 시게루 총리와 회담을 갖도록 주선했다. 이승만 대통령은 일본이 조선 통치에 대해 사죄할 것을 요구했다. 요시다 총리는 군벌이 한 일이라고 답변하고, 두 나라가 공산주의의 침략에 직면해 있으므로 우호관계 수립에 노력해야 한다고 덧붙였다. 두 지도자는 제2차 한일회담을 열기로 합의했다. 그런데 일본이 역청구권을 포기하지 않은 데다가, 한국이 평화선을 침범한 일본 선원을 사살하는 사건이 일어나 회담은 좀처럼 열리지 못했다.

제2차 회담은 미국의 압력 아래 개최되었다. 한국은 일본의 대한청구권 철회를, 일본은 평화선 철폐를 요구했다. 거기에다 재일한국인의 법적지위, 어업, 독도 문제 등을 둘러싸고 이견을 좁히지 못해 결국 결렬되었다.

제3차 회담(1953.10.6~1953.10.21)은 6·25전쟁이 휴전으로 끝난 뒤 개최되었다. 한국 측은 일본의 역청구권을 인정할 수 없다고 선을 긋고, 평화선은 미국의 트루먼 대통령이 발표한 '보존수역과 대륙붕에 관한 선언'(1945.9.28)과 마찬가지로 국제법상 합법이라는 점을 강변했다. 일본 측은 역청구권을 결코 철회할 수 없다고 뻗대고, 트루먼선언은 평화선의 선례가 될 수 없다고 응수했다.

그런데 제3차 회담은 본격적인 토론에 들어가기도 전에 일본 측 수석대표 구보타 간이치로(久保田貫一郞)가 '망언'을 함으로써 암초에 부딪혔다. 그는 대일평화조약 체결 이전에 수립된 한국 정부는 불법적 존재이다, 일본의 조선 통치는 한국인에게 유익한 점도 많았다, 카이로선언에서 한국 민족이 노예상태에 놓여 있다고 언급한 것은 전시히스테리의 표현이다, 미군정이 일본의 재산을 한국에 넘겨준 것은 국제법 위반이다, 연합국이 일본 국민을 한국에서 송환한 것도 국제법 위반이다, 등의 발언을 했다.

한국 측은 구보타의 '망언'에 맹렬히 항의하고 발언의 진의를 따졌다. 구보타는 자신의 발언을 철회하지 않았다. 회담은 결렬되었다. 일본 외무대신도 구보타의 발언을 옹호했다. 여당은 물론 야당도 이를 지지했다. 일본의 언론도 이의를 제기하지 않았다. 당시에는 일본 전체가 식민지 지배에 대한 반성이나 사죄의식이 거의 없었다고 해도 과언이 아니었다. 따라서 배상은 고려할 여지조차 없는 상황이었다. 그리하여 제3차 회담도 무산되었다.

예비회담에서 제3차 회담까지, 한일회담은 일본을 6·25전쟁에 직접 가담시키려는 미국의 압력에 밀려 추진되었다. 그런데 회담에 참가한 한일 양국 대표가 일본의 한국에 대한 식민지 지배를 전혀 다르게 인식하고 있었기 때문에 실질적인 토의는 시작하지도 못하는 상황을 연출했다. 한국 측은 일본의 식민지 지배가 불법적인 데다가 한국인에게 막대한 손해와 희생을 강요했으므로 사죄와 배상을 하라고 요구했다. 반면 일본 측은 식민지 지배가 합법적인 것이었고, 일본인은 한국에서 정상적인 경제활동을 통해 재산을 축적했으므로 한반도에 두고 온 일본인의 사유재산을 돌려달라고 요구했다.

이런 엇박자 속에서 한국은 평화선을 침범한 일본 어선과 어민을 계속 잡아들였다. 이에 맞서 일본은 밀입국한 한국인을 붙잡아 강제수용소에 집어넣었다. 양국 국민의 상호 혐오감정은 날로 악화되고 적대의식은 더욱 고조되었다. 여론을 등에 업은 양국 정부의 태도도 강경해졌다. 한일회담 또한 장기간 중단상태에 빠졌다. 그 사이에 일본은 보란 듯이 북한과 국교 정상화 교섭을 시도했다. 반공·반북의 기치를 내건 한국은 일본이 자유 진영과 공산 진영에 양다리를 걸치는 회색국가라고 비난했다. 한일은 서로 강경한 태도를 취했다.

제4차 회담(1958.4.15~1960.4.15)은 4년 반의 공백을 거쳐 재개되었다. 일본의 기시 노부스케 정부는 최악의 상태에 빠진 한일회담에 돌파구를 마련하려는 의욕을 보였다. 기시 정부는 유엔의 유권해석을 얻어 역청구권을 포기하고, 미국의 권고를 받아들여 구보타 발언을 철회했다. 기시 정부는 유권자의 환심을 사기 위해서는 한국에 억류된 일본 어선과 어민의 석방이 필요하다고 여겼다. 그리고 이를 실현하기 위해서는 한국에 약간 유화적 태도를 보이는 게 득책이라고 판단했다.

제4차 회담이 열린 다음 날, 일본은 106점의 문화재를 한국에 반환했다.

일본은 양도라 불렀지만, 선심을 쓴 것은 분명했다. 조금 부드러워진 상황에서 열린 제4차 회담에서는 일본이 패전 전에 반출한 문화재의 반환, 한국이 억류한 일본인 어부와 일본이 잡아둔 한국인 밀항자의 상호 석방, 한국이 주장하는 대일청구권의 법적근거, 한국이 선포한 평화선의 합법성 여부 등을 논의했다. 이때도 한국과 일본은 그전처럼 어업과 청구권 문제를 둘러싸고 심한 이견을 드러냈다.

그런데 제4차 회담에서 새로운 복병이 등장했다. 일본이 한국의 격렬한 반대에도 불구하고 재일한국인의 '북송'을 추진하고, 오무라(大村)수용소에 갇혀 있는 조총련계 인물을 가석방했기 때문이다. 그는 북한으로 돌아가겠다는 뜻을 밝혔다.

평생 역경 속에서 독립운동을 하며 일본에 대한 불신감과 적대감을 지녀온 이승만 대통령은 일본의 처사에 분노했다. 국민의 반일감정도 극도로 나빠졌다. 한국에서는 '재일동포의 북송 반대시위'가 전국을 휩쓸었다. 일본과 북한은 이를 '귀국사업' 또는 '인도적 조치'라고 그럴듯하게 포장했다. 그리고 곧 재일한국인의 '북송'에 관련한 협정을 체결했다.

한국과 일본은 미국의 중재 속에서 제4차 회담을 속개하고 양국이 억류한 상대 국민의 상호 석방을 결정했다. 일본 정부는 외환 사정이 궁핍한 한국을 배려해 한국산 쌀 3만 톤을 수입하기로 하는 등 부드러운 태도를 보였다. 한일회담의 재개 분위기가 무르익은 가운데 1960년 4월 19일 한국에서 대규모 학생시위가 발생했다. 이로 인해 이승만 정부가 무너지자 제4차 회담의 개최는 좌초되었다.

제5차 회담(1960.10.25~1961.5.15)은 양국 정부가 교체된 가운데 열렸다. 한국에서는 민주당의 장면(張勉) 정부가, 일본에서는 자민당의 이케다 하야토(池田勇人) 정부가 등장했다. 장면 정부는 일본과의 관계 개선을 위해 한일회담에 적극적인 자세로 임했다. 반면 이케다 정부는 야당의 반대를 우려하여 소극적인 태도를 취했다.

제5차 회담에서는 주로 한국 측이 제시한 청구권 항목, 일본 측이 요구한 어업·평화선 문제 등을 논의했다. 양측의 의견이 접근하지 못한 상황에서, 1961년 5월 16일 한국에서 박정희 소장이 이끈 군사정변이 일어나자 회담이 중단되었다.

2) 논점 수정과 타결 모색(6~7차 회담)

1960년 이후 1년 사이에 한국·일본·미국에서 새 정부가 들어섰다. 한일회담을 둘러싸고 갈등과 대립, 중재와 타협을 벌여온 핵심 주체가 모두 바뀐 셈이다. 관련 국가들의 정권 교체는 외교·안보정책에서 협조 분위기를 조성했다. 반면에 북한·중국·소련끼리는 서로 대립하거나 분열하는 현상이 나타났다. 이처럼 동북아시아의 국제정세는 한일회담 추진에 유리한 방향으로 변해갔다.

5·16군사정변을 통해 집권한 박정희 정부는 빈곤의 나락에 빠진 민중생활의 향상과 흐트러진 반공국방체제의 정비를 최우선 과제로 설정했다. 그리고 외국자본을 도입해 경제를 발전시키고 자유 우방이나 근린제국과 외교관계를 강화하겠다는 방침을 내세웠다. 이를 위해서는 일본을 경제개발과 안전보장의 확고한 지원기지로 활용할 필요가 있었다. 직전의 장면 정부도 제5차 회담에서 청구권을 경제협력으로 이해해도 좋다는 뜻을 내비친 바 있으므로 방향 전환의 명석이 깔린 셈이었다. 엘리트장교로서 전략적 사고와 진취적 행동이 몸에 밴 박정희·김종필(金鍾泌) 등 신진세력은 이런 상황 변화를 잘 활용했다.

박정희 정부는 구체적인 행동으로서 1961년 가을 경제기획원장관을 일본에 특사로 파견해 청구권 금액의 윤곽을 탐색했다. 이때 한국은 8억 달러, 일본은 5,000만 달러라는 소문이 돌았다. 서로 연막을 치며 상대방의 진의를 탐색해 타결방안을 모색하려는 연출이었다. 이런 과정에서 드러난 양측의 상정 액수는 하늘과 땅 차이처럼 컸다.

당시 일본은 전임 기시 정부가 미국과 동맹조약을 개정해 안보체제를 강화한 상황이었다. 그 뒤를 이은 이케다 정부는 경제성장의 지속과 국민 소득의 증대를 꾀했다. 실제로 이케다 총리는 10년 안에 국민소득을 두 배로 늘리겠다는 공약을 제시했다. 일본 국민은 희망에 부풀었다. 그리고 경제계는 고도성장을 부추기기 위해 더욱 더 해외 진출을 모색했다. 한국은 유망한 시장이었다. 다행히 박정희 정부는 일본과 경제·안보 공조를 중시한다. 일본 정부로서는 한일관계의 새로운 돌파구가 될지 모르는 한일회담을 굳이 반대할 이유가 없었다.

미국도 한일회담의 진전을 강력히 희망했다. 케네디(John F. Kennedy) 정부는 한국과 일본의 국교정상화가 양국의 안전보장과 경제발전에 밀접히 관련되어 있다는 점을 강조했다. 게다가 양국에게 회담에 좀 더 적극적 자세로 나서라고 강하게 요구했다. 미국은 일본이 한국과 경제협력을 강화하면 공산주의 세력과 대치하고 있는 한국의 안전보장이 강화될 것으로 보았다. 이는 결과적으로 일본의 안전보장과 경제발전에도 도움이 된다. 미국은 동아시아 안전보장론과 경제협력론을 들먹이며 한국과 일본을 설득했다. 현실적으로 양국 모두가 받아들일 만한 논리였다.

제6차 회담(1961.10.20~1964.11.5)은 동아시아 안전보장을 위한 경제협력론이 우세한 가운데 개최되었다. 이런 분위기에서 케네디 대통령의 초청을 받아 미국 방문길에 나선 박정희 의장은 1961년 11월 11~12일 도쿄에서 이케다 총리와 만나 환담했다. 두 지도자는 한일회담의 조기 타결에 공감을 표시하였다.

제6차 회담에서는 한국 측이 제시한 해양의 전관수역(배타적 경제수역

사진 4
박정희 국가재건최고회의 의장과 이케다 하야토 총리의 환담(1961.11.11)

박 의장은 미국 케네디 대통령 초청으로 방미에 나선 길에 1961년 11월 11~12일 도쿄에 들렀다. 일본 육군사관학교 재학 이후 마지막 방일이었다. 박 의장은 방일 중에 이케다 총리와 한일회담 등 현안을 논의했다. 박 의장은 일본 요인들에게 국가 재건의 포부를 설명하고 한일 국교정상화를 적극적으로 추진하겠다는 의사를 밝혔다. 기시 노부스케 전 총리를 비롯한 정부 요인들은 박 의장을 환대했다. 특히 박 의장의 선후배에 해당하는 일본 육사와 만주 인맥이 음양으로 도왔다. 미국도 한일회담을 재개하려는 한국과 일본의 전향적 자세에 지지를 표명했다.

사진 5
김종필 중앙정보부장과 오히라 마사요시 외무대신 회담(1962.11.12)

둘은 1962년 11월 12일 뜨악한 표정으로 만나 장시간 논의 끝에 청구권과 경제협력에 관한 방안을 합의했다. 자금의 명목은 생략한 채 일본이 무상 3억 달러, 유상 2억 달러, 민간차관 1억 달러 이상을 한국에 제공한다는 메모를 작성해 교환했다. 이로써 한일회담은 타결의 가닥을 잡았다. 그렇지만 밀실합의와 굴욕외교라고 매도하는 반대운동에 부딪혀 한일협정 체결은 3년 가까이 지연되었다. 김종필은 그후 정치적 부침을 거듭하면서도 국회의원·국무총리 등을 수차례 역임하며 한일협력의 주역으로 활약했다. 오히라는 총리가 되어 한일관계를 안정화시키는 데 기여했다.

설정안, 반환 문화재의 종류와 범위 등을 논의했다. 그런데 청구권의 명목과 액수, 평화선, 독도 영유권 등의 문제에 대해서는 서로 이견을 좁히지 못했다. 회담은 또다시 교착상태에 빠졌다. 다만 청구권에 대해서는 배상적 성격이 아니라 경제협력적 성격으로 조정할 수 있다는 방향으로 합의가 이루어졌다.

이케다 정부는 한국 정부의 의중을 꿰뚫어 봤다. 그리고 청구권 문제를 경제협력 방식으로 해결하겠다는 방침을 굳혔다. 곧 경제적 빈곤과 개발자금 부족으로 어려움을 겪고 있는 한국의 군사정부에 유상·무상으로 일본의 자재와 역무(役務)를 제공함으로써 청구권 요구를 상쇄하고 일본 기업의 한국 진출을 진작시키겠다는 속셈이었다.

제6차 회담 기간에 한국과 일본은 여러 차례 절충을 통해 경제협력 방식의 구체안을 협의했다. 그 과정에서 양국은 청구권 자금의 총액과 명목을 일괄 타결하는 쪽으로 의견을 모았다. 한국 측은 순수변제 3억 달러에 무상원조 3억 달러 안을 제시했다. 일본은 청구권 명목으로는 7,000만 달러를 넘을 수 없다고 받아쳤다. 대신에 청구권, 무상원조, 장기차관을 합치는 방식으로 3억 달러를 주겠다는 뜻을 비쳤다.

박정희 정부는 한일회담의 조기 타결을 위해 1962년 10월과 11월 중앙정보부장 김종필을 일본에 파견했다. 그는 미국을 왕복하는 길을 빌려 일본에 들러 외무대신 오히라 마사요시(大平正芳)와 담판을 했다. 김종필과 오히라는 1962년 11월 12일 일본 외무성에서 장시간의 협의 끝에 이른바 '김종필·오히라 메모'를 작성했다. 이를 계기로 해서 청구권 문제의 해결, 나아가 한일회담의 타결에 돌파구가 마련됐다. 그 메모의 자세한 내용은 자료6을 참조하기 바란다.

'김종필·오히라 메모'에 따르면 일본이 한국에 제공할 금액은 무상원조 3억 달러, 유상원조 2억 달러, 민간차관 1억 달러 이상이었다. 그렇지만 이

메모에는 자금의 명목에 대한 언급이 없었다. 명목에 대해서는 나중에 협의하기로 했지만, 한국은 청구권 자금으로, 일본은 경제협력자금으로 해석할 여지를 안고 있었다.

1960년대 중반 한국과 일본이 한일회담을 조기 타결하는 방향으로 선회한 데는 급변하는 동아시아 국제정세에 대응하려는 의지가 작용했다. 중화인민공화국이 핵실험에 성공하고 베트남전쟁은 격화되었다. 로스토(Walt W. Rostow)를 비롯한 명망가들은 한미일 삼국 정부에 한일관계 정상화를 촉구했다. 동아시아의 안전보장과 경제발전을 위해서는 한일의 교류·협력이 반드시 필요하다는 주장이었다.

이런 국내외정세 속에서 제6차 한일회담부터 논점에 확실한 변화가 나타났다. 제5차 한일회담까지는 일본에 대한 한국의 청구권 주장을 둘러싸고 첨예하게 대립했다. 그런데 제6차 회담 이후에는 한국의 청구권 주장과 일본의 경제협력 논리를 절충하는 선에서 타협하는 방향으로 선회했다. 양국이 명분싸움에서 벗어나 실리추구 쪽으로 회담의 방향을 바꾼 것이다.

그렇지만 한일회담의 타결 기미에 대한 한국 내부의 반발과 저항은 거세고 끈질겼다. 양국이 '김종필·오히라 메모'를 작성해 청구권 자금의 규모를 합의했음에도 불구하고 한일협정의 체결은 한국의 정치변동과 반대운동의 격화로 3년 가까이 더 기다려야만 했다.

제7차 회담(1964.12.3~1965.6.22)은 박정희 정부가 야당·학생·시민의 치열한 반대운동을 강력히 억압하는 상황 속에서 개최되었다. 제7차 회담에서는 주로 기본관계조약의 내용을 검토하고 문서를 작성하는 작업을 했다.

한국과 일본의 의견이 충돌한 사안은 두 가지였다. 하나는 과거 조약의 무효 시점이었다. 한국은 1910년 한국병합조약과 그 이전의 협약이 원천적으로 무효라고 주장했다. 일본은 과거 조약이 일본의 패전 혹은 대한민국의 수립까지는 유효하며 합법적이었다고 주장했다. 또 하나는 한국의 관할권이었다. 한국은 한국 정부가 한반도 전역에서 유일한 합법정부임을 주장했다. 일본은 북한 정권을 고려해 유엔 총회 결의에 명시된 범위에서 합법정부라는 표현을 고집했다.

두 쟁점은 양국의 외무장관이 회담을 통해 정치적으로 타결하는 방식을 택했다. 이에 이동원(李東元)과 시나 에쓰사부로(椎名悅三郞)는 구 조약 무효 문제와 관련해서는 '이미 무효다'라는 문구를 채용했다. 그리고 유일 합법성 문제는 '국제연합 총회의 결의 제195(Ⅲ)호에 명시된 바와 같이, 한반도에서 유일한 합법정부'라는 문구를 차용하기로 의견을 모았다. 한국 정부는 '이미'라는 시점을 구 조약을 체결한 때부터로, 일본 정부는 일본의 패전 이후로 해석했다. 한국의 관할권도 한국 정부는 한반도 전체를, 일본 정부는 휴전선 이남을 상정하고 있었다.

결국 식민지 지배의 청산을 다룬 기본관계조약은 한국과 일본이 식민지 지배 그 자체를 어떻게 이해하고 평가하는가에 대해서는 의견 일치를 보지 못한 채 마무리되었다. 그리하여 한국과 일본은 이후에도 역사인식 문제를 둘러싸고 길고 지루한 논쟁과 갈등을 되풀이하게 된다.

1960년대 중반 이후 국제정세의 변화도 한일회담의 조기 타결을 재촉했다. 베트남전쟁에 본격적으로 가담한 미국은 한일 유대가 아시아의 반공전선을 강화하는 데 제일 요건이라 여기고 한국과 일본을 독려했다.

일본에서는 사토 에이사쿠(佐藤榮作) 정부가 출범하여 한일회담에 적극적으로 나섰다. 그렇다고 해서 식민지 지배에 대한 일본의 기본 태도가 바뀐 것은 아니었다. 일본의 수석대표 다카스기 신이치(高杉晋一)는 다음과 같은 발언을 해 한국인의 분노를 샀다.

일본은 조선을 좀 더 좋게 만들려고 식민지로 지배했다. 일본의 노력은 결국 전쟁으로 좌절되었지만 조선을 20년 정도 더 가지고 있었으면 좋았을 것이다.

다카스기의 발언은 제3차 회담 때의 구보타 '망언'보다도 한술 더 뜬 '망발'이었다. 그렇지만 한국과 일본이 한일회담의 타결로 방향을 잡은 마당이어서 다카스기 '망발'은 찻잔 속의 태풍으로 끝났다.

3) 협정의 조인과 비준 그리고 발효

1965년에 들어서서 한국과 일본은 한일협정의 체결을 서둘렀다. 그 정지작업의 일환으로서 일본 정부는 시나 외무대신을 한국에 파견했다. 시나는 2월 17일 김포공항에 내려 다음과 같은 요지의 성명서를 낭독했다.

두 나라의 긴 역사 중에 불행한 기간이 있었던 것은 매우 유감스러운 일이며 깊이 반성한다.

시나는 불행한 시기와 그 원인 및 내용을 밝히지 않아 무엇이 유감스럽고 왜 반성하는지, 보통 사람은 전혀 알 수 없었다. 그렇지만 역사인식을 둘러싸고 한국과 일본이 벌여온 실랑이를 쭉 지켜봐온 외교관 또는 전문가는 그의 언설이 식민지 지배에 대한 사과와 반성이라고 쉽게 알아차렸다. 따라서 시나의 성명은 그 전 일본 대표의 '망언'보다는 훨씬 진전된 역사인식의 표명이라고 받아들였다.

한국의 이동원 외무장관과 일본의 시나 외무대신은 1965년 2월 20일 서울에서 한일 기본관계조약을 가조인했다. 양국 대표는 그 직후 공동성명을

사진 6
한일협정 조인식(1965.6.22)

이동원 외무장관과 시나 에쓰사부로 외무대신 등은 1965년 6월 22일 도쿄 총리관저에서 1개 기본관계조약, 4개 협정, 25개 부속문서를 조인했다. 이로써 한국과 일본은 13년 8개월의 회담 끝에 국교를 정상화했다. 이후 한일협정은 현대 한일관계를 규정하는 기본 틀로 기능했다. 한일협정은 과거사를 애매하고 부족하게 처리했다는 비판을 많이 받았지만, 개정과 보완을 거듭하며 양국 관계의 발전과 동아시아의 평화에 크게 기여했다.

사진 7
박정희 대통령, 한일협정 조인 특별담화 발표(1965.6.23)

박 대통령은 한일협정 조인 다음 날 저녁 생방송을 통해 자신의 소신을 설명하고 국민의 분발을 촉구하는 연설을 했다. 반대자들에게는 강한 어조로 패배주의와 열등의식에서 벗어나라고 촉구했다. 그리고 일본에 대해서는 한국의 충정을 헤아려 신뢰를 잃지 말라고 충고했다. 오늘날 한국의 발전과 한일의 위상 변화를 시야에 넣고 박 대통령의 담화와 반대자들의 성명을 비교해 보면, 대체로 전자가 맞았고 후자가 틀렸음을 알 수 있다. 박 대통령의 담화는 난국을 타개한 지도자의 결연한 소회를 단호히 표현했다고 볼 수 있다.

발표하고 한일협정의 체결에 임하는 결의를 재삼 다짐했다. 공동성명의 자세한 내용은 자료8을 참조하기 바란다.

한일 기본관계조약을 가조인한 후 한 달 반 정도 지나 양국의 협상 대표는 4월 3일 도쿄에서 청구권과 경제협력, 어업, 재일한국인의 법적지위 등에 관한 협정을 가조인했다. 그리고 두 달 후 무렵인 6월 22일 양국의 전권대표는 일본의 총리관저에서 한일협정을 정식 조인했다.

한국에서는 한일회담 추진과 한일협정 체결 과정에서 야당과 학생 등이 격렬히 저항했다. 일본에서는 북한의 지령을 받은 조총련과 그 동조세력이 반대했다. 이에 대해서는 나중에 자세히 살펴보겠다.

박정희 대통령은 6월 23일 저녁 생방송을 통해 한일협정 조인에 즈음한 담화를 직접 낭독했다. 그는 결의에 찬 어조로 한일회담을 굴욕외교·매국행위라고 비난·반대해 온 야당·학생·언론 등을 호되게 질타했다. 박 대통령은 그들이야말로 일본에 대한 피해의식과 열등감에 빠져있다고 꾸짖었다. 그리고 격변하는 국제정세와 세계조류에 대응해 국가의 안전보장과 민족의 생존번영을 기약하기 위해서는 일본과 호혜 평등, 상호 협력 관계를 맺는 것이 필수라고 자신의 결단을 강력히 변호했다. 나아가 한일국교정상화가 어떤 결과를 가져오느냐는 우리의 주체의식이 얼마나 건재한가, 우리의 각오가 얼마나 굳건한가에 달려있으니, 자신과 용기, 적극성과 진취성을 가지고 대응하자고 국민을 격려했다. 그리고 일본에게는 한국이 고통을 무릅쓰고 국교정상화에 나선 진의를 받아들여 불신을 초래하지 않도록 성의를 다하라고 충고했다. 박 대통령 담화의 전문은 자료14를 참조하기 바란다.

한국과 일본 정부는 속 터지는 논쟁과 타협을 되풀이하며 험한 난관을 간신히 극복하고 한일회담을 마무리했다. 그렇지만 양국 국회는 어렵게 조인한 한일협정을 쉽게 비준하지 않았다. 반대여론을 등에 업은 야당은 정부를 신랄하게 비판하며 비준을 방해했다. 그리하여 양국 국회에서 한일협정은 변칙적 과정을 거쳐 비준되었다.

박정희 정부와 민주공화당은 1965년 7월 14일 베트남 파병 동의안과 한일협정 비준 동의안을 단독으로 국회에 보고·발의했다. 국회는 야당 국회의원 61명이 한일협정 반대 명목으로 의원직 사태를 표명한 가운데 8월 14일 여당 의원의 찬성만으로 한일협정 비준 동의안을 가결했다. 박정희 정부는 8월 26일 서울에 위수령(衛戍令)을 발동해 군대의 힘으로 대학생 등의 비준반대운동을 진압하고 적극적으로 국민 설득작업에 나섰다.

일본 국회도 야당이 반대하는 상황에서 여당인 자유민주당이 주도해 한일협정 비준 동의안을 가결했다. 사토 정부가 국회에 제출한 한일협정 비준 동의안은 11월 6일 중의원 일한특별위원회 심의, 11월 12일 중의원 본회의 심의 등을 통과했다. 12월 12일 참의원 본회의는 심의 없이 비준 동의안을 가결했다.

미국은 한일협정의 비준을 환영했다. 러스크(Dean Rusk) 국무장관은 한국과 일본이 친밀한 관계를 맺는 것은 대단히 좋은 일이라는 성명을 발표했다. 동서 냉전의 격화 속에서 동아시아 전략을 구사하고 있던 미국은 한국과 일본이 손을 잡고 공산주의 확장에 맞선 방파제로서 자유민주주의의 수호자가 되는 것을 다행으로 여겼다.

한국과 일본이 국민의 반대여론을 무릅쓰고 조인·비준한 한일협정은 1965년 12월 18일 비준서를 교환함으로써 즉시 효력을 발휘했다. 이로써 한일 양국은 1945년 8월 15일부터 20여 년 동안 끊어진 국교를 재개했다. 대일본제국이 대한제국을 폐멸한 1910년 8월 22일을 기점으로 보면 55년여 만에 국교를 정상화한 셈이었다.

4. 한일회담의 반대와 방해

1) 한국의 저지투쟁

한국의 한일협정 체결 저지투쟁은 크게 두 단계로 나누어볼 수 있다. 첫 번째 단계는 1964년 3월 6일 대일굴욕외교반대범국민투쟁위원회(범투위) 결성부터 비상계엄령이 발동되는 6월 3일까지다. 두 번째 단계는 1965년 2월 17일 시나 외무대신의 방한부터 위수령·휴교령이 발동되는 9월 초까지다.

1961년 5·16군사정변으로 집권한 박정희 국가재건최고회의 의장은 군복을 벗고 민주공화당 대통령후보로 출마해 1963년 10월 15일 선거에서 당선됐다. 그해 12월 17일 대통령에 취임한 그는 한일회담을 조속한 시일 안에 매듭짓겠다는 의지를 밝혔다. 정부와 여당은 이에 필요한 절차를 밟아나갔다. 일본의 이케다 정부도 한국의 적극적 자세를 환영했다.

한일회담이 급속히 진전될 기미를 보이자 야당과 종교·사회·문화 단체 대표 및 재야인사 등 200여 명은 1964년 3월 범투위를 결성하고 저지투쟁에 나섰다. 이들은 부산·목포·마산·광주·대구·서울 등에서 집회를 열었다. 그들은 박정희 정부가 한일회담에서 일본에 굴욕적·의존적 태도를 취하고, 국민 참여를 배제한 채 정치 흥정을 한다고 비난했다.

한일회담 저지 열기는 3월 24일 대학가의 대규모 시위로 폭발했다. 대학생들은 얼마 전 김종필 민주공화당 의장이 도쿄에서 오히라 외무대신과 한일회담 일정을 합의한 것을 공격 대상으로 삼았다. 서울대학교 문리대 교정에서는 제국주의자 및 민족반역자의 화형 집행식이 열렸다. 주최자들은 김종필 의장과 이케다 총리를 빗댄 이완용 초상화를 불태웠다. 그들은 선언문과 메시지를 통해, 한일회담 즉각 중지, 평화선 사수, 국내 매판자본

타파, 미국의 한일회담 관여 금지 등을 요구했다. 다른 대학생과 고등학생도 시위에 나섰다.

학생들의 한일회담 저지투쟁이 심해지자 박정희 대통령은 특별담화를 발표했다. 학생들의 우국충정은 이해하지만 본분을 벗어난 지나친 시위는 국익과 외교에 도움이 안 된다는 취지였다. 그러나 시위는 더욱 과격해졌다. 학생들은 한일회담뿐만 아니라 박 대통령이 주창한 '민족적 민주주의'에도 비난을 퍼부었다. 박 대통령은 김종필을 공화당 의장에서 물러나게 하고 한일회담 대표를 교체하며 사태 수습을 꾀했다. 그리고 학생대표를 만나 일본과 국교정상화의 필요성을 설명하고 이해와 면학을 촉구했다. 이에 학생들이 일단 학교로 돌아가자 저지투쟁은 소강상태로 접어들었다.

한일회담 저지시위는 4월 19일 학생의거 기념일을 거치면서 다시 확산 조짐을 보였다. 5월 19일 대학가에서 한일굴욕외교반대투쟁전국학생연합회가 결성되었다. 학생들은 한일회담 저지 차원을 넘어 박정희 정부의 반민주적 통치, 외세 의존적 태도, 경제적 생존권 경시 등을 극단적 용어로 비난했다. 그리고 '민족적 민주주의'의 사망을 알리는 조사(弔辭)와 선언문 등을 발표했다. 한일굴욕회담반대학생총연합회 명의로 5월 20일에 발표한 선언문과 결의문은 자료7을 참조하기 바란다. 야당은 직간접으로 학생들의 한일회담 저지투쟁을 지원했다.

박정희 정부는 한일회담의 타결 방침을 재확인하고 저지투쟁을 억압했다. 이에 맞서 대학교수와 종교지도자 및 일반시민 등이 야당과 학생의 저지투쟁에 동참하는 움직임을 보였다. 그들은 한일협정 체결이 자주적·평화적 남북통일을 저해한다고 여겼다. 그리고 한국의 정치·경제 등이 다시 일본에 종속될 것이라고 우려했다. 그들은 박정희 정부가 어업·청구권 등의 문제에서 일본에 지나치게 양보하는 굴욕외교를 벌인다고 비난했다.

한일회담 저지투쟁은 1964년 6월 3일 정점에 이르렀다. 서울에서는

사진 8
한국의 한일회담 반대시위(1964.3.26)

1964년 3월부터 고조되기 시작한 야당·학생의 한일회담 반대시위는 6월 3일 절정에 이르렀다. 정부는 시위가 박정희 대통령 퇴진 요구 등으로 비화하자 계엄령을 선포해 진압했다. 1965년 6월 22일 한일협정 조인 이후에는 위수령을 발동해 비준반대운동을 막았다. 야당·학생의 반대시위는 한일회담에 임하는 한국 정부를 긴장시키고 일본 정부를 압박하는 데 긍정적으로 작용했다. 그러나 그들의 정세 판단과 미래 전망에는 사리에 맞지 않은 것이 많았다. 한일회담 저지운동의 지도자들은 그 후 한국의 주요 세력으로 부상했다. 그들은 최근까지도 한일협정에 대한 부정적 여론을 형성하는 데 큰 힘을 발휘했다.

18개 대학 1만 5,000여 명의 학생이 가두시위에 나섰다. 그들은 박정희 정부의 여러 정책을 신랄하게 비난했다. 그리고 민생고 해결, 매판자본 철폐, 학원·언론 자유 보장 등을 요구했다. 나아가 일본 정부의 사죄와 반성을 촉구하고 박정희 대통령의 퇴진을 주장했다.

박정희 정부는 과격한 정치운동으로 번진 한일회담 저지투쟁을 좌시할 수 없었다. 일단 경찰을 동원해 200여 명의 학생과 시민을 연행하거나 구속했다. 경찰의 진압 과정에서 800여 명의 시위자가 부상을 입었다. 정부는 곧 계엄령을 선포했다. 군대가 시위 제압에 나선 것이다. 박정희 정부의 결연한 대처에 주한미국대사관은 불가피한 조치라고 논평했다.

박정희 대통령은 1965년 1월 9일 연두기자회견에서 베트남 파병의 정당성과 한일회담의 연내 타결을 공언했다. 이에 힘입어 일본의 시나 외무대신이 한일협정 중의 기본관계조약을 가조인하기 위해 2월 17일 서울을 방문했다. 일부 야당 의원과 학생은 그의 숙소 앞에서 한일회담 저지시위를 벌였다. 그럼에도 불구하고 양국 외교장관은 2월 20일 기본관계조약을 가조인했다.

한국과 일본의 기본관계조약 가조인은 한일회담 저지투쟁에 다시 불을 붙였다. 1965년 4월 1일 서울에서 대학생들은 학생평화선사수투쟁위원회를 결성하고 기본관계조약 가조인 무효와 평화선 사수를 주장했다. 박정희 정부는 이에 아랑곳하지 않고 4월 3일 도쿄에서 어업협정 등을 가조인했다. 한일회담의 타결이 성큼 다가온 것이다. 이에 맞서 4월 17일, 야당 국회의원을 비롯해 4만여 명이 참가한 대규모 한일회담 저지 시민궐기대회가 서울 효창운동장에서 열렸다.

한일협정의 정식 조인을 하루 앞둔 1965년 6월 21일 서울에서 매국외교 반대집회가 열렸다. 여기에는 1만여 명의 대학생과 고등학생이 참가했다. 경찰은 이들의 가두시위를 막았다. 한국에서는 한일회담의 마지막 날까지 저지투쟁이 벌어졌다. 박정희 정부는 이에 굴복하지 않고 6월 22일 일본 도쿄 총리관저에서 한일협정을 정식 조인했다.

한일협정이 조인되자 한국에서는 비준을 저지하려는 운동이 일어났다. 대학생뿐만 아니라 여러 사회지도층 인사 등도 비준반대성명을 발표했다. 야당인 민중당 국회의원들은 비준 반대를 표명하기 위해 의원 사직서를 제출했다. 국회는 여당인 민주공화당 국회의원들의 단독 찬성으로 1965년 8월 14일 한일협정 비준안을 가결했다. 학생들은 이에 항의하는 시위를 대대적으로 벌였다. 박정희 정부는 8월 26일 위수령을 발동하고 군대를 동원해 시위운동을 진압했다. 시위를 주도한 학생은 구속되고 몇몇 교수는 대학에서 쫓겨났다. 대학은 당분간 휴교에 들어갔다.

한국의 한일회담 저지투쟁은 단순한 반일운동이 아니었다. 저지투쟁에 나타난 주의주장을 보면, 시위자들은 외세에 의존한 경제개발을 반대하고 자력에 기초한 근대화를 지향했다. 아울러 한국 정부의 통치가 반민주적·반민족적이고, 일본 정부의 태도가 고압적·제국주의적이라고 매도했다. 미국에 대해서도, 한국과 일본을 동아시아의 반공 보루로 결합시키려 한다고 비난했다.

지난 60년 동안의 한일관계를 돌아보면, 한일회담 저지투쟁의 주의주장은 사실 인식과 정세 판단 등에서 오류와 편견이 많았다. 미래에 대한 전망도 대부분 틀렸다. 한일협정 체결 이후의 역사 전개에서, 저지투쟁 주도자들이 떠들어댄 것처럼 한국에서 매판자본이 발호해 자립경제를 억압하거나 한국이 일본에 예속되어 주권을 손상하는 일은 벌어지지 않았다.

오히려 박정희 대통령이 한일협정 조인에 즈음해 발표한 담화에서 천명한 것처럼, 한국은 와신상담의 자세로 일본의 자본과 기술을 적절히 활용해 세계 유수의 경제·군사·문화 강국으로 발전했다. 게다가 까마득하게 앞서 있던 일본을 60년 만에 대등한 수준까지 따라잡았다. 한국은 명실공히 일본과 자유민주주의, 시장경제 등 보편적 가치를 공유하는 선진도상국으로 올라선 것이다.

이처럼 한일회담 추진자와 저지자의 통찰력과 판단력은 대단히 큰 수준 차이를 보였다. 그런데도 이에 대한 비교 분석이나 공정한 평가는 아직 나타나지 않고 있다. 물론 한일회담 저지투쟁은 한국과 일본 정부에 제국(지배)과 식민지(피지배) 관계를 깨끗이 청산하고 서로 대등하며 당당한 관계를 새로 맺으라고 주장한 점에서 큰 의미를 지닌다. 양국 정부는 그들의 요구를 의식하며 회담을 진행했다. 특히 한국 정부는 바짝 긴장해 저지투쟁을 일본 정부를 압박하는 지렛대로 삼아 조금이라도 유리한 성과를 끌어내려고 애썼다. 한일협정 체결 이후에도 일본에서 들어온 자금과 기술을 사리사욕이 아니라 국리민복에 최대한 도움이 되도록 활용하는 데 회초리로 삼았다.

한국현대사의 흐름에서 보면, 한일회담 저지투쟁은 그 후에 전개되는 학생운동이나 민주운동 또는 반일운동의 길잡이가 되었다. 그리고 각 운동 세력이 끊임없이 만들어 퍼트린 한일회담과 한일협정에 관한 부정적 담론은 국민 일반의 현대 한일관계사 인식을 나쁜 쪽으로 몰아가는 데 지대한 영향을 끼쳤다.

2) 일본의 반대운동

1950년대만 하더라도 일본인 대다수는 한일회담을 별로 주목하지 않았다. 한국에 대한 관심은 6·25전쟁과 휴전 및 이승만 대통령의 평화선 선포 등에 국한되어 있었다. 특히 정부와 언론은 평화선 선포의 불법·부당을 강조해 국민의 한국 인상도 부정 일변도로 기울었다.

게다가 일본에서는 1950년대 초부터 일본과 미국의 편면강화(片面講和)

를 비판하고 일본과 소련·중국 등 모든 교전국과의 전면강화(全面講和)를 요구하는 운동이 일어났다. 미국은 1954년에 남태평양 비키니섬에서 수소폭탄 실험을 했다. 이때 일본 어선이 폭탄 피해를 입자 일본에서는 핵무기 철폐운동이 벌어졌다. 마침 북한은 1955년 2월 남일 외무장관이 성명을 발표해 재일동포의 처우 개선 요구와 조일 국교 수립 의향을 밝혔다. 북한의 영향을 받은 조총련이 활발하게 움직였다. 특히 김일성의 교시에 따라 재일동포의 '귀국운동(북송)'이 들불처럼 번졌다. 일본의 분위기는 전반적으로 남한보다 북한에 우호적이었다. 이런 가운데 한일회담 반대운동은 서서히 힘을 키워갔다.

일본과 미국은 1960년에 군사동맹을 더욱 강화한 신안보조약을 체결했다. 일본의 많은 학생과 시민이 이를 추진한 기시 노부스케 정부를 반대하는 운동을 대대적으로 벌였다. 이른바 안보투쟁이다. 안보투쟁은 한일회담 반대운동과 공동전선을 형성했다. 그들은 한일회담을 군국주의 부활이라고 선전했다. 북한과 조총련의 지원을 받는 일조협회(日朝協會)가 큰 역할을 했다. 일조협회는 1960년 6월 일본공산당·일본사회당·일본노동조합총평의회 등 21개 단체로 일한회담대책연락회를 조직했다. 그리고 1962년 3월 제1차 일한회담반대통일행동궐기대회를 열어 한일회담 분쇄를 주창했다.

1961년 5월 이후 박정희 정부가 한일회담의 조기 타결을 추진하자 일본의 반대운동도 활발해졌다. 1962년 11월 김종필 중앙정보부장과 오히라 외무대신은 청구권 문제를 경제협력 방식으로 타결하기로 합의했다. 사회당·총평 등은 일한회담대책연락회의를 확대·강화해 한일회담 반대운동을 벌였다.

그렇지만 1963년 3월 이후 한일회담 반대운동은 갑자기 동력을 잃기 시작했다. 일본에서 미국 원자력잠수함 기항 문제가 부상해 한일회담보다 더 큰 관심을 끌었기 때문이다. 한국에서 김종필이 중앙정보부장을 사임해 한일회담이 소강 국면에 들어간 것도 한 요인이었다.

한일회담 반대운동을 이끈 '안보반대·평화와 민주주의를 지키는 국민회의'는 1963년 9월 1일 제12차 통일행동을 끝으로 해체되었다. 이에 일조협회는 1963년 8월 31일 상임이사회를 열어 전체 조직이 단결해 300만 서명을 획득하자고 결의했다. 그렇지만 동력을 잃은 한일회담 반대운동은 되살아나지 않았다. 일본에서 한일회담 반대 통일전선이 지리멸렬해진 가운데 양국 정부 사이에서 1965년 6월 22일 한일협정이 조인되고 국회 비준을 거쳐 12월 18일 발효됐다.

일본의 좌파 정치세력인 사회당과 북한의 영향 아래에 있는 조선연구회 등이 제시한 한일회담 반대논리의 요지는 다음과 같았다.

남한·타이완·일본이 완전한 독립국이 아닌 가운데 한일협정을 맺으면 미국 주도의 군사동맹에 종속적으로 편입되고, 경제면에서 협력 등의 명목으로 일본의 침략과 지배가 재현된다. 한일협정은 아시아 전쟁을 야기하는 군사동맹이고, 일본의 자본 진출로 일본 노동자의 생존권을 위협하며, 한국 통일을 방해하고 베트남전쟁을 지속시킨다.

일본에서 전개된 1960년대 전반의 한일회담 반대운동은 샌프란시스코평화조약 이후 태동한 평화·민주주의운동의 흐름을 계승한 것이었다. 때마침 동아시아에서는 중국이 핵실험에 성공하고 베트남전쟁이 확대되었다. 이런 상황에서 공산주의 세력의 확산을 방지하기 위해서는 한미일의 협력이 긴급하다는 여론도 만만치 않았다. 이에 맞서 일본의 야당과 학생 그리고 조총련 등 좌파 세력은 한일회담 반대운동을 전개한 것이다.

그렇지만 일본의 한일회담 반대운동은 식민지 지배에 대한 책임 추궁이나 한국인에 대한 사죄·반성을 과제로 삼지 않았다. 일본의 독점자본이 한국에 진출함으로써 한일 사이에 불평등한 경제관계가 형성된다는 점을 비판하지도 않았다. 일본의 한일회담 반대운동은 일본의 재무장, 베트남전쟁 참가, 동아시아 군사동맹 참여 등을 반대하는 안보투쟁의 연장선에서 부수적으로 전개되었을 뿐이었다. 이른바 평화헌법 수호운동의 일환이었다. 재일한국인을 중심으로 한 소수 단체만이 식민지 지배 유산 청산과 과거사 처리라는 관점에서 한일회담을 반대했다.

1960년대에 들어서 일본에서는 오히려 한일회담의 조기 타결을 찬성하는 세력이 늘어났다. 그들은, 박정희 정부는 합법정부이고 한국은 일본과 같은 자유 진영이다, 남북통일을 방해하는 것은 공산주의 진영이고 북한이 오히려 소련·중국과 군사동맹을 맺고 있다, 등의 현실에 입각한 주장을 폈다. 나아가, 한국과 경제 등에서 협력하는 것이야말로 공산주의로부터 일본을 지킬 수 있는 길이라고 주장했다. 그렇지만 이들 역시 식민지 지배에 대한 사죄와 배상 등은 전혀 시야에 넣고 있지 않았다.

이처럼 한국과 일본의 국민은 한일회담의 찬성 또는 반대에서 자국의 처지와 이익을 최우선으로 고려하여 서로 다른 시각과 태도를 보였다. 그러므로 국민여론을 짊어지고 한일회담에 임한 두 나라 대표가 역사인식과 현안 해결을 둘러싸고 대립과 반목을 되풀이한 것은 어쩌면 당연한 일이었다고 볼 수 있다.

3) 북한의 방해 책동

북한은 1950년대 초 한국과 일본이 예비회담을 시작할 무렵부터 일관되게 한일회담 반대의견을 피력해 왔다. 특히 한일협정의 체결에 즈음해서는, 식민지 지배의 또 다른 피해 당사자인 북한을 도외시한 채 남한이 한반도를 대표해 일본과 조약을 체결하는 것은 어불성설이라고 주장했다. 또 구 조선인 전체가 공유해야 할 배상 등의 문제를 남한 정부가 단독으로 처리할 수 없다는 견해를 밝혔다. 남한은 그럴 만한 자격이 없다는 것이다. 나아가 배상의 명목도 식민지 지배에 대한 피해보상을 의미하는 청구권이 아니라 경제협력의 방식으로 변질시켜 일본의 책임을 애매모호하게 만든다고 비판했다.

북한은 일본의 좌파 세력과 통일전선을 결성해 한일회담 반대운동을 벌였다. 북한이 상대한 주요 연대기관은 일본공산당, 일본사회당, 일조협회(1955년 전국화), 일한문제대책연락회의(1958.1.30 결성), 일한회담대책연락회의(일조협회 산하, 1961.1.13 결성), 안보반대·평화와 민주주의를 지키는 국민회의(1961.3.29 부활), 일본조선연구소(일본공산당 산하, 1961.11.11 설립), 일조당원회의(일본사회당 산하, 1961.1.15 결성) 등이었다. 조총련을 비롯해 재일조선인 단체가 북한과 손잡은 것은 말할 필요도 없다.

북한은 일본·한국의 좌파 세력을 조종해 한일회담 반대투쟁을 벌이기 위해 1956년 대외문화연락협의회를 결성했다. 말인즉슨 대일민간외교의 창구라는 것이었다. 그리고 한국에서 1960년 4·19학생의거를 계기로 남북통일 논의가 확산되자, 북한은 조국평화통일위원회(1961.5.13)를 설치했다. 한국에서는 조국통일민족전선이 결성됐다. 이로써 한일회담 반대를 위한 북한 주도의 통일전선이 일본과 한국에서 틀을 갖췄다.

북한 대외문화연락협의회와 일조협회는 1960년 9월 7일 공동성명을 발표했다. 조선 통일과 조일관계 발전을 방해하는 한일회담을 중지하라는 것이었다. 여기서 한일회담 반대운동이 북한의 통일운동과 결합되어 있음을 알 수 있다. 마침 김일성은 4·19학생의거로 들뜬 민족주의 분위기를 이용해 남북조선 연방제 실시를 주장했다. 대외문화연락협의회와 일조협회는 공동성명을 발표해 이를 지지했다.

일조협회는 1961년 11월 15일부터 일한회담분쇄전국통일행동월간(日韓會談粉碎全國統一行動月間)을 설정하고 전국 46개 도도부현(都道府縣)에서 반대운동을 벌였다. 공산당·사회당이 주도했다. 그리고 조선노동당이 지원했다. 일본조선연구소는 한일회담 반대운동의 사상적·이론적 근거를 만들었다.

'안보반대·평화와 민주주의를 지키는 국민회의'는 1962년 3월부터 10월까지 전국에서 한일회담 분쇄 통일행동 행사를 개최했다. 10월 25일 도쿄 히비야공원(日比谷公園) 야외음악당에서 열린 집회에는 1만 2,000명이 참가했다. 그들은 한일회담의 즉시 중지, 평화와 민주주의 실현을 외쳤다.

북한 정권은 1965년 6월 22일 한일협정이 정식 조인되자 이의 무효를 주장하는 성명을 발표했다. 골자는 "조선 인민은 일본 정부에 대해 배상청구권을 비롯한 제반의 권리를 계속 보유하고, 금후 언제라도 당연한 권리를 행사하겠다"는 것이었다. 이는 북한도 경우에 따라 일본과 수교하겠다는 뜻으로 해석할 수도 있었다.

북한은 일본과 남한에서 통일전선을 구축해 한일회담을 저지하려고 획책했다. 그렇지만 결국 실패로 끝났다. 그 원인은 여러 가지이지만 1961년 5·16군사정변으로 집권한 박정희 정부가 강력한 리더십을 발휘해 한일회담을 밀어붙였기 때문이다. 거기에 소련과 중화인민공화국의 분쟁으로 공산주의 국제연대가 약화되었다. 일본에서는 공산당과 사회당이 대립했다. 조선노동당이 일본공산당과 밀착한 대신 일본사회당과 소원해진 것도 주요 원인이었다. 한마디로 북한이 일본과 한국의 좌파 세력과 연대해 한일회담을 저지하려는 책동은 성공하지 못했다.

그 후 북한은 일본과 몇 차례 수교 교섭을 벌였다. 가장 높은 도달점은 2002년 9월 17일 김정일(金正日) 국방위원장과 고이즈미 준이치로(小泉純

一郎) 총리가 함께 발표한 조일평양선언이었다. 그런데 평양선언은 놀랍게도 식민지배에 대한 배상 문제 등을 경제협력 방식으로 처리하겠다고 명확히 천명했다.

결국 북한과 일본의 두 정상은 국교를 수립할 경우에 한일협정과 같은 절차와 형식 및 내용을 답습하겠다고 선언했다. 한일회담 저지투쟁에 나선 사람들은 북한이야말로 일본을 압박해 제국과 식민지 관계를 당당히 청산해 주기를 바랐다. 그런데 그 기대는 처참히 무너졌다. 북한과 일본이 한일협정과 유사한 조약을 맺어 국교를 정상화하겠다고 선언했기 때문이다. 조일평양선언의 자세한 내용은 자료23을 참조하기 바란다.

4장

한일협정의
내용과 평가

1. 한일협정의 구조와 성격

1) 한일협정의 구조

한일협정은 1965년 6월 22일에 조인되고 그해 12월 18일부터 효력을 발생한 '대한민국과 일본국 간의 기본관계에 관한 조약'(기본관계조약, 7개조, 전문은 자료9 참조)과 4개 협정 및 관련 25개 부속문서를 일컫는다. 한국 정부의 수석전권대표 이동원 외무부장관과 일본 정부의 수석전권대표 시나에쓰사부로 외무대신, 그리고 양국의 수행대표들이 각각 조인했다.

기본관계조약 이외의 4개 협정으로는 '대한민국과 일본국 간의 재산 및 청구권에 관한 문제의 해결과 경제협력에 관한 협정'(청구권협정, 4개조, 전문은 자료10 참조), '대한민국과 일본국 간의 일본국에 거주하는 대한민국 국민의 법적지위와 대우에 관한 협정'(법적지위협정, 6개조, 전문은 자료11 참조), '대한민국과 일본국 간의 어업에 관한 협정'(어업협정, 10개조, 전문은 자료12 참조), '대한민국과 일본국 간의 문화재 및 문화협력에 관한 협정'(문화재협정, 4개조, 전문은 자료13 참조) 등이 있다.

한국과 일본은 한일협정 체결 이후 국교를 재개하고 오늘날까지 정치·경제·사회·문화 등의 모든 면에서 아주 깊은 관계를 맺어왔다. 그렇지만 양국은 지금도 일본군'위안부' 피해자와 강제동원 피해자에 대한 사죄·보상 등의 과거사 처리, 한국병합조약과 식민지 지배에 대한 이해·평가 등의 역사인식을 둘러싸고 심각한 갈등을 빚고 있다. 한일협정이 기대 수준에 미치지 못했다는 것을 반증하는 현상이다.

실제로 한국과 일본은 한일회담과 한일협정에서 의견 차이를 좁히지 못하고 의도적으로 애매하게 봉합한 부분도 있다. 외교 교섭에서 흔히 말하는 '합의하지 않는 것을 합의한다(agree to disagree)'는 전략을 구사했기 때문이다. 여기서는 한일관계를 규정해 온 한일회담·한일협정의 내재적·외재적 틀을 기본관계조약과 4개 협정에 초점을 맞춰 논쟁점 위주로 간단히 짚어보겠다.

한일회담과 한일협정은 국내외 조건에 구속되면서 진행되고 타결되었다. 이런 기본 틀을 무시한 채 한일회담과 한일협정을 논하거나 평하는 것은 나무만 보고 숲을 보지 못한 채 경치를 말하는 것처럼 일면적이고 자의적이다.

2) 한일협정의 성격

한일협정의 성격을 구성하는 한일회담의 특징과 한일협정의 내용 및 한일협정체제의 가치를 국내외 사정을 시야에 넣고 정리하면 다음과 같다.

첫째, 한일회담·한일협정은 한일의 역사인식과 과거사 처리의 차이를 극명하게 드러냈고 그것은 메우기가 거의 불가능하다는 사실을 확인했다. 한국 정부는 역사인식과 과거사 처리에 직결되는 기본관계조약과 청구권협정을 유리하게 체결하기 위해 온 힘을 쏟았다. 기본관계는 과거의 정신적 치유, 청구권은 물질적 배상과 관련된 사안이었다. 둘 다 제국과 식민지 관계를 청산하고 독립국끼리 대등한 처지에서 국교를 수립하는 데 꼭 필요한 전제조건이었다. 한국 정부는 기본관계조약에서 일본이 한국병합조약과 식민지 지배에 대해 사죄와 반성을 명시하기 바랐다. 그리고 청구권협정에서는 기본관계조약 이행의 일환으로 막대한 배상금 지불을 기대했다.

그렇지만 일본 정부는 한국 정부의 요구에 응할 생각이 추호도 없었다. 한국병합조약은 합법적으로 맺어진 데다 식민지 지배는 한국에도 도움이 되었다는 게 일본의 공식 견해였다. 일본 대표는 한일회담에서 한국의 주장에 조목조목 반론하며 맞섰다. 그리고 일본이 골치 아프게 여긴 평화선 철폐와 재일한국인 처리 문제를 먼저 해결해야 할 의제로 들이밀었다. 그리하여 한일회담의 대부분 특히 1950년대는 대립과 갈등, 결렬과 재개를 반복하는 외교전쟁으로 시종했다. 결국 한일회담·한일협정에서 일본의 사죄·반성·배상을 얻어내지 못함으로써 한국에서는 양자에 대한 부정적 평가가 주류를 이루게 되었다.

둘째, 한일회담·한일협정은 샌프란시스코평화조약의 틀을 벗어날 수 없었다. 한국은 일본에 대한 승전국 자격으로 이 조약의 논의와 조인에 주체로 참여하려고 시도했다. 그러나 끝내 국제사회에서 연합국이나 교전국의 일원으로 인정받지 못하고 일본에서 분리·독립된 국가라는 대접을 받았다. 게다가 샌프란시스코평화조약 자체가 일본을 반공 보루로 육성하기 위해 징벌하는 대신 지원하는 쪽을 지향했다. 일본은 이런 국제정세 변화를 교묘히 활용해 승전국 편에 든 동남아시아 몇 나라에만 가볍게 배상하고 전후 세계에 복귀했다. 사정이 이러하니 한국의 배상요구는 먹혀들 여지가 없었다.

한국과 일본에 적용된 샌프란시스코평화조약은 제2조, 제4조, 제9조, 제12조, 제21조였다. 자세한 내용은 자료4를 참조하기 바란다. 특히 기본관계조약은 제2조, 제12조, 청구권협정은 제4조, 어업협정은 제9조와 관련이 깊다.

셋째, 한일회담·한일협정은 미국의 영향을 강하게 받았다. 동서 냉전이 격화되는 가운데 미국은 동아시아의 안보와 번영을 담보하는 방파제로서 한국과 일본이 국교를 수립하고 관계를 개선하기 바랐다. 이에 미국은 한국과 일본의 배후에서 회담의 귀추에 깊숙이 관여했다. 미국은 한일의 어느 한 쪽을 노골적으로 지원하지는 않았지만 중요 현안에 대해 몇 번은 결정적 판단을 내렸다. 그리고 한국을 전승국 지위에서 배제한 반면, 한국 소재 일본 재산의 몰수를 인정했다. 미국은 청구권협정을 경제협력 방식으로 타결하도록 한국을 압박하고, 총액은 한국의 요구를 수용하도록 일본에 압력을 가했다. 따라서 앞에서 언급했듯이 한일회담·한일협정은 샌프란시스코평화조약체제 속에서 한미일 삼국이 함께 추진한 공동프로젝트였다고 볼 수 있다.

넷째, 한국과 일본의 국력 격차가 한일회담·한일협정에 음양으로 영향을 미쳤다. 한국은 분단국가인데다 북한과 전쟁을 벌이며 대치했다. 그리고 빈곤에 허덕이고 안보가 위험했다. 게다가 신생국가로서 기초체력이 허약한 데다 외교역량은 대통령 한 사람에게 의지할 정도로 취약했다. 일본은 전후 복구에 이어 고도성장을 지속했다. 그리하여 한일회담이 타결될 무렵이면 국민총생산액이 한국의 30배로 세계 제2의 경제대국에 올라섰다. 더구나 일본은 100년 동안 제국으로서의 외교능력을 축적해 왔다. 한일회담을 시작할 당시 한국 외교부 직원은 30명이었는데, 일본은 본성(本省)만 1,066명이었다. 국내외의 역량과 위상에서 한국과 일본은 하늘과 땅 차이만큼 컸다.

다섯째, 한일회담·한일협정은 국내외의 강한 반발과 반대 속에서 추진됐다. 특히 한일회담의 타결을 앞두고 한국에서는 야당·학생이 굴욕외교라는 비난뿐만 아니라 정권 퇴진까지 요구했다. 박정희 정부는 이렇게 격렬한 반대를 계엄령·위수령을 선포해 진압하고 한일협정을 체결·조인했다. 북한의 방해 책동도 심했다. 일본의 야당과 조총련 등은 이와 연계해 반대운동을 벌였다. 한일회담·한일협정 반대운동은 양국 정부가 책임감을 가지고 진지하게 교섭에 임하도록 압박했다. 반면에 한일협정의 체결을 3년 가까이 지연시켰다. 한국은 경제발전을 그만큼 앞당길 수 있는 기회를 놓친 셈이다. 한일회담·한일협정 반대운동의 최대 후과(後果)는 양자에 대한 부정적 인식을 강고하게 심어주고 널리 전파하는 것으로 나타났다.

한일협정 체결을 반대한 쪽의 논리·주장은 자료7을, 추진한 쪽의 논리·

주장은 자료14를 참조하기 바란다. 양자의 시국관·세계관·국가관·역사관은 하늘과 땅처럼 큰 차이를 보였다. 그 후 60년의 한일관계 특히 한국의 성취를 고려하면 전자보다 후자가 대부분 옳았다는 것을 알 수 있다. 그럼에도 불구하고 한국에서 한일협정에 대한 부정적 평가가 대세인 것은 전자의 논리·주장이 후자의 논리·주장을 압도할 수 있는 정치적·문화적 풍토가 강고하기 때문이다.

여섯째, 비교사적 관점에서 한일협정의 공과를 재검토할 필요가 있다. 청구권협정은 일본이 점령한 아시아 여러 나라와 견주어 볼 수 있다. 중화민국과 중화인민공화국은 다른 연합국(승전국)처럼 일본과 양자 조약을 맺어 배상청구권을 포기했다. 막대한 배상 부담에서 벗어난 데 감복한 일본은 중화인민공화국의 개혁개방시대에 막대한 규모의 공공차관(개발원조)를 제공해 경제발전을 도왔다.

일본은 동남아시아 4개국에 대해서는 샌프란시스코평화조약 제14조 규정에 따라 개별 교섭과 배상협약을 통해 전쟁배상금을 지불했다. 이들은 연합국·교전국의 일원으로 분류되어, 일본으로부터 미얀마는 2억 달러, 필리핀은 5억 5,000만 달러, 인도네시아는 2억 2,000만 달러, 베트남은 4,000만 달러를 받았다. 추가로 차관을 얻은 경우도 있다. 싱가포르, 말레이시아 등에는 배상에 해당하는 조치로 소규모의 경제협력을 했다.

일본은 한국에 대해 샌프란시스코평화조약 제4조 규정에 따라 개별 교섭을 통해 무상 3억 달러, 유상 2억 달러, 플러스알파에 상당하는 일본의 생산물과 용역을 지불함으로써 청구권 문제를 해결했다. 겉으로 보면 명분과 실리에서 동남아시아 4개국이 더 유리한 측면도 있다. 그들이 일본에 점령된 기간은 길어야 5년인 데 비해 한국은 36년이었다.

그렇지만 샌프란시스코평화조약은 식민지 지배를 청산하는 조약이 아니었다. 어디까지나 전후 처리 조약이었다. 여기서 한국은 전쟁 당사자로 인정을 받지 못했다. 국제사회에서 한국은 연합국이 승리함으로써 어부지리(漁父之利)로 독립을 얻었다는 취급을 받은 셈이었다.

그런데 한국과 동남아시아 각국의 귀추를 보면 한일협정을 재평가할 수 있는 여지가 생긴다. 한국은 청구권 자금을 종자돈 삼아 제1·2차 경제개발 5개년계획을 추진해 목표를 초과 달성했다. 그리고 여세를 몰아 중화학공업을 발전시켜 세계 10대 경제대국으로 성장했다. 나아가 이를 바탕으로 방위산업을 육성하고 안보체제를 정비해 세계에서 손꼽히는 군사대국으로 발전했다. 한국 정부가 한일회담·한일협정을 반대한 일부 국민의 우려를 채찍 삼아 청구권 자금을 국가발전에 집중 투자한 덕분이었다. 동남아시아 여러 나라는 배상금을 권력자들이 유용하거나 소비재산업 등에 투입해 국가발전에 별로 도움을 주지 못했다. 인도네시아는 호텔을 짓는 데 많은 돈을 들였다. 한국과 극명하게 대조를 이루는 사례였다. 이런 점에서 한일협정의 효과는 높게 평가해도 좋을 것이다.

일곱째, 한국 정부는 청구권 자금을 개인보상보다는 국가발전에 우선적으로 활용하는 전략을 채택했다. 그렇다고 해서 역대 정부가 개인보상을 소홀히 한 것은 아니었다. 박정희 정부와 노무현(盧武鉉) 정부는 강제동원 피해자에 대해 몇 차례 법률을 만들어 상당한 보상을 했다. 그 밖에 일본군'위안부', 재한 원자폭탄 피해자, 사할린 잔류 한국인 등에 대해서도 법률 등을 제정해 별도로 보상과 치유를 실행했다. 사안에 따라서는 일본도 여기에 참여했다.

그렇지만 한일의 조처가 피해자 전원을 만족시킬 수는 없었다. 불만을 품은 피해자들은 한국과 일본의 정부와 기업을 상대로 소송 등의 운동을 벌였다. 시민단체가 이들을 지원했다. 최근 법원은 피해자의 손을 들어주고 있다. 그리하여 판결의 집행을 둘러싸고 한국과 일본은 또다시 갈등을 빚고 있다. 고육지책(苦肉之策)으로 윤석열 정부는 일본 측이 지불해야 할 판결금을 한국 측이 변제하는 방안을 만들어 실행하고 있다. 그렇지만 일부 원고 측이 반발하는데다 기금 확보도 여의치 못해 이행에 애를 먹고 있다.

대국적으로 보면 한국과 일본은 한일협정의 기본 틀을 존중하면서도 부족한 부분을 수정·보완하는 작업을 계속해 왔다. 양국이 그 경험과 실적을 소중히 여기고 그 속에서 교훈과 지혜를 찾는다면 나머지 과거사 문제는 어렵지 않게 풀 수 있을 것이다.

여덟째, 한일협정은 역설적으로 한국인이 일본에 대한 열등의식과 패배주의를 불식하고 대등의식과 극복의지를 양성하는 계기가 되었다. 박정희 대통령은 1965년 6월 23일 한일회담 타결에 즈음한 특별담화에서 한일협정을 굴욕적·매국적이라고 매도하고 일본을 수탈적·침략적이라고 경계하는 반대세력에 대해 다음과 같이 일갈했다.

> 한일 양국 간에 있어서 새로운 역사가 시작되는 이 순간에 우리가 깊이 반성하고 깊이 다짐할 점이 무엇이겠습니까. 그것이 바로 독립국가로서의 자주정신과 주체의식이 더욱 확고해야 하겠다는 것이며, 아시아에 있어 반공의 상징적인 국가라는 자부와 긍지를 잊어서는 안 되겠다는 것입니다.
> 나는 우리 국민의 일부 중에 한일협정의 결과가 굴욕적이니, 저자세니, 또는 군사적·경제적 침략을 자초한다는 등 비난을 일삼는 사람들이 있다는 것을 알고 있습니다. 심지어는 매국적이라고 극언을 하는 사람이 있습니다. 나는 지금까지 그들의 주장이 정부를 편달하고, 정부가 하는 협상의 입장을 강화하는 데 도움이 될 수 있으리라는 점에서 이것을 호의적으로 받아들여 왔습니다.
> 그러나 만일 그들의 주장이 진심으로 우리가 또다시 일본의 침략을 당할까 두려워하고 경제적으로 예속이 될까 걱정을 한다면, 나는 그들에게 묻고 싶습니다. 그들은 어찌하여 그처럼 자신이 없고 피해의식과 열등감에

사로잡혀서 일본이라면 무조건 겁을 집어먹느냐 하는 것입니다.

이와 같은 비굴한 생각, 이것이야말로 굴욕적인 자세라고 나는 지적하고 싶습니다. 일본 사람하고 맞서면 '언제든지 우리가 먹힌다' 하는 이 열등의식부터 우리는 깨끗이 버려야 합니다. 한걸음 더 나아가서 이제는 대등한 위치에서, 오히려 우리가 앞장서서 그들을 이끌고 나가겠다는 우월감은 왜 가져보지 못하는 것입니까?

이제부터는 이러한 적극적인 자세를 가지고 나가야 합니다. 하나의 민족국가가 새로이 부흥할 때는 반드시 민족 전체에 넘쳐흐르는 자신과 용기와 긍지가 있어야 하고 적극성과 진취성이 충만해야 하는 것입니다.

한일협정 반대세력을 꾸짖는 것처럼 들리는 박 대통령의 연설은 국민의 각성과 분발을 촉구하는 문장으로 이어졌다.

한마디로 한일 국교정상화가 앞으로 우리에게 좋은 결과를 가져오느냐, 불행한 결과를 가져오느냐 하는 관건은, 우리의 주체의식이 어느 정도 건재하느냐, 우리의 자세가 얼마나 바르고 우리의 각오가 얼마나 굳으냐에 있다는 것입니다.

우리가 만약에 정신을 바짝 차리지 못하고, 정부는 물론이거니와, 정치인이나, 경제인이나, 문화인이나를 할 것 없이 국리민복을 망각하고 개인의 사리사욕을 앞세우는 일이 있을진대, 이번에 체결된 모든 협정은 그야말로 치욕적인 제2의 을사조약이 된다는 것을 2,700만 국민 한 사람 한 사람이 다 같이 깊이 명심해야 할 것입니다.

한국 국민은 박 대통령의 기대에 부응했다. 한일협정 체결 이후 60년이 지나는 동안 한국은 일본과 비슷한 수준으로 발전했고 한국인은 일본인과 대등하게 교류하며 경쟁한다. 특히 젊은이들에게서는 열등의식이나 패배주의를 찾아볼 수 없다. 오히려 앞장서서 일본을 이끌어가겠다는 호기도 보인다. 여기서 박 대통령의 혜안과 한국 국민의 분투를 재삼 확인할 수 있다. 따라서 한일협정체제는 처음에는 초라했지만 나중에는 창대하게 되었다고 총괄할 수 있을 것이다.

아홉째, 한일협정 체결은 일본의 식민지 지배나 침략전쟁 책임을 다시 돌아보게 만드는 계기가 되었다. 일본은 한국을 비롯한 아시아 여러 나라와 아주 유리한 조건으로 전후 처리를 마무리했다. 연합국의 중추인 미국이 새로운 적국으로 떠오른 소련과 중국에 맞서기 위해 일본의 배상 책임을 최소한으로 줄이고 오히려 경제 재건을 통해 반공 방파제로 육성하려는 정책을 구사했기 때문이다. 그리하여 일본은 패전국이 짊어져야 할 막대한 부담에서 벗어나 경제대국으로 도약할 수 있는 절호의 발판을 마련했다. 반면에 일본은 식민지 지배와 침략전쟁에 대한 사죄와 배상을 소홀히 함으로써 한국을 비롯한 아시아 여러 나라와 우호협력관계를 구축하는 데 곤란을 겪었다.

박정희 대통령은 과거사 처리에 대한 일본의 소극적 자세를 직시하고 앞의 한일회담 타결에 즈음한 특별담화에서 일본 국민에게 다음과 같이 진솔한 당부와 경고를 덧붙였다.

나는 이 기회에 일본 국민들에게도 밝혀 둘 말이 있습니다. 우리와 그대들 간에 이루어졌던 불행한 과거를 청산하고, 새로운 선린으로서 다시 손을 마주잡게 된 것은 우리 양국 국민을 위해서 다행한 일이라고 생각합니다. 물론 과거 일본이 저지른 죄과들이 오늘의 일본 국민이나 오늘의 세대, 선도들에게 전적으로 책임이 있다고는 생각하지 않습니다. 그러나 정무조인이 이루어진 이 순간에, 침통한 표정과 착잡한 심정으로 과거의 구원을 억지로 누르고, 다시 손을 잡는 한국 국민들의 이 심정을 그렇게 단순하게 보아 넘기거나 결코 소홀히 생각하여서는 안 된다는 것입니다.

앞으로 우리 두 나라 국민이 참다운 선린과 우방이 될 수 있고 없는 것은 이제부터에 달려 있는 것입니다. 이번에 체결된 협정문서의 조문 그 자체가 문제가 아니라, 앞으로 그대들의 한국이나 한국 국민에 대한 자세와 성의 여하가 문제가 되는 것입니다.

우리는 그것을 주시하고 있다는 것을 명심해야 할 것입니다. "일본은 역시 믿을 수 없는 국민이다" 하는 대일 불신 감정이 우리 국민들 가슴속에 또다시 싹트기 시작한다면 이번에 체결된 제협정은 아무런 의의를 지니지 못 할 것입니다.

박 대통령의 언설에는 만난(萬難)을 무릅쓰고 한일협정을 체결한 최고 지도자·책임자의 간곡한 부탁이 절절히 배어 있다. 따라서 일본 정부와 국민이 고깝게 여길 것이 아니라 깊이 음미해 실천하지 않으면 안 되는 메시지라고 볼 수 있다.

놀랍게도 박 대통령의 일본 국민에 대한 훈시는 60년이 지난 지금도 그 효용성이 전혀 떨어지지 않는다. 오히려 역사인식과 과거사 처리에 대한 일본의 의지와 자세를 새삼스럽게 되묻게 만든다. 요즘 한일관계가 개선 국면으로 전환되었음에도 불구하고 역사 문제를 둘러싼 양국의 대립과 갈등은 여전하기 때문이다.

이 절에서는 박 대통령의 담화를 일부러 장황하게 인용했다. 그의 담화가 한일협정의 성격과 가치를 논하는 데 중요한 기준이 될 수 있다고 여겼기 때문이다. 실제로 그 이후 한일관계는 박 대통령의 예견과 경고대로 전개되었다. 그러므로 한일 국교정상화 60주년을 맞아 한일협정체제를 더욱 발전시키고 싶다면 그의 담화에서 더 많은 지혜와 교훈을 얻어야 할 것이다.

2. 한일협정의 개요와 쟁점

1) 기본관계조약

기본관계조약은 전문(前文)과 7개조로 구성되었는데, 그 골자는 다음과 같다. 전문은 자료9에 실려 있다.

제1조 양국은 외교 및 영사관계를 수립하고, 대사급 외교사절을 지체 없이 교환하며, 합의된 장소에 영사관을 설치한다.
제2조 1910년 8월 22일 및 그 이전에 대한제국과 대일본제국 사이에 체결된 모든 조약 및 협약이 이미 무효임을 확인한다.
제3조 대한민국 정부가, 국제연합 총회의 결의 제195(Ⅲ)호에 명시된 바와 같이, 한반도에서 유일한 합법정부임을 확인한다.
제4조 양국은 상호관계와 상호이익을 증진함에 있어서 국제연합 헌장의 원칙을 지침으로 삼는다.
제5조 양국은 무역·해운·기타 통상의 관계를 안정되고 우호적인 기초 위에 두기 위해 조약 또는 협정을 체결하기 위한 교섭을 조속히 시작한다.
제6조 양국은 민간항공운수에 관한 협정을 체결하기 위해 조속히 교섭을 시작한다.

일본은 당초 한일우호조약 체결을 제안했다. 한국의 독립을 승인하고 양국의 영토보전을 존중하며 우호관계와 경제관계의 유지에 초점을 맞춘 내용이었다. 기기에 식민지 지배에 대한 반성이나 사죄는 없었다. 한국은 이에 불만을 품고 기본조약의 체결을 제시했다. 한국병합조약의 무효를 확인하고 식민지 지배에서 연유한 현안 해결에 초점을 맞춘 내용이었다. 국교 수립 과정에서 일본이 미래관계를 겨냥했다면 한국은 과거 청산을 중시했다고 볼 수 있다. 조약의 제목은 한국의 의견을 좀 더 반영해 결국 기본관계조약으로 정했다.

한일 국교정상화는 당연히 일본의 한국에 대한 식민지 지배를 청산하고 대등한 처지에서 새롭게 외교관계를 맺음으로써 우호친선의 기초를 닦아야 마땅했다. 그리하여 이승만 정부는 처음부터 샌프란시스코평화조약에 참가해 일본의 사죄·반성·배상을 받아내려고 노력했다. 한국인은 줄곧 독립운동을 해왔고, 대한민국임시정부는 일본에 선전을 포고했다. 연합국은 카이로선언 등을 통해 한국의 노예상태 해방을 약속했다. 이런 경위를 보면 이승만 정부의 시도가 틀린 것이 아니었다.

그렇지만 이것은 어디까지나 한국의 주장이었고, 일본은 시종일관 한국병합조약과 식민지 지배가 합법이고 유효하다는 논리를 고수했다. 요시다 정부는 한국의 요구를 논리와 증거가 틀렸다며 수용하지 않았다. 한일회담 수석대표 구보타는 오히려 한국에 남은 일본 재산을 돌려달라고 맞불을 질렀다. 그리고 식민지 지배가 합법이었고 한국에 도움이 되었다고 정면으로 반박했다.

미국을 비롯한 연합국은 끝내 한국을 샌프란시스코평화조약의 정식 멤버에서 제외했다. 한국은 일본과 전쟁상태에 있지 않았고 1942년 1월 연합국선언에 서명하지도 않았다는 사실을 이유로 들었다. 그 대신 한국 소재 일본 재산의 처리, 어업협정 체결, 통상관계 수립 등에서 한국에 이익을 부여하겠다고 언명했다.

기본관계조약은 1964년 말부터 급속히 타결의 길로 들어섰다. 동아시아에서 자유 진영과 공산 진영의 냉전이 격화되어 한일관계의 수복은 더 미룰 수 없게 됐다. 실제로 베트남전쟁, 중국의 핵실험 성공, 한국의 베트남 파병 등은 한일의 반공연대를 제일의 과제로 만들었다. 이 점에서는 한국과 일본 그리고 미국의 이해관계가 거의 완전히 일치했다.

그럼에도 한국과 일본의 주장은 평행선을 달렸다. 이에 양국은 국교정상화를 실현시키기 위해서 자국의 주장을 크게 손상시키지 않는 범위에서 타협할 수밖에 없었다. 한국이 차선책으로 제시한 타협안은 '구 조약의 무효 확인'이었다.

한국은 '한국병합'이 협박과 기만에 의해 불법적으로 이루어진 강제점령이었다고 인식했다. 그리고 경우에 따라서는 일본의 식민지 지배에 대해 국제법상의 책임을 물을 수 있다고 보았다. 이에 대해 일본은 '한국병합'이 대한제국의 동의 아래 합법적인 절차를 통해 이루어졌다고 여겼다. 따라서 그 후의 한국 통치는 강제점령에 의한 식민지 지배와는 성격이 다르다는 견해를 피력했다.

양국 정부는 치열한 논쟁 끝에 기본관계조약에 '1910년 8월 22일 및 그 이전에 대한제국과 대일본제국 간에 체결된 모든 조약 및 협약이 이미 무효임을 확인한다'는 조항(제2조)을 설정했다. 한국은 과거의 조약들이 체결 당시부터 불법이고 무효였다고 본다. 반면에 일본은 체결 당시 합법이고 유효였으나 1948년 한국 정부 수립 시점에서는 이미 무효가 되었다고 본다.

양국은 결국 '언제부터'라는 시점은 서로 편의에 따라 해석하는 대신, 여하튼 무효라는 점을 공지(共知)하는 선에서 타협해 '이미'라는 용어를 채용했다. '구 조약'의 무효 시점은 보기에 따라 일본의 한국 지배가 합법인가 불법인가와 결부된 중요한 문제였다. 양국 정부는 아무리 논쟁해도 그 시점을 합의할 수 없다는 것을 숙지하고 서로 편의적으로 해석할 여지를 일부러 남겨둔 채 시둘리 타결한 것이다.

기본관계조약에서 또 하나 문제가 된 것은 제3조의 '유일한 합법정부'

를 어떻게 규정하느냐는 문제였다. 한국의 유일 합법성 문제는 청구권 문제의 해결 원칙이 합의된 1962년 12월 무렵부터 논쟁의 대상이 되었다. 한국은 한국 정부가 한반도에서 유일한 합법정부임을 명기함으로써 정통성을 확보하고 일본과 북한의 교섭을 견제하고 싶었다. 일본은 한국 정부의 관할권을 남한에 한정함으로써 남북 대결에 끼어들지 않고 북한과 수교할 가능성을 열어두려고 했다.

한국과 일본은 집중적인 교섭 끝에 1948년 12월 12일 국제연합 총회 결의 제195(Ⅲ)호를 원용하는 방법을 채택했다. 곧 한국 정부가 유엔 감시 아래 치러진 선거를 통해 수립된 합법정부임을 확인한 것이다. 양국은 문구에서 콤마 하나를 두고도 실랑이를 벌였다. 한국은 대한민국의 주권이 한반도의 모든 지역에 미친다는 것을 일본이 인정했다고 주장했다. 반면에 일본은 유엔 총회 결의가 인정하는 범위 안에서 대한민국의 합법성을 용인하지만, 현실적으로는 그 관할권이 남한에만 미치고 있다는 사실을 염두에 두어야 한다고 주장했다.

한일협정 체결 이후 한국 정부는 제3조를 근거로 일본의 대북 접근을 견제했고, 일본 정부는 같은 조항을 빌미로 삼아 북한과의 수교를 타진했다. 서로 자기 주장을 되풀이한 것이다. 그런데 한국과 북한이 1991년 9월 17일 유엔에 동시 가입함으로써 한국의 유일 합법성 문제는 상당 부분 해소되었다.

기본관계조약이 체결됨으로써 한국병합조약과 식민지 지배를 둘러싼 합법·불법, 유효·무효, 부당·정당 논쟁은 일단 봉합되었다. 그리고 한국의 유일 합법성 문제도 유엔 총회 결의를 원용함으로써 충돌을 피할 수 있었다. 한국과 일본은 기본관계조약의 주요 내용을 자의적으로 해석할 수 있는 식으로 합의함으로써 한일협정의 체결을 이끌어냈다.

그렇지만 기본관계조약의 애매한 결착은 그 후 역사인식과 과거사 처리를 둘러싸고 한일의 갈등을 유발하는 화근으로 남았다. 한국의 대법원이 2018년 10월 30일 강제동원 피해자 소송 판결에서 식민지 지배를 불법·무효·부당이라고 밝힌 데 대해, 일본 정부가 그것은 어디까지나 한국 측 주장일 뿐 일본의 입장과는 전혀 상관없는 일이라고 전면 부정한 것이 단적인 예다. 이런 대립은 기본관계조약이 체결 당시나 60년 이후나 양국의 기대 수준에 미치지 못하고 있음을 역설적으로 증명한다고 볼 수 있다.

2) 청구권협정

청구권협정은 한일회담 당초부터 논란이 많았을 뿐만 아니라 오늘날까지도 그 내용과 성격을 둘러싸고 충돌한다. 실제로 한국과 일본은 청구권협정으로 과거사 처리가 모두 끝났느냐 아니냐를 둘러싸고 여전히 다투고 있다. 청구권협정의 골자는 다음과 같다. 자세한 내용은 자료 10을 참조하기 바란다.

  제1조 일본은 한국에 10년에 걸쳐 무상 3억 달러와 유상 2억 달러(연이율 3.5%, 7년 거치를 포함하여 20년 상환)에 해당하는 일본의 생산물과 용역을 10년에 걸쳐 제공한다.
  제2조 본 협정으로 양국과 그 국민의 재산·권리 및 이익과 청구권에 관한 문제가 완전히 그리고 최종적으로 해결된 것을 확인한다.
  제3조 본 협정의 해석 및 실시에 관해 한일 사이에 분쟁이 발생하면 외교 경로 또는 중재위원회 등을 통해 해결한다.

한국과 일본은 원래부터 식민지 지배의 불법성·합법성, 부당성·정당성, 무효·유효에 대해 정반대의 주장을 폈다. 그러하니 식민지 지배와 관련된 금전적 처리 곧 배상에 대해 의견이 맞을 리가 없었다.

이승만 정부가 만든 「대일배상요구조서」는 한국이 일본에 배상을 요구하는 근거를 다음과 같이 밝혔다.

1910년부터 1945년 8월까지 일본의 한국 지배는 한국 국민의 의사에 반한 일본 단독의 강제적 행위로서 정의, 공평, 호혜 원칙에 입각하지 않고 폭력과 탐욕의 지배였다. 그 결과 한국 및 한국인은 일본에 의한 어떤 국가보다 최대의 희생을 당한 피해자다. 카이로선언은 한국 인민의 노예상태에 유의하여 한국을 자주독립시킬 것을 결의하고, 포츠담선언은 이의 실행을 확인했다. 대한민국의 대일배상요구는 의심할 여지없이 정당하다. 그러나 그것의 기본정신은 일본을 징벌하기 위한 보복의 부과가 아니라 희생의 회복을 위한 공정한 권리의 이성적 요구다.

이승만 정부의 배상요구는 지금 살펴봐도 논지가 명확하고 설득력이 강하다. 당시 이승만 정부가 산정한 배상요구액은 약 20억 달러 규모였다.

그렇지만 요시다 정부는 수석대표 구보타 발언 등을 통해 한국의 요구를 정면으로 거절했다. 일본의 논지는 다음과 같았다.

일본의 36년 동안 점령은 한국에 유익했다. 카이로선언이 한국 민족의 노예상태 해방 운운한 것은 전시히스테리의 표현이었다. 미군정의 한국 소재 일본 재산 몰수는 국제법 위반이다. 한국이 대일강화조약 이전에 독립한 것이나 연합국이 한국에서 일본인을 송환한 것도 국제법 위반이다.

이런 견해를 바탕으로 일본 정부는 한국 정부에 대해 일본 재산을 돌려달라고 맞불을 질렀다. 이른바 역청구권 주장이다.

한국은 이에 정면으로 반발했다. 그리고 평화선을 침범하는 일본 어선을 나포했다. 그리하여 한일회담은 3년 반(1953.10~1957.2) 동안 중단되었다.

그 후 등장한 기시 노부스케 정부는 구보타 발언과 역청구권을 철회하고 한일회담의 재개에 나섰다. 한국의 일본 어민 석방과 미국의 안보협력을 끌어내기 위한 전략이었다. 그러나 모처럼 가동한 한일회담도 기시 정부의 재일 한국인 '북송'으로 다시 중단되었다.

미국을 비롯한 연합국은 최종적으로 한국을 대일전승국으로 인정하지 않았다. 이에 이승만 정부는 대일배상요구를 샌프란시스코평화조약 제4조에 따라 청구권 요구로 변경했다. 한국이 「대일배상요구조서」를 수정해서 만든 '8개 항목'의 청구권 요구는 전쟁배상이나 식민보상의 성격을 옅게 하면서 영토의 분리·독립으로 생겨난 재정적·민사적 채권·채무의 청산에 초점을 맞췄다.

1960년대 들어 한국과 일본에서 새로 등장한 장면 정부와 이케다 정부는 한일회담의 조기 타결을 모색했다. 다시 열린 한일회담에서는 청구권, 선박, 문화재 반환 등에 관해 실질적 토의를 벌였다. 그러나 핵심 의제인 청구권에 대해서는 의견 차이를 좁히지 못했다.

한국에서 박정희 정부의 출현은 한일회담 타결의 결정적 계기가 되었다. 국가재건최고회의 의장 박정희는 1961년 11월 도쿄에서 이케다 총리를 만나, 일본이 성의를 가지고 청구권 문제에 임한다면 한국은 법률적 근거가 있는 청구권만 요구하고 정치적 배상은 요구하지 않겠다고 말했다. 마침 일본에서 새로 등장한 이케다 정부도 청구권 문제를 경제협력으로 푸는 방안을 모색하고 있었다. 곧 일본이 한국에 무상·유상의 지원을 함으로써 배상요구를 상쇄할 속셈이었다.

박정희 정부는 경제발전과 안전보장을 가장 중시했다. 절박한 국내외정세 속에서 경제와 안보를 강화하는 데는 일본의 자금과 기술이 절실히 필요했다. 그런데 청구권 자금의 명목에 집착하다가는 또다시 10년을 허비할 판이었다. 미국 케네디 정부도 원조 삭감을 무기로 한일회담의 타결을 압박했다. 취약한 한국의 경제와 안보에 일본을 끌어들여 보강하라는 것이다.

이케다 정부는 안보투쟁으로 험악해진 국민여론을 진정시키기 위해 이른바 소득배가정책을 표방했다. 경제성장을 우선 과제로 내세운 것이다. 당시 일본의 여론은 한일회담 타결에 호의적이지 않았다. 이케다 정부가 반대 분위기를 잠재우기 위해서는 한일협정이 일본에도 이익이 된다는 증거를 제시해야만 했다. 여기서 부상한 것이 경제협력 방식이었다.

경제협력 방식의 골자는 다음과 같았다.

일본이 현금 아닌 상품, 기계, 기술, 역무를 한국에 제공하면 부수적으로 수출이 늘어나 일본에 결코 손해가 아니다. 지불 액수에서 한국의 요구를 받아들이되 명목에서 사죄·배상을 제외하면 명분도 산다. 경제협력 방식으로 한일협정을 맺으면 소득을 두 배로 늘리겠다는 이케다 정부의 공약에도 도움이 될 터다.

한국과 일본 그리고 미국은 청구권 문제를 경제협력 방식으로 해결하자는 데 의견을 모았다. 그러자 청구권 협상은 총액과 명목을 일괄 타결하는 쪽으로 급속히 나아갔다. 양국은 물밑 교섭을 계속했다. 그리고 1962년 11월 고위층 회담에서 무상 3억 달러, 유상 2억 달러, 민간차관 1억 달러 이상을 합의했다. 이른바 '김종필·오히라 메모'다. 메모의 내용은 자료6을 참조하기 바란다.

'김종필·오히라 메모'는 자금의 명목을 밝히지 않았다. 양국이 편의적으로 해석할 수 있는 여지를 남긴 것이다. 실제로 이 자금의 성격을 한국 정부는 청구권 자금 또는 사실상의 배상으로, 일본 정부는 경제협력자금 또는 독립축하금으로 해석했다. 그리하여 협정의 제목에서도 청구권과 경제협력이라는 두 용어를 사용했다.

한국은 대일청구권자금을 개별 단위로 집계하여 계산하는 방식 대신 총액을 산정해 요구하는 방식을 채택했다. 일본은 처음에 전자를 주장했으나 나중에는 후자에 동의했다. 이를 바탕으로 제2조는 '양국과 그 국민의 재산·권리 및 이익과 청구권에 관한 문제가 완전히 그리고 최종적으로 해결된 것을 확인한다'고 규정했다.

한국과 일본은 험난한 국내외 조건 속에서 안보와 경제를 최우선으로 고려해 한일협정을 체결했다. 그리하여 기본관계조약과 청구권협정에서 과거사 청산은 뒤로 밀릴 수밖에 없었다. 한국은 연합국의 일원으로 인정받지 못한 처지에다 국제사회도 식민지 문제 처리를 유보한 상황에서 울며 겨자 먹기 식 선택을 한 셈이다. 반면에 일본은 자유 진영과 공산 진영이 냉전으로 치닫는 세계정세를 잘 활용해 징벌적 배상에서 벗어나는 행운을 누렸다. 그 대신 일의대수(一衣帶水) 한국으로부터 치유하기 어려운 원한과 불신을 샀다. 이것은 일본에게 벗기 힘든 무거운 짐이 됐다.

한국 정부는 청구권협정이 내재한 결함을 극복하는 의지와 자세로 청구권 자금을 국가발전에 최대한 유용하게 사용했다. 그리하여 60년 만에 한국은 세계 10위권의 경제·군사 대국으로 성장했다. 반면에 일본에 점령당한 다른 아시아 여러 나라는 배상금을 국가발전으로 연결시키지 못하고 낭비했다. 이런 사례와 비교하면 경제협력 방식으로 청구권 문제를 해결한 한국 정부의 전략이 시의적절했다고 볼 수도 있다.

3) 재일한국인의 법적지위협정

재일한국인의 법적지위와 대우 문제는 패전과 해방 이후 일본과 한국이 당면한 여러 난제 중에서도 매우 복잡한 사안이었다. 역사, 인권, 외교, 국내외 법규, 재산, 정치, 감정 등이 깊게 얽혀 있었기 때문이다. 법적지위협정의 골자는 다음과 같다. 자세한 내용은 자료11을 참조하기 바란다.

> 제1조 1항 일본국 정부는 1945년 8월 15일 이전부터 계속 일본에 거주하고 있는 자와 그의 직계비속으로서 1945년 8월 16일 이후 본 협정 발효부터 5년 이내에 일본국에서 출생하여 계속 일본국에 거주하는 자에 해당하는 대한민국 국민이 본 협정의 효력 발생일로부터 5년 이내에 영주허가를 신청하였을 때에는 일본국에서의 영주를 허가한다.
>
> 제2조 일본국 정부는 제1조의 규정에 의거하여 일본국에서의 영주가 허가되어 있는 자의 직계비속으로서 일본국에서 출생한 대한민국 국민의 일본국에서의 거주에 관해서는 대한민국 정부의 요청이 있으면 본 협정의 효력 발생일로부터 25년이 경과할 때까지는 협의를 행함에 동의한다.
>
> 제3조 제1조의 규정에 의거하여 일본국에서 영주가 허가되어 있는 대한민국 국민은 제3조에서 규정한 어느 하나에 해당되는 경우를 제외하고는 본 협정의 효력 발생일 이후의 행위에 의하여 일본국으로부터의 퇴거를 강제당하지 아니한다.
>
> 제5조 제1조의 규정에 의거하여 일본국에서의 영주가 허가되어 있는 대한민국 국민은 출입국 및 거주를 포함하는 모든 사항에 관하여 본 협정에서 특히 정하는 경우를 제외하고 모든 외국인에게 동등하게 적용되는 일본국의 법령의 적용을 받는 것이 확인된다.

1945년 8월 당시 일본에는 약 200만 명의 한국인이 거주하고 있었다. 해방 이후 1946년까지 그중에서 140만여 명이 귀국하여, 1965년 당시에는 약 60만 명이 남아 있었다. 이들은 일본 국적을 상실하고 특수한 외국인이라는 불안한 처지에 놓여 있었다. 이들에게 합법적인 영주자 지위를 부여하는 것은 시급한 과제였다.

한국과 일본은 법적지위협정을 통해 해방 이전부터 일본에 거주하던 재일한국인과 그 자녀에 대해서는 영주권을 부여하기로 합의했다. 그리고 이번에 협정영주권을 갖게 되는 재일한국인 자녀의 영주권은 1991년 1월까지 별도의 조처를 강구하기로 했다. 이로써 재일한국인은 안정적으로 생활할 수 있는 최소한의 법적지위를 확보했다. 그렇지만 지문 날인, 취업 제한 등의 차별은 엄연하여 생활은 곤란하고 열악했다.

일본에서는 패전 직후부터 재일한국인에 대한 차별 철폐와 법적지위 확보운동이 광범하고 끈질기게 전개되었다. 법적지위협정은 그 운동 과정에서 제기된 요구조건을 충분히 수렴하지 못한 채 맺어졌다. 게다가 재일한국인의 처우를 개선하는 데도 특별히 기여하지 못했다는 비판을 받기도 했다.

한일 외무장관은 법적지위협정에서 규정한 대로 1991년 1월 10일 각서를 교환해 새로운 돌파구를 마련했다. 재일한국인 3세 이하에게도 영주권을 주고 각종 처우를 개선하는 조처를 취한 것이다. 이에 관해서는 5장에서 자세히 기술하겠다.

4) 어업협정

한일회담 과정에서 어업 문제는 아주 중요한 주제였다. 양국의 산업구조에서 어업의 비중이 큰 데다 국민 생활과 직결되었기 때문이다. 수산물은 한국의 주요 수출품이었고 일본 국민에게는 주요 단백질 공급원이었다. 따라

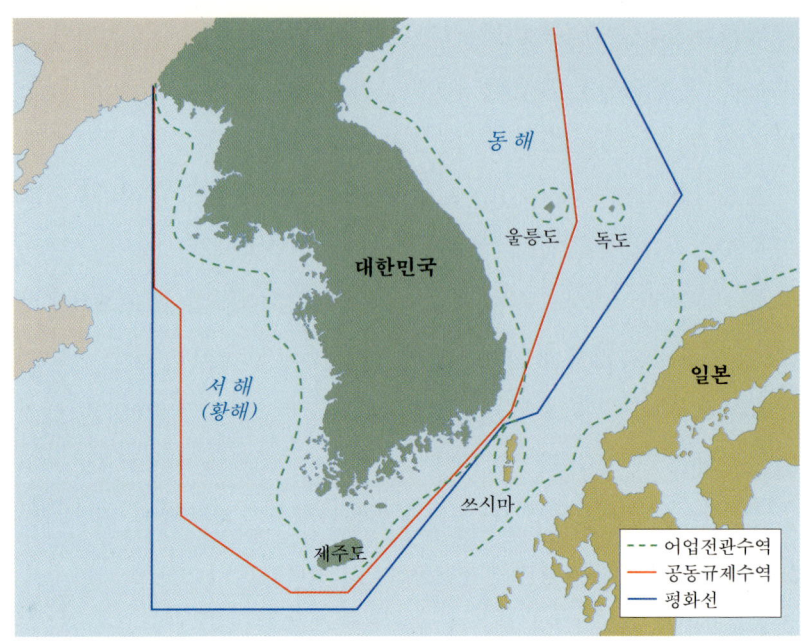

지도 2
한일 어업협정의 수역관할도(1965)

어업협정에서 한국은 12해리, 일본은 3해리까지 배타적 경제수역을 선포하고 어선 단속은 기국주의를 택했다. 당시 한국은 평화선을 침범한 일본 어선 328척, 일본 어민 3,929명을 나포·구금했다. 일본은 이런 사태를 피하기 위해 한국의 전관수역을 넓게 허용하는 대신 어선 단속권에서 유리한 권리를 차지하는 쪽을 택했다. 한일 어업협정으로 평화선은 철폐되었지만, 한국 어업이 5대양으로 진출하는 계기가 되었다. 정부의 지원과 기업·어민의 노력 덕분이었다.

서 서로 양보하기 어려운 상황이었다.

어업협정에서 논란의 초점은 한국 정부가 1952년 1월 18일 선포한 '대한민국 인접 해양 주권에 관한 대통령 선언'의 철폐 문제였다. 평화선 철폐는 어업전관수역, 공동규제수역의 범위 획정에 직결되었다. 평화선 선포에 관해서는 자료5를 참조하기 바란다.

어업협정에는 한국의 낙후된 어업과 일본의 발달된 어업 실정이 음으로 양으로 반영되었다. 당시 한국은 무동력선에 의존하는 연해어업이 주류였고, 일본은 첨단장비를 구비한 동력선으로 근해와 원양 어장을 휩쓸고 있었다. 일본 어선은 한국 근해에 출몰해 남획하고 한국 해경은 평화선을 침범하는 일본 어민을 잡아들였다. 이런 상황에서 어업협정을 맺으면 일본 측에 더 유리한 내용이 반영될 소지가 있었다. 게다가 세계의 추세대로 12해리를 자국의 배타적 관할권으로 설정하면 평화선은 사라질 가능성이 높았다.

돌아보면 이승만 대통령이 선포한 평화선은 한국의 어업을 보호하고 한일회담을 유리하게 이끌어가는 데 도움을 주었다. 무엇보다도 평화선이 독도를 그 안에 포함함으로써 영토주권을 확실히 보장했다. 이런 마당에 평화선을 철폐하면 장비와 기술이 앞선 일본 어민에게 한국 근해의 어장을 내줄 위험성이 있었다. 또 한국인에게는 독도를 잃는 듯한 공허감을 줄 수도 있었다.

한국과 일본은 치열한 논쟁 끝에 평화선을 철폐하는 대신 한국 연안으로부터 12해리까지를 전관수역으로 인정하고 한국 측 전관수역 바깥쪽에 공동규제수역을 설정하는 데 합의했다. 어선의 단속은 기국주의(旗國主義)를 택했다. 당시 국제법은 3해리까지를 배타적 경제수역(EEZ)으로 인정했으므로 일본 쪽에는 3해리 전관수역을 설정했다. 이 점은 일본이 한국의 사정을 배려한 것으로 보였다. 어업협정의 골자는 다음과 같다. 어업협정 전문은 자료12를 참조하기 바란다.

> 제1조 1항 양 체약국은 각 체약국이 자국 연안의 기선으로부터 측정하여 12해리까지의 수역을 자국이 어업에 관하여 배타적 관할권을 행사하는 수역으로서 설정하는 권리를 가짐을 상호 인정한다.
> 제4조 1항 어업에 관한 수역 외측에서의 단속(정선 및 임검을 포함함) 및 재판 관할권은 어선이 속하는 체약국만이 행하며 또 행사한다.

한국 정부는 어민생활 보호와 어업능력 향상을 위해 청구권 자금을 집중 투입할 작정이었다. 실제로 한국 정부는 일본에서 도입된 민간상업차관 3억 달러 중에서 1억 2,000만 달러를 어업 근대화에 투입했다. 여기에는 평화선 철폐에 대한 국내의 반대여론을 무마하려는 뜻도 들어있었다.

정부의 지원에 힘입어 한국의 어업은 빠르게 성장했다. 첨단 장비를 갖춘 한국 어선은 일본 근해까지 진출해 싹쓸이했다. 그리고 30여 년만에 세계 원양어업에서 일본과 경쟁할 수 있을 정도로 발전했다. 그리하여 일본이 오히려 전관수역을 더 넓게 설정하려는 역전현상이 발생했다. 이에 양국은 유엔해양법협약 등을 감안하여 1998년 10월 새로운 어업협정을 체결했다. 이에 관해서는 5장에서 자세히 살펴보겠다.

5) 문화재협정

문화재협정은 당시에는 별로 주목을 끌지 못했다. 그렇지만 문화가 국민생활의 주요 영역이 된 최근에 와서 관심이 높아지고 있다. 문화재협정의 골자는 다음과 같다. 그 자세한 내용은 자료13을 참조하기 바란다.

제1조 양국은 양 국민 간의 문화관계를 증진시키기 위해 가능한 한 협력한다.

제2조 일본국 정부는 부속서에서 열거한 문화재를 양국 정부 간에 협의되는 절차에 따라 본 협정 발효 후 6개월 이내에 대한민국 정부에 인도한다.

제3조 양국 정부는 자국의 미술관·박물관·도서관 및 기타 학술문화에 관한 시설이 보유하는 문화재에 대하여 상대방 국민에게 연구의 기회를 부여하기 위하여 가능한 한 편의를 제공한다.

국교정상화 교섭 과정에서 문화재와 관련된 문제는 소홀히 다뤄졌다. 문화재협정에 대해서는 다음 두 가지가 비판의 대상이 되었다. 곧 일본 측이 문화재 반출의 불법성을 인정하지 않았고, 또 가져간 문화재를 모두 반환하지 않았다는 점이다. 협상 과정에서 일본 외무성은 문화재 반환에 좀 더 적극적이었던 반면, 민족주의적인 문부성과 문화재보호위원회가 강력히 반대하는 경향을 보였다.

결국 문화재협정을 통해 일본 측이 한국에 인도한 문화재는 미술품 363점, 전적(典籍) 852점 등이었다. 한국은 일제강점기에 일본에 불법으로 반출된 문화재 3,000여 점을 반환하라고 요구했다. 일본은 모두 1,432점을 돌려주는 데 그쳤다.

2000년대에 들어 일본 정부는 조선왕실의궤 등을 반환했다. 문화재협정을 보완한 사례라고 볼 수 있다. 이에 관해서는 5장에서 설명하겠다.

3. 한일협정의 기능과 세평

1) 긍정적 평론

한일협정은 한국과 일본의 복잡한 국내 사정과 미묘한 국제정세가 착종하는 가운데 고육지책으로 체결되었다. 그렇기 때문에 양국의 의견을 충분히 조정하지 못한 채 의도적으로 애매한 표현을 구사하여 반대여론을 무마시킨 조항도 있다. 게다가 한일협정은 사할린 거주 한인의 귀환, 일본군'위안부'에 대한 사죄와 보상, 원자폭탄 피해 한국인의 치료와 지원 등 문제는 제대로 거론하지 않았거나 충분히 협의하지 못한 채 봉합했다는 결함을 안고 있다. 이 문제들은 나중에 한일 양국 사이의 외교현안으로 불거져, 일본 정부가 충분하지는 않지만 별도 조처를 취하게 된다. 이에 관해서는 5장에서 자세히 살펴보겠다.

반일성향이 강한 한국에서 소수의견이기는 하지만, 이상과 같이 한일협정의 부정적 측면을 인정하면서도 총체적으로는 한국에 더 유리하게 작용했다는 평론도 더러 있다. 일단 두 가지 기여를 지적할 수 있다. 하나는 기본관계조약에서 일본이 대한민국을 한반도의 유일한 합법정부로 인정한 것이고, 다른 하나는 청구권협정을 통해 한국에 유입된 일본 자금이 한국의 경제발전에 도움이 되었다는 점이다.

먼저 한일협정의 정치적·국제적 효과를 살펴보자. 1970년대 중반까지 일본에서는 공산당·사회당 등 좌파 정당이 큰 세력을 가지고 있었다. 언론이나 여론은 좌파 지식인들의 영향을 많이 받았다. 그들은 대체로 남북한 문제에서 음으로 양으로 북한을 지지하는 경향이 강했다. 이런 분위기는 집권 자민당 안에도 존재했다. 그렇기 때문에 동북아시아의 국제정세에 작은 변화만 생겨도 일본 정부는 북한과의 관계 개선이나 국교 수립을 추진

사진 9
포항종합제철 건설자금 조달을 위한 한일기본협약 체결(1969.12.3)

청구권협정에 따라 일본에서 받은 경제협력자금 5억 달러 중 24%인 1억 1,948만 달러가 포스코의 전신인 포항종합제철 건설에 투입됐다. 한일의 자본·기술 합작으로 건설된 포항종합제철은 한국이 세계에서 손꼽히는 철강생산국으로 발전하는 데 결정적 기여를 했다. 철강의 안정적 확보로 한국은 자동차·선박·무기 등에서 세계를 선도하는 중공업국가로 성장했다. 이와 함께 국방 능력도 크게 향상됐다. 김학렬 부총리와 가나야마 마사히데(金山政英) 주한일본대사가 서명하는 모습을 박태준 포항종합제철 사장이 건너다보고 있다. 박 사장은 박정희 대통령의 명령을 받아 포항종합제철을 세계 유수의 철강생산회사로 육성하는 데 결정적 역할을 했다.

하려는 움직임을 보였다. 그때마다 한국 정부는 일본 정부에 북한과의 교섭을 자제해 달라고 요청했다. 그 논거가 바로 기본관계조약에 규정되어 있는 '유일한 합법정부' 조항이었다.

일본 정부는 한국 정부의 요청을 전면적으로 받아들이지는 않았다. 그 대신에 북한과의 정치적 교류에 신중을 기하려는 태도를 보였다. 한국 정부가 기본관계조약에 의거하여 일본 정부를 견제하지 않았더라면 일본의 대북한 접근은 훨씬 적극적이었을 것이다. 그럴 경우 한반도에서 힘의 균형이 깨져 한국의 안전보장이 불리해졌을 가능성이 있다. 당시 남북한은 치열하게 정통성과 우월성을 다퉜다. 북한은 집요하게 무력도발을 자행했다. 일본 정부가 남한 위주의 외교정책을 편 것은 직간접으로 한국이 북한과 체제 경쟁에서 우위를 확보하는 데 도움이 되었다.

다음은 경제적 측면에서의 기여다. 청구권협정에 따라 1966년부터 1975년까지 한국에는 일본으로부터 5억 달러의 자금이 유입되었다. 여기에는 2억 달러의 상업차관이나 막대한 금액의 민간자본은 포함되지 않았다. 청구권 자금은 농림업, 수산업, 광공업, 과학기술, 기반시설 등 광범위한 분야에서 사용되었다. 각 부문에 유입된 일본의 자본과 기술 및 노하우는 한국의 경제발전을 추동하는 마중물 역할을 했다.

1966년부터 1975년까지 청구권 자금에 의한 고정자본 형성 기여도는 제조업 3.9%, 건설업 3.8%, 농림수산업 3.7%, 전기·수도 21%, 운수·통신 1.0% 등이었다. 그리고 총자본재 수입 중에서 일본 자금의 비중은 연평균 3.2%였다. 특히 1966년에는 28.0%, 1967년에는 10.7%에 달했다.

1966년부터 1975년까지 한국의 국민총생산에 대한 일본 자금의 기여도는 연 1.04~1.61%였다. 특히 2·3차 경제개발계획이 활발하게 추진된 시기에 청구권 자금에 의한 국민총생산 성장률은 최저 1.11%(1970)에서 최고 1.73%(1975)까지 이르렀다. 단기적 경상수지 개선 효과는 연평균 4.3% 였으며, 무역수지에 대한 경상수지 개선 효과는 연평균 7.7%였다.

한국 정부는 회담 초기에 변제권이라는 명목으로 식민지 지배에 대한 배상을 요구했다. 그것을 고집했으면 일본의 자금 공여는 3억 달러 이하에서 타결되었을 가능성이 높다. 한국 정부는 막판에 청구권으로 선회함으로써 6억 달러 이상의 경제개발자금을 획득했다. 국내적으로는 청구권 자금이라는 명분도 확보할 수 있었다.

한편 일본 정부는 청구권 자금을 배상이 아닌 경제협력자금이라고 주장했다. 이런 명목을 내세워 국내의 반발 여론을 설득한 것이다. 청구권 자금은 당시 일본 외환보유고의 절반가량일 정도로 적지 않은 금액이었다. 그렇지만 한국의 경제성장으로 일본 상품의 수출이 크게 증가한 사정을 감안하면 일본 정부에도 큰 부담은 아니었다. 더구나 한국은 자유 진영의 반공국가로 발전해 일본의 안보에 방파제 역할을 했다. 일본에게는 더할나위 없이 만족스러운 일이었다.

한국과 일본의 청구권 협상에 적극적으로 개입했던 미국 정부도 양국의 국교정상화로 동아시아에서 한미일 협력체제의 기반이 견고하게 구축되었다고 환영했다. 따라서 청구권협정을 매개로 한 한일의 경제발전은 동아시아의 평화와 번영에도 크게 기여했다고 평가할 수 있다.

어떤 논자는 기본관계조약 등이 많은 한계와 결함을 안고 있다고 지적한다. 역사인식과 과거사 처리가 아직도 한일의 외교현안으로 부상해 있는 오늘날의 현실을 보면 그런 비판이 결코 틀린 것이 아니다.

한일협정에서 독도 영유권 문제를 명쾌하게 정리하지 못한 점도 그중 하나일 것이다. 일본은 한일협정 조인 직전까지 독도 영유권 문제를 거론했다. 그렇지만 한국 대표단은 박정희 대통령의 지시에 따라 한일협정을 체결하지 못하는 한이 있더라도 독도 영유권은 건드릴 수 없다고 버팀으로써 독도 문제는 일단 논의에서 제외되었다. 일본이 한국의 반대를 수용한 것은 독도 문제의 현상 유지 곧 한국의 실효적 지배를 묵시적으로 동의한 것으로 해석할 수도 있다. 이런 면에서는 한일협정에서 독도 문제를 언급하지 않은 것이 오히려 나았다고 볼 수도 있겠다.

한마디로 말하면 한일회담 추진 당시의 국제질서와 국내정세, 특히 한국과 일본의 국력 차이 등을 종합해 감안하면, 한일협정은 한국이 일본의 집요한 공세를 막아내면서 나름대로 주의주장을 관철해 국익을 확보한 조약이었다고 볼 수 있다.

현대의 독립국가 사이의 외교 교섭에서 한쪽의 일방적 승리는 있을 수 없다. 주고 받는 것이 상식이다. 한일협정에서 무엇을 양보하고 무엇을 획득했는지, 그리고 무엇이 어느 쪽에 더 유리하고 불리했는지는 관점에 따라 논자에 따라 서로 다를 수 있다. 그렇다 하더라도 국교정상화 이후 60년 동안 대한민국이 이룩한 성과를 고려하면 잃은 것보다는 얻은 것이 많았다고 평가할 수 있겠다.

2) 부정적 평론

한국과 일본 특히 한국에서는 한일협정에 대한 부정적 평론이 강하다. 앞에서 소개한 긍정적 평론은 최근에 목소리를 내기 시작한 것으로 여전히 아주 소수파에 속한다. 그렇다면 한국에서는 한일협정에 대한 부정적 평론이 왜 이렇게 강력한 힘을 발휘하는가? 먼저 한일협정의 부정적 효과, 곧 한일국교정상화의 허물을 지적하는 견해를 간단히 소개하면 다음과 같다.

한일협정 발효 이후 양국 정부의 관계가 깊어짐에 따라 정치적으로는 한국의 군사독재를 강화하고 민주주의를 억압하는 현상이 나타났다. 또 일제의 식민지 지배와 연결된 인물이 섞여 있는 자민당 정권과 한국의 이른바 친일파 세력이 결합함으로써 한일 유착이 심화되고 민족정기가 흐려졌다. 한국은 당당하게 배상금을 받아내지 못했다. 게다가 경제개발에 투자할 욕심으로 소액의 청구권 자금을 받아내는 데 그쳤다. 민간인 피해자에 대한 보상도 제대로 이루어지지 않았다. 경제적으로는 이권이 달려 있는 일본 자본이 한국에 유입됨으로써 부패의 고리가 형성되었다. 나아가 한국 경제는 값싼 임금에 바탕을 둔 노동집약산업의 성격을 띠고, 일본 독점자본의 재생산구조에 종속되는 형태가 되었다. 국제적으로는 한미일의 정치적·군사적·경제적 유착을 강화시켜 한반도에서 냉전을 격화시키고 남북통일을 어렵게 만들었다. 한일회담과 한일협정에 대한 부정적 평론의 단적인 예로서는 자료7을 참조하기 바란다.

한마디로, 한일협정이 제국과 식민지 관계를 깨끗이 청산하지 못하고 정치·경제·사회·문화·안보·통일 등 모든 분야에서 적폐의 근원이 되었다고 폄하·비난·매도한다. 그렇지만 한일협정 체결 60년 후의 시점에서 돌아보면 이런 평론이 대부분 틀렸음을 쉽게 확인할 수 있다.

일본의 전후 처리를 독일의 배상외교와 비교하여 한일협정의 한계를 지적하는 논조도 강하다. 일본은 동남아시아 여러 나라에 보상금, 한국에 청구권 자금을 지불했다. 그리고 한국의 청구권 자금에는 침략과 지배에 대한 반성과 사죄의 의미를 담지 않았다. 곧 독일과 달리 일본은 아시아 저개발국가에 대해 경제협력이나 원조 제공의 의미를 부여했다. 한국 정부는 이마저 국가 위주로 청구권 자금을 사용하고 피해자 개인에게는 제대로 보상하지 않았다.

그런데 이와 같은 독일과 일본의 비교 평가는 일부는 맞고 일부는 틀린다. 독일의 배상은 유태인 학살과 점령지 동원에 대한 것이지, 일본처럼 식민지 지배에 대한 처리가 아니다. 국가에 대한 일괄 지불도 한국의 요구에 따른 것이다. 개인보상을 할 경우 근거자료가 부실해 그 금액은 청구권 자금보다 훨씬 줄어들 가능이 아주 높았다. 결국 명분과 실리에서 한국은 실리, 일본은 명분을 우선하는 쪽을 택했다고 볼 수 있다.

청구권협정과 관련해서는 지금도 강제동원 민간인의 피해보상을 요구하는 목소리가 드높다. 일본에서 한국인 등이 제기한 손해배상소송은 70여 건에 달했다. 그러나 최고재판소가 2007년 원고 패소 판결을 확정함으로써 법적구제의 길은 막혀버렸다.

그 후 강제동원 민간인 손해배상소송운동은 한국으로 넘어왔다. 한국 대법원은 2012년 5월 식민지 지배의 불법성과 개인청구권의 존재를 인정하는 판결을 했다. 그 뒤를 이어 2018년 10월 30일 대법원은 일본 기업이 징용 피해자에 대해 보상하라는 판결을 내렸다. 이 문제는 지금도 진행 중이므로 5장에서 자세히 살펴보겠다. 우선 대법원 판결 취지문은 자료34를 참조하기 바란다.

한일협정의 한계를 논의할 때 피할 수 없는 것이 독도 영유권 문제이다. 일본은 독도 문제까지 포함해 조약의 일괄 타결을 집요하게 요구했다. 그렇지만 한국은 독도 문제를 교섭 현안으로 다룰 수 없다고 끝까지 버텼다. 일본은 '분쟁해결에 관한 교환공문'에 독도 문제도 집어넣자고 주장했지만 한국은 단호히 거부했다. 결국 양국 간의 분쟁은 우선 외교상의 경로를 통하여 해결하고 외교 교섭으로 해결할 수 없을 경우에는 양국 정부가 합의하는 절차에 따라 제3국의 조정에 의하여 해결을 도모한다고 합의했다. 결국 독도라는 문구가 빠져 한국의 주장이 관철된 것이다.

한일협정에서 일본 정부는 한국의 독도 영유권을 인정하지는 않았다. 그렇지만, 한국 정부가 독도의 분쟁지역화를 집요하게 노린 일본 정부의 공세를 막아내고 실효적 지배를 용인하게 만든 것은 큰 성과라고 볼 수 있다. 그럼에도 불구하고 최근 독도 영유권 문제가 다시 한일 간의 외교쟁점으로 부상했다. 한일협정에서 독도 문제를 다룬 지혜를 살리지 못한 데서 오는 후과라고 볼 수도 있다.

그 밖에 한일협정의 한계로서는 한일 양국에서 흔쾌하게 국민의 동의를 얻지 못했다는 점을 들 수 있다. 이런 비판은 원론적인 면에서는 타당하지만 당시 반대 진영의 강경한 태도를 고려하면 설득이나 타협이 거의 불가능했다. 한일협정을 맺으려는 쪽과 저지하려는 쪽의 현실인식이나 미래전망은 하늘과 땅 만큼이나 달랐다. 여기에는 정치적 이해관계는 물론 북한의 책동까지 얽혀 있었다. 그리하여 한국에서는 공권력을 동원하여 반대운동을 제압했고, 일본에서도 변칙적인 방법으로 비준안을 통과시켰다. 이로써 한일협정은 발효 당시부터 합법성·정당성에 흠집이 생겼다고 볼 수 있다.

원래부터 한국인의 반일감정은 한일협정을 부정적으로 보게 만드는 기본 토양이었다. 일본의 식민지 지배에서 해방된 지 얼마 지나지 않은 한국이 일본의 사죄와 반성 없이 국교를 정상화한다는 것은 국민 정서상 받아들이기 어려웠다. 오죽하면 이승만 대통령이 주일대사로 부임하는 김유택에게 "지금은 일본과 국교를 맺을 때가 아니야. 적어도 40대 이상 된 한국 사람들이 모두 죽은 뒤에야 국교정상화가 제대로 되는 거야"라고 말했겠는가.

북한의 책동도 한일협정을 부정적으로 평론하는 데 큰 영향을 미쳤다. 북한은 이른바 '갓끈이론'을 펴며 한일관계를 이간시키는 데 골몰해 왔다. 한국의 안전보장을 의미하는 갓은 미국과 일본이라는 양쪽 갓끈이 튼튼해야 유지될 수 있다. 그런데 일본 쪽 갓끈은 태생적으로 취약했다. 북한은 약한 고리인 한일관계를 집중 공략했다.

한국과 일본의 일부 논객은 북한의 책동을 따랐다. 당시 한국과 일본에는 북한의 전략에 동조하는 세력이 꽤 널리 퍼져 있다. 특히 여론을 형성하는 언론인·연구자 중에 그런 사람이 많았다. 그들은 줄곧 한국과 일본에서 한일회담·한일협정에 대해 부정적 담론을 형성하는 데 큰 영향을 미쳤다. 그러하니 양국에서 한일협정체제에 대한 평가가 인색한 것은 당연한 현상이라고 할 수 있다.

그런데 뜻밖에도 한일협정체제를 재평가할 수 있는 계기가 찾아왔다. 그것도 북한이 자초했다. 고이즈미 준이치로 총리와 김정일 국방위원장이 2002년 9월 17일 조일평양선언을 발표한 것이다. 두 수뇌는 공동선언에서 경제협력 방식으로 국교를 정상화하겠다고 선언했다. 곧 한일협정체제를 신랄하게 매도해 온 북한이 한일회담과 한일협정을 답습하겠다고 나선 것이다.

조일평양선언은 아무리 억지 주장에 능한 논객이라 하더라도 한일협정체제를 욕할 수만은 없게 만들었다. 한일협정체제 매도의 총본산인 북한이 그 방식을 채택하겠다고 선언했기 때문이다. 이런 상황 변화를 직시하면 한일협정체제에 대한 부정적 평론은 점차 약화될 터이지만 아직 뚜렷한 조짐은 나타나지 않고 있다. 조일평양선언의 원문은 자료23을 참조하기 바란다.

3) 구조적 평론

한일회담과 한일협정은 찬성(긍정)과 반대(부정)의 논리만으로 재단하기 어려운 구조적 한계를 지니고 있었다는 점을 지나쳐서는 안 된다. 과거사 청산 곧 식민지관계의 청산은 일본이 한국병합조약과 식민지 지배의 불법적 성격을 인정하고 그 책임에 맞춰 배상하는 것을 의미한다. 그러나 한일회담과 한일협정에서 일본은 시종일관 그럴 의향은 털끝만큼도 없었다. 제국과 식민지 관계에서 막 벗어난 국제사회도 책임과 배상을 논할 기미가 전혀 없었다. 그런 상황에서 한국은 일본이 과거사를 청산하도록 압박할 수 있는 지렛대를 갖고 있지 못했다. 그리하여 한일협정은 원천적으로 여러 결함을 안을 수밖에 없었다.

한일회담과 한일협정에서 과거사 청산이 이루어지지 않은 원인은 동아시아에서 반공전선을 구축하려는 미국의 대일유화정책, 일본의 과거사에 대한 성찰 부재, 그리고 대일 교섭에 임하는 한국의 열악한 처지 등에서 찾을 수 있다.

그렇지만 한일회담과 한일협정은 애초부터 과거사를 청산할 만한 구조적 기반을 갖추지 못하고 있었다고 보는 견해도 있다. 이런 구조적 평가의 근거는 세 가지로 요약할 수 있다.

첫째, 한국은 과거사 청산에 관해 국민적 합의를 도출할 상황이 아니었다. 자력으로 독립을 쟁취하지 못해 일본에 당당히 사죄와 반성 및 배상을 요구하기 어려웠다. 남북 분단과 체제 경쟁도 일본을 압박하는 데 불리한 조건이었다. 국가 수호를 위해 일본과 수교할 수밖에 없는 상황이었지만 반일감정을 무시할 수는 없었다. 한국 국민은 반공과 반일 사이에서 우왕좌왕했다.

둘째, 일본 안에서 한일회담을 추진하는 세력은 애초부터 과거사에 대해 사죄하거나 반성할 기색이 전혀 없었다. 과거사를 사죄하거나 반성하는 극소수의 세력은 한일회담 자체를 반대했다. 그러므로 일본 정부가 과거사를 사죄하거나 반성하는 자세로 한일회담이나 한일협정에 임할 가능성은 기대할 수 없었다.

셋째, 한일회담의 법적근거인 샌프란시스코평화조약은 반공논리에 기초하여 일본에게 배상 책임을 지지 않도록 했다. 그렇기 때문에 한일회담이나 한일협정에서 배상을 전제로 한 과거사 청산을 논의할 수 없었다. 결국 한국은 배상을 전제로 한 과거사 청산이 불가능한 조건 아래서 한일회담을 추진한 셈이었다.

요컨대 세계의 냉전구조, 샌프란시스코평화조약체제, 남북 대결의 한반도 정세, 일본의 몰지각한 역사인식, 한국의 열악한 국내외 상황 등 안팎의 제약이 엄연히 존재하는 한 어떤 정부도 한일회담과 한일협정에서 과거사 청산을 제대로 관철할 수는 없었을 것이다. 바꿔 말하면 박정희 정부가 아닌 다른 정부가 한일회담을 추진하고 한일협정을 체결했다 하더라도 과거사 청산은 구조적으로 불가능했을 가능성이 높다는 주장이다.

그 밖에 한국과 일본의 국가위상과 외교역량의 차이도 구조적 평론의 한 요소가 될 수 있다. 한국과 일본은 여러 가지 중요하고 복잡한 문제를 샌프란시스코 평화회담과 평화조약의 틀 안에서 한꺼번에 다뤘다. 당연히 양국 모두 국익을 위해 외교역량을 결집해 엄중하게 대응했다. 그리하여 회담 때마다 서로의 입장과 주장이 날카롭게 부딪혔다.

그런데 한국과 일본의 외교력 차이는 하늘과 땅이었다. 일본은 50년 전부터 세계 5대 강국의 역량을 축적하고 있던 것에 비해 일본의 식민지 처지로부터 간신히 벗어난 한국은 신생독립국으로서 외교무대에서 막 걸음마를 뗀 상태였다. 게다가 한일회담을 둘러싼 국제정세도 일본보다 한국에게 훨씬 불리했다.

한국은 남북 분단과 6·25전쟁으로 국가역량이 절반 이하로 축소된 데다 국민이 기아선상에서 허덕이고 북한이 집요하게 도발하는 최악의 내우외환에 빠져 있었다. 반면에 일본은 자유 진영과 공산 진영의 냉전 속에서 연합국의 징벌을 피하고 6·25전쟁 특수에 힘입어 고도경제성장을 계속하고 공산권과도 국교를 확대하는 등 국력을 증강했다. 어느 모로 보나 한국은 불리하게 기울어진 운동장에서 제국외교(帝國外交)의 경험이 풍부한 일본을 상대로 힘겨운 샅바싸움을 벌일 수밖에 없었다.

한일회담과 한일협정을 이야기할 때는 그 잘못이나 한계를 따지기 이전에 한국이 놓였던 불리한 여건, 곧 거친 운동장에서 맨발로 뛰는 허약한 몸집의 선수를 먼저 염두에 두어야 한다.

한일협정은 주권국가끼리 자발적·주체적으로 논의하고 합의하여 맺은 조약이었다. 그렇기 때문에 결함이 많다고 하여 60년이 지난 시점에서 일방적으로 이것을 뒤집고 다시 체결하기는 대단히 어려운 일이다. 고이즈미 총리와 김정일 국방위원장이 2002년에 공동으로 발표한 조일평양선언을 보더라도 일본이 우리가 바라는 바대로 배상을 통해 과거사를 말끔히 청산할 것 같지도 않다. 북한과 일본의 국교정상화도 한일협정과 유사한 방법, 곧 경제협력 방식으로 처리하겠다고 합의했기 때문이다. 그러므로 한국의 일각에서 운위하는 한일협정체제의 전면적 재구축보다는 사안이 발생할 때마다 한일협정체제의 해당 부분을 개선해 국익을 최대한 확대하는 쪽으로 나아가는 게 정도(正道)일 것이다.

5장

한일협정의
운용과 보완

1. 재일한국인의 법적지위 각서와 신어업협정의 체결

1) 재일한국인의 법적지위 합의각서의 교환

국교정상화 60년 동안 한일관계를 규정한 기본관계조약과 4개 협정 등의 골격은 대체로 유지되었다. 그렇지만 그것들이 안고 있던 한계와 결함은 꽤 많이 개선되고 보완되었다는 점을 주목할 필요가 있다. 실제로 재일한국인의 법적지위나 어업에 관한 협정 등은 전면 개정되었다. 아니 새로 체결되었다고 봐도 좋다. 한일관계에서 뜨거운 감자인 역사인식과 과거사 처리에서도 적지 않은 개선이 이루어졌다. 종래 한일관계를 논할 때는 이런 개정과 보완을 별로 언급하지 않았다. 지금부터 한일협정체제가 어떻게 진화했는지를 자세히 살펴보겠다.

먼저 재일한국인에 관련된 사안이다. 한국과 일본의 외무장관은 재일한국인의 법적지위협정 제2조에서 규정한 대로 1965년부터 25년이 경과한 무렵인 1991년 1월 10일 합의각서를 작성해 교환했다. 이로써 그전의 법적지위협정이 안고 있던 문제점은 많이 해결됐다. 그 핵심은 재일한국인 3세 이하에도 영주권을 부여하는 조치였다. 영주권 부여에는 북한 국적자도 포함됐다. 북한을 지지하는 조총련계 동포도 혜택을 입은 것이다. 합의각서의 자세한 내용은 자료17을 참조하기 바란다.

한일협정 체결 이후 재일한국인과 일본인 유지 등은 연대해 재일한국인에 대한 차별철폐운동을 벌였다. 일본의 선진화·국제화 그리고 한국의 지위 향상과 맞물려 차별철폐운동은 큰 성과를 거뒀다. 재일한국인의 지문날인 폐지, 지방공무원이나 교원 임용 허용, 생활보호지원금 지급, 민족학교에 대한 보조금 교부 등이 그 예다.

합의각서는 1990년대까지 이루어진 차별 철폐의 성과를 많이 수용했다.

그리하여 재일한국인은 체류 자격에서 일본인과 거의 대등한 조건 아래 안정된 생활을 할 수 있게 되었다. 그렇다고 해서 민족 차별이 모두 없어진 것은 아니다. 재일한국인에게 지방자치체 참정권 부여, 국민연금 적용 등은 아직도 이루어지지 않고 있다.

한국 정부는 재일한국인 단체와 더불어 기회 있을 때마다 일본 정부에 재인한국인의 처우 개선을 요구해 오고 있다. 그렇지만 요즘의 일본 국내 사정을 볼 때 모든 게 쉽게 이루어질 것 같지는 않다. 한일관계가 한층 더 호전되어 서로 신뢰가 쌓이면 일본 정부가 참정권, 원호보상, 국민연금 등에서 전향적 조치를 취할 가능성은 있다.

2) 신어업협정의 조인

한국 정부는 1965년 일본과 어업협정을 맺은 이래 어민의 생활안정을 위해 청구권 자금 중에서 많은 부분을 어업에 투입했다. 그리하여 30여 년이 지나는 동안 한국의 어업 장비와 기술은 눈부시게 향상되었다. 한국 어업은 일본과의 수준 격차를 거의 다 메웠다. 한국은 이제 세계 굴지의 원양어업국가로 성장한 것이다.

그런데 한일 어업협정 체결 이후 세월이 흐름에 따라 국제해양법체계가 200해리를 배타적 관할권으로 인정하는 쪽으로 바뀌었다. 한일협정체제 아래 이루어지던 한일의 어업환경이 근본적으로 바뀐 것이다.

한국과 일본은 1990년대 후반에 들어서 1965년에 체결된 어업협정을 그대로 준수하기 어렵다고 판단하고 개정을 협상했다. 그렇지만 서로 자국의 주장을 지나치게 고집하여 쉽게 합의에 이르지 못했다. 어업단체의 집요한 개정 압박에 시달린 일본 정부는 1998년 1월 23일 일방적으로 어업협정의 파기를 선언했다. 마침 한국은 외환위기를 맞아 정부와 국민이 경

지도 3
한일 신어업협정의 수역관할도(1999)

신어업협정은 유엔해양법협약(1994. 11)의 규정에 따라 12해리 영해와 200해리 배타적 경제수역을 받아들였다. 굵자는 영해 바깥은 EEZ와 같이 연안국이 조업을 관리·단속한다. 독도 주변과 제주도 남부 바다에는 중간수역을 설정하고 기국주의에 따라 관리한다. 신어업협정으로 독도는 한일의 중간수역에 들어갔는데, 독도 영유권에는 영향을 미치지 않는 것으로 판명되었다.

황이 없을 때였다.

　일본의 돌출행동으로 한일협정체제의 한 축이 크게 흔들렸다. 한국과 일본은 이 이상(異狀) 사태를 해소하기 위해 외교적 절충을 되풀이했다. 그 결과 1998년 8월 11일 신어업협정을 체결하고 이듬해 1월 22일 발효시켰다. 신어업협정의 자세한 내용은 자료 22를 참조하기 바란다.

　한국에서는 신어업협정이 한국의 어획량을 감소시킨다는 우려가 제기되었다. 나아가서 신어업협정이 지도3에서 보는 것처럼 독도 주변을 한일 중간수역에 포함시켰다고 비판했다. 한국 영토인 독도 근해를 일본과 공동관리하는 꼴이 되어 영유권에 손상을 가져올 가능성이 있다는 것이었다. 이런 걱정에 대해 한국 정부는 독도 주변 12해리는 한국의 영해이므로 영토주권에 아무런 해를 끼치지 않는다고 해명했다. 이런 논쟁은 법정으로까지 비화했다. 대법원은 관련 소송에서 중간수역과 독도 영유권은 관련이 없다고 판시했다(2009).

2. 역사인식의 대립과 접근

1) 식민지 지배에 대한 사죄와 반성

1965년 6월 22일 한일협정 특히 기본관계조약을 조인할 때까지 일본 정부는 식민지 지배에 대해 사죄와 반성의 뜻을 명기하는 데 동의하지 않았다. 기껏해야 시나 에쓰사부로 외무대신이 1965년 2월 17일 가조인하러 한국을 방문해 '양국 간의 오랜 역사 속에서 불행한 시기가 있었던 것은 참으로 유감스러우며 깊이 반성하고 있습니다'라는 성명서를 낭독했다. 불행한 관계가 무엇인지, 왜 유감을 표명하는지 애매하기 짝이 없었다. 그렇지만 실은 알 만한 사람은 다 아는 표현이기도 했다. 그의 발언은 이동원 외무장관과 함께 발표한 공동성명에 실려 공식 문건이 되었다. 공동성명 전문은 자료8을 참조하기 바란다.

일본은 1980년대까지 고도경제성장을 지속해 잠깐이나마 미국을 능가한다는 소리를 들었다. 자유민주주의와 국제화가 진전되어 일본인의 역사관도 전보다 훨씬 유연해졌다. 그렇지만 일본 정부는 한국에 대해 식민지 지배를 사죄하고 반성하는 데 인색했다.

예를 들면 나카소네 야스히로(中曾根康弘) 총리는 중국에 대해서는 침략전쟁을 인정하면서도, 한국의 식민지 지배에 대해서는 명확한 의사를 밝히지 않았다. 그는 1983년 1월 11일, 일본 총리로서 처음 공식 방한해 전두환(全斗煥) 대통령과 만찬을 하면서, '양국 사이에 불행한 시기가 있었다는 것을 유감으로 생각한다'는 식으로 말하는 데 그쳤다. 시나 외무대신의 틀을 벗어나지 못한 것이다.

전두환 대통령은 1984년 9월 6일 한국으로서는 첫 국빈으로 일본을 방문했다. 히로히토(裕仁) 천황은 공식 환영만찬에서 다음과 같이 말했다.

금세기의 한 시기에 양국 간에 불행한 과거가 있었던 것은 진실로 유감이며 다시 되풀이되어서는 안 된다고 생각합니다.

천황의 만찬사는 시나 외무대신, 나카소네 총리의 발언과 같은 어조였다. 대다수 한국인은 일본 천황이 한국 대통령에게 직접 유감을 표명한 점을 평가하면서도 '불행한 과거'가 무엇이고, '유감'의 주체와 상대가 누구인지 두루뭉술하게 말한 것에 실망했다.

현대 일본에서 천황은 상징적 존재다. 따라서 외교 등의 국정을 직접 수행하지는 않는다. 그렇지만 한일 역사갈등의 핵심인 식민지 지배는 메이

사진 10
전두환 대통령과 히로히토 천황의 회담(1984.9.6)

한국 대통령과 일본 천황의 첫 만남이었다. 히로히토 천황은 공식 만찬석상에서 '금세기의 한 시기에 양국 간에 불행한 과거가 있었던 것은 진실로 유감이며 다시 되풀이되어서는 안 된다고 생각합니다'라고 말했다. 전 대통령은 히로히토 천황이 한국인을 황국신민으로 개조할 때 청소년기를 보냈다. 그가 대통령이 되어 천황으로부터 이런 말을 들었으니 감회가 남달랐을 것이다. 그렇지만 기억을 공유할 수 있는 당사자에게 한 말치고는 너무 의례적이고 밋밋한 내용이었다.

지(明治) 천황에서 비롯되어 쇼와 곧 히로히토 천황에서 절정을 이루었다. 게다가 지금도 천황의 언동은 일본 국민에 큰 영향을 미친다. 따라서 천황의 발언은 당연히 주목을 받을 수밖에 없다.

노태우(盧泰愚) 대통령이 1990년 5월 24일 일본을 국빈 방문했을 때 일본 천황은 헤이세이(平成) 곧 아키히토(明仁)였다. 그는 환영만찬사에서 다음과 같이 말했다.

일본에 의해 초래된 이 불행했던 시기에 귀국의 국민들이 겪으셨던 고통을 생각하며 통석(痛惜)의 염(念)을 금할 수 없습니다.

이어 다음과 같이 덧붙였다.

쇼와 천황께서 '금세기의 한 시기에 양국 간에 불행한 과거가 있었던 것은 진실로 유감이며 다시 되풀이되어서는 안 된다고 생각합니다'라고 말씀하셨던 것을 상기하게 됩니다.

일본 언론은 천황이 한국 측의 요구대로 가해·피해자의 명시와 함께 사과·반성의 뜻을 분명히 표시했다고 평가했다. 한국 정부도 긍정적으로 받아들였다. 실제로 아키히토 천황은 가해자로 일본을, 피해자로 한국을 분명히 지칭했다.

하지만 한국 언론과 국민은 반발했다. 한일 외교 당국이 조율한 '통석의 염'이라는 말은 일본에서도 잘 쓰지 않는다, 그 뜻도 사죄보다는 애석이나 애통의 의미가 더 강하다 등을 이유로 들었다. 그리고 "말 같지도 않은 '통석의 염'을 사과인 양 받아들이는 한국 정부의 태도가 더 애석하고 애통하다"고 냉혹하게 비판했다. 일본의 사죄와 반성에 대한 한국인의 눈높이가 시간이 지날수록 더욱 높아진 것이다. 그리하여 '통석의 염'을 둘러싼 논란은 이후 당분간 지속됐다.

그런데 아키히토 천황은 그 후 한국에 진솔하게 친근감을 드러내 한국인으로부터 호감을 받았다. 그는 2001년 12월 23일 68회 생일 기자회견에서 다음처럼 말했다.

간무(桓武) 천황의 생모가 백제 무령왕의 자손이라고 『속일본기』에 기록되어 있어 한국과 인연을 느낍니다.

아키히토 천황은 1998년 10월 7일 김대중(金大中) 대통령의 국빈 방일 환영만찬사에서 다시 "한때 우리 나라가 한반도의 여러분들에게 크나큰 고통을 안겨준 시대가 있었습니다"라고 말했다. 그리고 2005년 6월 27일, 전후 60년을 맞아 전쟁희생자 추도와 세계평화 기원을 위해 사이판을 방문했을 때 '태평양한국인추념평화탑(太平洋韓國人追念平和塔)' 앞에서 묵념하며 추모의 뜻을 표했다.

아무튼 1980년대까지만 하더라도 일본 정부나 천황의 역사인식은 식민지 지배에 대해 사죄와 반성을 두루뭉술하게 표현하는 수준이었다. 더구나 일본의 유력 정치인은 종종 거리낌 없이 한국의 역사를 폄하 또는 왜곡하는 발언도 했다. 이른바 '망언'이다. 그리하여 국교정상화 이후 30년 가까이 지나는 동안에도 한일의 역사갈등은 좀처럼 수그러들지 않다.

그렇지만 전반적 흐름에서 보면, 일본 역대 정부와 국민의 역사인식은 개선의 길을 걸어왔다고 볼 수 있다. 한국 정부가 반일여론을 등에 업고 '망언'에 대해 항의하면 일본 정부는 그 진의를 해명하거나 당사자를 장관직에서 해임하는 등의 조처를 취했다. 그리고 1990년대에 들어서는 한국의 역사인식 쪽으로 가까워지는 경향을 보였다. 이런 추세는 일본의 역대 정부와 총리가 발표한 담화 등에서 확인할 수 있다.

1993년 8월 자민당 정권을 간신히 무너트리고 집권한 호소카와 모리히로(細川護熙) 총리는 한국을 방문하여 김영삼(金泳三) 대통령과 정상회담을 갖고 다음과 같이 언급했다.

우리 나라의 식민지 지배로 인해 한반도의 사람들이 모국어 교육의 기회를 빼앗기고, 성명을 일본식으로 바꾸도록 강요당하고, 또 위안부, 강제연행 등 여러 가지 형태로 참기 어려운 고통과 슬픔을 경험한 것에 대해서 가해자로서의 비도(非道)한 행위를 깊이 반성하고, 진심으로 진사(陳謝)합니다.

호소카와 총리는 식민지시대 황국신민화정책과 전시수탈의 참상을 적시(摘示)하고 화끈하게 사죄와 반성의 뜻을 표명했다. 다만 이것은 총리 개인의 견해였고 각의를 거친 정부 공식 견해는 아니었다. 그렇지만 총리가 정상회담 후의 기자회견에서 한 발언이므로 공적인 성격이 강하다고 볼 수 있다.

그 후 일본 정치에서 짧은 기간이나마 이변이 이어졌다. 사회당이 집권하자 무라야마 도미이치(村山富市) 총리는 1995년 8월 15일 전후 50주년을 맞아 각의 결정을 거쳐 다음과 같은 담화를 발표했다.

우리 나라는 머지않은 과거의 한 시기에 국책을 그르쳐서 전쟁의 길을 걸어 국민을 존망의 위기에 빠뜨리고, 식민지 지배와 침략에 의해 많은 나라, 특히 아시아 제국(諸國)의 사람들에 대하여 다대한 손해와 고통을 주었습니다. 저는 미래에 잘못이 다시 없도록 하기 위해서는 의심할 여지없는 이 역사의 사실을 겸허하게 받아들여 여기에 다시 한번 통절한 반성의 뜻을 표하며, 마음에서 우러나오는 사죄의 심정을 표명합니다. 또한 이러한 역사가 가져온 내외의 모든 희생자에 대하여 깊은 애도의 뜻을 바칩니다.

무라야마 담화는 세계 특히 아시아를 향해 일본 정부의 전쟁 인식을 성찰적으로 표명한 것이었다. 따라서 한국을 특별히 지목하지는 않았다. 그래서인지 무라야마 담화는 한국에서 별로 환영받지 못했다. 그렇지만 2000년대 들어 일본 정부의 역사인식이 후퇴하는 모습을 보이자 한국에서도 새롭게 평가하는 쪽으로 분위기가 바뀌었다. 무라야마 담화의 자세한 내용은 자료19를 참조하기 바란다.

자민당의 오부치 게이조(小淵惠三) 총리는 1998년 10월 8일 김대중 대통령과 함께 '21세기의 새로운 한일 파트너십 공동선언'(이하 한일파트너십 선언)을 발표했다. 이 공동선언에서 식민지 지배에 대한 사죄와 반성을 언급한 부분은 아래와 같다.

오부치 총리대신은 금세기의 한일 양국관계를 돌이켜 보고, 일본이 과거한때 식민지 지배로 인하여 한국 국민에게 다대한 손해와 고통을 안겨주었다는 역사적 사실을 겸허히 받아들이면서, 이에 대하여 통절한 반성과 마음으로부터의 사죄를 하였다.
김대중 대통령은 이러한 오부치 총리대신의 역사인식 표명을 진지하게 받아들이고, 이를 평가하는 동시에, 양국이 과거의 불행한 역사를 극복하고 화해와 선린우호협력에 입각한 미래지향적인 관계를 발전시키기 위하여 서로 노력하는 것이 시대적 요청이라는 뜻을 표명하였다.

앞서 무라야마 총리는 한국을 특정하지 않고 아시아 여러 나라에 대해

사진 11
김대중 대통령과 오부치 게이조 총리 정상회담(1998.10.8)

양국 정상은 회담 후 한일파트너십선언을 발표했다. 골자는 1965년 국교정상화 이래 양국이 이룩한 발전을 높게 평가하고, 역사를 직시한 위에서 양국 간의 긴밀한 우호협력관계를 보다 높은 차원으로 발전시키자는 것이었다. 그 전제로서, 일본이 식민지 지배로 한국인에 끼친 손해와 고통에 대해서도 통절한 반성과 사죄를 표명했다. 두 정상이 천명한 결의와 비전은 이후 한일관계 발전의 지침으로 자주 거론되었다.

사진 12
고이즈미 준이치로 총리와 김정일 국방위원장의 조일평양선언(2002.9.17)

두 정상은 경제협력 방식으로 국교정상화를 추진하는 데 합의했다. 조일평양선언에서는 한일협정의 틀을 따르겠다고 천명해 한일협정체제의 결함을 침소봉대해 비난해 온 사람들을 머쓱하게 만들었다. 그 후 일본이 북한의 일본인 납치 문제 해결을 전제조건으로 내세움으로써 국교정상화 교섭은 중단되었다. 평양선언에도 불구하고 일본과 한국에서는 한일협정체제에 대한 부정적 평가가 여전히 우세하다. 일단 형성된 역사인식을 바로잡기가 얼마나 어려운가를 보여주는 사례라고 볼 수 있다.

사죄와 반성을 표명했다. 이에 비해 오부치 총리는 한국을 특정해서 지칭했다. 곧 국교정상화 이후 33년 만에 일본 정부가 한국 정부와 합의한 문서를 통해 일본을 가해의 주체로, 한국을 피해의 객체로 명시하여 사죄와 반성의 뜻을 분명히 천명한 것이다. 김대중·오부치 공동선언의 전문은 자료21을 참조하기 바란다.

그 후 일본 정부는 기본적으로는 김대중·오부치 공동성명의 역사인식을 계승한다는 태도를 취했다. 그런데 2001년 집권한 고이즈미 준이치로 총리는 매년 야스쿠니신사(靖國神社)를 참배해 물의를 빚었다. 한국과 중국은 이에 강력하게 항의했다. 그 효과인지 고이즈미 총리는 2001년 10월 15일 역대 총리로서는 처음으로 서울 서대문형무소 유적지를 방문해 식민지 지배에 대한 사죄와 반성의 역사인식을 계승하겠다는 의지를 분명히 밝혔다.

고이즈미 총리의 사죄·반성 역사인식은 2002년 9월 17일 북한의 김정일 국방위원장과 함께 발표한 조일평양선언에서도 나타났다. 그 자세한 내용은 자료23을 참조하기 바란다.

일본과 북한의 정상은 조일평양선언에서 식민지 지배에 대한 배상 문제를 경제협력 방식으로 처리하겠다고 천명해 한일관계 전문가들을 놀라게 했다. 곧 한일협정의 틀에 따라 조일수교를 하겠다는 것이다. 그동안 북한은 식민지 지배에 대한 사죄와 배상을 받지 못한 한일협정이 굴욕적·매국적이라고 줄기차게 비난해 왔다. 그런데 북한의 최고 지도자가 종래의 태도를 완전히 바꿔 한일협정체제를 답습하겠다고 천명했다. 조일평양선언으로 이제 한일협정체제에 대한 일방적 매도는 공허하게 되었다.

고이즈미 총리는 2005년 8월 15일에 무라야마 담화와 거의 비슷한 내용의 담화를 발표했다. 야스쿠니신사 참배를 고집하면서도 역사인식에서는 사죄와 반성의 기조를 유지한 것이다. 고이즈미 담화의 자세한 내용은 자료24를 참조하기 바란다.

2009년 9월 탄생한 민주당 정부는 역사인식에서 한 걸음 더 나아갔다. 간 나오토(菅直人) 총리는 일본의 '한국병합' 100년에 즈음해 2010년 8월 10일 다음과 같은 요지의 담화를 발표했다. 간 담화의 자세한 내용은 자료27을 참조하기 바란다.

정확히 100년 전 8월 한일병합조약이 체결되어 이후 36년에 걸친 식민지 지배가 시작되었습니다. 3·1독립운동 등의 격렬한 저항에서도 나타났듯이, 정치·군사적 배경 하에 당시 한국인들은 그 뜻에 반하여 이루어진 식민지 지배에 의해 국가와 문화를 빼앗기고, 민족의 자긍심에 깊은 상처를 입었습니다.

저는 역사에 대해 성실하게 임하고자 생각합니다. 역사의 사실을 직시하는 용기와 이를 인정하는 겸허함을 갖고, 스스로의 과오를 되돌아 보는 것에 솔직하게 임하고자 생각합니다. 또한, 아픔을 준 쪽은 잊기 쉽고, 받은 쪽은 이를 쉽게 잊지 못하는 법입니다. 이러한 식민지 지배가 초래한 다대한 손해와 아픔에 대해, 여기에 재차 통절한 반성과 마음에서 우러나오는 사죄의 심정을 표명합니다.

이러한 인식하에 향후 100년을 바라보면서, 미래지향적인 한일관계를 구축해 갈 것입니다. 또한, 지금까지 실시해 온, 이른바 사할린 한국인 지원, 한반도 출신자의 유골봉환 지원이라는 인도적 협력을 금후에도 성실히 실시해 갈 것입니다. 또한, 일본이 통치하던 기간에 조선총독부를 경유하여 반출되어 일본 정부가 보관하고 있는 조선왕조의궤 등 한반도에서 유래한 귀중한 도서에 대해, 한국민의 기대에 부응하여 가까운 시일에 이를 반환하고자 합니다.

우리가 간 담화에서 주목할 부분은 '한국인들은 그 뜻에 반하여 행해진 식민지 지배'라는 구절이다. 이 문구는 간접적으로나마 '한국병합'이 강제로 이루어졌다는 뉘앙스를 풍겼다. '한국병합'과 그에 따른 식민지 지배에 대해 한국 정부는 국교정상화 교섭에서 불법·부당했다고 주장했고, 일본 정부는 합법·정당했다고 주장했다.

일본 정부가 1990년대에 들어서 식민지 지배에 대해 사죄와 반성을 표명한 것은 '한국병합'이 합법이기는 했지만 부당했다는 쪽으로 역사인식이 한 단계 진전된 것을 의미했다. 그런데 2010년에 이르러 간 담화는 '한국병합'이 부당했을 뿐만 아니라 불법이었다는 것을 인정하는 듯한 인상을 주었다. 일본은 그때까지 '한국병합'의 강제성을 인정하지 않고 식민지 지배의 합법성을 굳게 주장해 왔다. 간 담화는 '한국병합'이 강압이고 불법이라는 한국 측 주장을 배려한 것이었다. 여기서 우리는 한국과 일본의 역사인식이 접근할 수 있는 가능성을 엿볼 수 있다.

민주당 정부는 국정운영의 미숙으로 국민의 지지를 급속히 상실했다. 그리하여 3년 만에 정권을 다시 자민당에 넘겨줬다. 이런 바람에 간 담화는 일본에서 곧 잊혀져 버렸다. 그렇다 하더라도 일본 각의를 거쳐 표명한 총리의 공식 역사인식 자체를 부정할 수는 없다. 따라서 일본과 한국은 간 담화를 기억에서 되살릴 필요가 있다. 특히 한국은 이 소중한 존재를 무시하지 말고 일본 정부에 자주 상기시킴으로써 역사인식의 후퇴를 막는 데 활용하면 좋겠다.

2012년 12월부터 2020년 9월까지 장기 지속한 아베 신조(安倍晋三) 2차 정부는 역사인식과 과거사 처리를 둘러싸고 한국과 다시 첨예하게 대립했다. 아베 총리가 일본 보수우파 세력의 역사관을 대변했기 때문이다. 다만 아베 총리도 기본적으로는 식민지 지배에 대한 사죄와 반성에서 완전히 벗어나지는 않았다. 그는 2013년 국회 답변 등을 통해 자신은 일본이 침략하지 않았다고 말한 적이 없으며, 식민지 지배에 대해서도 부정한 바가 없다고 해명했다. 또 아베 내각은 무라야마 담화와 고이즈미 담화를 포함하여 역대 내각의 역사인식을 전체적으로 계승하겠다는 뜻을 분명히 했다. 현안으로 다시 부각된 일본군'위안부' 문제에 대해서도 고노 담화를 번복할 생각이 없다고 밝혔다.

그렇지만 아베 총리의 이러한 발언은 한국과 중국의 반발을 누그러트리기 위한 변명일 수도 있었다. 그는 2013년 정부 주최 전국전몰자추도식 기념사에서 아시아 여러 나라 국민에 대한 가해 사실과 반성 표명을 생략했다. 2014년에는 고노 담화 작성 당시 한국 정부와 문구 등을 협의했다는 검증 결과를 발표해 일본군'위안부'의 동원과 운용에 일본 공권력이 관여했다는 것을 인정한 고노 담화의 의의를 약화시켰다. 또 교과서 검정기준과 교육과정(학습지도요령) 해설서에 정부 견해를 강하게 반영시켰다.

아베 총리는 2015년 8월 15일 종전 70주년 담화에서 1931년 이후 일본의 침략전쟁과 여성인권 침해를 반성했다. 그러나 그 전에 일본이 단행한 '한국병합'과 그에 따른 식민지 지배는 국제조류의 일환이었다며 사과하지 않았다. 아베 총리의 이런 언동은 당연히 일본 정부의 역사인식이 후퇴한 것으로 받아들여졌다. 한국과 일본에서 역사갈등이 재연한 것은 아베 총리의 퇴영적 역사인식에서 비롯한 바 크다. 아베 총리 70주년 담화의 전문은 자료30을 참조하기 바란다.

일본에서는 아베 정부에 이어 2020년 9월 16일 스가 요시히데(菅義偉) 정부가 출현했다. 스가 정부는 단명에 그치고 2021년 10월 4일 기시다 후미오 정부가 출범했다. 기시다 총리는 1998년 김대중·오부치의 한일 공동선언 등 역대 정부의 역사인식을 전체적으로 계승해나가겠다는 뜻을 밝혔다. 곧 아베 정부 이전 자민당 정부의 역사인식으로 돌아가겠다는 의중을 내비친 것으로 보인다.

기시다 총리는 정부 수반으로는 처음으로 2023년 5월 21일 윤석열 대통령과 함께 히로시마평화기념공원 한국인원폭희생자위령비를 참배했다. 그는 히로시마 출신으로서 평화와 인도(仁道)를 중시하는 입장에서 전쟁의 참화를 반성하고 한국인의 희생을 기리겠다는 뜻을 밝혔다. 기시다 총리의 위령비 공동참배는 윤 대통령이 한일관계 개선에 적극적으로 나선 데 화답하는 성격도 띠었다.

그런데 일본에서는 2024년 10월 1일 정권이 이시바 시게루(石破茂) 내각으로 교체되었다. 이시바 총리는 야스쿠니신사를 참배하지 않고, 식민지 지배와 일본군'위안부' 문제에 대해 반성과 사죄를 표명하는 등 유연한 역사인식을 가지고 있다. 따라서 기시다 정부가 시동을 건 한일관계 개선 노선을 답습할 것으로 보인다. 다만 그는 자민당에서 권력기반이 약한 데다 국민의 지지율도 낮아서 종래의 역사인식 틀에서 크게 벗어나기는 어려울 것이다.

이상에서 살펴보았듯이 한일 국교정상화 이후 60년에 이르는 동안 일본 정부의 역사인식에는 큰 변화가 나타났다. 그 대체적 경향은 한국 정부의 역사인식에 다가서는 모습이었다. 곧 기본관계조약의 보완에 해당했다. 특히 1990년대 이후 일본의 역대 정부는 기본관계조약에서는 언급조차 하지 않은 식민지 지배에 대한 사죄와 반성의 역사인식을 구체적으로 그리고 명확히 표명하는 쪽으로 나아갔다.

그렇다고 해서 일본 정부가 '한국병합'의 강제성·불법성을 공식적으로 분명하게 인정하는 것은 아니다. 이 점에서는 일본의 역사인식이 아직도 기본관계조약을 전면적으로 개정하거나 수정할 만한 수준에는 이르지 못했다고 볼 수 있다. 따라서 역사인식을 둘러싼 한국과 일본의 씨름은 앞으로도 상당히 오랫동안 계속될 것이다.

2) 역사 교과서 기술

일본 학교교육에서 사용하는 교과서는 원칙상 민간이 집필하고 정부의 검정을 통과한 책을 교육위원회 또는 교사가 선택하도록 규정되어 있다. 그리고 교과서 집필은 정부가 고시한 교육기본법과 학습지도요령을 준수해야만 한다. 따라서 역사 교과서의 내용에는 정부의 역사관이 상당히 강하게 반영되어 있다고 볼 수 있다. 한국과 일본이 역사 교과서 검정을 둘러싸고 자주 갈등을 빚어온 까닭은 이런 개연성이 있기 때문이다.

그런데 역사 교과서의 검정과 기술에서도 2010년대 전반까지는 대체로 개선의 흐름을 이어왔다. 한일 국교정상화 당시인 1965년 무렵과 2010년 전후 일본 역사 교과서의 한일관계사 기술을 비교하면, 양적·질적인 면에서 괄목할 만한 변화가 나타났다. 특히 1990년대 이후가 되면 일본이 강화도사건 이래 한국을 침략하고 식민지로 만들어가는 과정, 식민지 지배에서 자행된 차별과 억압, 황국신민화와 동원, 저항과 탄압 등에 관련된 사안은 실례를 들어 명료하게 잘 기술했다. 지금 논란이 되고 있는 일본군 '위안부'에 대해서도 대부분의 고등학교 일본사 교과서는 간략하게나마 언급했다. 1997년부터 2000년 전후까지 몇 년 동안은 중학교 역사 교과서도 모두 일본군 '위안부'에 대해 한두 줄 기술했다.

일본 역사 교과서가 개선의 길을 걸은 데는 1982년에 발생한 '역사 교과서 왜곡사건' 등이 오히려 좋은 계기가 되었다. 그해 3월 일본 정부는 고등학교 역사 교과서 검정 결과를 발표했다. 일본 언론은 6월에 들어서 정부가 검정 과정에서 '침략'을 '진출'로, 독립운동의 '집회·데모'를 '데모·폭동'으로 바꾸도록 출판사를 압박했다는 등의 보도를 했다. 이에 자극을 받아 한국과 중국 정부는 일본 정부에 강력히 항의하고 시정을 요구했다. 그해 7~8월은 일본 역사 교과서 검정 문제가 한일의 최대 외교쟁점이 되었다.

한국의 반일여론도 들끓었다. 전두환 정부는 그 열기를 경제·안보 협력 등에서 일본 정부를 압박하는 수단으로 활용하며 극일(克日)캠페인으로 승화시켰다. 그리고 국민의 성금을 모아 천안에 독립기념관을 건립했다.

일본 정부는 1982년 8월 26일 미야자와 기이치(宮澤喜一) 관방장관의 담화를 통해, 1965년 2월 20일에 발표한 한일 외무장관 이동원·시나 공동성명(전문은 자료8 참조)의 인식에 기초해 정부의 책임 아래 교과서 기술을 시정하겠다고 밝혔다. 미야자와 담화의 자세한 내용은 자료15를 참조하기 바란다.

미야자와 관방장관의 담화에도 불구하고 한국·중국의 반발이 수그러들지 않자 오가와 헤이지(小川平二) 문부대신은 1982년 11월 24일 성명을 발표해 교과서 검정의 기준에 이른바 '근린제국' 조항을 추가하겠다고 천명했다. 그 골자는 '근린 아시아 제국과의 관계에 관한 근·현대의 역사적 사실에는 국제이해와 국제협조의 견지에서 필요한 배려가 있어야 할 것'이라는 내용이었다. 오가와 문부대신 담화의 자세한 내용은 자료16을 참조하기 바란다.

독일은 이미 1950년대부터 이웃 여러 나라의 역사인식을 배려하면서 교과서를 편찬해 왔다. 조금 늦기는 했지만, 일본이 1982년 이후 교과서 편찬에서 이웃 여러 나라의 역사인식을 고려하겠다고 국내외에 선언한 것은 평가할 만한 조처였다. 일본 정부가 이웃 나라와의 역사갈등을 적극적으로 풀어가겠다는 의지를 밝힌 것으로 볼 수 있기 때문이다. 그 후 '근린제국' 조항은 일본에서 역사 교과서 기술 문제가 발생할 때마다 한국이 일본 정부를 압박할 수 있는 근거로 활용되었다.

1990년대 들어 일본의 역사인식과 교과서 기술은 눈에 띄게 개선 쪽으로 나아갔다. 그 이유로는, 일본에서 경제발전 지속, 자유민주주의 정착, 문화수준 향상, 국제화 진전, 역사연구 심화 등을 통해 전반적으로 국민의

사진 13
한일 역사공동교재 출간(2007.3.1)

서울시립대학교와 도쿄가쿠게이대학(東京學藝大學)의 뜻있는 교수·학생 40여 명은 10년 동안 역사대화를 계속한 끝에 『한일 교류의 역사 – 선사부터 현대까지』를 한국어·일본어로 동시 출판해 국내외의 주목을 받았다. 이 공동 교재는 양국의 역사 교과서 형식에 가장 가까운 통사였다. 그 밖에도 1990년 대부터 한일 민간사이에서 역사공동연구 등이 활발해져 특정 주제를 다룬 여러 종류의 공동교재가 출간됐다. 한일의 역사대화는 양국의 상호 이해와 역사 인식을 깊게 하는 데 도움을 주었다. 1990~2010년은 한일이 활발하게 역사 대화를 나누며 역사화해의 가능성을 탐색한 시기로서 주목할 필요가 있다.

역사의식이 높아진 점 등을 들 수 있다. 거기에는 한국과 일본의 공동연구와 연대활동도 큰 영향을 미쳤다. 일본의 '역사 교과서 왜곡사건'을 무겁게 받아들인 한일의 연구자·교육자는 1980년대 말부터 여러 종류의 역사대화를 시작했다. 그리고 그들의 논의 내용은 언론과 저술 등을 통해 일반 국민에게도 알려졌다.

역사대화의 성과는 한국과 일본의 역사교육에 어느 정도 반영됐다. 특히 1990년대 중반에 이르면 일본 역사 교과서는 대부분 근대사에서 침략전쟁과 식민지 지배의 폐해를 구체적으로 요령 있게 잘 기술했다. 역사대화에 참여한 연구자·교육자 중에는 교과서 집필자도 여럿 있었다. 좀 과장하면 무라야마 담화(1995.8)나 한일파트너십선언(1998.10)은 이런 추세를 수용한 것이라고 볼 수 있다.

일본의 보수우파 세력은 역사 교과서의 개선 흐름에 거세게 반발했다. 그들은 일본의 역사 교과서가 일본군'위안부' 문제 등 가해 사실을 기술한 것을 '자학사관(自虐史觀)'이라고 강력히 비난하고, 스스로 새 역사 교과서를 만들겠다고 나섰다. 이렇게 해서 결성된 '새 역사 교과서를 만드는 모임'은 실제로 중학교 역사 교과서를 집필해 2001년 문부성 검정을 통과했다. 그들은 이른바 '자유사관(自由史觀)'을 표방하며 일본 역사의 우수성·특수성을 부각시켰다.

한국 정부는 일본 정부에 대해 '새 역사 교과서'의 검정 통과를 엄중히 항의했다. 다시 반일여론이 전국을 휩쓸었다. 이때부터 시민운동단체가 일본 역사 교과서 비판에서 큰 힘을 발휘하기 시작했다. 일본의 시민운동단체가 이에 호응해 한일의 연대활동도 활발해졌다. 양국의 연구자·교육자도 여기에 가담했다. 그 성과로서 2007년 무렵 한국과 일본에서는 다섯 종류의 역사공동교재가 동시 출판되었다. 이를 통해 한국과 일본에서는 일부에서나마 역사인식을 공유하는 현상도 나타났다.

한일의 역사인식 접근에 위기감을 느낀 일본의 정치세력은 역사교육에 적극적으로 개입했다. 거기에 앞장선 국회의원이 바로 자민당의 아베 신조였다. 그는 1991년 일본군'위안부' 문제가 부상하는 것을 못마땅하게 여기고 정계에 입문했다. 자민당 국회의원이 된 그는 보수우익의 기수를 자임하면서 '새 역사 교과서'의 편찬을 적극 지원했다. 그리고 아름답고 영광스러운 일본을 부르짖으며 우파 세력인 일본회의(日本會議) 등을 거점으로 전국에 세력을 확장해나갔다.

마침내 아베는 2006년 총리에 취임했다. 그는 우선 사업으로 교육기본법을 개정했다. 새 교육기본법은 애국심 고취를 학교교육의 중심목표로 설정했다. 나아가 각 교과의 학습지도요령도 이에 맞춰 수정했다. 일본의 교과서 기술은 학습지도요령을 준수해야 하므로 자연히 학교교육은 보수우경화 쪽으로 기울게 되었다. 한국이 당연히 이에 반발하자 일본과의 역사갈등은 다시 불을 뿜기 시작했다.

아베 총리는 2012년 12월 2차 집권에 성공했다. 그는 '근린제국' 조항을 폐지하겠다고 말한 우파 인사를 문부과학대신에 임명했다. 그리고 애국심과 애향심을 고취하며 전통과 영토를 중시하는 교육을 강화했다. 그리하여 2015년 4월에 검정을 통과한 중학교 사회과 교과서에서는 독도의 영유권을 주장하는 기술이 대폭 늘어났다. 독도가 역사적·국제법적으로 일본의 고유 영토인데 한국이 불법적으로 점령하고 있다는 내용을 자세히 실은 것이다. 초등학교·고등학교 교과서도 그렇게 되어갔다.

아베 정부는 2015년 7월 일본 근대산업시설을 유네스코세계유산에 등재했다. 그런데 전시 설명문에서 한국인의 강제동원 사실을 애매하게 기술해 한국과 갈등을 빚었다. 한일은 2011년부터 일본군'위안부' 문제와 강제동원 배상 문제를 둘러싸고 이미 심각하게 대립하고 있는 상황이었다.

아베 정부에서 오래 관방장관을 지낸 스가는 2021년 4월 27일 각의에서 조선인이 일본으로 이입(移入)한 경위는 다양하므로 '강제적으로 연행되었다'거나 '강제노동을 당했다'는 식으로 표현하는 것은 적절치 않다고 결정했다. 그리고 이런 정부 견해를 교과서 검정에 반영하겠다고 발표했다.

일본의 역사학연구회는 일본 정부의 결정에 반대성명을 발표했다. 조선인의 모집 방식은 여럿이지만 모든 단계에서 조선총독부와 경찰의 관여 아래 본인의 의사에 반해 강제적인 동원이 이루어졌고, 엄중한 감시체제 아래 가혹하고 위험한 노동을 장시간 강요당했으며, 민족 차별이 존재했다는 것은 분명하다. 한마디로, 일본 정부가 이런 연구성과를 무시하고 강제동원의 역사적 사실을 자의적으로 왜소화한다고 비판한 것이다.

2020년 이후 일본의 역사 교과서 편찬체제는 아주 큰 변화를 맞고 있다. 초등학교에서 인물사 중심의 일본사, 중학교에서 세계사가 포함된 일본사를 배우는 점은 종래와 같다. 이들은 모두 필수과목으로서 국민교양의 기초를 이룬다.

그런데 고등학교에서는 2022년 4월부터 1학년 때 『역사총합』이라는 새로운 과목을 학습한다. 필수과목인 『역사총합』은 근현대사를 중심으로 일본사와 세계사의 구분을 없애고 통합했다. 그런 다음 학생들은 2~3학년에서 역사를 좀 더 깊게 파고들며 생각하는 『일본사탐구』와 『세계사탐구』를 선택해서 배운다. 그러므로 과목에 따라서는 그렇지 않아도 적었던 한국사와 관련된 내용이 더욱 축소될 가능성이 높다. 따라서 앞으로 일본의 역사 교과서 문제를 논의할 때는 새롭게 개편된 역사교육체계를 충분히 시야에 넣어야 한다.

다행히 여러 역사 교과서 집필자들은 일본 정부의 반동적 움직임에도 불구하고 강제연행을 인정하는 기술을 계속하고 있다. 문부과학성으로부터 수정 지시를 받으면 강제연행이라는 용어를 안 쓰더라도 그 실태를 이해할 수 있는 표현으로 대응한다. 그러므로 1980년대 이래 개선의 길을 걸어

온 역사 교과서 기술은 벼랑 끝에서 힘들게 명맥을 유지하고 있다고 볼 수 있다. 실제로 중학교에서는 이미 '새 역사 교과서' 계열을 잇는 보수우파 쪽 교과서가 3종이나 사용되고 있다. 게다가 문부과학성이 2025년 3월 말에 발표한 고등학교 교과서 검정 결과를 보면, 정부 방침에 따라 노동자의 강제연행을 부정하고 다케시마(독도) 영유권을 강조하는 기술이 늘어났다.

현재 우리가 할 수 있는 일은 한국과 일본이 역사인식에서 상당 부분 접근했던 1990~2010년의 경험을 소중하게 인정하고, 그런 노력을 다시 경주할 수 있도록 힘을 실어주는 것이다. 일본 역사 교과서의 개악된 측면을 엄중히 비판하는 일도 중요하지만, 개선된 부분을 칭찬하고 격려하는 일이야말로 역사갈등을 풀어가는 데 더 효과적이기 때문이다.

3) 역사와 미래에 관한 공동연구

한국과 일본은 국교정상화를 이룩했음에도 불구하고 '한국병합'의 합법·불법, 정당·부당, 유효·무효 등에 대한 견해 차이를 좁히지 못하고 갈등을 빚었다. 한일의 상반된 역사인식은 식민지 지배로 야기된 과거사 처리에서도 두드러졌다. 역사인식에 대한 한국과 일본의 상호 불신은 강하고 깊어서 교류·협력을 방해할 뿐만 아니라 정치·외교 문제로 비화하여 양국관계를 심각하게 훼손했다.

한일 양국 정부는 이런 상황을 타개하는 한 방법으로서 정상회담의 합의에 따라 한일역사공동연구위원회를 설치해 운영했다. 정부가 위촉한 한일의 학자가 고대부터 현대까지 한일관계사의 쟁점을 함께 연구·토론하고 보고서를 간행·보급함으로써 양국의 역사인식과 역사교육의 개선에 도움을 주겠다는 목적이었다. 제1기는 2002년 5월부터 2005년 5월까지, 제2기는 2007년 6월부터 2009년 12월까지 활동했다.

한일역사공동연구위원회의 발족은 역설적으로 일본의 역사인식이 개선되었음을 보여주는 징표이기도 했다. 당시 일본 사회에서는 한국의 역사인식에 관심을 가지는 한편 자신의 역사인식을 돌아보는 분위기가 형성되어 있었다. 일본 정부는 그런 긍정적 움직임을 수용해 역사공동연구를 지원한 것이다. 실제로 역대 총리는 국민의 상당한 지지를 바탕으로 '식민지 지배로 한국에 다대한 손해와 고통을 끼친 데 대해 통절한 사죄와 반성을 표명'하는 담화를 발표했다. 그러므로 한일역사공동연구위원회의 발족은 역사인식이 어느 정도 개선되었기 때문에 가능했다고 할 수 있다.

정부가 지원하는 한일역사공동연구위원회가 활동할 수 있었던 또 하나의 배경은 20여 년 이상 계속된 민간의 역사대화였다. 1980년대부터 한국과 일본의 연구자·교육자는 여러 모임을 결성해 역사인식, 역사 교과서 기술, 역사수업 등을 화제로 공동 연구와 발표를 해왔다.

한국과 일본의 민간 역사대화는 역사인식의 차이와 쟁점을 확인하고 역사연구와 역사교육의 상호 이해와 교류를 촉진하는 데 기여했다. 동아시아와 유럽의 여러 나라가 한일의 역사대화에 참가하는 경우도 있었다. 한국과 일본은 역사대화를 통해 연구자·교육자 사이의 인적 네트워크를 구축하고 공동작업의 노하우를 축적했다. 그 주요 성과의 하나가 역사공동교재의 발간이었다.

한일의 민간 역사대화는 여론의 지지를 받아 정부를 압박하는 동력으로 작용했다. 실제로 양국 정부는 민간 차원에서 쌓은 역사대화의 노하우를 원용해 한일역사공동연구위원회를 설치한 것이다.

물론 여기에는 양국 정치 지도자의 의지와 지혜도 한몫을 했다. 김대중 대통령과 오부치 게이조 총리가 함께 발표한 한일파트너십선언은 한일역사공동연구위원회가 출범하는 주요 계기가 되었다. 이 선언에서 양국 정상은 역사인식을 공유하고 미래지향적 역사관을 수립한다는 데 합의함으로써 한일역사공동연구위원회가 출범할 수 있는 바탕을 마련한 셈이었다.

제1기 한일역사공동연구위원회는 위원장 각 1명 외 연구위원 각각 10명(고대사 3명, 중근세사 3명, 근현대사 4명)으로 구성했다. 그리고 3년에 걸쳐 19개 주제에 관한 연구·토론을 진행해 6권의 보고서를 간행했다.

각 분과의 주요 논쟁점을 적기하면 다음과 같다.

● 고대사

한국 측은 4~6세기 일본의 한반도 남부 지배는 성립되지 않았다는 것을 『일본서기(日本書紀)』 신공기(神功紀), 광개토왕릉비문, 고고학 자료, 『송서(宋書)』 왜국전(倭國傳), 『일본서기』 계체·흠명기(繼體·欽明紀) 등의 분석을 통하여 밝혔다.

일본 측은 전형적인 임나본부의 존재를 주장하지는 않았지만, 광개토왕릉비문을 통해 4세기 당시에 왜가 강했다는 것을 인식시키려고 애썼다. 반면에 일본이 6~7세기에 백제 등의 한반도 국가들로부터 불교·한자 등의 선진문화를 전수받은 사실을 인정했다. 그러면서도 도래인(渡來人)들은 한반도 여러 나라가 서로 대립하는 가운데 일본의 환심을 사기 위하여 자발적으로 건너와 문물을 전파했다고 주장했다.

● 중근세사

위사(僞使)에 대해 한국 측은, 위사를 통교 위반자로 규정하고, 조선 전기 한일관계사에서 통교 위반자가 차지하는 역할 및 의의를 높게 평가하지 않았다. 일본 측은 위사의 발생부터 전개·확대·변용의 전 과정을 추적하여 그 실태와 규모를 밝히고, 그것이 중세 동아시아 통교권에서 나타난 공통의 존재라는 점을 강조했다.

왜구에 대해 한국 측은, 왜구는 일본인이 주체이며 그 성격은 해적집단이라는 점을 논증했다. 반면에 일본 측은 왜구를 일본인이나 조선인 혹은 혼혈의 잡거집단으로 해석했다.

통신사에 대해 한국 측은, 조선이 막부의 간청을 받아들여 통신사를 파견했다고 주장한 반면, 일본 측은 막부가 통신사를 '가상의 조공사절'로 간주하였다는 점을 강조했다.

임진왜란에 대해 한국 측은, 임진왜란이 일본의 침략 욕구로 인해 일어났고, 조선이 승리한 전쟁으로 규정했다. 반면에 일본 측은 '침략' 대신에 '출병'·'파병'의 용어를 쓰며, 조선의 피해 상황을 축소하려는 자세를 보였다.

● 근현대사

개항기에 대해 한국 측은, 일본이 한국을 강점하는 과정에서 체결한 조약들이 국제법 절차 등에 비추어볼 때 불법적이고 부당한 것이라 주장했다. 반면에 일본 측은 일본이 힘의 우위를 배경으로 조약을 맺었다 할지라도 그것은 근대 국제법이 안고 있는 모순에 지나지 않는다고 반론했다.

식민지기에 대해 한국 측은, 일제가 인적·물적 자원을 최대한 동원하기 위해 조선인을 황국신민으로 연마·육성하는 인간개조프로젝트를 추진하고, 일본의 조선 지배가 한국인의 독립을 절대로 허용하지 않은 폭압·동화정책이었으며, 한국인은 이에 대해 국내외에서 다양한 독립운동을 전개했다고 개관했다. 일본 측은 한국에 근대적 관료제가 철저하게 이식되고 국제화가 진전되어, 이에 대한 반발로 민족적 독자성을 모색하기 위해 저항민족주의가 형성되었지만, 그것은 창조적 리더십의 결여를 초래했다고 평가했다.

해방이후기에 대해 한국 측은, 한일협정이 식민지 지배에 대한 사과와 반성이 결여된 반면, 한미일 반공전선 구축에 기여하고 한국 경제의 대미·

대일 결합을 강화시켰다고 주장했다. 일본 측은 한일협정을 계기로 탄력을 받은 한일의 경제발전은 양국 및 지역의 평화와 안전에 기여했다고 주장했다.

제2기 한일역사공동연구위원회는 각각 위원장 1명과 연구위원 16명(고대사 3명, 중근세사 3명, 근현대사 4명, 교과서위원회 6명)으로 구성하고, 3년에 걸쳐 24개 주제를 연구·토론해 7권의 보고서를 간행했다.
각 분과의 진행 상황과 주요 논쟁점을 개관하면 다음과 같다.

● 고대사
양측의 연구자가 고대 한일관계사를 시기별로 나누어 개설서 형식으로 집필했다. 그리하여 일반인 등이 양국 고대사의 흐름을 쉽게 파악할 수 있는 장점을 가졌으나, 서로의 논점은 잘 드러나지 않았다. 양국의 위원이 고대 한일관계사를 어떤 줄거리로 구성하는가를 비교사적으로 이해하는 데 편리하다.
양측은 제1기 때 논란이 되었던 임나일본부를 둘러싸고 논쟁을 벌였다. 일본 측은 가야 지역에 거주한 왜인집단이라는 설을 편 반면, 한국 측은 안라국에 설치한 왜의 외무시설이라는 설을 폈다. 또 일본 측은 신라 율령의 존재를 부정한 반면, 한국 측은 그 존재를 인정하였다. 한국 측 위원이 논문에서 일본 역사 교과서 내용을 언급한 것에 대해 일본 측 교과서위원회 위원들이 교과서위원회 이외 분과에서 교과서를 언급해서는 안 된다고 강력히 반발했다.

● 중근세사
일본 측이 전기 왜구에 조선인이 포함되어 있다는 제1기 위원회 때의 주

사진 14
『한일역사공동연구보고서』 간행(1기 2005, 2기 2010)

한국과 일본의 역사연구자들은 정상의 합의에 따라 2002년부터 2009년까지 두 차례 한일관계사의 쟁점에 관한 공동연구를 진행해 방대한 보고서를 간행했다. 고대부터 현대까지를 망라한 보고서는 양국의 한일관계사 연구수준을 반영했다. 그러나 양국의 정치가 내셔널리즘을 부추기는 가운데 역사쟁점을 부각시킴으로써 오히려 역사관의 충돌을 조장했다는 비판도 받았다. 한일의 역사공동연구는 장기간 계속됨으로써 소기의 목적을 달성할 수 있다. 연구주제도 대립·갈등뿐만 아니라 교류·협력 등으로 확장하는 게 바람직하다.

장을 철회하고 일본의 삼도민(三島民)이 왜국의 주체라고 확인했다. 제1기 위원회 때 중근세사 분과는 양측 위원 간에 갈등이 심했는데, 이번에는 아주 원만하게 운영되어 가장 빨리 발표회와 토론회를 마치고 보고서 작성에 돌입했다. 위원 간의 상호 신뢰와 협력이 공동연구의 관건임을 보여준 사례라고 할 수 있다.

● 근현대사

주제를 너무 광범위하고 다양하게 설정하여 쟁점을 부각시키기가 애초부터 어려웠다. 양측에서 공동연구자와 연구협력자를 많이 동원했기 때문에 발표와 토론을 진행하는 데 곤란을 겪기도 했다. 일본 측 연구협력자가 사전에 합의 없이 독도 영유권 문제를 논문으로 제출하여 한국 측이 강력하게 반발하는 등 운영이 매끄럽지 못했다. 일본 측 위원이 조선 왕조를 '이씨조선'으로 호칭하여 한국 측의 비판을 받았다. 한국 측 위원이 논문의 서문에 일본 역사 교과서 내용을 간단하게 언급한 것에 대해 일본 측 위원이 삭제를 요구함으로써 합동회의가 결렬된 적도 있다.

● 교과서위원회

양국의 역사 교과서 내용을 함께 분석하고 토론하여 제1기 위원회보다 진전된 모습을 보였다. 그렇지만 공동연구주제가 너무 추상적이어서 논문의 방향이 서로 어긋나는 경우가 더러 생겨났다. 한국 측은 한일의 교과서를 모두 검토하여 상호 비교했다. 반면에 일본 측은 자국사 교과서는 일절 다루지 않고 한국사 교과서만 검토했다. 그리하여 교과서 문제를 허심탄회하게 논의하기에는 아직도 서로 오해와 편견의 벽이 두껍다는 인상을 주었다.

한일역사공동연구위원회는 짧은 기간 존속했지만, 집중적으로 연구·토론을 거듭해 방대한 성과물을 생산했다. 그 밖에도 한일관계에 관한 연구 심화, 차이점과 공통점 도출, 연구인력 양성과 역량 축적, 인적 교류 네트워크 형성 등은 괄목할 만한 성과였다. 한국 쪽은 정식 보고서 이외에 많은 연구서와 자료집 등을 간행했다.

한일역사공동연구위원회의 또 하나 주요 성과는 한국과 일본의 대외 신인도를 높였다는 점이다. 세계 여러 나라는 한국과 일본이 자유민주주의와 시장경제를 공유하고 있으면서도 역사 문제를 둘러싸고 갈등과 대립을 되풀이하는 견원지간(犬猿之間)의 나라로 보았다. 한일의 역사공동연구는 역사 문제의 극복을 위해 두 나라가 함께 노력한다는 인상을 세계에 과시함으로써 인지도와 신뢰도를 높이는 데 기여했다.

그렇지만 한일역사공동연구위원회는 목표한 바대로 한국과 일본의 역사인식과 역사 교과서를 개선하는 데 별로 영향을 주지는 못했다는 평가를 받았다. 실제로 역사공동연구기간 중이나 그 후에도 양국은 역사인식과 역사 교과서 기술을 둘러싸고 계속 대립과 갈등을 빚었다.

한일역사공동연구위원회의 궁극적 역할은 역사화해의 교두보를 만드는 데 있다. 여기서 역사화해란 역사 문제를 둘러싼 갈등과 분쟁을 종식하고 우호적 관계를 수립하는 과정을 말한다. 역사화해는 정부끼리뿐만 아니라 국민이 서로 적대와 불신을 해소하고 존중과 신뢰를 쌓아 일체감을 형성해야만 이룩할 수 있다. 한일역사공동연구위원회는 그 첫걸음이라고 여기면 좋겠다.

물론 역사화해는 단기간의 역사공동연구로 이루어질 수 있는 간단한 문제가 아니다. 다만 계속하면 힘이 되듯이, 역사공동연구를 거듭하고 그 성과를 널리 전파하다 보면 상호 이해의 폭이 넓어지고 역사대립이 완화되어 역사화해의 길로 접어들 수도 있다. 따라서 한일역사공동연구위원회는 역사화해에서 반드시 거쳐야 할 통과의례라고 볼 수 있다.

두 차례 세계대전을 겪으며 극도로 적대했던 독일과 프랑스·폴란드 등도 50년 이상 역사공동연구를 계속해 역사인식의 충돌을 완화하고 유럽인으로서의 정체성을 공유하게 되었다. 한국과 일본은 유럽의 경험에서 지혜와 교훈을 얻어 역사공동연구를 지속할 필요가 있다.

한일역사공동연구는 방법과 목적에서 보완할 점이 적지 않다. 양국이 대립하고 갈등하는 역사사안을 연구하고 토론하는 데만 집착하지 말고 함께 이용하고 논의할 수 있는 자료를 정리해 보급하는 게 좋겠다. 또 교과서나 개설서를 집필하는 데 지침이 되는 권고안을 만들어 제시하는 작업도 해볼 만하다. 또 하나 부연하면, 한국과 일본이 서로 영향을 주고받으며 창조와 발전에 도움이 된 역사적 사안에 대한 연구와 토론을 늘리는 것이다. 양국은 오랜 역사 속에서 싸움보다는 교류를 더 많이 해왔다. 그리고 이를 통해 자신의 문명을 발전시켜 왔다. 이런 긍정적 측면을 발굴해 소개하면 역사화해를 좀 더 앞당길 수 있겠다.

한편, 역사에 치중된 한일의 공동연구를 보완하는 의미에서 미래에 관한 공동연구도 추진했다. 이명박(李明博) 대통령과 후쿠다 야스오(福田康夫) 총리는 2008년 4월 '신시대 공동연구'를 합의했다. 한일관계의 100년 대계를 마련하는 프로젝트였다. 양국에서 정치·경제 전문가 13명씩으로 구성된 연구팀은 1년 반 동안 공동연구를 하고「한일 신시대를 위한 제언」이라는 보고서를 양국 정부에 제출했다. 이 보고서가 제시한 '한일 신시대 어젠다 21'은 다음과 같다.

- 한일관계: 역사화해 노력, 고위급 대화의 활성화, 교류 네트워크 다층화, 캠퍼스 아시아 실현, 동아시아 지식은행 설립, 멀티미디어 협력, 해저터널 추진

- 국제정치: 공생 복합 네트워크 강화, 대북정책 공조, 안전보장협력의 강화, 신아시아질서 공동구축, 지구적 안보협력, 에너지 환경 협력, 글로벌 거버넌스 협력
- 국제경제: 공생 번영 네트워크 구축 연구, 포괄적 FTA 체결, 금융질서 안정화 협력, 금융질서 장기발전 협력, 정보통신 협력, 개발 협력, 환경 사업 기회 확대

'한일 신시대 어젠다 21'은 복합네트워크시대를 맞아 한일이 함께 풀어가야 할 상호관계, 국제정치, 국제경제에 관련된 주요 과제를 망라해 요령 있게 정리했다. 제언 중에서 여러 사안은 이미 시행 중이거나 추진을 검토하고 있다. 다만 한일의 미래 과제는 국내외 사정의 변화에 따라 바뀔 수도 있다. 그러므로 때때로 수정·보완할 필요가 있다. 한일 '신시대 공동연구'는 과거에 치중되었던 의제를 미래로 확장했다는 점에서 큰 의미를 지녔다.

본격적인 연구조직은 아니지만 오랫동안 역사·정치·경제·문화 현안을 둘러싸고 한일이 대화를 나눠온 연례 상설회의체로 한일포럼이 있다. 김영삼 대통령과 호소카와 모리히로 총리의 합의에 따라 1993년 12월 시작된 이 회의는 양국에서 정부·의회·경제·언론·학술·문화 분야의 여론 주도급 인사 각각 25명가량이 참가한다. 2002년 한일 월드컵 공동주최를 양국 정부에 건의해 성사시킨 바 있다.

한국에서 한일관계의 개선을 논의하는 민간기구로는 한일비전포럼을 들 수 있다. 이 포럼은 한일 대립이 극심한 2019년에 우호협력의 실마리를 찾기 위해 결성되었다. 정치·외교·역사·경제·군사 등의 전문가들이 모여 실질적이고 전략적인 한일관계 증진 방안을 논의해 정부와 언론에 제언한다.

2022년 이후 한국의 윤석열 정부와 일본의 기시다 정부는 적극적으로 한일관계의 개선에 나섰다. 2024년 10월 1일 출범한 이시바 시게루 정부도 한일관계 개선에 전향적이다. 지난날의 경험에서 보면 한일관계가 개선의 궤도에 오른 지금이야말로 역사와 미래에 관한 공동연구를 재개할 좋은 기회다. 한국과 일본이 자유민주주의와 시장경제 등 보편적 가치를 공유하며 평화롭게 공동번영을 지속해나가기 위해서는 역사인식의 상호 접근과 이해, 그리고 미래관계의 공동 구상과 실현이 필수 불가결하기 때문이다.

4) 야스쿠니신사 참배

일본 총리와 주요 각료의 야스쿠니신사 참배는 침략전쟁과 식민지 지배에 대한 사죄와 반성의 진정성을 의심하게 만드는 행위이다. 야스쿠니신사는 A급 전쟁범죄자 14명도 합사된 곳이기 때문이다. 이런 연유로 최근 야스쿠니신사 참배는 일본과 한국·중국의 역사갈등을 부추기는 한 요인으로 굳어져버렸다.

패전 이후 오늘날까지 일본의 역대 총리는 공식, 비공식을 합쳐 통산 60여 차례 야스쿠니신사를 참배했다. 그렇지만 한국 정부와 언론이 이 행위를 크게 문제 삼은 것은 고이즈미 준이치로 총리 때(2001.8.13)부터였다. 그 전에는 외교부 당국자의 유감 표명이나 일부 신문의 사설 게재 등이 몇 번 있었을 뿐이었다. 곧 정부가 외교현안으로 삼거나 언론이 비난여론을 조성하지는 않았다. 이 점에서 보면 야스쿠니신사 참배는 다른 역사갈등보다 훨씬 뒤에 현안으로 부각된 셈이었다. 역사 문제가 시대와 상황의 변화에 따라 새로 생성되거나 부침하는 생물의 성격을 띠고 있다는 것을 상징적으로 보여주는 사안이다.

나카소네 야스히로 총리는 1985년 8월 15일 국무대신과 함께 야스쿠니신사를 공식 참배했다. 그는 조국과 동포를 위해 희생한 전몰자 일반을 추도하고 일본과 세계의 평화를 위한 결의를 새롭게 다지기 위한 것이라고 참배 이유를 설명했다.

나카소네 총리는 일찍이 패전 40주년을 맞아 전후 정치를 총결산하겠다는 결의를 표명했다. 그리고 일본열도를 침몰하지 않는 항공모함으로 만들겠다며 군사대국화를 추진했다. 일본의 침략전쟁을 기억하고 있는 국제사회는 그의 야스쿠니신사 참배를 우려했다. 특히 중국 정부는 민감하게 반응해 강한 어조로 항의성명을 발표했다. 한국 정부는 공식 견해를 밝히지 않았다.『동아일보』가 일본의 '군사대국화와 신도주의적 우경화'를 우려한다는 사설을 게재했을 뿐이었다(1985.8.16).

1869년 6월 도쿄에 세워진 쇼콘샤(招魂社)에서 출발한 야스쿠니신사(1879.6 개칭)는 단순한 종교시설이 아니다. 메이지유신 이래 수많은 내전에서 천황의 편에 서서 싸우다 죽은 군인이나, 청일전쟁, 러일전쟁, 만주사변, 아시아태평양전쟁 등 일본이 일으킨 크고 작은 침략전쟁에서 목숨을 잃은 246만 6,000여 명의 전몰자를 신으로 모시고 제사를 지내는 곳이다. 여기엔 강화도 침공(1875) 당시 죽은 선원, 대한제국 의병을 진압하다가 전사한 군인들도 들어있다. 더구나 한국 젊은이를 전쟁터로 내몬 조선총독 고이소 구니아키(小磯國昭)를 비롯해 극동국제군사재판(도쿄재판)에서 '평화에 대한 범죄'를 물어 처벌당한 A급 전범 14명까지 포함되어 있다. 1945년 8월 미국·영국·소련·프랑스가 런던회의에서 제정한 국제군사재판소조례는 A급 전범을 전쟁의 계획, 준비, 개시, 수행 등을 주도한 요인으로 분류했다.

패전 전 야스쿠니신사는 국가신도(神道) 체제 속에서 별격관폐사(別格官幣神社)로 승격되어 육국과 해군이 관리했다. 천황이 운영비로 1만 석의 토지를 하사하고 천황가와 같은 국화 문양을 사용하도록 허락했다. 또 천황이 직접 참배해 전몰자의 영혼을 기렸다. 곧 제정일치의 천황제국가가 호국영령을 신으로 모시는 특별한 장소였다.

패전 이후 일본을 점령통치한 GHQ는 군국주의의 상징인 국가신도체제를 해체했다. 그리고 정교분리 원칙에 따라 야스쿠니신사를 비롯해 모든 신사를 정부의 관할에서 제외하여 종교법인으로 개편했다. 그런데도 역대 총리와 각료는 음으로 양으로 야스쿠니신사를 참배했다. 천황도 A급 전범이 합사되는 1978년 10월 17일 이전까지 참배를 계속했다.

그런데 야스쿠니신사에는 일본의 식민지 지배 아래 강제로 전장에 끌려가 희생당한 2만 1,000여 명이 넘는 한국인도 합사되어 있다. 그뿐만 아니라 전쟁이 끝난 이후 최근까지도 생존한 20여 명의 한국인 명부까지 전사자로 잘못 기재되어 있다. 당사자에게는 어처구니 없고 치욕스런 장소인 셈이다. 그러므로 야스쿠니신사에 대한 한국인의 감정은 험악하다.

실제로 한국인 유족들은 명예·인격을 회복하기 위해 야스쿠니신사에 합사 철폐를 요구해 왔다. 그런데도 야스쿠니신사는 교리상 합사를 분리할 수 없다며 유족의 요구를 거부하고 있다. 이런 완고한 태도는 야스쿠니신사가 한국의 해방과 독립을 인정하지 않는다는 뜻으로도 해석할 수 있다.

더욱 한심한 부조리는 일본 정부가 한국인 전몰자를 국적이 다르다는 이유로 보상 대상에서 제외하고 있는 점이다. 국적이 다르기 때문에 한국인을 보상에서 제외한다면 합사에서도 풀어주는 것이 마땅하지 않은가? 돈이 드는 경우에는 한국인을 일본인과 차별하고, 돈이 안 드는 경우에는 한국인을 일본인과 같이 취급하는가? 논리적으로 맞지 않을 뿐만 아니라 일본의 품격을 떨어뜨리는 치졸한 처사라고 볼 수 있다.

국제적 관점에서 보면 일본의 총리나 각료 같은 정치지도자가 야스쿠니신사를 참배한다는 것은 일본 정부가 남의 나라에 대한 침략과 지배를 정당화한다고 받아들이기 쉽다. 확대 해석하면 일본이 지키겠다고 맹서한 샌프란시스코평화조약체제를 부정하는 행위로도 비칠 수 있다.

일본 국내의 관점에서 보더라도 야스쿠니신사 참배는 정교분리의 원칙에 위배될 수 있다. 일본국 헌법 제20조는 어떤 종교단체도 국가로부터 특권을 받을 수 없다고 규정하고 있다. 아울러 국가 또는 그 기관은 어떤 종교활동을 하거나 그를 위해 공금 지출 또는 공적 재산 활용을 하지 못하게 되어 있다. 그렇기 때문에 일본 법원은 관련 소송에서 총리와 각료의 야스쿠니신사 참배가 헌법정신을 위반할 수 있다는 판결을 내리기도 했다.

일본 헌법은 무력 포기와 평화 실현을 표방하고 있다. 역대 일본 정부는 이 평화헌법의 정신을 구현하기 위해 무기 수출이나 집단적 자위권 행사를 금지하는 등 상당한 노력을 기울여왔다. 일본 총리와 각료의 야스쿠니신사 참배는 지금까지 일본이 쌓아온 평화국가로서의 실적에 상처를 입힐 수도 있다.

이와 같은 역사적 경위를 감안하면 한국이 일본 총리나 각료의 야스쿠니신사 참배를 반대하는 것은 당연하다고 볼 수 있다. 더구나 중국은 일본의 A급 전범이 주도한 침략전쟁에서 영토를 유린당하고 막대한 인적·물적 피해를 입었다. 이런 연유로 중국은 항일전쟁에서의 승리를 애국정신과 역사인식의 중추로 삼고 있다. 일본은 중국과 국교를 맺을 때 이런 사정을 역사적 사실로 인정하고 사죄했다(1972.9.29).

그런데 나카소네 총리는 '전후 정치의 총결산'을 내세우며 각료를 이끌고 보란 듯이 야스쿠니신사를 참배했다. 중국은 당연히 항의했다. 일본이 바야흐로 평화국가체제를 끝내고 군사국가체제로 이행하는 것이 아닌가 의심했기 때문이다. 그 후 중국은 야스쿠니신사 문제만큼은 한국보다 훨씬 강력하게 항의해 오고 있다.

일본 정부는 중국의 항의를 무겁게 받아들여 1986년부터 총리와 각료의 공식적 야스쿠니신사 참배를 중지했다. 이때만 해도 일본 정부는 중국에 대한 부채의식을 가졌고 이웃 나라의 국민감정을 배려하는 태도를 보였다. 일본은 1980년대 국력 신장의 절정을 구가하며 국제화와 아시아로의 회귀를 국정의 주요 목표로 내세웠다.

일본 총리의 야스쿠니신사 참배는 1986년부터 2000년까지는 소강상태를 보였다. 다만 1996년 7월 29일 하시모토 류타로(橋本龍太郎) 총리가 사적 참배를 했다. 한국 정부는 외무부 당국자의 논평을 통해, 일본이 인근 국가들과 진정한 선린우호관계를 구축하기 위해서는 과거 일본제국주의 침략으로 피해를 보았던 국가의 국민감정을 존중해야 한다는 뜻을 밝혔다.

그런데 2001년부터 2006년까지 일본 정부를 이끈 고이즈미 준이치로 총리는 해마다 야스쿠니신사를 참배했다. 이에 일본과 한국·중국의 역사 대립은 심해졌다. 고이즈미는 자민당 총재 선거에 출마하면서 총리가 되면 8월 15일 전몰위령제 날에 어떤 비판을 받더라도 야스쿠니신사를 반드시 참배하겠다고 언명했다. 아닌 게 아니라 그는 총리에 취임하자, 매도 먼저 맞는다는 심정으로, 이틀 앞당겨 2001년 8월 13일 야스쿠니신사를 참배했다. 참배 이유로는 조국의 미래를 믿고 전진(戰陣)에서 산화한 분들의 영령을 추모한다, 일본의 평화와 번영이 그들의 고귀한 희생 위에 구축된 것임을 생각한다, 평화의 맹서를 새롭게 한다 등을 열거했다.

한국 정부는 고이즈미 총리가 보란 듯이 공공연히 그리고 당당하게 야스쿠니신사를 참배한 것을 지켜보고만 있을 수 없었다. 외무부는 이튿날 일본 정부에 항의하며 참배 중지와 합사된 한국인의 해제를 요구했다. 대다수 한국인은 고이즈미 총리가 식민지 지배와 침략전쟁으로 세계평화를 파괴하고 다대한 피해와 고통을 준 전쟁범죄자를 기리는 행위에 우려와 분노를 표시했다.

고이즈미 총리의 야스쿠니신사 참배에 앞서 일본 문부과학성은 패전 전의 일본 역사와 문화를 미화하는 중학교용 새 역사 교과서를 검정에 합격시켰다. 한국의 많은 국민은 일련의 사태를 지켜보며 일본이 평화국가에서 보통국가로 전환하는 게 아닌가 의심했다. 보통국가란 타국을 공격할 수 있는 군사력을 보유하고 여차하면 전쟁을 벌일 수 있는 나라가 된다는 것을 의미했다. 고이즈미 총리의 야스쿠니신사 참배는 역대 정부의 사죄와 반성을 의심하게 만드는 처사였다.

일본 자민당은 제70회 당대회(2004.2.16)에서 야스쿠니신사 참배를 운동방침으로 채택했다. 자민당은 평화의 결의를 다지고 희생자에 대한 감사와 애도의 정성을 바친다는 명분을 내세웠다. 그렇지만 이것은 애국교육을 강화하고 일본 국민의 내셔널리즘을 고양시키겠다는 정책의지의 표명에 다름없다. 또 그 너머에는 집단적 자위권의 행사, 나아가 헌법 개정 등을 통해 보통국가로 변신하려는 야망이 숨어 있는 것처럼 보였다.

고이즈미 총리는 2006년 8월 15일까지 매년 야스쿠니신사를 참배했다. 그때마다 한국 정부는 항의성명을 발표했다. 한국 국회는 '야스쿠니신사의 한국인 합사 취하 및 일본 각료 등의 야스쿠니신사 참배 중단 촉구 결의안'을 채택했다(2005.5.4). 특히 노무현 대통령은 부산에서 개최된 APEC 정상회담에서 고이즈미 총리에게 직접 일본 총리와 정치가의 야스쿠니신사 참배는 한국에 대한 도전이라고 말하고 일본이 과거로 돌아가려는 것이 아닌가 우려한다고 말했다(2005.11.18).

이에 앞서 2월 22일 시마네현은 '다케시마(竹島)의 날'을 제정하고, 3월 말 일본 문부과학성은 '새 역사 교과서'를 검정에서 다시 합격시켰다. 일련의 사태로 한일관계는 아주 나빠진 상황이었다. 노 대통령의 발언은 일본이 퇴행적 역사인식을 행동으로 표출하는 데 대한 강력한 경고 메시지였다.

2012년 12월에 두 번째 집권에 성공한 아베 신조 총리는 자신의 1차 집권 당시(2006.9~2007.8) 야스쿠니신사를 참배하지 못한 것이 천추의 한이라고 말했다. 이를 뒤집어 보면 총리 재임 중에 야스쿠니신사를 꼭 참배하겠다는 의지 표명이었다. 아베 총리의 의중을 간파한 일본의 각료와 국회 위원들은 2013년 여름 대거 야스쿠니신사를 참배했다. 여기에는 총무대신 등의 주요 각료도 들어있었다. 아베 총리는 공물료를 봉납했다. 박근혜(朴槿惠) 정부는 아베 정부의 도발적 행위에 깊은 우려를 표명했다. 그리고 일본이 역사 문제에서 개선의 자세를 취하지 않으면 정상회담을 유보하겠다는 뜻을 밝혔다.

2013년 12월 26일, 아베 총리는 집권 1주년을 맞아 전격적으로 야스쿠니신사를 참배했다. 국제사회의 비판과 항의를 의식한 그는 일본을 위해 귀중한 생명을 희생한 영령께 존숭의 뜻을 표하기 위한 것이지, 한국과 중국 국민의 기분을 상하게 할 생각은 털끝만큼도 없다고 변명했다.

한국 정부는 아베 총리가 전쟁범죄자들을 합사한 반역사적 시설물을 참배한 것은 한일관계는 물론 동북아시아의 안정과 협력을 근본부터 훼손하는 시대착오적 행위라고 비난했다. 중국 정부도 강경한 분노를 표시했다. 그리고 일본의 전쟁범죄자들이 세계평화를 파괴하고 인근 국가에 형언할 수 없는 고통과 피해를 끼쳤다는 사실을 상기시켰다. 미국은 한일의 역사갈등이 동아시아의 군사동맹과 안전보장에 장애를 가져올까봐 걱정하며 아베 총리의 행동에 실망했다는 성명을 발표했다.

2020년 9월 이후, 아베 총리에 이어 일본 정부를 이끈 스가, 기시다 총리는 야스쿠니신사 참배를 자제했다. 국제여론의 동향을 보건대 일본이 얻는 것보다는 잃는 것이 많겠다는 계산 때문일 것이다. 대신 4월, 8월, 10월 정례제사에는 공물을 바쳤다. 반면에 총리 이외의 일부 각료와 많은 정치가는 여전히 야스쿠니신사를 참배했다.

2024년 10월 1일부터 새로 정부를 이끌게 된 이시바 시게루 총리는 평소에 야스쿠니신사 참배를 자제해 왔다. 그런데 총리가 된 후 처음 치러진 야스쿠니신사의 제사에 스가, 기시다 총리처럼 신목(神木)인 비쭈기나무 화분을 바쳤다. 한국 외교부는 야스쿠니신사가 침략전쟁을 미화하고 전쟁 범죄자를 합사한 곳이라며, 책임 있는 지도급 인사들이 공물을 봉납하거나 참배한 데 대해 깊은 실망과 유감을 표한다고 밝혔다. 따라서 수정주의적 역사인식이 거세진 일본에서 총리가 누구로 바뀌든지 야스쿠니신사 참배 문제는 언제 다시 폭발할지 모르는 휴화산이라고 볼 수 있다.

5) 독도 영유권

독도에 대한 한국 정부의 공식 견해는 다음과 같다.

> 독도는 역사적·지리적·국제법적으로 명백한 대한민국의 고유영토이다. 따라서 영토 문제는 존재하지 않는다. 굳이 따진다면 독도는 일본이 한국을 침략하는 과정에서 맨 먼저 빼앗은 땅이기 때문에 역사 문제이다.

한국 정부가 이와 같은 주장을 하는 근거는 다음과 같다. 독도는 울릉도에서 육안으로 볼 수 있는 거리에 위치한다. 한국인은 6세기 이래 독도를 울릉도의 속도로서 인지해 왔다. 근대에 이르러 대한제국은 칙령 제41호를 반포해 독도를 한국 땅이라고 확인했다(1900). 반면에 일본은 자국민에게 울릉도 도해금지령을 내리고(1696), 근대에 들어서는 울릉도와 독도가 일본 땅이 아니라는 지령을 발포했다(1877). 그 후 일본은 러일전쟁을 빌미 삼아 독도에 망루와 전선을 가설한다는 명목으로 독도를 시마네현에 불법 편입시켰다(1905). 이로써 독도는 일본이 한반도를 침탈하는 과정에서 가장 먼저 빼앗은 땅이 되었다. 그러므로 한국은 독도 영유권 문제를 특별히 역사 문제로 취급한다.

일본은 패전 이후 독도를 한국에 돌려줘야 마땅했다. 카이로선언은 일본이 폭력과 탐욕으로 약취(掠取)한 모든 지역으로부터 축출되어야 한다고 천명했다(1943.12). 또 SCAPIN 제677호는 "독도를 통치 및 행정상 일본으로부터 분리한다"고 규정했고(1946), 샌프란시스코평화조약에서도 이를 부인하지 않았다(1952.4).

이승만 대통령은 '대한민국 인접 해양 주권에 관한 대통령 선언'을 발표하여 평화선(일명 이승만라인)을 설정하고 독도를 그 선 안에 포함시켰다(1952.1). 그 이후 현재까지 한국은 독도를 실효적으로 영유하고 있다. 이런 사실로 볼 때 독도에 대해 역사적·지리적·국제법적으로 확립된 한국의 영유권은 지금까지 중단 없이 이어지고 있다고 확인할 수 있다.

반면에 일본은 독도가 역사적 사실에 입각해서도 국제법상으로도 명백한 일본의 고유영토라고 주장한다. 일본 측 주장의 핵심은 다음과 같다. 한국에 의한 독도 점거는 국제법상 아무런 근거 없이 이루어지고 있는 불법점거이다. 한국이 이 불법점거에 의거해 독도에서 행하는 어떠한 조치도 법적인 정당성을 갖는 것은 아니다. 일본이 독도를 실효적으로 지배·영유하기 이전에 한국이 실효적으로 지배·영유하고 있었다는 사실을 한국은 제시하지 못하고 있다. 일본은 독도 영유권 문제를 국제법상의 영토 문제로 본다.

여기서 독도 영유권을 둘러싼 한일의 외교 교섭과 여론 동향을 시간 흐름에 따라 간략히 살펴보면 다음과 같다.

한국과 일본은 독도 영유권 문제를 국민감정과 직결된 주요 사안으로 인식했다. 그리하여 격렬하고 끈질기게 논쟁을 되풀이했다. 다만 역대 정부는 한일관계의 근본을 해치지 않는 선에서 신중하게 다뤄왔다.

일본은 제2차 한일회담(1953.4.15~7.23) 때부터 독도 문제를 거론하기 시작했다. 그렇지만 평화선과 독도 영유권에 대한 이견 등으로 회담 자체가 결렬되었다. 그 와중에 일본은 독도 영유권 문제를 국제사법재판소에 제소하자고 한국 측에 제안했다. 그렇지만 한국은 응하지 않았다(1954.9). 일본이 독도 영유권 문제를 본격적으로 제기한 것은 한일회담이 타결을 향해 치닫던 제6차 회담(1961.10~1964.4) 때였다. 그 무렵 한일 외무장관회담에서 고사카 젠타로(小坂善太郎) 외무대신이 최덕신(崔德新) 외무부장관에게 독도문제의 국제사법재판소 제소를 제안했지만 받아들이지 않았다(1962.3). 영토 문제는 존재하지 않기 때문이다.

국제사법재판소는 분쟁의 양 당사자가 합의해 해결을 청구해야 가동한다. 일본이 일방적으로 제소해도 한국이 응할 의무는 없다. 한국이 능동적으로 응하지 않으면 국제사법재판소의 관할권은 설정되지 않는다.

일본은 김종필 중앙정보부장을 상대로 집요하게 국제사법재판소 제소를 요구했다. 김 부장은 독도 문제는 당초부터 기본관계조약의 논의사항이 아니라고 반대했다. 그러면서도 제3국의 조정에 맡기는 것은 어떠냐는 뜻을 비쳤다. 그렇지만 양국 모두 이를 받아들이지 않았다. 그런 와중에서 일본 외무성 아시아국장 이세키 유지로(伊關佑二郎)가 '독도는 히비야공원 정도의 크기로 가치 없는 섬이므로 폭파해서 없애버리면 문제가 해결될 것'이라고 말하는 촌극도 벌어졌다. 독도 문제가 타협으로는 해결되기 어려운 사정을 암시하는 발언이었다.

한국은 한일회담 내내 독도는 역사적으로나 국제법상으로나 한국의 고유영토이기 때문에 협상의 대상이 아니라는 자세를 견지했다. 독도 영유권 문제는 한일회담을 마무리 짓는 문서인 '분쟁처리에 관한 교환공문의정서' 작성 과정에서 다시 부상했다. 일본은 독도가 분쟁지역임을 명시하자고 요구했으나, 한국은 독도가 분쟁의 대상이 아니라며 일축했다.

이동원 외무부장관은 한일협정 체결을 하루 앞둔 1965년 6월 21일 시나 외무대신과 회담하면서 다음과 같이 말했다.

박정희 대통령은 독도 문제를 한일회담의 의제에 포함시키지 말라고 지시하셨다. 그리고 본 건은 한국 정부의 안정과 운명이 걸린 중대한 문제이므로 만약 한국 측이 수락할 수 있는 해결책이 나오지 않는다면 한일회담을 중지해도 좋다고까지 말씀하셨다.

한국의 분연한 자세에 밀려 일본은 독도라는 이름이 들어가지 않은 '분쟁처리에 관한 교환공문의정서'를 조인했다. 다만 양국의 국민감정을 감안하여 국내적으로 한국이 이 의정서 논의 과정에서 독도 문제가 제외되었다고 주장하고, 거꾸로 일본이 독도 문제가 포함되었다고 주장해도 서로 양해하기로 합의했다. 그렇더라도 일본이 한국의 독도 영유를 현실로 인정한 사실에는 변함이 없다.

'분쟁처리에 관한 교환공문의정서'는 한일협정 체결 이후 양국 간에 분쟁이 생길 경우 두 가지 방식으로 해결하도록 정했다. 먼저 양국 간 외교라인을 통해 의논하고, 이로써 해결이 안 될 경우에는 조정으로 해결한다는 것이었다. 조정이란 제3국을 중재자로 내세워 문제를 해결하는 것인데, 여기에는 국제사법재판소를 통한 해결이 포함되지 않았다.

그러므로 독도 영유권 문제를 국제사법재판소에서 해결하자는 일본 측 요구는 한일협정이 체결됨으로써 사실상 소멸되었다고 볼 수 있다. 일본 정부는 2012년 이명박 대통령이 전격적으로 독도를 방문하자 한국 정부에 국제사법재판소 회부를 요구했다. 그 이전까지는 한국에 정식의제로 국제사법재판소에서 독도 영유권 문제를 해결하자고 요청한 적이 없었다. 게다가 1965년까지 매년 한국 정부에 보냈던 항의서를 몇 년 동안 보내지도 않았다. 아울러 한국이 독도 주권을 강화하는 언동을 해도 항의하지 않았다.

소강상태에 들어갔던 독도 영유권 문제는 1977년을 전후해 조금씩 불거지기 시작했다. 세계 각국이 배타적 경제수역을 200해리로 확대함에 따라 일본도 1977년 국내법으로 200해리법을 제정해 새로운 해양질서에 대응했기 때문이다. 후쿠다 다케오(福田赳夫) 정부는 '독도는 일본 영토인데 한국이 불법으로 점거하고 있다'는 발언을 했다. 독도를 기점으로 200해리 경제수역을 확보하고 싶은데, 울릉도와 독도 사이는 50해리에 불과하므로 그 중간선까지 차지하겠다는 의도였다. 그 시기는 한일협정 체결 주역들이 정치와 행정의 일선에서 물러나서 독도 문제를 다룬 내력을 제대로 아는 관료가 줄어드는 상황이었다.

1994년 유엔 총회는 배타적 경제수역을 200해리로 확장하는 안을 통과시켰다. 그 무렵부터 일본의 독도 영유권 주장은 강도를 높여갔다. 한국은 이에 맞서 독도에 접안시설을 만드는 등 실효지배를 강화해 나갔다.

1998년 1월 일본은 1965년 6월에 맺은 어업협정을 파기했다. 금융위기 극복에 여념이 없던 김대중 정부는 우여곡절 끝에 일본과 신어업협정을 체결했다. 여기서 독도는 한일의 중간수역 곧 공동관리구역에 들어가게 됐다. 이로 인해 한국에서는 독도 영유권이 손상을 입었다는 비판이 일었다. 독도수호운동 단체는 정부를 상대로 소송을 제기했다. 헌법재판소는 2009년 2월 26일 신어업협정에서 배타적 경제수역의 경계를 획정한 것은 독도 영유권 문제나 영해 문제와는 관련이 없다고 판결했다. 한국과 일본도 신어업협정을 논의하면서 이 점에 대해서는 분명히 합의했다.

일본은 태평양의 2~3미터 크기 암초에 불과한 오키노토리섬(沖ノ鳥島)에도 콘크리트를 들이부어 상륙 가능한 인공섬으로 만들었다. 그리고 이 섬을 기점으로 200해리의 배타적 경제수역을 선포했다. 일본이 독도 문제를 거론하는 배경에는 이와 같이 배타적 경제수역을 포함한 해양영토에 대한 욕심이 도사리고 있음을 알 수 있는 대목이다.

독도 영유권 문제는 일본 시마네현이 2005년에 매년 2월 22일을 '다케시마의 날'로 제정함으로써 다시 쟁점으로 부상했다. 2월 22일은 1905년

메이지 정부가 독도를 시마네현에 편입했다고 고시한 날이다. 그로부터 100년을 맞아 어업활동 등으로 독도와 인연이 깊은 시마네현이 조례로서 '다케시마의 날'을 제정한 것이다.

한국 정부는 시마네현의 처사가 독도에 관한 한국의 영토주권을 침해한 행위라는 비난 성명을 발표하고 조례안의 즉각 폐기를 요구했다. 일본 정부는 한술 더 떠 독도 인근에서 수로를 측량하겠다고 나섰다. 한국 정부는 주한일본대사를 불러 탐사계획을 철회하라고 촉구했다. 일본 정부는 해양탐사선의 활동을 원호하기 위해 한국의 독도 영해 12해리까지 순시선을 보내겠다고 나섰다. 한국 정부는 일본의 도발에 정면대결도 불사하겠다는 방침을 천명했다. 그리하여 독도 주변에서 한일 사이에 무력충돌이 일어날지 모르는 아슬아슬한 상황이 발생했다. 결국 양국은 외교 교섭을 통해 충돌을 회피했다.

시마네현의 '다케시마의 날' 제정과 일본 해상보안청의 독도 인근 수로 탐사 시도 등은 한국인에게 일본인의 역사인식을 전면적으로 재점검하게 만드는 계기가 되었다. 마침 이때를 전후해 고이즈미 총리의 야스쿠니신사 참배, 중학교 '새 역사 교과서'의 문부과학성 검정 통과 등으로 인해 한일관계가 급속히 악화되고 있었다.

노무현 대통령은 한일 정상회담에서 임기 중에 역사 문제를 제기하지 않겠다고 공언했다(2004.7.22). 그런데 일본 정부가 역사 문제를 둘러싸고 잇달아 퇴영적 움직임을 보이자 태도를 180도 바꿨다. 한일 역사 문제에 대처하는 신독트린(2005.3.17)과 한일의 역사대립에 관한 특별담화(2006.4.25)를 연거푸 발표한 것이다. 이로써 한일의 역사전쟁은 격화되었다. 그리하여 한일 월드컵 공동주최로 고조된 우호 분위기는 식어버리고 2005년에 기대했던 국교정상화 40주년 기념행사도 대부분 축소되었다. 노 대통령이 독도 문제를 특히 강조해 발표한 한일관계에 대한 특별담화문의 골자는 다음과 같다. 전문은 자료26을 참조하기 바란다.

독도는 일본이 한반도를 침탈하는 과정에서 가장 먼저 빼앗은 특별한 의미를 지닌 역사의 땅이다. 지금 일본이 독도에 대한 권리를 주장하는 것은 제국주의 침략전쟁에 의한 점령지 권리, 나아가서 과거 식민지 영토권을 주장하는 것이다. 이는 한국의 완전한 해방과 독립을 부정하는 행위이다. 한국은 주권회복의 상징인 독도와 자주독립의 역사를 수호하기 위해 국가적 역량과 외교적 자원을 모두 동원해 지속적으로 강력하고 단호하게 대응하겠다.

한국 정부의 결연한 태도 표명 이후 학교에서는 독도교육이 강화되었다. 그리고 국민의 독도 방문이 자유로워졌다. 이후 매년 30만 명가량이 울릉도와 독도를 방문한다. 독도가 한국인의 일상에 깊이 들어온 셈이다.

일본에서는 2006년 9월 보수우파 세력의 지지를 받은 아베 신조 정부가 출현했다. 아베 정부는 교육기본법을 개정하고 애국심 함양과 영토주권교육을 강화했다. 이에 따라 중학교 역사·지리·사회 과목의 학습지도요령에 독도가 일본 영토임을 강조하는 내용이 추가되었다. 한국 정부는 주한일본대사를 불러 항의하는 한편, 주일한국대사마저 소환하는 등 강경한 자세를 보였다(2008.5~7). 그리고 이명박 대통령이 2008년 7월 8일 후쿠다 야스오 총리와 정상회담을 하는 자리에서 직접 강한 우려를 표명했다. 국내적으로는 동북아역사재단에 독도연구소를 설치해 장기적·전략적 관점에서 연구·홍보를 강화하도록 만들었다(2008.9).

일본 정부의 독도 영유권 주장과 영토교육 강화는 민주당 정권이 출현한 뒤에도 수그러들지 않았다. 그리하여 사회과 교과서 등에 독도가 일본의 고유영토인데 한국이 불법으로 점거하고 있다는 기술이 크게 늘어났다.

사진 15
이명박 대통령의 독도 방문(2012.8.10)

이명박 대통령은 역대 처음으로 독도를 방문해 실태를 살피고 해경을 위문했다. 한국 정부는 대통령의 국토 순시라고 설명했지만, 독도 영유권을 주장하는 일본 정부는 강력히 항의했다. 한일 언론은 이를 대대적으로 보도해 독도 문제가 널리 크게 부각되었다. 특히 일본인들이 독도 문제를 깨닫는 주요 계기가 되었다. 이를 통해 한국과 일본의 정체성 대결이 격화되고, 양국에서 독도 영유권 교육도 강화되었다.

독도의 취급 비중이 러시아가 점유하고 있는 북방영토 수준만큼 커진 것이다. 『외교청서』와 『방위백서』 등도 유사한 경향을 보였다. 그리하여 독도 영유권을 둘러싼 한국과 일본의 갈등은 점점 더 첨예해졌다.

이런 상황에서 이명박 대통령이 2012년 8월 10일 전격적으로 독도를 방문했다. 일본의 정부와 언론은 경악했다. 민주당 정부는 주한일본대사를 일시 소환하고, 독도 문제를 국제사법재판소에 제소할 것을 한국 정부에 요구했다. 한국 정부는 대통령의 독도 방문은 지방 순시의 일환이므로 일본 정부가 왈가왈부할 사안이 아니고, 독도 문제를 국제사법재판소에 가져갈 하등의 이유가 없다고 일축했다. 양국 언론은 자국의 주장을 옹호하는 입장에 서서 독도 영유권 문제를 대대적으로 보도했다. 그리하여 독도 문제가 삽시간에 두 나라 국민 사이에서도 주요 쟁점으로 떠올랐다. 특히 일본의 정치와 언론은 독도 문제를 내셔널리즘을 부추기는 호재로 활용했다.

민주당 정부 시기 일본과 중국은 센카쿠열도(釣魚島) 영유권 문제를 둘러싸고 심각한 대치 상황에 빠졌다. 그 그늘에 가려 독도 영유권 문제는 상대적으로 덜 부각되었다. 그런데 이명박 대통령이 독도를 방문하자 많은 일본인들은 독도 영유권 문제를 센카쿠열도나 북방영토 문제 이상으로 중요하게 인식하게 되었다.

2012년 12월 보수우파 세력의 지지를 받아 자민당의 아베 신조 정부가 다시 등장했다. 제2기 아베 정부는 강한 일본을 추구했다. 자연히 독도 영유권을 둘러싼 한국과 일본의 대립도 더욱 날카로워졌다. 초·중·고의 지리·공민·역사 관련 학습지도요령과 그 해설서는 '다케시마가 일본의 고유영토인데 한국이 불법점거하고 있다'는 식의 교육방침을 점점 더 명확하게 제시했다. 이에 따라 교과서 기술도 그런 쪽으로 대폭 바뀌었다. 중학교는 2011년, 초등학교는 2014년, 고등학교는 2016년부터 그런 경향이 심해졌다. 아베 정부를 이은 스가, 기시다, 이시바 정부에서도 이와 같은 기조는 지속되고 있다.

한국은 독도를 역사 문제로 보는 반면 일본은 영토 문제로 본다. 둘 다 국가위신·국민감정과 밀접히 관련된 문제인 데다가 양국의 접근 방식마저 다르기 때문에 접점을 찾기는 매우 힘들다. 다행히 독도는 지금 한국이 완전하게 영유하고 있다. 지금으로서는 현상을 유지하면서 독도 문제가 현안으로 부상하지 않도록 잘 관리하는 차선책이 오히려 더 유용하다고 볼 수 있다.

한편 한국과 일본은 '동해'의 명칭을 둘러싸고도 공방을 되풀이하는 중이다. 한국은 북한과 함께 1991년 유엔에 가입했다. 이듬해 유엔 국제지명표준화회의에 참석한 한국 대표는 '일본해'를 동해로 변경하거나 일본해와 동해의 병용을 요청했다(1992). 일본해는 제국주의시대에 사용된 명칭인 반면, 동해는 광개토대왕비문(414)에 기재된 것처럼 수천 년 동안 인근 주민들이 사용해 온 명칭이기 때문에 유엔의 지명 표기 원칙에 더욱 부합한다는 논리였다. 물론 일본은 일본해는 메이지유신 이전부터 일본과 서양에서 널리 사용되었다고 주장하면서 한국 측 주장을 일축했다.

유엔은 국제 지명 표기에서 하나의 지명만을 인정한다는 취지에 따라 일단 일본해라는 명칭을 유지하고 있다. 그렇지만 지역 주민의 의사를 반영하여 국제 지명이 변경되는 사례가 없었던 것은 아니다. 더구나 최근에는 해당 지역의 역사와 문화를 고려해 복수 지명을 사용하는 경우가 늘고 있다. 따라서 한국이 일본과 국제사회를 상대로 동해와 일본해의 병용을 요구하는 것은 억지가 아니다. 실제로 30여 년 동안 한국의 끈질긴 노력으로 지금 세계지도 등에서 동해와 일본해를 병기하는 경우가 40%가량으로 늘어났다.

국제수로기구(IHO)는 이런 추세에 새로운 방법으로 대응했다. 최근 웹사이트 등의 항로 표시에서 동해나 일본해 표기 대신 해당 바다에 번호를 매기는 방법을 채택한 것이다. 디지털시대의 해로 표시에는 이런 방식이 더 적합할지 모르겠다. 이렇게 변화하는 상황을 고려해 한국과 일본이 먼저 동해와 일본해 병용을 합의해 실행하면 좋겠다. 그리고 우호친선의 상징으로 더 좋은 바다 이름을 함께 만들어 사용하는 방법을 모색할 수도 있다.

3. 과거사 처리의 갈등과 협조

1) 일본군'위안부'

과거사 처리란 일본의 한국 지배로 야기된 각종 피해에 대한 사죄와 배상(보상)을 의미한다. 그중에서 일본군'위안부' 문제는 한일회담의 의제에서 빠졌었다. 그런데 1990년대 이후 마치 과거사 처리의 핵심과제인 것처럼 부상해, 이후 30여 년 동안 한일관계의 전개에 지대한 영향을 미쳤다. 따라서 일본군'위안부' 문제의 해결 노력이야말로 한일협정체제의 수정·보완을 증명하는 좋은 사례라고 볼 수 있다. 이에 여기서는 다른 과거사 현안보다 더 많은 지면을 할애해 한일의 대응 경위를 자세히 검토해 보겠다.

한국과 일본이 일본군'위안부' 문제를 다뤄온 내력을 살피는 데는, 2011년 8월 30일 한국 헌법재판소의 '부작위(不作爲) 판결' 이전과 이후로 나눠 보는 게 도움이 된다. 이 판결을 계기로 일단 진정 국면에 들어선 일본군'위안부' 문제가 다시 한국과 일본의 정치·외교현안으로 떠올랐기 때문이다.

일본군'위안부' 문제는 '부작위 판결'을 전후해 각각 한 번씩 해결에 접근한 적이 있다. '여성을 위한 아시아평화국민기금'(약칭 아시아여성기금,

사진 16
김학순의 일본군'위안부'에 관한 증언(1991.8.14)

일본군'위안부' 문제가 한일의 큰 외교현안으로 부상한 가운데 김학순이 기자회견에서 자신이 그 당사자였음을 공개함으로써 큰 충격을 주었다. 이후 30년 동안 일본군'위안부' 문제는 한일 간에 과거사 처리의 상징으로 부각됐다. 그동안 정대협 등이 일본군'위안부' 문제의 공론화에 큰 역할을 했다. 그러나 2020년 5월 윤미향 대표의 성금횡령사건 등이 불거져 그 영향력은 급감했다. 게다가 문재인 정부가 '한일 위안부 문제 합의'를 파기함으로써 일본군'위안부' 문제의 해결은 방향을 잃고 표류하게 되었다.

1995.7.19 발족)과 '한일 위안부 문제 합의'(2015.12.28)가 이에 해당한다. 양국은 왜 두 번의 소중한 기회를 살리지 못했을까? 이렇게 물으며 이 글을 읽으면 앞으로 일본군'위안부' 문제 해결의 실마리를 찾는 데도 도움이 될 것이다.

(1) 발단·사죄·조처·반발·내연

'부작위 판결' 이전 20년 동안 한국과 일본이 일본군'위안부' 문제를 다뤄 온 내력은 발단·사죄·조처·반발·내연(內燃)으로 나눠볼 수 있다.

일본군'위안부' 문제는 1990년대에 들어와 한국과 일본 사이에서 갑자기 현안으로 등장했다. 두 나라에서 민주주의가 실현되고 여성의 인권의식이 높아지자 수면 아래 잠복해 있던 전시성폭력 문제가 새롭게 주목받게 된 것이다.

처음에 일본 정부는 민간업자가 일본군'위안부'를 데려갔다며 군대의 관여를 부인했다. 한국과 일본의 여성단체는 이를 반박하는 성명을 발표했다. 그런 참에 김학순이 일본군'위안부'로 끌려가 인간 이하의 취급을 받으며 '성노예'처럼 생활했다고 증언함으로써 국제사회의 관심을 불러일으켰다(1991.8.14). 한국 정부는 일본 정부에 진상규명과 사죄를 요구했다(1991.12.10).

한편 같은 무렵 한국인 일본군'위안부' 피해자 3명 등은 도쿄지방재판소에 사죄와 배상을 요구하는 소송을 제기했다(1991.12.6). 유사한 소송은 야마구치(山口)지방재판소 시모노세키(下關)지부에도 제기됐다(1992.12.25). 시모노세키지부는 1심 판결에서 일본 국가의 배상 책임을 인정하고 원고 1인당 30만 엔의 배상을 명했다(1998.4.27). 그러나 그 후 일본 최고재판소는 일본 정부에 배상 책임이 없다는 최종 판결을 내렸다(2003.3.26). 도쿄 등에서 잇달아 제기된 유사 소송도 결국 모두 원고 패소 판결을 받았다.

소송운동의 개시와 더불어 한국정신대문제대책협의회(약칭 정대협) 등 민간단체는 서울 소재 일본대사관 앞에서 일본 정부의 결단을 촉구하는 수요집회를 시작했다(1992.1.8). 정대협 등의 활동을 계기로 한국과 일본에서 일본군'위안부' 문제가 중요한 정치·외교·사회 이슈로 번져 갔다.

일본의 미야자와 기이치 총리는 한국의 노태우 대통령과 서울에서 정상회담을 하는 자리에서 일본군'위안부' 문제에 대해 사죄와 반성의 마음을 진지하게 표명했다(1992.1.16~17). 그리고 가토 고이치(加藤紘一) 관방장관은 국내외의 요구에 따라 실시한 일본군'위안부' 문제 조사 결과를 발표하고, 일본군'위안부' 모집과 위안소 운용에 관헌의 관여를 인정했다. 아울러 사죄·반성의 뜻을 분명히 밝혔다(1992.7.6).

한국 정부는 사실 조사를 더 기대한다고 논평하고, 정대협은 '위안부 모집'의 '강제성'을 명백히 제시하라고 항의했다. 한국 정부는 곧 「일제하 군대'위안부' 실태조사 중간보고서」를 발표하고, 일본군'위안부' 모집에 강제성이 있었다고 주장했다(1992.7.31).

한국의 김영삼 정부는 일본군'위안부' 문제가 국제법상 인도에 반하는 중대한 불법행위이므로, 일본 정부가 법적책임을 져야 한다는 견해를 밝혔다. 아울러 고조된 여론을 배경으로 일본 정부에 대해 적절한 조처를 하라고 강력히 요구했다. 그렇지만 일본 정부의 법적책임을 묻기 위해 금전 배상을 요구하면 소모적 논쟁이 될 가능성이 크다고 판단했다. 그리하여 배상을 요구하지 않는 대신 진상규명과 책임 인정을 촉구했다(1993.3.13).

이에 호응해 한국 국회는 〈일제하 일본군위안부에 대한 생활안정지원법〉을 제정해(1993.6.11), 생계·의료·주거 등을 보살피는 길을 텄다. 국내 조치를 마련한 김영삼 정부는 일본 정부에 좀 더 구체적인 해결 원칙을 제시했다. 곧 강제성의 명확한 인정, 일본군'위안부' 실태에 대한 최대한의 조사, 역사의 교훈으로 삼겠다는 의지 표명 등이었다(1993.6.30).

일본 정부는 기본적으로 일본군'위안부' 문제는 청구권협정(1965.6.22)으로 완전히 해결했다는 자세를 견지했다. 그러면서도 도의적·인도적 책임을 통감하고, 진상조사와 함께 사죄 및 보상 등의 조처를 하는 쪽으로 나아갔다. 거기에 중요한 이정표가 된 것이 바로 '위안부 관계 조사 결과 발표에 관한 고노 내각관방장관 담화'(약칭 고노 담화, 1993.8.4)였다. 그 핵심은 다음과 같았다.

금번 조사의 결과, 장기적이고도 광범위한 지역에 걸쳐 위안소가 설치되었으며 많은 위안부가 존재했었다는 것이 확인되었다. 위안소는 당시 군 당국의 요청에 의해 설치·운영되었으며, 위안소의 설치, 관리 및 위안부의 이송에 대해서는 구 일본군이 직접 또는 간접적으로 이에 관여했다. 위안부 모집에 대해서는 군의 요청을 받은 업자가 주로 담당하였으나, 그 경우도 감언, 강압 등에 의한, 본인들의 의사에 반하여 모집된 사례가 많으며 더욱이 관헌(官憲) 등이 직접 이에 가담한 적도 있었던 사실이 밝혀졌다. 또한 위안소에서의 생활은 강제적인 상황하에서의 참혹한 것이었다.

고노 요헤이(河野洋平) 관방장관의 담화는 일본군'위안부'의 모집과 이송·생활, 위안소의 설치와 관리 등에 일본군이 간여하고 강제성을 띠었다는 사실을 인정했다. 그리고 일본군'위안부' 피해자에게 진심으로 사죄와 반성을 표하는 동시에 어떤 방법으로든 심신의 치유 사업을 하겠다는 뜻을 밝혔다. 나아가 역사의 진실을 직시하고 교훈으로 삼기 위해 연구·교육을 통해 오래 기억하고, 같은 잘못을 되풀이하지 않겠다는 결의를 다졌다. 고노 담화의 전문은 자료18을 참조하기 바란다.

한국 정부는 일본 정부가 일본군'위안부'의 모집, 이송, 관리 등에서 강제성을 인정하고 사죄와 함께 역사교육 등을 통해 기억을 전수하겠다는 고노 담화에 대해 큰 틀에서 만족한다는 뜻을 표시했다. 당시의 신문은 정부 당국자의 발언을 빌어 양국 간 최대 외교현안이 사실상 종결되었다, 이상 더 외교 문제는 되지 않을 것이라고 보도했다(1993.8.5). 그리하여 일본군'위안부' 문제가 해결의 방향으로 가닥을 잡은 듯한 인상을 주었다. 그렇지만 정대협은 고노 담화가 강제성을 명확히 하지 않았다고 비판해 파란을 예고했다.

한편, 1995년을 전후해 일본 정계는 재편의 회오리에 휩싸였다. 야당 세력이 결집하여 50여 년 동안 지속한 자민당 정권을 무너트린 것이다. 그 와중에서 사회당과 자민당의 연립정권이 탄생했다. 국회는 사회당의 무라야마 도미이치 대표를 총리로 선출했다.

고노 담화를 실행할 과제를 떠맡은 무라야마 정부는 일본군'위안부' 문제 해결방안에 대해 여러 분야의 의견을 수렴했다. 그 논의를 바탕으로 내각관방장관 담화를 통해 아시아여성기금의 설치·운용을 발표했다(1995.6.14). 골자는 전 일본군'위안부'에 대한 사죄와 반성의 뜻이 담긴 국민의 성금과 정부의 출연금을 모아 기금을 마련하고, 이 기금을 활용하여 국민·정부의 협력 아래 일본군'위안부' 생존자들에게 의료·복지 등의 사업을 시행하겠다는 것이었다.

아시아여성기금의 발족에 임하여 무라야마 총리는 이른바 '종군위안부' 피해자에게 다음과 같은 취지의 사죄편지를 전하겠다고 발표했다(1995.7).

이른바 '종군위안부' 문제는 당시 군의 관여 하에 다수의 여성의 명예와 존엄에 깊은 상처를 낸 문제였습니다. 저는 일본국의 내각총리대신으로서 다시 한 번 이른바 '종군위안부'로서 무수한 고통을 경험하고 몸과 마음에 걸쳐 치유되기 어려운 상처를 진 모든 분들에 대해 마음으로부터 사죄와 반성의 마음을 전해 드립니다.

우리들은 과거의 중요성에서라도, 미래의 책임에서라도 도망쳐서는 안 됩니다. 우리 나라로서는 도의적인 책임을 통감하면서, 사죄와 반성에 입각하여 과거의 역사를 직시하고, 올바르게 이것을 후세에 전함과 동시에 까닭 모를 폭력 등 여성의 명예와 존엄에 관련된 모든 문제에도 적극적으로 대처해 가지 않으면 안 된다고 생각하고 있습니다.

무라야마 총리 이후 역대 총리도 아시아여성기금을 받는 피해자에게 이와 유사한 취지의 사죄편지를 전달했다. 총리의 사죄편지 전문은 자료20을 참조하기 바란다.

아시아여성기금은 일본의 책임을 철저히 부정하려는 보수우파 세력과 일본의 책임을 조금이라도 이행하려는 진보좌파 세력이 최대한 타협하여 만든 조처였다. 따라서 책임과 인도의 경계선 위에서 마련한 고육지책이었다고 볼 수 있다. 또 무라야마 총리의 사죄편지는 국회 결의 등을 거친 것은 아니었지만, 일본군의 관여를 인정하고 역사의 교훈으로 삼아 후세에 전하겠다는 등의 내용을 담고 있어 나름대로 진심을 표시했다고 평가할 수 있다.

한국의 김영삼 정부는 아시아여성기금이 일본의 법적책임을 회피하려는 꼼수에 불과하다는 일부 여론을 부담스럽게 여기면서도, 일본군'위안부' 피해자들의 요구조건을 어느 정도 반영한 성의 있는 조치로 받아들였다(1995.6.15). 그러나 정대협은 아시아여성기금의 구상 단계부터 반대집회를 개최하는 등 일찌감치 정면대결의 자세를 보였다(1995.3.2).

아시아여성기금은 1995년 7월 19일에 설립되어 활동을 개시했다. 기금의 모금에는 일본 정부뿐만 아니라 일반시민, 정치인, 지식인, 관료 등이 폭넓게 참여했다. 2001년 8월까지 모은 기부금 총액은 5억 7,000만 엔이었다. 이를 바탕으로 2004년까지 아시아에서 170명의 피해자에게 보상금을 지급했다. 한국, 필리핀, 타이완의 일본군'위안부' 피해자는 1인당 200만 엔이었다. 이와 별도로 일본 정부는 각국 '위안부' 피해자에게 의료·복지의 명목으로 약 11억 엔을 지출했다. 지원명목은 주택 개선, 간호서비스, 의료·의약품 보조 등이었다.

아시아여성기금은 한국인 피해자에게 정부지출금으로써 1인당 300만 엔의 의료복지지원금을 더 지급했다. 국민성금과 정부예산을 합치면 한국인 피해자는 1인당 500만 엔을 수령한 셈이었다. 일본의 지원금액을 받은 한국인 피해자는 비밀에 붙여졌으나 최근 61명으로 알려졌다. 2002년 현재 한국 정부가 일본군'위안부' 피해자로 인정한 사람이 207명이므로, 약 30%가 일본 정부와 아시아여성기금의 조치를 수락한 셈이었다. 아시아여성기금은 2007년 3월에 해산했다. 그 후에도 일본이 해마다 파견한 지원봉사자는 한국인 피해자를 방문하여 심신의 치유활동을 계속했다.

그런데 한국에서는 아시아여성기금을 통해 일본군'위안부' 문제를 해결하려는 처사에 반대하는 움직임이 거세게 일어났다. 그리하여 일본군'위안부' 문제는 적어도 한국에서만큼은 해결은커녕 오히려 점점 더 심각·복잡해지는 상황이 발생했다.

정대협 등은 일본 정부가 법적책임을 인정하지 않고 아시아여성기금을 통해 보상금을 지급하는 방식에 저항했다. 나아가 한국인 피해자에게 아시아여성기금을 받지 말라고 설득·회유했다. 국회의원 191명은 국가의 개인보상을 반영하지 않은 아시아여성기금의 중단을 촉구하는 성명을 발표했다(1996.6.21). 아시아여성기금이 일본군'위안부' 피해자에게 지급한 돈의 성격을 둘러싸고 배상·보상·지원·화대 등의 논란도 벌어졌다. 이에 아시아여성기금 측은 이것을 '속죄금(atonement)'이라는 성격으로 규정했다.

정대협은 국내외에서 일본군'위안부' 문제를 끊임없이 역사현안으로 제기해 온 강력한 여성·시민운동단체이다. 정대협의 주장과 활동은 정부·국회는 물론이고 언론이 일본군'위안부' 문제 해결에 관심을 갖도록 만드는 데 큰 힘을 발휘했다.

정대협이 일본군'위안부' 문제의 해결방안으로 일본 정부에 요구한 조건은 전쟁범죄 인정, 진상규명, 공식 사죄, 법적배상, 전범자 처벌, 역사 교과서 기술, 추모비와 사료관 설립 등이다. 일본의 사정을 돌아보면 정대협의 요구사항 중에는 원천적으로 실현 불가능한 것도 여럿이다. 그렇지만 다음에 살펴보듯이 정대협의 요구는 많은 부분에서 목표를 달성했다고 볼 수 있다.

김영삼 정부는 시민단체와 국회 등에서 아시아여성기금을 반대하는 여론이 높아지자 태도를 바꿨다. 그동안 일본 정부의 조처를 평가하던 자세에서 반대쪽의 주장에 동조하는 방향으로 돌아선 것이다. 김영삼 정부는 '아시아여성기금 측이 문제의 심각성을 인식하지 못하고 우리 정부와 대다수 피해자의 요구를 외면하면서 일시금 지급 등을 감행한 것을 심히 유감스럽게 생각한다'는 뜻의 성명을 발표했다(1997.1.12). 아울러 정부 차원에서 일본 측에 금전적 보상을 요구하지 않겠다는 1993년 김영삼 대통령의 발언이 피해자 개인에 대한 일본 정부의 배상 책임까지 사면해 준 것은 아니라고 주의를 환기시켰다(1997.1.14).

일본의 하시모토 류타로(橋本龍太郎) 총리는 한국의 김영삼 대통령과 정상회담을 한 후 기자회견에서 일본군'위안부' 문제는 여성의 명예와 존엄에 심대한 상처를 입혔다는 뜻을 밝혔다. 그리고 아시아여성기금은 일본 정부 및 일본 국민의 마음을 담은 것임을 한국 국민이 이해해 주기 바란다고 말했다(1997.1.24).

아시아여성기금의 출범을 전후해 일본의 역사 교과서도 일본군'위안부' 문제를 기술했다. 고등학교 역사 교과서는 그전부터 일본군'위안부' 문제를 언급했다. 모든 중학교 역사 교과서는 1997년부터 '여성까지 전장에 끌려가 열악한 환경에서 성적 봉사를 강요당했다'는 식으로 썼다.

나중에 일본 최장기 총리가 되는 국회의원 아베 신조를 비롯한 정치가와 지식인 등은 중학생에게까지 일본군'위안부' 문제를 교육할 필요가 있는 가라고 맹렬히 반발했다. 이들은 일본 역사 교과서가 자학사관에 빠졌다고 비판하는 캠페인을 대대적으로 벌였다. 나아가 일본의 자긍심을 고취하기 위해 중학생용 '새 역사 교과서'를 만들어 검정에 합격했다(2001.3). 이런 역풍을 맞아 중학교 역사 교과서 가운데 일본군'위안부' 문제를 언급하는 교과서는 극히 일부로 줄어들었다. 그럼에도 고등학교 역사 교과서는 여전히 일본군'위안부' 문제를 분명히 기술했다.

보수애국단체인 일본회의나 자민당의 우파 세력은 집요하게 일본군'위안부'의 강제동원은 없었다는 주장을 퍼트렸다. 이런 분위기 속에서 2006년에 집권한 1차 아베 정부는 일본군'위안부'의 강제연행을 보여주는 직접적 증거(공문서)는 없다고 각의에서 의결했다. 그러면서도 일본군'위안부' 문제에 관한 정부 견해로서는 고노 담화를 계승한다고 말했다(2007.3.16). 이중적 태도를 보인 것이다.

김대중 정부는 김영삼 정부의 방침을 이어받아 일본 정부 차원의 배상을 요구하지 않는 대신 일본군'위안부' 피해자가 받아들일 수 있는 진정한 사과와 반성을 촉구했다(1998.4). 아울러 아시아여성기금에 대해서도 일단 긍정적 반응을 보였다.

그렇지만 정대협 등이 아시아여성기금을 반대하는 여론을 조성하자, 김대중 정부도 아시아여성기금과 같은 방식은 피해자 전체의 의사가 반영되지 않을 수도 있어서 반대한다는 태도로 돌아섰다. 김대중 대통령은 일본 언론과 인터뷰에서 일본군'위안부' 문제는 일본 정부의 책임이지 일본 국민의 책임이 아니라며, 아시아여성기금이 사안의 본질을 흐리게 만들고 있다고 비판했다(1998.9.7).

　김대중 정부 때 국회는 〈일제하 일본군위안부에 대한 생활안정지원법〉을 〈일제하 일본군위안부 피해자에 대한 생활안정지원 및 기념사업 등에 관한 법률〉로 개정했다(2002.12.11). 이에 따라 정부는 별도 예산을 편성하고, 심사를 거쳐 확인된 생존 피해자에게 병원비와 생활비 등을 지원했다. 지원 대상자로 선정되면 일시금 4,300만 원과 매월 100여만 원을 수령하고, 간병인의 간호와 정신적·육체적 치유를 위한 지원을 받는다.

　그런데 아시아여성기금을 받은 피해자에게는 한국 정부가 지원을 하지 않아 물의를 빚었다. 정대협 등이 지원하지 말라고 정부에 압력을 가했기 때문이다. 일본군'위안부' 피해자 중에는 양국의 지원을 다 받은 경우도 있었다. 그들의 열악한 처지를 고려하면 있을 수 있는 일이었다. 그런데 정대협은 그 길을 막았다. 그리하여 피해자가 몰래 지원금을 받는 사례도 생겨났다. 정대협의 독선적 활동이 피해자를 오히려 주눅들게 만든 셈이었다. 여성가족부의 통계에 따르면 2014년 5월 현재 정부 지원을 받는 피해자는 55명이었다. 이후 다수가 사망하여 2025년 3월에는 그 수가 7명으로 줄어들었다.

　1990년대 중반 국제사회는 발칸반도에서 일어난 전시성폭력을 전쟁범죄로 인정하는 분위기였다. 이와 맞물려 국제사회에서도 일본군'위안부' 문제가 여성 인권을 심대하게 침해한 사안으로 보고 일본 정부에 적절한 조처를 요구하는 움직임이 나타났다. 한국처럼 일본군'위안부' 문제를 안고 있는 타이완·중국·네덜란드·인도네시아·필리핀 등도 일본 정부에 사죄와 배상을 요구했다. 유엔 인권위원회, 국제법률가위원회 등은 전쟁 중 군대 성노예 문제를 조사하고, 일본 정부의 법적책임 인정과 보상을 촉구하는 결의안 등을 잇달아 채택했다(1993.4~2001.6).

　그리하여 일본군'위안부' 문제는 이제 아시아여성기금을 둘러싼 공방 차원을 벗어나 민족과 계급, 여성과 인권, 전쟁과 평화, 제국과 식민 등이 복잡하게 뒤엉킨 전시성범죄로 인식하는 경향이 강해졌다. 아울러 민족과 국경을 넘어 연대하여 일본 정부에 해결을 촉구했다. 일본군'위안부' 문제가 국제이슈로 비화하는 데는 유엔 등에서 일본 정부의 철저한 진상 조사와 충분한 보상 실행을 요구한 한국 정부의 노력도 큰 힘을 발휘했다(1993.1.18).

각국의 시민운동·여성운동 단체는 연합하여 전시 중 일본군 성노예 전범을 재판하는 민간 여성국제법정을 일본 도쿄에서 열었다(2000.12.8~12.10). 여기서는 일본의 국가 책임과 천황의 전쟁 책임 등을 추궁했다. 2002년 7월에는 집단학살·전쟁범죄·반인도적 범죄를 저지른 개인을 처벌하는 국제형사재판소가 네덜란드 헤이그에서 출범했다. 〈국제형사재판소에 관한 로마규정〉(1998)에는 2004년 5월 현재 94개국이 가입했다.

일본군'위안부' 문제가 한국과 일본의 주요 이슈로 떠오르자 독지가와 일반인이 성금을 모아 경기도 광주에 일본군'위안부' 피해자의 생활공동체인 '나눔의 집'을 개설했다. 이곳은 일본군'위안부' 피해자의 생활터전이자 전시성폭력을 고발하는 역사교육의 장소가 되었다. 일본의 뜻있는 청년이 이곳을 방문해 자원봉사활동을 한 적도 있다. 이런 분위기 속에서 한국과 일본에서는 일본군'위안부' 문제를 주제로 한 전시관이 여러 곳 생겨나 꽤 알찬 사업을 전개했다.

노무현 정부는 2005년 한일회담 문서를 전면 공개했다. 그 전에 태평양전쟁희생자유족회 등 민간단체는 일본군'위안부' 문제와 관련한 한일회담 문서를 공개하라는 소송을 제기했다. 정부가 이 재판에서 패했기 때문에 문서를 모두 공개한 것이다.

내친김에 노 정부는 국무총리 산하에 민관공동위원회를 꾸려 한일회담 문서를 정밀조사했다. 그 결과를 바탕으로 일본군'위안부' 문제가, 제한 원자폭탄 피폭자와 사할린 잔류 한인 문제와 더불어 청구권협정으로 해결되지 않았고 일본의 법적책임이 남아 있다는 견해를 발표했다(2005.8). 한국 정부의 이런 견해는 청구권협정으로 모든 과거사 문제가 최종적 그리고 완전히 해결되었다고 주장하는 일본 정부의 견해와 정면 배치되었다. 한일관계는 이제 넘기 힘든 파도를 만난 셈이었다. 민관공동위원회 보도자료(한일회담 문서공개 후속대책)의 전문은 자료25를 참조하기 바란다.

미국 하원은 일본군'위안부' 문제와 관련하여 일본 정부에 공식적이고 분명한 책임·사실 인정과 사과·교육 실행을 요구하는 결의안을 만장일치로 채택했다(2007.7.30). 이 결의안은 법적구속력은 없지만, 일본군'위안부'의 강제동원을 부인하는 일본 정부를 압박하는 동력으로 작용했다. 네덜란드 하원(2007.11.8)과 유럽의회(2007.12.12)도 유사한 결의안을 채택했다.

국제사회의 적극적인 호응 분위기 속에서 일본군'위안부' 문제의 해결을 촉구하는 국내운동은 다시 탄력을 받았다. 전국 각처에 100개가 넘는 소녀상을 설치하고 수요집회도 계속 열었다. 그렇지만 노무현 정부는 일본 정부를 상대로 일본군'위안부' 문제를 정식 외교의제로 제기하지 않았다. 그리하여 일본군'위안부' 문제는 여전히 국내외 시민·여성운동 차원에서 내연하는 어정쩡한 상태에 머물렀다.

(2) 재연·합의·번복·대립·소강

한국 헌법재판소는 2011년 8월 30일 시민단체의 헌법소원에 대해 다음과 같은 요지의 판결을 내렸다. 한국 정부와 일본 정부 사이에 일본군'위안부' 문제의 법적해석을 둘러싸고 의견 차이가 있음에도 불구하고, 청구권협정에 규정된 절차에 따라 해결하려고 노력하지 않은 것은 헌법 위반이다. 이른바 부작위 판결이었다. 부작위 판결의 자세한 내용은 자료28을 참조하기 바란다.

지금부터는 헌법재판소의 부작위 판결 이후 일본군'위안부' 문제의 향방을 재연·합의·번복·대립·소강의 과정으로 설명하겠다.

한국과 일본 정부는, 앞에서 살펴본 바와 같이, 일본군'위안부' 문제의 해결을 위해 아무 노력도 하지 않은 게 아니었다. 서로 법적견해는 달랐지만 도의적·인도적 관점에서 책임을 공감하고, 기구를 만들거나 법률을 제정해 피해 당사자에게 사죄·치유·보상 등의 조처를 여러모로 진지하게 실행했다. 한일협정에서 빠진 부분을 나름대로 보완하는 조처를 실행한 것이다.

그런데도 헌법재판소는 그런 노력을 별로 평가하지 않고, 청구권협정의 문구에 얽매여 법적절차를 이행하라고 판결했다. 이에 내연하던 일본군'위안부' 문제는 사법의 원호를 받는 현안으로 다시 떠올랐다. 그 후 박근혜 정부와 아베 신조 정부는 분발·타협해 일본군'위안부' 문제 해결에 합의한다. 그러나 문재인 정부가 곧 이를 번복함으로써 일본군'위안부' 문제는 원점으로 돌아간다. 저간의 우여곡절을 살펴보자.

부작위 판결의 부담을 안은 한국 정부는 10여 년 만에 일본군'위안부' 문제를 다시 대일외교의 의제로 내세웠다. 이명박 대통령은 2011년 12월 17~18일 교토에서 열린 한일 정상회담에서 직설적인 화법으로 노다 요시히코(野田佳彦) 총리에게 일본군'위안부' 문제의 해결을 촉구했다. 이에 맞서 노다 총리는 이 문제는 한일협정에서 완전히 그리고 최종적으로 해결되었다는 종래의 주장을 되풀이했다. 게다가 주한일본대사관 앞에 설치된 일본군'위안부' 기림비인 소녀상의 철거를 요구했다. 소녀상은 정대협 등의 시민단체가 수요집회 1,000회를 기념하여 2011년 12월에 세웠다. 당시부터 외교공관의 안녕·위엄 유지를 규정한 비엔나협약 위반이라는 의견이 나왔다. 아무튼 한국 측은 일본이 일본군'위안부' 문제에 성의를 보이지 않으면 제2, 제3의 소녀상이 세워질 것이라 반박했다. 일본 측은 한국의 독도 영유는 불법이라고 더 크게 되받아쳤다. 한일 정상회담은 험악한 분위기로 끝났다. 한일 간에 역사·영토 갈등이 재연될 조짐이 확연해진 셈이다.

노다 정부는 자민당에서 민주당으로 정권이 바뀐 뒤 마지막으로 성립한 내각이었다. 민주당은 원래 일본군'위안부' 문제의 법적해결에 의욕을 보였으므로 국내외의 기대를 모았다. 그러나 권력을 잡은 후에 민주당 정권은 태도를 바꿨다. 곧 자민당 정권처럼, 일본군'위안부'를 군이나 관헌이 조직적으로 연행한 사실을 보여주는 문서는 없다, 한일 청구권협정으로 완전히 해결되었다는 쪽으로 선회한 것이다(2011.10.4, 12.14). 게다가 이미 기초한 관련 법안을 국회에 상정조차 하지 않았다. 결국 일본군'위안부' 문제에 관한 한 민주당 정부도 자민당 정부의 판박이가 된 셈이다.

곧이어 등장한 박근혜 정부와 아베 신조 정부는 일본군'위안부' 문제를 둘러싸고 더 강하게 대립했다. 양국 모두 자국의 위신과 존엄을 중시하는 정부였다. 아베 총리는 국회에서 일본군'위안부'의 강제모집을 부정하고, 박 대통령은 3·1절 기념사에서 일본군'위안부' 문제의 해결을 촉구했다(2014.3.1). 특히 박근혜 대통령은 유엔 총회에서 처음으로 일본군'위안부' 문제를 언급했다(2014.9.24). 반면에 아베 총리는 일본군'위안부'의 강제모집은 없었다고 주장했다. 이러니 외교당국끼리 아무리 일본군'위안부' 문제를 논의해도 해결의 실마리를 찾을 수 없었다.

설상가상으로 아베 정부는 2014년 2월 고노 담화 작성 과정 등의 검증에 나섰다. 검토팀은 4개월 조사 끝에 「위안부 문제를 둘러싼 한일 간의 의견교환 경위」 보고서를 발표했다(2014.6.20). 경위 보고서는 일본군'위안부' 문제가 외교현안으로 불거진 무렵부터 아시아여성기금의 활동 종료까지 한국과 일본이 서로 어떻게 교섭했는지를 사실 위주로 기술했다. 경위 보고서의 문맥에서는 일본이 한국의 의견을 수용하려고 노력했음을 알 수 있다. 전반적으로 보아 고노 담화가 외교적·정치적 타협의 산물이라는 인상을 주었다.

고노 담화 경위 보고서 작성은 일본 정부가 형식적으로는 고노 담화를 계승한다고 공언하면서, 실질적으로는 고노 담화에 흠집을 내려는 행위라고 볼 수 있다. 그렇더라도 치밀하고 담담하게 작성한 이 문건은 한국과 일본 정부가 일본군'위안부' 문제에 진지하고 성실하게 대응했음을 보여주는 일급 자료라고 볼 수 있다. 좀 길지만, 자료29에 고노 담화 경위 검토보고서의 전문을 게재했으니 참조하기 바란다.

박근혜 정부는 고노 담화의 경위를 일방적으로 검증한 아베 정부의 처사에 강력히 맞섰다. 외교부는 비난 성명을 발표하고 주한일본대사를 초치해 엄중히 항의했다. 그리고 일본군'위안부' 문제에 대해 독자적으로 백서를 만들어 공표하고, 국제사회와 연대하여 일본에 대항해 나가겠다는 방침을 밝혔다.

일본 정부의 고노 담화 경위 보고서 작성을 계기로 한국과 일본의 상호 불신과 혐오는 더욱 깊어졌다. 그리하여 일본군'위안부' 문제의 해결은 더욱 어렵게 되었다. 나아가 한일관계 전반도 서먹서먹해져 성대하게 치르려 했던 국교정상화 50주년 기념행사도 대부분 축소되었다.

박근혜 정부는 일본군'위안부' 문제 해결에 더욱 집착했다. 위원회를 구성해 조사·연구를 확대하고, 관련 문서의 유네스코기록유산 등재를 추진했다. 그리고 법률을 개정해 일본군'위안부' 피해자에 대한 지원을 늘렸다. 여성가족부의 자료에 따르면, 2001~2015년 동안 생활·의료 등의 명목으로 1인당 2억~3억 원가량을 지원했다. 2018년 이후에는 1인당 매달 300만 원 전후를 지급한다.

국제사회는 아베 정부의 수정주의적 역사관을 비판하는 분위기였다. 미국 오바마(Barack Hussein Obama) 정부도 일본군'위안부' 문제에 우려를 표명하면서 한일의 타협을 권유했다. 한일 정부는 집중적으로 막후 교섭을 전개했다. 그 결과, 양국 외교부장관은 2015년 12월 28일 서울에서 공동기자회견 형식으로 일본군 '위안부' 피해자 문제 관련 합의를 발표했다. 이른바 '한일 위안부 문제 합의'인데, 골자는 다음과 같다.

- 당시 군의 관여 아래 다수 여성의 명예와 존엄에 깊은 상처를 입힌 점에 일본 정부가 책임을 통감하고, 아베 총리가 관련된 모든 분께 사죄와 반성을 표명한다.
- 일본 정부는 한국 정부가 설립하는 재단에 10억 엔의 자금을 출연해 전 '위안부' 여러분의 명예와 존엄 회복 및 마음의 상처 치유 사업을 실행한다.
- 이로써 위안부 문제가 최종적 및 불가역적으로 해결될 것임을 확인하고, 양국 정부는 유엔 등 국제사회에서 상호 비판·비난을 자제한다.
- 아울러 한국 정부는 소녀상 문제를 관련 단체와 협의하여 적절히 해결하도록 노력한다.

한일 위안부 문제 합의와 그 직후 한일 정상의 전화통화 내용은 자료31을 참조하기 바란다. 한일 위안부 문제 합의는 두 가지 점에서 아시아여성기금에 비해 크게 진전된 내용을 담고 있었다. 하나는 일본 정부의 책임에서 '도의적'이라는 수식어를 빼고 그냥 책임이라고만 표현했다. 일본 측은 청구권협정 등과의 정합성을 고려하여, 한국 측이 끈질기게 요구해온 법적책임을 그대로 받아들일 수는 없었다. 그렇다고 한국 측이 싫어하는 도의적 책임을 고집하지도 않았다. 그리하여 양국은 도의적이라는 용어를 삭제하는 식으로 서로의 주장을 절충한 것이다. 정대협 등도 아시아연대회의 등에서 이런 방식에 동의한 바 있다.

둘째는 일본 정부의 예산으로 한일 위안부 문제 합의 실행비를 지출한 것이다. 민간모금이 아닌 국가예산을 쓴다는 것은 배상의 성격이 들어있다고도 볼 수 있다. 아시아여성기금은 피해자에게 속죄금을 지급할 때는 민간모금으로, 의료·생활환경을 개선할 때는 국가예산으로 집행했다. 한일 위안부 문제 합의에서는 이것을 모두 국가예산으로 일원화했다. 법적해석에 얽매이기보다 실행을 중시하는 대다수 일반 국민은 어느 쪽이든 상관없다고 여길지 모르겠지만, 이것은 한일협정체제의 근간을 수정하는 것으로 비칠 수도 있는 중대한 조처였다.

그런데 한일 위안부 문제 합의는 고노 담화나 아시아여성기금 등에서 명기한 일본군'위안부' 문제에 대한 교육, 기념, 기억 사업 등을 언급하지 않았다. 전 '위안부' 여러분의 명예와 존엄 회복 및 마음의 상처 치유 사업을 실행한다는 항목이 있었지만, 여기에 교육, 기념, 기억 사업이 들어간다고 보기는 어려웠다. 이 점은 모처럼 이루어진 한일 위안부 문제 합의가 안고 있는 한계라고 지적할 수 있다.

아무튼, 한일 양국 정부가 벼랑 끝에 타결한 일본군'위안부' 문제 합의는 발표 당시 절반 이상의 한국 여론이 긍정적으로 평가했다. 한국 외교부는 정대협과도 소통하며 일을 추진했다. 외교부의 사전 설명을 들은 정대협은 양해한 듯한 반응을 보였다. 『서울신문』 등이 2022년 5월 27일에 보도한 「동북아국장-윤미향 정대협 대표 만찬 협의 결과」(2015.12.28)라는 문서에 따르면, 외교부 당국자는 3월부터 정대협 측 요청을 받아 윤미향 대표를 수차례 만나 일본군'위안부' 문제와 관련한 한일 협의 동향, 보상방법, 피해자 의견 수렴 등을 논의했다. 그리고 한일 위안부 문제 합의 발표 직전 만남에서는 일본의 사과와 책임 인정, 이에 따른 기금 출연 등을 포함한 합의 내용을 설명하고 긍정적 반응을 얻었다고 한다.

그러나 윤미향 대표는 정부와 의견을 나눈 사실을 이용수 등 일본군'위안부' 피해자에게 설명하지 않았다. 더구나 정대협 등 시민단체는 곧 태도를 바꿔 한일 위안부 문제 합의를 반대하는 운동을 전개했다. 박근혜 정부를 격렬하게 비판하는 야권 세력도 이들의 반대운동을 적극 지원·선도했다.

다시 주목의 대상으로 떠오른 정대협 등은 '일본군성노예제 문제해결을 위한 정의기억재단'을 만들어 모금활동을 벌이며, 박근혜 정부의 후속 조치를 저지하는 운동에 나섰다(2016.6.9). 박원순 시장이 이끄는 서울시는 남산 기슭 옛 통감·총독관저 터에 일본군'위안부' 피해자 추모공원인 '기억의 터'를 건립했다(2016.8.29). 변호사 출신의 박 시장은 2000년 도쿄 여성국제법정에서 검사역을 맡은 바 있다.

이런 와중에도 한국과 일본 정부는 한일 위안부 문제 합의 이행 절차에 들어갔다. 박근혜 정부는 2016년 7월 28일 화해·치유재단을 설립하고, 아베 정부는 곧바로 이 재단에 10억 엔을 송금했다. 찬성과 반대, 격려와 비난의 여론이 뒤엉킨 속에서 화해·치유재단은 신중히 사업을 전개했다. 당시 알려진 바로는 일본군'위안부' 피해자로 인정한 47명 중 36명에게 1인당 1억 원, 유가족 58명에게는 2,000만 원씩을 지급했다.

그런데 아베 총리는 국회에서 화해·치유사업의 후속 조처로 일본군'위안부' 피해자에게 직접 사죄편지를 써 보낼 의향이 있느냐는 질문에 '털끝만큼도 없다'고 답변했다(2016.10.3). 아베 총리의 냉혹한 발언은 한일 위안부 문제 합의의 진정성에 의문을 품게 만들었다. 그리하여 정대협 등의 화해·치유재단 반대운동은 더욱 탄력을 받았다. 한국의 여론도 반대파의 주장을 지지하는 쪽으로 돌아섰다. 정대협 등은 2018년 7월 '일본군 성노예제 문제 해결을 위한 정의기억연대'(약칭 정의기억연대)에 흡수 통합되었다.

그런데 힘들게 실행 단계에 접어든 한일 위안부 문제 합의를 근본적으로 뒤흔드는 사건이 발생했다. 대통령 탄핵이라는 미증유의 사건으로 박근혜 정부가 문재인(文在寅) 정부로 바뀐 것이다. 이로써 일본군'위안부' 문제는 다시 원점으로 돌아갈 가능성이 높아졌다. 문재인 정부는 출범 전부터 기본적으로 한일 위안부 문제 합의가 피해자중심주의에 반한다고 맹렬히 비난했다. 문 대통령은 취임 직후 예상한 대로 아베 총리와 전화통화에서 한일 위안부 문제 합의는 우리 국민 대다수가 정서적으로 수용하지 못하는 게 현실이라고 말했다(2017.5.11). 이에 호응해 국회는 〈일제하 일본군위안부 피해자에 대한 생활안정지원 및 기념사업 등에 관한 법률 개정안〉을 의결했다. 정부는 또 매년 8월 14일을 '일본군'위안부' 피해자 기림의 날'로 지정했다(2017.11.23).

이런 분위기 속에서 문재인 정부는 '한일 일본군위안부 피해자 문제 합의 검토 태스크포스'를 설치했다. 아베 정부의 '고노 담화 작성 과정 등에 관한 검토팀'을 연상시키는 조직이었다. 이 검토 태스크포스는 6개월가량 활동한 끝에 2017년 12월 27일 「한일 일본군위안부 피해자 문제 합의(2015.12.28) 검토 결과 보고서」를 발표했다. 이 보고서는 대단히 긴 문건인데, 한마디로 말하면 피해자의 동의를 받지 못한 한일 위안부 문제 합의는 정당성이 없고 합당한 해결책이 아니라는 것이다.

이 보고서는 '한일 위안부 문제 합의'에 이르는 과정과 합의 내용, 시민운동과 언론의 반응, 검토 태스크포스의 평가 등을 아주 자세히 기술했다. 그런데 검토 태스크포스가 스스로 검토기준을 피해자중심주의, 인권존중, 국민의견 수렴 등으로 설정했기 때문에 애초부터 검토의 객관성을 훼손할 가능성을 내포하고 있었다. 당시 문재인 정부는 적폐청산의 일환으로 박근혜 정부의 한일 위안부 문제 합의를 신랄하게 비난하며 파기도 불사하겠다는 듯한 태도를 보였다. 이런 분위기에 영향을 받은 때문인지 보고서는 한일 위안부 문제 합의의 경위를 담담하게 기술하기보다는 그것이 검토

기준에 합당한지 여부를 가리는 데 치중한 듯한 인상을 주었다. 게다가 검토기준 자체가 문제인 정부의 주장과 비슷했다. 그리하여 보고서는 문재인 정부가 한일 위안부 문제 합의를 무력화시키는 데 도움을 줄 가능성이 높았다. 이 보고서는 자료32에 전문을 실었으니 참조하기 바란다.

문재인 대통령은 보고서 발표 직후 입장문을 발표했다. 그 골자는 한일 위안부 문제 합의가 흠결이 많은 데다 국제사회의 보편적 원칙에 위배되기 때문에 해결에 도움이 안 된다는 것이었다. 그러면서도 정작 일본군'위안부' 문제의 해결방침은 아무것도 제시하지 않았다. 역대 정부가 기울여온 해결 노력도 일절 언급하지 않았다. 문 대통령 입장문의 전문은 자료33을 참조하기 바란다.

한국과 일본의 검토보고서는 일본군'위안부' 문제를 둘러싸고 양국이 벌인 외교 교섭을 이해하는 데 중요한 문서다. 그 행간에는 국익과 여론의 압박을 받으면서도 합의를 도출해야 하는 외교관의 고민이 짙게 배어 있다. 두 문서를 정독하면 양국 관료가 매우 진지하고 성실하게 주어진 임무를 수행했음을 알 수 있다.

문재인 정부는 화해·치유재단의 활동을 탐탁지 않게 여기고 해산 절차에 들어갔다. 이에 따라 2019년 1월 21일 여성부장관 직권으로 화해·치유재단의 허가를 취소해버렸다(등기 말소, 2019.7.3). 문재인 정부는 아베 정부가 출연한 기금의 처리를 유보하고, 그에 상당하는 금액(약 103억 원)을 예비비로 편성했다. 그러면서도 화해·치유재단의 잔여 금액이나 정부 출연금의 용도에 대해서는 아무런 설명도 하지 않았다. 심지어는 화해·치유재단이 일본군'위안부' 피해자에게 지급한 금액조차 분명히 밝히지 않았다. 그리하여 일본 일각에서는 이 출연 기금의 용처를 의심하는 분위기도 생겨났다.

아베 정부는 문재인 정부의 화해·치유재단 해산이 정부 간 약속을 위반한 것이라고 강력히 항의했다. 그리고 기회 있을 때마다 합의의 착실한 이행이 국제사회에 대한 책무라고 주장했다(2018.12.28). 일본의 주장은 미국 등에 꽤 먹혀 들어갔다.

그런데 이 무렵 한국 대법원은 강제동원 피해자 소송에서 해당 일본 기업에 대해 원고에 1억 원씩 위로금을 지급하라는 판결을 내렸다(2018.10.30). 일본 정부는 청구권협정을 정면으로 위반한 폭거라고 분개했다. 그리고 한국이 국제법과 국가 간 약속을 지키지 않는 나라라고 몰아세웠다. 양국 정부의 정면 충돌과 국민의 상호 혐오 속에서 일본군'위안부' 문제는 해결은커녕 거론하기조차 꺼리는 사안으로 변질되는 경향이 나타났다.

그런데 2020년 5월 한국에서 일본군'위안부' 문제와 관련된 시민운동 등의 향방에 큰 영향을 줄 수 있는 소동이 벌어졌다. 이른바 윤미향사건이다. 전 일본군'위안부' 피해자로 알려진 이용수는 정대협·정의기억연대의 대표를 역임하고 여당 국회의원이 된 윤미향이 일본군'위안부' 피해자를 내세워 모은 기부금과 정부로부터 받은 지원금을 사적으로 유용·착복했다고 성토했다. 그리고 외교부로부터 한일 위안부 문제 합의 내용을 미리 듣고도 당사자들에게는 알려주지 않았다고 비난했다.

윤미향 대표는 한일 위안부 문제 합의 이래 언론 등을 상대로 박근혜 정부가 일본군'위안부' 피해자나 지원단체의 의견을 묻지 않고 일본과 합의했다고 비난해 왔다. 그렇지만 '한반도 인권과 통일을 위한 변호사 모임'이 2022년 5월 26일 공개한 「동북아국장-윤미향 정대협 대표 만찬 협의 결과」라는 문서에 따르면, 윤미향 대표는 사전에 외교부의 설명을 듣고 긍정적 반응을 보인 것 같다(『서울신문』, 2022.5.27). 심지어 윤미향 대표는 '나를 (피해자 측) 창구로 해달라'라고까지 외교부 당국자에게 말한 것으로 되어 있다(『조선일보』, 2002.6.24). 앞의 한일 위안부 문제 합의 검토 결과 보고서의 내용과는 상당히 다르다. 어느 쪽이 더 진실에 가까운지는 앞으로 더 따져봐야 할 문제다.

윤미향 대표는 일본군'위안부' 문제를 여성·사회·정치·외교 차원으로 확장하는 데 지대한 역할을 했다. 그리고 한일 위안부 문제 합의 반대여론을 조성하는 데도 크게 기여했다. 윤미향 대표는 그런 실적을 배경으로 여당 국회의원이 되었다. 반면에 윤미향 대표에게 한일 위안부 문제 합의 내용을 설명해 준 외교 담당자는 국회에 불려 나와 곤욕을 치르고 좌천을 당했다.

서울고등법원은 2023년 9월 20일 8개 혐의로 피소된 윤미향 의원의 항소심에서 징역 1년 6개월에 집행유예 3년을 선고했다. 윤미향 의원은 무죄를 입증하겠다고 상고했다.

윤미향사건은 일본군'위안부' 문제의 여론화·정치화·국제화를 이끌어 온 한국시민운동의 성실성·도덕성·진정성에 심각한 손해를 끼쳤다는 점에서 특기할 만하다. 공교롭게도 일본군'위안부' 피해자의 생활공동체인 '나눔의 집'에서도 유사한 불상사가 발생해 빈축을 샀다.

윤미향사건을 계기로 신성불가침하게 여겨지던 일본군'위안부' 문제 해결 운동은 거센 역풍을 맞게 되었다. 야당은 윤미향의 위선적 행위를 규탄하며 의원직 사퇴를 요구했다. 그럼에도 피해자중심주의를 표방한 대통령과 여당 의원들은 윤미향을 감쌌다. 법원도 판결을 미뤘다. 그 덕택으로 윤미향은 국회의원 임기를 무사히 마칠 수 있었다.

문재인 대통령은 2021년 1월 8일 기자회견에서 서울중앙지방법원의 일본군'위안부' 문제 판결을 언급하면서 한일 위안부 문제 합의를 공식 합의로 인정하고 그 토대 위에서 원고가 동의할 수 있는 해법을 찾을 수 있도록 일본과 협의하겠다는 뜻을 밝혔다. 그 발언은 한일 위안부 문제 합의를 부정하고 사법부 판결에 따른 해결을 되풀이 강조해 온 문 대통령의 종래 언동과는 결이 달랐다.

 그런데 같은 날 서울중앙지방법원은 문 대통령의 뜻과 어긋나는 판결을 내렸다. 일본 정부가 일본군'위안부' 문제 소송 원고 12명에게 1억 원씩의 배상과 더불어 소송비용도 부담하라고 언도한 것이다. 일본 정부는 이 소송 자체에 참가하지 않았다. 국제법상의 '국가(주권) 면제' 원칙에 위반된다고 보았기 때문이다. 일본 정부가 항고할 상황이 아니었으므로 이 판결은 최종 확정되었다. 이에 일본 정부는 국제법상의 '국가(주권) 면제' 원칙 위반이라고 한국 정부에 강력히 항의했다.

 '국가(주권) 면제'란 어느 한 나라가 다른 나라에서 재판의 대상이 될 수 없다는 원칙이다. 그런데 서울중앙지방법원은 절대규범(국제강행규범)을 어긴 반인도적인 범죄행위는 주권적 행위라도 예외적으로 국가면제를 인정하지 않을 수 있다며 손해배상을 명했다. 이로써 일본 정부를 피고로 한 일본군'위안부' 문제 재판이 국제법상 성립할 수 있느냐 없느냐가 또 다른 쟁점으로 떠올랐다.

 실제로 서울중앙지방법원은 2021년 3월 29일, 지난 1월 8일 판결을 사실상 부정하는 판결을 내렸다. 곧 일본 정부를 피고로 한 일본군'위안부' 문제 소송에 대해 '국가(주권) 면제' 원칙과 한일 위안부 문제 합의의 효력을 인정하여, 소송을 각하하고 소송비용도 원고가 부담하라고 판결했다. 아울러 한국에 있는 일본 재산을 압류하여 소송비용을 징수하라는 판결은 국제법 위반이고, 이를 집행하면 헌법의 국가안보, 질서유지, 공공복지와 상반된다는 견해를 밝혔다.

 서울중앙지방법원은 2021년 4월 21일에도 일본군'위안부' 피해자 20명이 일본 정부를 상대로 제기한 손해배상청구소송 판결에서도, 국제관습법과 대법원 판례에 어긋난다며 각하했다. 그렇지만 서울중앙지방법원의 다른 법정에서는 2021년 6월 9일, 국제강행규범을 위반한 경우는 국가면제

특권을 몰수할 수 있으므로 한국에 있는 일본 정부재산의 강제집행도 적법하다고 판결했다. 같은 서울중앙지방법원에서 재판관에 따라 몇 달 사이에 서로 정반대 판결을 내리자 소송 당사자나 이를 지켜본 사람들은 헷갈릴 수밖에 없었다.

서울고등법원은 2023년 11월 23일 일본 정부에 대해 일본군'위안부' 피해자와 유족 등 16명에게 배상하라고 판결했다. 배상금액은 1인당 2억 원(약 2,300만 엔)이다. 원고는 1차 소송의 1심에서 승소, 2차 소송의 1심에서 패소, 이번 2심에서 역전 승소했다. 재판 자체를 인정하지 않는 일본 정부가 상고하지 않았으므로 서울고등법원 판결은 확정됐다. 예상대로 일본 정부는 국제관습법상의 주권 면제를 이유로 내세워 이 판결이 국제법 위반이라고 비난했다. 가미카와 요코(上川陽子) 외무장관은 곧바로 재판 결과를 결코 받아들이지 않겠다고 선언했다. 이처럼 일본군'위안부' 문제는 시간이 지나면 지날수록 해결은커녕 더욱 꼬여가는 형세다.

일본 정부는 원칙상 일본군'위안부' 문제가 청구권협정에 따라 완전히 그리고 최종적으로 해결되었다고 주장한다. 따라서 한국 정부의 추가 조처 요구나 사법부의 판결 이행 촉구에 정면으로 반발한다. 그러면서도 실제로는 일본군'위안부' 피해자에게 사죄·반성을 표명하고 속죄금은 물론 생활·의료 등을 지원했다. 고노 담화, 아시아여성기금, 한일 위안부 문제 합의 등의 조처가 명백한 사례이다.

일본군'위안부' 문제에 대한 일본 정부의 기본 자세는 국가적·법률적 책임은 인정할 수 없지만, 도의적·인도적 책임은 통감한다는 식으로 정리할 수 있다. 그런데 한일 위안부 문제 합의에서는 도의적·인도적 책임이라는 수식어를 빼고 그냥 책임으로만 표현했다. 그리고 그 후속 조치로 만든 화해·치유재단에 국가예산을 기금으로 투입했다. 게다가 그 기금을 보상 명목으로 일본군'위안부' 피해자에게 지급하는 사업을 용인했다. 그러므로 일본 정부는 한국 측의 요구를 상당히 수용했다고 볼 수 있다.

일본 정부의 주장이나 태도는 엄밀하게 따지면 서로 어긋난다고 볼 수 있다. 청구권협정으로 모두 해결되었다고 강변하면서도 그것을 수정·보완하는 여러 조처를 실행했기 때문이다. 일본 정부의 모순된 행위는 국가적·법률적 책임을 회피하기 위한 꼼수인가, 아니면 원칙을 지키며 도의적·인도적 책임을 이행하려는 성의인가? 시각에 따라 다르게 해석할 수 있을 터이다.

한국 정부는 기본적으로 일본군'위안부' 문제가 청구권협정으로 해결되지 않았다고 주장한다. 그렇다고 해서 역대 정부가 일본 정부의 조처에 일관성 있게 대응한 것은 아니다. 정권이 바뀜에 따라, 아니 정권 안에서도, 일본 정부의 조처를 긍정적으로 받아들이다가 부정적으로 돌아서는 경우가 자주 있었다.

아시아여성기금만 하더라도, 김영삼·김대중 정부는 처음에 양해하다가 나중에 반대했다. 박근혜 정부는 한일 위안부 문제 합의로 일본군'위안부' 문제가 최종적·불가역적으로 해결되었다고 선언했다. 그러나 문재인 정부는 합의가 결함이 많다며 이행을 거부했다. 한국 정부의 일관성을 결여한 대처는 국제사회에 국가의 신뢰성을 떨어트리는 행위로 비쳤다.

이런 상황에서 일본군'위안부' 문제를 해결하는 방법은 한일협정의 규정에 따라 제3국에 중재를 의뢰하든가 국제사법재판소에 제소하여 판결을 받는 수밖에 없을 것 같다. 실제로 일본 정부를 상대로 손해배상청구소송을 낸 이용수도 그렇게 주장했다(2021.4.21). 그런데 국제사법재판소 제소는 한일 양국이 합의해야 가능하다. 이용수는 일본이 응할 가능성이 없다는 것을 알고 새로 유엔 고문방지위원회에 문제를 회부하자고 촉구했다(2022.1.25). 당사자의 소원이니 경청할 필요가 있다.

그런데 일본 정부는 문재인 정부가 한일 위안부 문제 합의를 사실상 파기한 이후 일본군'위안부' 문제에 관한 외교 교섭조차 거부한다. 오히려 청구권협정으로 모든 게 완전히 그리고 최종적으로 해결되었다는 주장을 더 강하게 표명한다. 그러므로 일본군'위안부' 문제는 해결을 목전에 두고 원점으로 되돌아간 느낌이다.

그렇다면 일본군'위안부' 문제를 극복할 수 있는 길은 정녕 없는 것일까? 원론적 의견이지만, 서로 조금씩 종래의 자세를 바꾸거나 요구 수준을 낮춰 대결을 마무리하는 게 정도일 것이다. 한일의 정부와 당사자 및 지원 단체가 함께 일본군'위안부' 문제를 다뤄온 내력을 성찰하여, 성과는 성과대로 평가하고 과제는 과제대로 직시하여 수정·보완하는 길이다. 실제로 양국은 일본군'위안부' 문제의 진상조사, 책임 인정, 사죄, 반성, 보상(생활·의료 지원 등) 등에서 상당한 진척을 이루었다. 부족한 부분을 지적하라면 연구·교육·기념 사업을 들 수 있다.

종래에도 한일에서 일본군'위안부' 문제와 관련한 연구·교육·기념이 전혀 이루어지지 않는 것은 아니다. 어느 쪽에서든, 해마다 여러 저술이 나오고 학교에서 가르치고 기림일까지 제정했다. 자료관·기념시설·생활관 등도 여러 곳에 세워졌다. 한일 위안부 문제 합의에서 연구·교육·기념사업이 빠졌지만, 고노 담화나 아시아여성기금에서는 이런 사업을 언급했다. 일본군'위안부'의 강제동원을 부정하는 아베 정부조차도 고노 담화를 계승하겠다고 공언했으므로, 양국이 합의하면 연구·교육·기념 사업을 못 할 바도 아니다.

한국과 일본에서 일본군'위안부' 문제와 관련한 연구·교육·기념 등의 사업은 국민의 신뢰를 받는 민간기구가 수행하는 게 바람직하다. 그리고 한국과 일본이 함께 참여하면 더욱 좋겠다. 그럴 경우에는 투명하고 엄정한 운영이 생명이다. 그 기금은 이미 확보되었다. 화해·치유재단의 잔여금과 한국 정부의 출연금이 그것이다.

2025년 3월 말 현재 정부에 등록된 일본군 '위안부' 피해자 중에서 생존자는 7명이다. 그들도 모두 95세를 넘긴 고령자다. 한국과 일본이 머리를 맞대고 일본군 '위안부' 문제의 해결을 마지막으로 논의할 시간도 얼마 남지 않았다.

2) 재한 원자폭탄 피해자

1945년 8월, 히로시마와 나가사키에서 원자폭탄의 피해를 입은 사람 수는 대략 70만 명(히로시마 42만여 명, 나가사키 28만여 명)으로, 그중 10%인 7만여 명(히로시마 5만여 명, 나가사키 2만여 명)이 한국인이었다. 한국인 피폭자 가운데 사망자는 4만여 명(히로시마 3만여 명, 나가사키 1만여 명)이었고, 살아남은 자는 3만여 명이었다. 이들 중에서 2만 3,000여 명(히로시마 1만 5,000여 명, 나가사키 8,000여 명)이 1946년을 전후하여 한국으로 귀환했다. 북한으로 간 피폭자는 2,000여 명이었다. 일본에 잔류한 피폭자는 7,000여 명(히로시마 5,000여 명, 나가사키 2,000여 명)이었다.

한국인 피폭자 중에서, 특히 히로시마에서 피해를 입은 사람의 70% 정도는 경상남도 합천 출신이었다. 합천은 원래가 물산이 부족한 지역인데다가, 일제의 식민지 수탈로 생활이 어렵게 되자 주민들은 먹고살기 위해 연줄을 찾아 히로시마로 건너갔다. 그곳에서 원자폭탄의 피해를 입은 사람들의 상당수가 고향인 합천으로 돌아갔다. 그리하여 합천은 '한국의 히로시마'라는 별명을 얻게 되었다.

한국으로 돌아온 피폭자들은 온전하지 못한 육체를 이끌고 남북 분단과 6·25전쟁 등을 몸소 겪으면서 열악한 생활환경 속에서 시달렸다. 그들은 한국과 일본 정부로부터 의료·경제·정신 등의 면에서 아무런 지원도 받지 못한 채 오랜 세월을 질병과 가난의 대물림 속에서 살아왔다. 그리하여

1991년 6월 현재 재한 피폭자 수는 9,241명으로 대폭 감소하였다(한국 정부 등록자 수). 40여 년 만에 60% 이상이 사망한 것이다. 재한 피폭자 수는 그 후 20여 년 동안 4분의 3이 또 사망하여 2013년 5월 현재 2,645명에 불과한 것으로 집계되었다. 피폭의 후유증이 그만큼 심각했다는 것을 웅변하는 증거라고 볼 수 있다.

일본 정부는 원래부터 수많은 한국인이 원폭 후유증으로 고생하는 현실은 가슴 아프게 여기지만, 법적으로는 1965년의 한일협정에 의해 모두 해결되었다는 입장을 취해 왔다. 그리고 원폭 피해자가 한국에 재주하고 있기 때문에 한국 정부가 다루어야 할 사안이라는 뜻을 밝혔다. 다만 원폭 피해자 문제는 인간의 도리와도 관련된 것이므로 가능한 분야부터 협력하겠다는 태도를 버리지는 않았다.

한국인 피폭자에게 냉정한 일본 정부가 국내에서는 훨씬 적극적인 지원 정책을 시행했다. 1957년 〈원자폭탄 피폭자 의료 등에 관한 법률〉, 1968년 〈원자폭탄 피폭자에 대한 특별조치법〉, 1994년 〈원자폭탄 피폭자의 원호에 관한 법률〉을 제정하여 일본인 원폭 피해자 1세 35만여 명에게 각종 복지혜택을 제공했다. 원폭전문병원을 세워 원폭치료전문시스템을 구축하고, 피폭자 건강수첩을 발급해 전국 어느 병원에서나 저렴한 비용으로 고가의 정밀검사와 치료는 물론 입원·치료비와 생활비를 지원했다. 1998년 한 해만도 피폭자를 위해 1,600억 엔을 집행했다. 매년 국제사회의 지원도 받았다. 그렇지만 일본인 피폭자가 받은 두터운 원호는 한국에 있는 피폭자에게는 그저 그림의 떡일 뿐이었다.

한국의 원폭 피해자들은 일찍이 1967년 사단법인 한국원폭피해자원호협회(약칭 원호협회)를 결성하고(1971년 한국원폭피해자협회로 개칭), 일본 정부를 상대로 각종 지원을 요구하는 진정과 소송 활동을 전개했다. 그들은 히로시마와 나가사키의 원폭 희생자 위령제에 참가해 한국인 원폭 피해자의 실정을 호소하고, 주한일본대사관과 미국대사관 앞에서 시위를 벌였다(1971). 또 한국 외무부와 주한일본대사관을 방문하여 한국인 원폭 피해자 문제를 한일각료회의의 정식 의제로 삼아줄 것을 요망하였다(1973~1974).

한편 원호협회의 곽귀훈(郭貴勳) 회장 등은 일본 정부를 상대로 일본 법원에서 소송을 제기하였다. 곽 회장 등은 재외 피폭자에게도 피폭자 원호법을 평등하게 적용하고, 일본의 원폭전문병원에서 무료 진찰을 받도록 하며, 피폭자 원호수당을 지급할 것 등을 요구했다. 일련의 소송은 2002년 12월 5일 오사카고등재판소에서 원고의 승리로 끝났다. 일본 정부는 국가보상을 인정할 수 없다는 태도를 견지했지만, 일본인 피폭자에 대한 원호와 형평성 등을 고려해 인도적 관점에서 상고를 포기했다. 시대가 변함에 따라 일본 국내외의 인권·인도 사정이 많이 향상된 현실을 반영한 조처였다. 이로써 35년에 걸친 한국 피폭자들의 투쟁은 일정한 성과를 거두게 되었다.

그런데 한국인 원폭 피해자뿐만 아니라 일본인 원폭 피해자에게도 원호의 손길을 뻗치게 만드는 중요한 계기가 된 것이 바로 '손진두(孫振斗) 수첩재판'이었다. 부산에 거주하던 원폭 피해자 손진두는 원폭 후유증을 치료하기 위해 1970년 12월 일본 사가현(佐賀縣)으로 밀입국하려다가 체포되었다. 그는 출입국관리령 위반으로 징역 10개월을 선고받고 후쿠오카형무소에서 복역하면서 일본 시민단체의 도움 아래 후쿠오카현 지사를 상대로 피폭자 건강수첩의 교부를 신청했다가 기각당하였다(1972.7.14).

손진두의 딱한 사정이 일본 사회에 알려지자, 이것을 자신의 문제라고 여기는 일본인들이 나타났다. 후쿠오카, 히로시마, 오사카, 도쿄에서 '손진두의 일본 체류와 치료를 요구하는 전국시민모임'이 결성되었다. 손진두는 이들의 도움을 받아 후쿠오카현 지사를 상대로 피폭자 건강수첩 교부 각하 처분 취소소송을 제기했다. 그리고 몇 번의 재판투쟁을 거쳐 일본 최고재판소에서 마침내 승소 판결을 받기에 이르렀다(1978.3.30). 구 식민지 출신의 원폭 피해자를 구제하는 것도 일본의 국가적 도의라는 것이다.

손진두 수첩재판을 계기로 한국 거주 원폭 피해자라 하더라도 증거자료를 제시하거나 증인을 내세우면 일본이 교부하는 피폭자 건강수첩을 교부받고 일본에서 치료를 받을 수 있는 길이 열렸다. 이후에도 한국인 원폭 피해자들은 10여 건의 소송을 제기하여 일정한 범위에서나마 치료와 수당을 받을 수 있는 기회를 확대해 나갔다. 손진두 수첩재판은 일본 국내에서 일본인 원폭 피해자에 대한 원호체제를 정비해 나가는 데도 큰 자극과 지혜를 주었다.

한국과 일본 정부는 재한 원폭 피해자들의 요구와 소송 등에 촉발되어 1970년대 후반부터 이들의 구제 문제를 협의했다. 양국은 재한 피폭자 의료원호 3개 항목에 합의했다. 이에 따라 한국 의사의 일본 파견, 일본 의사의 한국 파견, 재한 원폭 피해자의 도일 치료 등이 실시되었다(1979.6).

한국과 일본은 또 '재한 피폭자 도일치료 실시에 관한 협의서'를 체결해 1981년부터 5년 동안 원폭 피해자가 도일 치료를 받을 수 있도록 했다(1981.12). 이에 따르면 일본 정부는 피폭자가 도일하는 즉시 건강수첩을 교부하고 치료를 위한 입원 기간은 2~6개월이며, 피폭자의 왕복 여비는 한국 측이 부담하고 입원 중인 자의 의료급부와 특별수당은 일본 측이 부담한다. 이 합의는 5년 동안 유효했다. 그동안 재한 피폭자 중 349명이 히로시마와 나가사키의 원폭병원에서 치료를 받았다.

협의서 유효 기간 5년이 경과한 1986년 한국 정부는 한국 안에서 피폭자를 치료하겠다고 나섰다. 이유는 도일 치료가 필요한 피폭자는 거의 치료를 받았고, 한국의 의료수준이 향상되어 국내 치료가 가능하다는 것이었다. 실제로 한국 정부는 대한적십자병원에 위탁하여 진료를 받도록 조처했다. 한국과 일본이 협의해 한일협정체제에서 누락된 부분을 보완한 좋은

사진 17
합천원폭피해자복지회관 개관(1996.10.18)

한국과 일본 정부는 인도적 차원에서 원폭 피해자에 대한 지원사업을 공동으로 시행해 왔다. 합천은 '한국의 히로시마'로 불릴 정도로 원폭 피해자가 많은 곳이다. 양국 정부는 합천군 합천읍에 복지회관을 지었다. 건립 당시 110명가량이 입주했으나 2024년 10월 현재 67명이 남았다. 복지회관에서는 지금도 피해자에 대한 치유·원호 활동을 계속하고 있다. 한일이 협력해 한일협정체제의 부족한 부분을 보완한 사례라고 볼 수 있다.

사례였다.

그런데 한국원폭피해자협회 등은 도일 치료 기간이 1986년 10월로 만료되자 주한일본대사관을 통해 일본 정부에 23억 달러의 보상과 사죄를 요구했다(1987). 일본 정부는 이것은 1965년의 한일조약으로 끝난 문제라고 일축했다. 그러면서도 한일 외무장관회의에서 실무 차원의 조사단 파견에 합의했다(1988.3). 한국에 온 4명의 조사단은 피해자협회 회원들과 의견을 교환하고 대책을 협의했다. 이것을 바탕으로, 일본 정부는 1988과 1989년에 각각 4,200만 엔의 의료비를 대한적십자사에 위탁하여 지원했다. 이에 만족하지 않은 피해자협회 간부들은 일본에 가서 일본 정부를 상대로 보상을 요구하며 시위를 벌였다(1990).

이와 같은 경위도 있어서, 재한 원폭 피해자 문제는 1990년 5월 노태우 대통령이 방일했을 때 의제의 하나가 되었다. 한일 정상회담에서 가이후 도시키(海部俊樹) 총리는 재한 원폭 피해자에 대한 의료 지원을 위해 총액 40억 엔 정도를 제공하기로 약속했다. 이에 따라 일본 정부는 대한적십자사에 설치된 재한원폭피해자복지기금에 17억 엔(1991.11)과 23억 엔(1993.2)을 각각 출연했다.

한국 정부는 1993년 6월 대한적십자사 산하에 원폭복지사업소를 신설하고, 일본이 발행한 피폭자 건강수첩을 소지한 사람에게 한 달에 10만 원의 진료비, 사망자 유가족에게 장례비 70만 원을 지급했다. 1996년부터는 합천에 원폭피해자복지회관을 설립해 운영했다.

일본 정부는 2003년 원호법 확대 적용에 관한 기본계획을 발표했다. 이에 따라 9월부터 대한적십자사를 통해 재한 피폭자에게도 원호수당을 지급하고 있다. 일본 정부로부터 재외 피폭자임을 증명하는 건강수첩을 받은 사람이 대상이다. 그 밖에 재외 피폭자 도일 지원사업(건강진단과 치료, 의사 연수와 파견 등)도 진행 중이다.

그렇지만 이와 같은 지원도 피폭 1세에 한정된 것이다. 사실 한국인 피폭자 중에서 21세까지 살아남은 자는 3%도 안 됐다. 그들이 오랫동안 비보호·푸대접 속에 방치되었다는 증거라고 볼 수 있다.

한국의 피폭 1세에 대한 대접이 이렇게 지지부진했을진대 피폭 2세에 대한 지원이나 원호는 꿈을 꿀 수조차 없었다. 피폭 2세는 양친 또는 어느 한쪽이 피폭자이며, 양친 또는 어느 한쪽이 피폭된 이후에 생명이 내려 태어난 자, 출생 시점으로 따지면 히로시마에서는 피폭 피해를 당한 부모로부터 1946년 6월 1일 이후, 나가사키에서는 6월 4일 이후 출생한 사람을 가리킨다. 한국에서 피폭 2세에 해당하는 사람은 7,500여 명에서 2만여 명으로 추정된다.

원래 원폭 피해자들은 백혈병, 암 등의 질환뿐만 아니라 정신적 트라우마, 가난, 차별 등의 다양한 고통을 겪어왔다. 특히 피폭 1세들은 자식 걱정에 잠을 못 이뤘다. 혹시 내 아이도 아픈 것은 아니겠지, 멀쩡한 내 자식이 결혼이나 취직에서 불이익을 받으면 어쩌나, 힘들게 살아온 사람들이기에 피해의식이 남달랐다. 그리하여 자식 중에 피폭의 후유증이 나타난 것 같아도 이를 숨기거나 병인이 다르다고 둘러댔다. 일본 정부와 미국 정부는 물론이고 한국 정부도 방사능과 유전의 관련성을 입증할 수 없다는 태도를 보였다.

일본은 세계에서 유일하게 핵폭탄을 맞은 나라이기 때문에 원폭 피해자들을 외면할 수 없는 처지다. 더구나 의료지원은 역사인식 등과 직접 결부된 복잡한 문제라기보다는 피해 상황을 눈으로 확인할 수 있고 인도적 성격이 강한 문제이기 때문에 처리하기 쉬운 면도 있다.

일본 정부는 1980년대부터 원폭 피해자 문제에 대해서 한국 정부와 협의하며 피해자의 고통을 완화하는 쪽으로 대응하고 있다. 한국 정부도 원폭 피해자 기금 관리 지침에 따라 이들에게 병원진료비 등을 지급하고

사진 18
윤석열 대통령과 기시다 후미오 총리의 한국인원폭희생자위령비
공동참배(2023.5.21)

한일 정상은 히로시마 G7 정상회의 참석을 계기로 평화기념공원에 세운 한국인원폭희생자위령비를 처음으로 함께 참배했다. 한일관계 개선 의지를 국내외에 천명한 행사로서, 원폭 피해자를 비롯해 재일한국인에게 큰 위안을 주었다. 양국 정부가 재한한국인 원폭 피해자 문제를 함께 풀어온 것은 한일협정에서 누락된 부분을 보완한 사례라고 평가할 수 있다.

있다. 불충분하지만 한일 양국이 협의·협력하여 과거사를 극복하려고 애써온 사례라고 볼 수 있다.

윤석열 대통령과 기시다 후미오 총리는 2023년 5월 21일 히로시마평화기념공원에 있는 한국인원폭희생자위령비를 함께 참배했다. 한국 대통령으로서는 처음이었다. 너무 늦은 감이 있지만 3만여 희생자의 넋을 기리고 2만여 피해자의 고초를 위로하는 뜻깊은 행사였다. 박남준·권오준 등 한국인 원폭 피해자 10여 명은 양국 정상의 동반 참배를 지켜보며 감회 어린 표정을 지었다.

기시다 총리는 앞서 5월 7일 셔틀외교의 일환으로 서울을 방문해 정상회담을 했을 때 윤 대통령에게 히로시마 한국인원폭희생자위령비 공동참배를 제안했다. 한일관계를 개선하려는 윤 대통령의 선도적 노력에 대한 자발적 화답이었다. 양국 정상 내외의 위령비 공동참배는 한국인 원폭 피해자 문제가 우여곡절을 겪으면서도 양국의 타협과 협력으로 수습 단계에 접어들었음을 상징했다. 이로써 한일협정체제의 수정·보완에 또 하나의 실적이 추가된 셈이다.

그런데 일본원수폭피해자단체협의회가 2024년 10월 노벨평화상을 수상했다. 그 단체의 도움을 많이 받은 한국원폭피해자협의회 회원들은 자기 일처럼 기뻐했다. 정원술 회장은 울먹이며 "이름과 활동지역만 다를 뿐 같은 참상을 겪었던 형제 같은 단체예요. … 80년 가까이 쌓아온 아픔이 위로받는 것 같았어요"라고 말했다.

3) 사할린 잔류 한국인

일제 말기 사할린에는 약 4만 3,000명의 한반도 출신자가 거주하고 있었다. 러일전쟁에서 승리한 일본은 포츠머스조약에 따라 북위 50도 이남의 사할린을 러시아로부터 떼어 받았다. 사할린은 기후와 풍토가 열악했지만 광물과 어물 등 자원이 풍부했다. 반면에 개발을 담당할 만한 노동력과 사회간접자본이 부족했다. 한국인들은 초기에는 자발적으로 이곳에 이주했다. 일제의 토지조사사업이나 산미증식계획 등에 밀려 고국에서 생활 근거를 상실한 사람들이 살길을 찾아 이역만리 낯선 땅을 찾은 것이다. 1938년까지 그 수는 7,600여 명에 이르렀다.

그런데 일제가 중일전쟁과 아시아태평양전쟁을 도발하여 전선이 아시아·태평양 지역으로 확대되자 한국인의 사할린 이주는 강제동원의 성격을 띠게 되었다. 1939년 무렵에는 사업자가 한국에서 노동자를 모집했다. 전쟁이 격화되어 더 많은 노동력이 필요해지자 1941년부터는 관이 주도하여 노동자를 알선했다. 그리고 전쟁 막바지인 1944년 9월부터는 국민징용령에 의거하여 노동자를 연행했다. 어느 쪽이든 직간접으로 강제력이 작동했다.

사할린에 강제동원된 한국인 노동자의 수는 약 1만 6,000여 명이었다. 그 전에 이주한 사람까지 합하면 해방 당시 4만 명 이상의 한국인이 사할린에 거주했다. 그들은 비행장 건설 등의 토목노동과 공장노동에 종사하는 소수자를 제외하면 대부분 탄광에서 막노동을 하였다. 하루 10~12시간의 고역에 시달렸다. 음식과 주거 등은 대단히 열악한 수준이었다.

2004년 현재 사할린에 거주하는 한국인은 약 3만 6,000여 명이다. 러시아 국적자가 3만 1,500명, 북한 국적자가 500명, 무국적자가 4,000명 등이다. 한국 국적을 가진 자는 없지만, 북한 국적을 가진 자를 제외하고 모두 한국으로 귀국을 희망하고 있었기 때문에 한국인이라고 볼 수 있다. 실제로 일제시기에 이곳으로 끌려간 노무자의 대부분은 한반도 남부 출신이었다.

일본 정부는 패전 직후인 1946년 12월부터 1949년 7월까지 사할린에 거주하던 일본인 중 30만여 명을 귀국시켰다. 1956년 10월 일소공동선언을 발표하고 국교 회복을 합의한 이후 나머지 일본인도 모두 송환했다. 그러나 일본은 한국이 독립국이 되어 한국인은 국적이 달라졌다는 핑계로 송환에서 제외했다. 패전 직후 일본은 한국인을 방치하는 데 그치지 않고 비밀 누설을 두려워하여 집단학살을 하는 만행조차 저질렀다.

소련은 남북 분단 상황에서 한국인의 송환을 꺼렸다. 북한 눈치를 보는 흉내를 내며, 전쟁에서 상실한 노동력을 잔류 한국인으로 보충했다. GHQ도 이미 일본과 중국 등에서 150여만 명이 귀환하여 혼란을 겪고 있던 남한의 사정을 감안하여 이들의 송환에 적극적으로 나서지 않았다. 그 후 냉전체제가 심화됨에 따라 사할린 잔류 한국인 문제는 한반도를 둘러싼 국제관계에서 잊히거나 은폐되었다.

한국 정부는 일본과 국교를 재개한 직후인 1966년 일본 정부에 대해 문제를 제기했다. 사할린 잔류 한국인은 일본이 끌어간 사람들이기 때문에 귀환의 일차적 책임은 일본에 있다고 말하고 조사단 파견을 요청한 것이다. 일본 정부는 한국인의 귀환에 협조는 하지만 일본은 단순한 통과지점에 불과하므로 한국이 전원 인수해야 한다고 못박았다. 다만 일소 교섭의 안건에는 올리겠다고 답변했다.

일본의 다나카 가쿠에이(田中角榮) 총리는 일소 정상회담에서 사할린 잔류 한국인의 송환을 요구했다(1973.10). 이에 대해 소련은 한국에 돌아가겠다고 신청한 사람이 없다고 변명했다. 북한의 반대를 우려한 때문이다. 실제로 북한은 『로동신문』 사설을 통해 사할린 잔류 한국인 문제는 북한과 관련된 사안으로서 일본이 관여할 자격이 없다고 반발했다(1973.10.11). 그리하여 사할린 잔류 한국인 문제는 해결의 기미가 보이지 않은 채 세월만 흘러갔다.

그런데 1980년대 이후 자유 진영과 공산 진영의 냉전이 약화되고 일본에서 침략전쟁과 식민지 지배에 대한 반성과 사죄의 분위기가 퍼지자 사정이 바뀌었다. 사할린 거주 한국인 문제는 점차 한국과 일본, 일본과 소련, 한국과 소련 사이에서 논의의 대상이 되어갔다.

일본에서는 '아시아에서 전후 책임을 생각하는 모임'이 결성되었다(1983.4). 유엔 인권위원회는 사할린 잔류 한국인 문제를 논의했다. 대한적십자사도 민간외교 차원에서 이 문제에 관여하였다. 일본 정부는 패전 직후 잘못 처신한 점도 있었기 때문에, 소련 정부에 대해 인도적 관점에서 사할린 잔류 한국인의 귀환과 친족 재회에 관해 호의적 배려를 해달라고 요청했다.

소련 정부는 한국과 일본 및 유엔에서의 일련의 움직임을 반공·반소운동의 일환으로 여겼다. 사할린 잔류 한국인 문제는 소련이 북한과 상의할 사안이지 일본과 논의할 사안이 아니라는 태도를 굽히지 않았다. 당시 한국과 소련 사이에 국교가 없는 상황을 염두에 둔 억지였다. 그러면서도 한국으로의 출국을 희망하는 사람이 있으면 국내법에 의거하여 심사한 후 허가하겠다는 뜻을 비쳤다(1985.11~12). 소련에서 고르바초프가 공산당 서기장이 되어 개혁개방을 주장한 것과 맥락을 같이하는 변화였다.

한국 국회는 한국 정부와 소련 정부 및 국제기구에 사할린 잔류 한국인의 귀환을 촉구하는 결의문을 채택하였다(1987.3). 이런 분위기 속에서 한일 양국의 적십자사는 마침내 '재사할린 한국인 지원 공동사업체'를 발족했다(1989.7.14).

1990년 9월 한국과 소련이 국교를 수립하자 사할린 거주 한국인 문제는 좀 더 쉽게 해결의 실마리를 찾게 되었다. 한국과 일본도 발 빠르게 대응했다. 김영삼 대통령과 정상회담에서 호소카와 총리는 식민지 지배에 대한 반성과 사죄를 행동으로 보이는 의미로 사할린 잔류 한국인의 영주귀국 문제에 대해 적극적으로 대처하겠다고 말했다.

일본 정부는 이미 인도적 관점에서 1988년부터 사할린 거주 한국인에 관련된 예산을 편성하고 있었다. 그 후 양국 적십자사가 설립한 '재사할린 한국인 지원 공동사업체'를 통해 사할린 거주 한국인의 한국으로의 일시귀국과 영주귀국을 지원하는 사업을 추진했다. 일시귀국자(1945년 8월 15일 이전에 사할린에 이주하여 계속 거주하고 있는 자, 60세 이상은 동행 1명)에게는 왕복 도항비 및 체재비를 지원했다.

김영삼 대통령과 호소카와 총리는 그 후 정상회담에서도 사할린 거주 한국인 문제를 논의했다(1994.3.7). 이에 따라 영주귀국자를 위한 아파트가 건립되었다. 일본이 건축비 32.3억 엔을 부담하고, 한국이 요양원 및 아파트 부지를 제공했다. 영주귀국자(65세 이상을 대상으로 1945년 8월 15일 이전에 사할린에 이주하여 계속 거주한 자)에게는 도항비 및 이전비, 주택시설 건설비, 도우미 및 광열비, 복지회관 운영비 등을 지원했다. 1999년 3월 인천 사할린동포복지회관, 2000년 2월 안산고향마을아파트가 개설되었다. 영주귀국시범사업을 통해 2001년 6월까지 1,512명의 사할린 잔류 한국인이 영주귀국했다.

사할린에 계속 재주하는 한국인에 대한 지원도 이루어졌다. 한일각료간담회(1998.11)에서는 일본의 지원으로 사할린 내 한인문화센터 건립 등을 합의했다. 한국에 영주귀국한 자에 대해서는 가족 재회를 위한 사할린 왕복 도항비를 지원했다. 2001년 6~8월 영주귀국자 1,120명이 지원을 받았다. 한국과 일본이 반반씩 부담해 안산시에 요양병원도 건설했다.

사할린 거주 한국인 문제는 일본의 전후보상 등 과거사 처리에서 완전히 빠져버린 사안 중 하나였다. 뒤늦게나마 일본 정부가 인도적 차원의 명목으로라도 그 피해를 위로하고 상처를 치유하기 위해 나선 것은 다행스런 일이다. 한국 정부도 아파트 부지 이외에 20억 원 정도를 지출하며 일본 정부와 협력하는 자세를 취하였다. 한일이 협력하여 한일협정체제의 미비점

사진 19
사할린 한인문화센터 건립(2006.3)

사할린에는 현재 3만여 명의 한인이 살고 있다. 그중 일제강점기에 징용으로 끌려와 아직 생존 중인 한인은 500여 명이다. 주사할린한인협회는 2022년 5월 유즈노사할린스크 소재 한인문화센터에 이들의 쉼터를 마련했다. 일본의 지원으로 건립된 한인문화센터는 의료상담, 취미생활, 문화행사 등의 거점 역할을 한다. 건물 바깥쪽에는 '사할린한인 이중징용광부 피해자 추모비(2007.7)'와 '사할린희생사망동포위령탑(1992.10)'이 서 있다. 사할린 잔류 한인 문제의 처리도 한일협정체제의 보완이라고 볼 수 있다.

을 보완하며 과거사를 처리한 좋은 본보기라고 할 수 있다.

그런데 일본은 일제강점기에 사할린에 거주한 한국인들의 월급에서 우편저금, 전시보국채권 등의 명목으로 강제 적립한 돈을 아직 돌려주지 않았다. 그 밖에도 일제는 전쟁 말기에 사할린에 있던 1만 5,000여 명의 한국인 노무자를 다시 징용해 일본 본토로 끌어가 재배치한 바 있다. 이들에 대한 피해보상 문제 등은 아직도 해결되지 않았다.

4) 강제동원 피해자

일본은 아시아태평양전쟁을 수행하는 가운데 많은 한국인을 노무에 동원했다. 막바지에는 일본군으로도 징집했다. 여자근로정신대라는 명목으로 끌어간 여성도 많았다. 이들 중에는 공장·탄광·공사장·전장 등에서 육체적·정신적·금전적 피해를 입은 경우도 많았다. 한국 국회는 2007년 12월 10일 〈태평양전쟁 전후 국외 강제동원 희생자 등 지원에 관한 법률〉을 제정해, 피해자를 '1938년 4월 1일부터 1945년 8월 15일 사이에 강제동원되어 희생당한 사람'으로 규정했다. 이를 계기로 한국에서는 '강제동원 희생자' 또는 '강제동원 피해자'라는 말이 공식 용어로 정착됐다.

한일협정 체결 이후 50년 가까이 한국과 일본에서 강제동원 피해자배상 문제는 기본적으로 청구권협정으로 모두 끝났다는 분위기였다. 정부 견해나 사법 판결도 그러했다.

그런데 2012년 5월 대법원이 강제동원 피해자의 손을 들어주는 판결을 내린 이후 사태는 일변했다. 게다가 2018년 10월 대법원이 일본 기업의 배상 책임을 최종적으로 확정하고 문재인 정부는 이런 판결을 존중한다고 밝혔다. 일본 정부는 이에 강력히 항의하며 시정 조치를 요구했다. 이후 강제동원 피해자배상 문제는 한일 사이에 정치·외교의 갈등·대립은 물론 경제·안보에도 심각한 손실을 끼치는 사안으로 바뀌었다. 넓게는 동북아시아 정세마저 불안하게 만드는 요인이 되었다.

한국인의 전시노무동원은 대체로 보아 세 단계로 진행됐다. 일본에서 1938년 4월 국가총동원법이 제정되자 조선에서는 5월부터 조선직업소개령 등에 따라 할당모집이 이루어졌다. 인력을 구하는 기업의 회사원 등이 노무자 모집에 나서면 관청이 마을에 인원을 할당해 돕는 방식이다. 1942년 2월부터 각 지역 관청은 조선총독부가 만든 〈조선인내지이입알선요강〉에 따라 회사의 노무자 모집을 적극 지원(알선)했다. 그리고 1944년 9월부터는 〈국민징용령〉을 적극 활용해 관청이 직접 대규모 동원에 나섰다. 강제성은 나중에 갈수록 세졌지만 어느 단계든 공권력이 정책적·계획적·조직적으로 동원에 가담한 것은 마찬가지였다.

한국인 동원 규모는 자료에 따라 차이가 있는데, 대일항쟁기강제동원피해조사및국외강제동원희생자등지원위원회가 2016년에 발행한 활동 결과보고서에 따르면, 1939년부터 1945년까지 강제동원 피해자 수는 표1과 같다.

그렇지만 이것은 1965년 한일협정 체결 당시 밝혀낸 수치가 아니다. 그후 50년 동안 축적된 자료조사와 연구성과를 정리한 결과다. 한일회담 때는 이보다 훨씬 적은 인원이었다. 일본은 이때의 수치를 기준으로 피해보상액을 계산했다. 그리고 가능한 한 적게 주려고 당사자 개인에 대한 지급을 제안했다. 반면에 한국은 가능한 한 많이 받으려고 일괄해서 정부에 지급할 것을 요구했다. 한일 간의 다툼과 결과는 이미 3~4장에서 기술했으므로, 여기서는 전시노무동원 규모의 조사와 보상액 지급의 경과를 소개하는 정도에서 그치겠다.

한국 정부는 한일협정 체결 직후부터 〈청구권 자금의 운용 및 관리에 관한 법률〉(1966.2), 〈대일민간청구권신고에 관한 법률〉(1971.1), 〈대일민간

구분		피해자 수	합계
한반도 내	도내동원	5,782,581	6,488,467
	관알선	402,062	
	국민징용	303,824	
한반도 외	할당모집·관알선	823,745	1,315,909
	국민징용	222,217	
	군무동원	60,668	
	군인동원	209,279	
총계			7,804,376

표1 강제동원 피해자 수(1939~1945)

청구권보상에 관한 법률〉(1974.12) 등을 제정해 강제동원 피해자보상에 나섰다. 이 과정에서 군인을 포함한 강제동원 피해(사망, 재산 피해)로 신고해 인정을 받은 것은 8만 3,519건이었다. 피해자로 인정한 사람에 대해서는 사망자 1명에 30만 원씩 보상했다. 그리고 재산보상(예금·채권·보험금 등) 신고금액에 대해서는 1엔당 30원을 지불했다. 반면에 부상자와 재일한국인 등은 제외했다. 보상 총액은 91억 8,700만 원으로, 청구권 자금 무상 3억 달러의 약 9.7%에 해당했다. 당시로서는 적지 않은 금액이었다.

박정희 정부는 일본에서 받은 청구권 자금을 국정의 제일 목표인 경제개발에 중점적으로 투입했다. 청구권 자금 전부를 피해 신고자에게 나눠줘 분산시키기보다는 정부가 몫돈으로 받아 국가·국민의 전체 이익에 부합하도록 활용하는 방향을 선택한 것이다. 그런 정책적 판단은 이미 한일회담 과정에서 확립되었다. 그리고 한일협정 체결 당시 대다수 국민의 암묵적 지지를 받았다.

그렇다고 해서 박정희 정부가 강제동원 피해보상을 소홀히 다룬 것은 아니었다. 위에서 설명한 것처럼 법률을 제정해 1975~1977년에 징병·징용이나 재산관계 피해자에게 일정 액수를 보상했다. 지금 한국의 경제규모에서 보면 적은 대상에 적은 액수를 지급했다고 비판할 수 있지만, 박정희 정부는 나름으로 널리 피해신고를 받아 가능한 범위에서 상당한 보상 조치를 취한 셈이었다.

그런데 1980년대 이후 한국에서 경제개발과 민주화가 빠르게 진전되자 새로운 분위기가 형성되었다. 강제동원 피해자들이 단체를 결성해 보상요구운동을 벌인 것이다. 1990년대에 들어서는 피해자 본인과 유족이 일본의 정부와 기업을 상대로 소송을 제기했다.

일본 정부는 샌프란시스코평화조약과 한일협정에 따라 국가배상은 이미 종결되었다는 종래의 공식 견해를 되풀이하여 밝혔다. 사법부도 정부 견해를 받아들여 개인배상이나 기업 책임을 부인하는 판결을 내렸다. 화해를 통한 해결을 권고한 사례도 있었지만, 기업의 법적책임을 인정한 것은 아니었다. 피해자가 소송을 취하하는 대신 기업이 경제적으로 구제하라는 권고였다.

일본의 최고재판소는 중국인이 제소한 강제연행 및 장기도망생활 피해에 따른 손해배상청구소송에 대해서는 재판상의 소청구권능이 사라졌다는 이유를 들어 기각했다. 재판을 통한 구제에 종지부를 찍은 것이다.

일본 최고재판소 판결 전후까지 20여 년 동안 한국과 중국 등의 피해자들이 일본의 정부와 기업을 상대로 제기한 70여 건의 피해보상소송은 7건의 화해를 제외하고 대부분 패소했다. 피해자들의 실망은 컸다. 그렇지만 재판을 통해 피해 사실을 국내외에 알리고 지원자들의 연대를 이끌어낸 것은 나름대로 큰 성과였다.

역설적으로 소송운동의 엄청난 효과는 2010년대 이후 한국에서 몇 배로 크게 부풀어 나타났다. 그 경위를 간단히 살펴보자.

그전에 노무현 정부는 역사 문제를 둘러싸고 일본과 정면대결을 벌인 적이 있다. 그 과정에서 민관공동위원회를 설치해 한일회담 문서를 정밀분석하고 그 결과를 공표했다(2005.8.26). 이때 노무현 정부는 국가로서의 청구권과 강제동원 피해보상은 일본에서 받은 무상자금 3억 달러에 포함된다는 견해를 밝혔다. 다만 일본군'위안부' 등 일본의 정부·군대 등 국가권력이 관여한 반인도적 불법행위와 한일회담 과정에서 충분히 논의되지 않은 재한 원자폭탄 피해자 및 사할린 잔류 한국인 등의 피해 문제는 청구권협정에 의해 해결된 것으로 볼 수 없다고 덧붙였다. 그리고 1975~1977년 강제동원 피해자보상에서는 부상자를 제외하는 등 충분하지 못한 점이 있으므로 무상자금 중 상당액을 피해자 구제에 사용하는 게 마땅하다는 의견도 냈다.

민관공동위원회는 국무총리 산하 기구인데, 당시 국무총리는 이해찬(李海瓚)이었다. 그리고 청와대 측 참가자는 대통령비서실 민정수석비서관 문재인이었다. 민관공동위원회가 발표한 한일회담 문서공개 후속대책은 자료25를 참조하기 바란다.

이후 한국 정부는 〈태평양전쟁 전후 국외 강제동원 희생자 등 지원에 관한 법률〉(2007), 〈대일항쟁기 강제동원피해조사 및 희생자 등 지원에 관한 특별법〉(2011)을 제정해 막대한 금액을 보상했다. 2008~2015년 동안 지급한 내역은 표2와 같다.

그 후에도 강제동원 피해 추가보상은 계속됐다. 그리하여 보상금액 총계는 2023년 3월 말 현재 7만 8,000여 명에 6,500억 원 이상으로 늘어났다. 1인당 지원액을 보면, 사망·행방불명은 2,000만 원, 부상·장애는 300만~2,000만 원이었다. 미수금은 1엔당 2,000원으로 환산했다. 의료지원금은 1인당 연 80만 원이었다.

한편 강제동원 피해자 중 일부는 2000년부터 한국 주재 일본 기업을 상대로 소송을 제기했다. 1·2심은 원고 패소 판결을 내렸다. 그 취지는 일본 법원에서의 판결과 한일 양국 정부의 견해와 유사했다. 그런데 한국 대법

구분		피해자 수	합계
위로금	사망·행방불명	17,880	360,073,000,000
	부상·장애	13,993	102,185,000,000
지원금	미수금	16,228	52,182,000,000
	의료지원금	24,530	103,990,000,000
총계		72,631	618,430,000,000

표2 강제동원 피해 보상 지급 내역(2008~2015)

원은 2012년 5월 24일 항소심에서 강제동원 등 불법행위는 청구권협정에 포함되지 않으므로 일본 기업에 배상 책임이 있다며 파기환송을 판결했다.

이에 따른 파기환송심에서 고등법원은 미쓰비시중공업, 신일철주금에 1인당 1억 원씩 등의 위자료를 지급하라고 판결했다. 해당 일본 기업은 재상고했다. 일본 정부는 한일협정 위반이라고 한국 정부에 강력히 항의했다. 이로써 한일 사이에는 일촉즉발의 긴장감이 조성됐다.

박근혜 정부 이후 집권한 문재인 정부는 일본에 강경한 태도를 취했다. 이런 분위기 속에서 대법원은 2018년 10월 30일 일본 기업의 상고를 기각하고 피해자들에게 1억 원씩 위자료를 지급하라는 원심판결을 확정했다. 대법원 확정판결의 요지는 자료34를 참조하기 바란다. 그 일부를 소개하면 다음과 같다.

피해자의 손해배상청구권은 일본 정부의 한반도에 대한 불법적인 식민지배 및 침략전쟁 수행과 직결된 일본 기업의 반인도적 불법행위를 전제로 하는 강제동원 피해자의 일본 기업에 대한 위자료 청구권으로서, 청구권협정의 적용대상에 포함되지 않는다. 위자료는 정신적 고통 등 재산 외의 손해에 대한 금전적 배상이다. 청구권협정은 식민지배에 대한 배상이 아니라 한일 양국 간 재정적·민사적 채권·채무관계를 정치적 합의에 의해 해결하기 위한 것이었다. 또한 청구권협정상 경제협력자금(무상 3억 달러, 유상 2억 달러)이 청구권 문제 해결과 법적인 대가관계가 있는지도 불분명하다. 일본 정부가 청구권협정 협상 과정에서 식민지배의 불법성을 인정하지 않고 강제동원 피해에 대한 법적배상을 원천적으로 부인한 이상 피해자들의 위자료청구권이 청구권협정의 적용대상에 포함되었다고 보기는 어렵다.

대법원 판결은 청구권협정에 관한 한일 양국 정부의 종래 해석과 암묵적 동의를 전면적으로 뒤집은 것이었다. 요컨대, 일본의 한국 지배가 불법적이고 강제동원이 반인도적 행위이므로 청구권협정의 적용대상이 아니다. 따라서 일본 기업은 강제동원 피해자의 정신적 고통 등에 대해 위자료 곧 금전적 배상을 실행하라는 것이다.

대법원 판결로 한일관계는 험악한 격랑 속에 빠졌다. 일본의 고노 다로(河野太郎) 외무대신은 즉시 '전시노무동원 보상 문제는 청구권협정으로 완전히 그리고 최종적으로 해결되었다. 이번 판결은 국제법 위반에 해당한다. 한국 정부는 빨리 이상(異常) 상황을 시정해야 한다. 그렇지 않으면 국제재판을 포함해 필요한 조치를 강구하겠다'는 요지의 담화를 발표했다. 고노 외무대신 담화의 전문은 자료35를 참조하기 바란다. 일본 외무성은 홈페이지에「팩트 시트: 구 한반도 출신 노동자 문제란?」을 게재해 홍보전에 들어갔다. 한국 외교부는 일본 외무성에 신중한 대응을 촉구했다.

문재인 대통령은 2019년 1월 10일 사법부 판결을 존중한다는 입장을 표명했다. 여당인 더불어민주당도 지지를 표명했다. 당 대표는 이해찬 의원이었다. 앞에서 언급한 것처럼, 2005년 8월 26일 이해찬 총리와 문재인 민정수석비서관이 주관한 민관공동위원회는 강제동원 피해자배상 문제가 청구권협정으로 해결되었다고 발표한 바 있다. 그런데 13년 후 대법원은 이를 뒤집는 판결을 내렸다. 그런데도 두 사람은 정부·여당의 최고책임자로서 이의를 제기하지 않고 사법부 판결을 존중한다는 뜻을 밝혔다.

일본 정부는 2019년 5월 20일 제3국으로 구성되는 중재위원회 설치 및 중재위원 임명을 한국 정부에 제안했다. 한국 정부가 거부 반응을 보이자 일본 정부는 7월 1일 반도체 소재 3품목에 대한 수출규제를 발표했다. 이에 맞서 한국 정부는 8월 23일 지소미아(GISOMIA, 군사정보보호협정) 종료를 일본 정부에 통보했다. 일본 정부는 수출우대국가에서 한국을 제외했다. 한국도 이에 상응하는 조치를 취했다.

한일 양국 정부가 치고받는 가운데 강제동원 피해자배상 문제는 어느덧 경제·안보 관계까지 위협하는 국가정체성 싸움으로 확대됐다. 국민여론도 첨예하게 부딪혔다. 한국에서는 반일, 일본에서는 혐한 분위기가 사회 전체를 휩쓸었다. 양국 정부와 언론은 이런 싸움을 부추겼다. 한국에서는 일본상품 불매와 반일운동, 일본에서는 한국폄하와 반한운동이 번져갔다.

사태가 심각해지자 문희상 국회의장 등은 강제동원 피해자배상법안 제정을 통한 해결을 제안했다. 한일 양국 정부도 정상회담 등 수많은 만남을 가졌다. 그렇지만 어느 쪽도 악화된 여론을 완화시켜 화해를 이끌어낼 만한 리더십을 발휘하지 못했다.

문재인 대통령은 2020년 2월 11일 피해자중심주의는 국제사회가 합의한 대원칙이라고 말했다. 일본 정부는 한국이 판결을 집행하기 위해 일본 기업재산을 현금으로 바꿀 경우 보복하겠다는 뜻을 밝혔다. 이런 가운데 9월 16일 일본에서 아베 정부에 이어 스가 정부가 출범했다. 한국에서 대구·대전 지방법원은 판결 이행 절차를 밟아 나갔다.

문재인 대통령은 2021년 1월 10일 신년기자회견에서 종래와 다른 견해를 표명했다. 강제집행 방식으로 일본 기업의 자산을 현금화한다든지 법원 판결을 실행하는 방식은 한일 양국관계에 바람직하지 않다. 원고들이 동의할 수 있는 외교적 해법을 찾는 것이 더 우선이라고 말했다.

이전과 다른 문 대통령의 발언은 강제동원 피해자배상 문제 처리에 새 돌파구를 여는 듯했다. 그렇지만 문 정부는 아무런 후속 조치를 취하지 않았다. 그러자 일본 관방장관은 8월 19일 한국 대법원 판결이 국제법 위반이며 일본 기업재산을 현금화하면 심각한 상황을 초래할 것이라고 다시 쐐기를 박았다.

2022년 5월 10일 한국에서 윤석열 정부가 출범했다. 윤 정부는 한일관계 개선과 한미일의 경제·안보 협력 강화를 외교의 주요 과제로 내세웠다. 이의 실현을 위해서는 당연히 강제동원 피해자배상 문제를 먼저 풀어야 했다. 외교부는 피해자·유가족과 각계각층의 의견을 수렴했다. 그리고 7월부터 강제징용 민관협의회와 현인(賢人)회의를 잇달아 개최했다. 2023년 1월에는 공개토론회를 열었다. 2월에는 피해자·유가족 등과 판결금 지급 방안과 후속 조치를 협의했다.

윤석열 대통령은 2023년 3·1절 기념식에서 역사 문제를 들어 일본을 규탄하지 않았다. 오히려 일본은 과거 군국주의 침략자에서 우리와 보편적 가치를 공유하고 안보와 경제 그리고 글로벌 어젠다에서 협력하는 파트너가 되었다고 평가했다. 나아가 복합위기와 심각한 북핵 위협 등 안보위기를 극복하기 위해서는 한미일 3자 협력이 그 어느 때보다도 중요하다고 강조했다.

윤석열 대통령의 파격적인 3·1절 기념사는 한일관계뿐만 아니라 한미일 관계에 큰 변화가 오리라는 것을 예시했다. 그렇지 않아도 윤석열 정부 아래 한국과 일본의 외교 교섭은 문재인 정부에 비해 양과 질에서 월등히 활발해졌다. 윤 정부는 출범 후 1년이 채 안 되는 동안 세 차례의 정상회담과 일곱 차례의 장관회담 및 십여 차례의 실무회의를 열었다. 양국은 강제동원 피해자보상 문제로 경색된 국면을 타개하고 상호 신뢰를 회복해 교류·

협력을 활성화하자는 데 동의했다.

이런 기류 속에서 박진 외교부장관은 2023년 3월 6일 강제동원 대법원 판결 문제 해결방안을 발표했다. 그 골자는 다음과 같다.

2018년 10월 대법원이 확정판결한 원고에 대해 판결금과 지연이자를 정부 산하 일제강제동원피해자지원재단이 지급한다. 계류소송의 경우에도 원고 승소 판결이 나면 똑같이 시행한다. 그리고 위 재단은 피해자의 고통·아픔을 기억해 미래세대에 전수하기 위해 추모·교육·조사·연구사업을 적극 추진한다. 피해자·유가족의 이해·동의를 얻는 노력을 지속한다.

박진 외교부장관은 위와 같이 제3자 변제 방식의 해법을 마련한 이유를 다음과 같이 설명했다.

피해자 대부분이 90대 고령으로 확정판결을 받고도 판결금을 받지 못하고 돌아가신 분이 많다. 조속한 지급이 필요하다. 대법원 판결 관련 문제가 5년 동안이나 지속돼 한일관계가 악화되고 전략적 공조가 상실되어 국익 손상이 막심하다. 일본과 협의를 계속했으나 양국 간 신뢰 저하로 성과를 낼 수 없다.

박진 외교부장관이 제시한 대법원 판결 문제 해결방안의 자세한 내용은 자료36을 참조하기 바란다.

한국 정부가 강제징용 피해자배상 문제에 선제적·선도적 조처를 취하자 일본의 기시다 후미오 총리는 2023년 5월 7일 셔틀외교를 부활해 서울을 전격 방문했다. 그는 윤석열 대통령과 정상회담을 한 후 공동기자회견에서 강제동원 문제를 염두에 두고 이렇게 말했다.

당시 혹독한 환경 속에서 일을 하게 된 많은 분들이 매우 힘들고 슬픈 경험을 하신 데 대해 가슴이 아프다.

기시다 총리의 발언은 매우 신중했다. 그렇지만 아베 전 총리의 퇴행적 역사관이 주류를 이루는 자민당의 분위기를 고려하면 성의가 배어 있는 언설이었다. 강제동원 피해자에 대한 애도 발언과 함께 기시다 총리는 윤석열 대통령에게 한국인원폭희생자위령비 공동참배를 제안했다. 기시다 총리는 이미 윤 대통령을 히로시마 G7 정상회의에 초청한 상황이었다. 공동참배의 실행에 대해서는 앞에서 설명한 바와 같다.

그런데 일부 피해자와 소송 변호사 및 그들을 지원하는 시민단체 등은 윤석열 정부의 해법에 반발했다. 일본 기업의 배상금을 받지 않고 한국의 보상금을 받으면 대법원 판결의 취지에 어긋난다는 것이다. 그들은 재단의 판결금 변제를 거부하고 윤 정부의 굴욕외교를 규탄했다.

2023년 8월 시점까지 대법원의 승소 판결을 받은 원고 15명 중 4명이 판결금 수령을 거부했다. 그들은 일본 기업재산의 현금화를 계속 주장한다. 대법원은 이후에도 강제동원 관련 재판에서 잇달아 원고 승소 판결을 내렸다. 2024년 9월 현재 그 수는 52명에 이른다. 따라서 일본 기업의 배상액도 점점 늘어나 100억 원을 훨씬 넘어섰다. 이들도 모두 제3자 변제 방식의 적용을 받는다.

한편, 서울중앙지법은 2024년 2월 20일 일본 기업 히타치조센(日立造船)의 공탁금 6,000만 원을 강제동원 피해자 이희열 등 유족 5명에게 지급했다고 밝혔다. 2023년 12월 대법원의 확정판결에 따른 조치다. 히타치조센은 강제집행을 당하지 않으려고 법원에 상기 금액을 맡겼었다. 그런데 법원이 손해배상금으로 이를 지급함으로써 원고가 일본 기업 돈을 받아낸 첫 사례가 되었다. 이에 일본 외무차관은 윤덕민(尹德敏) 주일대사를 불러 항의했다. 청구권협정에 명백히 위반되는 판결로 인해 일본 기업이 손해를 입었다는 것이다.

작금의 사법부 판결 추세를 보면 제3자 변제 방식으로 강제동원 피해자 배상 문제를 해결하려면 수백억 원의 기금이 필요할 것으로 보인다. 국고로 지원하기 위해서는 민주당이 다수인 국회가 법을 만들어야 하는데, 제3자 변제를 반대하는 민주당이 입법 조치를 할 리도 만무하다. 이처럼 강제동원 피해자 문제의 해결에는 넘어야 할 산이 많다.

그런데 요즘 들어 제3자 변제 방식에 힘이 실리게 됐다. 일본 기업의 배상을 요구하던 첫 번째 판결 원고 거의 전부가 재판의 판결금 변제를 수용하겠다고 나선 것이다. 이로써 2025년 3월 말 현재 원고 15명 중 14명이 제3자 변제금을 수령했다. 게다가 포스코, 대한상공회의소, 한국경제인연합회 등이 일제강제동원피해자지원재단에 추가로 기금을 출연했다. 앞으로 한국과 일본의 기업·독지가 등이 기금 출연에 동참하면 강제동원 피해자 문제는 좀 더 확실하게 해결의 궤도에 오를 가능성이 많다.

아무튼 윤석열 정부가 취한 일련의 선제 조치는 한일관계를 급속히 개선하는 데 큰 효과를 발휘했다. 그리하여 문재인 정부와 아베 신조 정부가 주고받은 양국의 보복 조처는 대부분 원상으로 회복됐다. 양 국민의 왕래가 다시 늘어나고 악화된 감정도 상당히 호전됐다. 한일관계 개선의 효과는 한미일 정상이 캠프데이비드에서 공동선언을 발표한 것으로도 나타났다.

5) 일본 소재 한국 문화재

1965년에 체결된 문화재협정은 개정되지 않았다. 그런데 러일전쟁 100년(2005)과 일본의 '한국병합' 100년(2010)을 맞아 일본 소재 한국 문화재의 일부가 더 반환되었다.

야스쿠니신사에 방치되어 있던 북관대첩비는 조선 숙종 때 함경도 길주에 건립한 비석이다. 임진왜란 당시 의병을 모아 왜군을 격퇴한 정문부 장군의 전공을 기리는 내용이 비석에 한문으로 자세하게 새겨져 있다. 1905년 러일전쟁 당시 일본군은 이 비문의 내용이 마음에 들지 않아 제멋대로 일본으로 가져갔다. 그리고 근대 이후 천황과 일본을 위해 싸우다 전사한 장병의 영혼을 기리는 야스쿠니신사 한구석에 처박았다.

북관대첩비는 오랫동안 방치되어 비신(碑身)에는 비둘기똥이 덕지덕지 덮여 있었다. 1978년 최서면 국제한국연구원장이 이를 발견하고 박정희 정부가 반환을 요구했다. 야스쿠니신사는 이 요구를 거부하고 비신에 덮개를 씌워 보존했다. 나중에는 경내 숲속으로 옮겨 아무도 다가갈 수 없게 만들었다.

한국 정부는 한일의 불교단체와 협력해 북관대첩비의 반환을 다시 요구했다. 야스쿠니신사로서는 짐을 덜 수 있는 기회였다. 그리하여 일본 반입 백 년 만인 2005년에 북관대첩비는 한국의 품에 돌아왔다. 한국 정부는 이 비석이 원래 함경도 길주(현재 함경북도 김책)에 있었던 점을 감안해 북한에 넘겨주었다. 그 대신 국립고궁박물관에는 복제비를 세웠다.

도쿄대학은 소장하고 있던 조선왕조실록 오대산본 47책을 2006년에 서울대학교에 돌려줬다. 일제강점기에 조선총독부가 도쿄대학에 기증했는데, 1923년 9월 간토대진재(關東大震災) 때 대부분 불타고 일부만 남았다. 서울대학교와 도쿄대학은 매년 학술교류를 한다. 두 대학은 이렇게 형성된 신뢰를 바탕으로 조선왕조실록의 반환에 합의했다. 서울대학교는 조선 왕조의 도서관격인 규장각을 가지고 있으므로 그 실록을 돌려받는 데 적합했다.

'한국병합' 100년을 맞아 일본의 민주당 정부는 2010년 8월 15일 식민지 지배의 강제성을 인정하고 사죄와 반성을 담은 총리 성명(간 담화)을 발

사진 20
이명박 대통령과 간 나오토 총리의 조선왕실의궤 열람(2010.11.14)

간 나오토 총리는 '한국병합' 100년을 맞아 사죄와 반성의 담화를 발표하고 궁내청 소장 조선왕실의궤를 한국에 반납하겠다고 밝혔다. 간 총리와 이 대통령은 요코하마 인터컨티넨탈호텔에서 정상회담을 마치고 조선왕실의궤를 비롯해 1,205점의 도서 반환 협정을 맺었다. 돌아온 조선왕실의궤는 국립고궁박물관이 소장하고 있다. 일본 소재 문화재의 반환은 1965년에 체결된 문화재협정의 보완 조처라고 평가할 수 있다.

표했다. 그리고 그 담화의 뜻을 행동으로 옮기는 표시로서 궁내청 서릉부가 소장하고 있던 조선왕실의궤 81종 161책을 한국에 반환하겠다고 발표했다.

조선왕실의궤 반환은 별도의 입법 조처가 필요한 행위였다. 민주당 정부는 자민당 등을 설득해 법을 만들어 2011년 12월 조선왕실의궤를 한국 정부에 돌려줬다. 국립고궁박물관은 대대적인 환영행사와 전시회를 개최했다. 간 총리 담화에 대해서는 자료27을 참조하기 바란다.

일본 소재 한국 문화재의 반환은 문화재협정을 보완한 사례라고 볼 수 있다. 지금도 일본에는 조선총독부 등이 공권력을 통해 반출한 한국의 문화재가 많이 있다. 경기도 이천의 탑과 비석 등이 한 예이다. 무단으로 일본에 건너간 내력이 명확한 문화재는 앞으로도 돌려받을 가능성이 많다. 한국과 일본이 잦은 문화교류를 통해 신뢰를 쌓으면 일본 소재 문화재의 반환은 앞으로 계속 이어질 것으로 보인다.

6장

한일관계의 진전과 성취

지금까지 우리는 한일협정체제의 형성과 수정 및 보완 과정을 주요 문서를 참조하며 살펴봤다. 이상의 성찰을 바탕으로 지난 80년의 한일관계를 부감(俯瞰)하면 어떤 그림을 그릴 수 있을까? 한마디로, 한국과 일본이 상호 협력을 통해 함께 선진국 수준으로 발전하고, 정치·경제·사회·문화 등에서 수직·비대칭·불균등·불균질 관계로부터 수평·대칭·균등·균질 관계로 진화해 서로 대등한 위상을 구축한 윈-윈(win-win)의 역사였다고 총괄할 수 있다.

한국과 일본은 1965년 국교정상화 단계만 하더라도 모든 분야에서 격차·괴리·상위(相違)·대립이 현격했다. 한국이 처지고 일본이 앞섰다. 그 후 60년 동안 양국은 서로 국익을 추구하며 교류·협력·모방·경쟁을 통해 마침내 대등·유사·보완·경합하는 선진적 국가·문명을 함께 이룩하기에 이르렀다. 물론, 요즘 한국의 정치 상황에서 보듯이 한국에는 아직도 후진적 요소가 많이 남아 있다. 그리하여 일본과 동렬에 놓고 칭찬하기에는 어쩐지 뒤가 켕긴다. 그럼에도 60년 세월 속에서 한국의 성취를 돌아보면 대단히 높게 평가해도 엉터리 자화자찬은 아닐 터이다.

한일관계는 처음은 보잘것없었지만 나중은 창대했다. 양국은 각고의 분투·노력으로 상호관계를 발전시키고 세계에 앞장서는 지위에 올라선 것이다. 특히 한국의 성장은 눈부시다. 여기에는 일본의 협력과 지원도 한몫을 했다. 우리는 이런 격렬한 변화를 무시해서는 안 된다.

현대 한일관계는 한국의 정치·경제·사회·문화·위상 등의 변화를 종합적으로 고려할 때 제1기(1945~1965), 제2기(1965~1988), 제3기(1988~2012), 제4기(2012~2024)로 나눠볼 수 있다. 역사의 시기구분은 사회의 변화를 끊어서 파악하는 데 목적이 있는 게 아니고 오히려 연속적 흐름에서 각 시기의 특성을 서로 비교해 톺아보려는 게 본래의 취지다. 따라서 한일관계의 전개가 특정 연도에서 갑자기 확 달라진다기보다는 대체로 그 언저리에서 양적·질적 변동이 뚜렷하게 나타났다고 보면 좋겠다.

1. 국가 건설과 국교정상화 추진(1945~1965)

제1기의 한일관계에 관해서는 이미 2장에서 자세히 설명했다. 여기서는 세계사적 시야에서 제1기가 이후 전개되는 한일협정체제의 준비단계로서 매우 중요한 의미를 지녔다는 점을 간략히 언급하는 선에서 그치겠다.

아시아태평양전쟁의 종결과 더불어 한국과 일본은 분리되고, 미국의 점령을 거쳐 자유민주주의와 시장경제체제에 기초한 독립국가를 수립했다. 반면에 북한과 중국은 소련의 강력한 지원 아래 공산주의와 통제경제체제를 도입했다. 이런 상황과 겹쳐 1949년 무렵 동아시아에서는 적대적인 두 문명이 사활을 걸고 각축을 벌이는 국제질서가 형성되었다. 국내외의 거대한 문명전환과 체제 경쟁은 이후 한일관계를 규정하는 기본 틀로 작용했다.

한국은 1949년 GHQ와 외교관계를 담당하는 주일대표부를 도쿄에 설치하고 일본과 한일통상협정을 체결했다. 일본과의 공무역은 미미했고 밀무역이 성행했다. 상대방에 거주하던 각각 100만~150만여 명의 국민은 패전·해방 후 2년 사이에 재산을 거의 다 남겨둔 채 조국으로 귀환했다.

한국은 6·25전쟁을 치르며 인명 손실은 물론이고 경제·사회·문화 등 모든 면에서 심대한 피해를 입었다. 반면에 일본은 후방기지의 특수를 누려 막대한 부를 축적하고 고도성장의 기틀을 마련했다. 일본은 1952년 미일안전보장조약, 한국은 1953년 한미상호방위조약을 맺었다. 미국은 한국과 일본을 반공의 군사기지·산업기지로 삼고 안보·경제의 분업·협업 관계 수립을 꾀했다. 반면에 한국은 일본에 의존하지 않는 자립체제 구축을 지향하고 이에 대한 미국의 보장을 요구했다. 이승만 대통령은 줄곧 반공의 기치를 선명히 내세우면서도 반일의 자세를 흐트리지 않았다.

미국을 중심으로 한 연합국은 1952년 4월 일본과 샌프란시스코평화조약을 발효시켜 아시아태평양전쟁의 처리를 마무리했다. 일본의 배상을 면제하고 부흥을 지원하는 관대한 내용이었다. 한국과 일본은 샌프란시스코평화조약의 틀 속에서 14년 동안 수교교섭을 벌였다. 이른바 한일회담이다.

한일회담은 식민지 지배에서 야기된 역사인식과 배상 문제 등을 둘러싼 견해 차이를 좁히지 못한 채 난항을 거듭했다. 그 도중에 한국과 일본에서 정권 교체와 정계 재편이 이루어졌다.

1961년 군사정변으로 정권을 장악한 박정희 정부는 도탄에 빠진 민생고를 해결하고 북한과의 체제 경쟁에서 우위에 서기 위해 일본의 경제협력을 이끌어내는 전략을 구사했다. 1955년부터 집권한 일본의 자유민주당(자민당) 정부는 반공 보루인 한국의 경제발전과 정치안정이 일본의 안전보장에 도움이 된다고 여겼다. 아울러 경제협력을 통해 한국 시장을 확보함으로써 고도경제성장을 지속하고 싶었다. 한일의 의도는 미국의 이익과도 합치했다.

한국과 일본은 미국의 후원 아래 1965년 6월 기본관계조약과 4개 협정 등을 체결하고 분리 20년 만에 국교를 재개했다. 한일협정체제의 본격적 가동이었다. 그렇지만 기본관계조약은 식민지 지배에 대한 사죄·반성이나 배상을 언급하지 않았다. 반면에 청구권과 경제협력협정에서 일본이 무상 3억 달러, 유상 2억 달러(상업차관 3억 달러는 별도) 상당을 물자와 용역으로 10년에 걸쳐 한국에 지불한다고 규정했다. 이처럼 한일협정체제는 경제협력과 안전보장을 우선했다. 반면에 역사 문제의 해결에서는 의견 차이를 좁히지 못했다.

한일협정체제는 제국과 식민지 관계를 당사자 간 조약을 통해 청산했다는 점에서 세계사적 의미를 지닌 특수 사례였다. 샌프란시스코평화조약 이후에도 국제사회는 식민지를 거느렸던 제국들이 여전히 위세를 부리고 있었다. 그 열강은 식민지로 지배했던 독립국가들에 제대로 된 사죄와 배상을 하지 않았다. 양자 간 조약도 거의 맺지 않았다. 이 점을 감안하면 한일협정체제는 제국과 식민지 관계 청산의 선구라고 볼 수 있다. 선례가 없기 때문에 장기간 논의할 수밖에 없었고, 그 결과 맺어진 협정은 여러 면에서 부족함을 안게 됐다.

2. 경제·안보 협력과 연대 강화(1965~1988)

한국과 일본은 한일협정을 체결해 대등한 국가로서 국교를 재개했다. 한국 정부는 청구권 자금과 연계해 경제개발을 추진했다. 일본의 부품·소재·장비를 수입해 상품을 만들어 수출하는 공업화전략을 구사하고, 고속도로·다목적댐·지하철 등의 사회기간시설과 조선·제철 등 중화학공업을 육성했다. 농업과 어업의 기반 개선에도 힘을 쏟았다.

일본 기업은 한국에 재화·기술·용역 등을 제공해 떼돈을 벌었다. 청구권 자금이 일본 기업의 한국 진출을 촉진했다. 한국은 1970년대 후반 중화학공업이 발전하고 매년 10%가량 GDP 성장을 이룩해 신흥공업국가의 선두에 나섰다. 그럴수록 일본에서 수입하는 부품·소재·장비는 더욱 늘어나 만성적인 무역적자를 기록했다. 한일 간에는 이른바 수직적 분업관계가 형성되었다.

한일 간의 경제·안보 협력을 추진한 세력은 한국의 권위주의 정부와 일본의 자민당 정부였다. 특히 박정희·전두환 정부는 일본을 활용해 일본을 극복하려는 의지가 강했다. 반일(反日)보다는 용일(用日)·극일(克日) 내셔널리즘을 지향했다. 그리하여 한일 국교 재개 이래 베트남전쟁, 일중수교, 미중수교 등 국제정세가 요동치고, 김대중 납치, 박정희 저격, 역사갈등 등 대형사건이 발생했음에도 불구하고 한일관계는 기본적으로 양호했다. 양국 정부가 적절히 관리한 덕분이었다.

1970년대 한국과 일본은 국력·민주주의 등에서 격차가 심했다. 그럼에도 정치·경제 분야에서는 유착이라는 말이 나올 정도로 친근한 관계를 유지했다. 반면에 민간 차원의 교류는 거의 없었다. 한국은 아직 자유롭게 외국을 여행할 처지가 못 되었다. 일본은 남성 위주로 기생관광(매춘관광)에 나서 물의를 빚었다. 식민지 지배에 대해 한국에서는 '원한', 일본에서는 '무관심'이 주류를 이루었다. 1970년대의 한일관계를 돌아볼 때, 미국의 관여 없이 전개된 측면이 많다는 점은 주목할 가치가 있다. 박정희 정부의 능동적 대응이 먹혀들었다고 볼 수 있다.

나카소네 야스히로 총리는 1983년 1월 취임 첫 외국 순방으로 한국을 공식 방문했다. 그는 전두환 대통령과 정상회담을 갖고 5·18민주화운동 탄압 등을 둘러싸고 껄끄러워진 한일관계를 수복했다. 나아가 긴급 현안으로 부각된 안보경협(安保經協) 문제에 돌파구를 열었다.

전두환 대통령은 1984년 9월 일본을 국빈 방문하고, 히로히토 천황으로부터 "금세기의 한 시기에 양국 간에 불행한 과거가 있었던 것은 진실로 유감이며 다시 되풀이되어서는 안 된다고 생각합니다"라는 사죄 발언을 들었다. 불행과 유감의 주체와 대상이 명확하지 않은 표현이었지만, 식민지 지배에 대한 일본의 역사인식이 개선되고 있음을 상징적으로 보여주었다. 황국신민화정책의 장본인과 그 시절 청소년기를 보낸 당사자의 만남 자체가 한일관계의 특수성을 새삼스럽게 일깨웠다.

1980년대 한국과 일본은 안보경협을 고리로 이른바 한일 신시대를 구축했다. 한국 정부는 침체에 빠진 경제를 부흥하기 위해 일본 정부에 안보비용 명목으로 100억 달러의 차관 제공을 요구했다. 일본은 동북아시아의 안정을 바라는 미국의 의향도 참작해 한국에 40억 달러를 빌려주는 선에서 조정했다. 이후 한국의 급속한 경제성장으로 실제로 집행된 액수는 18억 달러가량이었다. 일부 논자는 안보경협을 청구권 자금의 증액이라고 평가했다.

1980년대 미국과 소련은 군비경쟁에 돌입해 세계가 냉전 기류에 휩싸였다. 한미일 삼국은 1970년대 약간 흐트러졌던 안보·경제 공조체제를 복원했다. 여기에는 전두환·나카소네·레이건이라는 삼국의 강력한 리더십이 큰 역할을 했다. 전두환 정부는 일본의 역사 교과서 왜곡사건으로 분출한 반일 내셔널리즘을 용일·극일 내셔널리즘으로 바꿔 나갔다.

한국은 1980년대 후반 평균 11%가량의 GDP 성장을 지속했다. 반면에 물가 상승은 3~4%대로 잦아들었다. 그리하여 한국 경제는 임금·물가가 안정된 데다 중화학공업이 충실해져 무역수지 흑자까지 달성했다. 정부와 기업은 저달러·저유가·저금리의 기회를 잘 활용했다. 이로써 한국 경제의 기초가 탄탄해졌다. 그럼에도 대일무역 적자 폭은 더욱 늘었다. 일본(자본집약형 부품·소재)→한국(노동집약형 조립)→미국·유럽·일본(최종재 수출)이라는 가공무역구조가 지닌 한계였다. 일본은 한국의 기술이전 요구를 받아들여 중소기업에 연수 기회를 제공했다.

1980년대 한일의 경제관계에서 수직적 분업구조가 조금 누그러지는 가운데 한국의 철강·조선·자동차·전자 등의 업종이 일본과 경쟁하는 현상이 나타났다. 이를 바탕으로 수평적 분업구조가 비로소 모습을 드러내기 시작한 현상은 특기할 만하다. 이와 함께 청구권 자금을 활용한 정부 주도의 1970년대식 자금·기술협력도 막을 내렸다.

한국은 경제 못지않게 정치·외교·문화 등에서도 괄목할 만한 성과를 올렸다. 공산주의 세력권에 외교지평을 넓힘으로써 1988년 서울올림픽을 세계인의 축제로 승화시켰다. 각종 경기와 함께 아름답게 현대화된 서울의 모습이 세계에 생중계돼 6·25전쟁의 폐허로만 기억하던 한국의 이미지는 단번에 개선됐다. 때마침 한국은 민주주의를 쟁취해 평화적인 정권 교체를 이룩했다. 국제사회에서 한국의 역량과 위상은 비약적으로 상승했다.

이에 따라 일본인의 한국 인식이 확연히 바뀌기 시작했다. 한국을 자유민주주의와 시장경제 그리고 평화·안보를 함께 누리는 국가로 받아들인 것이다. 그 무렵 일본에서는 경제발전이 정점에 이르러 정신적·생활적 여유가 생기고, 세계 특히 아시아를 무대로 활약하려는 국제화 분위기가 널리 퍼졌다. 이런 상황 변화 속에서 경제뿐만 아니라 정치·사회·문화에서도 한국과 일본은 수평·대칭 관계로 옮아가는 조짐을 보였다. 그리하여 양국 국민의 상호 이해에서 괄목할 만한 변화가 나타났다. 일본인의 한국에 대한 친근감이 50%를 넘어선 것이다. 민간교류의 확장 가능성을 예고하는 징조였다.

1980년대 한일관계는 미국이 깊이 관여했다는 점에서 1970년대와는 달랐다. 어쩌면 1960년대와 유사한 모습을 보였다. 반면에 한국에서는 한글세대가 실세로 등장해 이른바 '유착'이라는 박정희 정부 시절의 낡은 한일관계를 타파하는 움직임도 나타났다. 전두환 정부가 무모하리만치 저돌적으로 일본에 100억 달러 안보차관을 요구한 것이 좋은 사례다.

3. 교류 확대와 격차 축소(1988~2012)

한국은 경제성장을 지속하면서 1988년 서울올림픽을 성공적으로 치러냈다. 그리고 사회주의권과 국교 수립을 확대했다. 이에 힘입어 1991년 무렵부터 한국과 일본은 수직적·비대칭적 관계에서 점차 수평적·대칭적 단계로 옮겨갔다. 한국이 일본에서 소재와 설비를 도입해 상품을 만들어 수출하는 무역구조는 여전했지만 그 내역에서 큰 변화가 나타났다. 자본과 기술의 일본 의존도가 현저히 낮아진 것이다.

한국의 자본·기술 축적과 중국 시장의 등장으로 물자의 순환은 일본(기술집약형 고기능 부품·소재)→한국(자본집약형 부품·소재)→중국(노동집약형 조립)→미국·유럽·일본·한국(최종재 수출)이라는 구조로 바뀌었다. 그런데도 한국 경제의 발전과 대일무역 적자의 증가가 병행하는 구조는 여전했다. 한국과 일본은 이를 보완하기 위해 기술·통화 협력을 확대했다. 여기에는 정부보다 민간이 앞장섰다.

한국은 1996년 OECD에 가입하고 개발도상국 지위에서 벗어났다. 그렇지만 김영삼 정부의 실책으로 외환위기를 맞아 곧 경제파탄 위기에 직면했다. 김대중 정부는 민관의 일치단결과 분투 노력 아래 구조개혁에 나섰다. 그리하여 한국은 2년여 만에 외환위기에서 탈출했다. 일본은 한국에 외화를 지원하고 통화 스와프(SWAP)를 체결했다. 기사회생한 한국 기업은 세계시장에서 일본 기업과 치열한 경쟁을 벌였다.

한국의 대일무역 의존도는 1965년 수출 25.5%, 수입 37.8%였는데, 2012년 수출 7.1%, 수입 12.4%로 현저히 줄어들었다. 반면에 한국 기업이 세계시장에서 일본 기업을 제치거나, 한일합작으로 제3국 시장에 진출하는 사례가 늘어났다.

스포츠와 예술 등에서도 한국과 일본의 쌍방향 교류가 활발해졌다. 1998년 이후 김대중 정부가 일본 대중문화 유입을 개방함에 따라 만화·영화 등의 수입이 늘었다. 그 반대급부로 한국 대중문화의 일본 수출도 증가했다. 2000년대 들어 한국 드라마가 일본에서 공전의 인기를 끌었다. 이에 따라 사람의 왕래도 빈번해졌다. 2002년 한일 월드컵 공동개최 때는 상대팀을 응원하는 분위기도 나타났다. 한류(韓流)와 일류(日流) 붐에서 보듯이, 두 나라 국민의 생활과 문화에서 상당한 접근이 이루어졌다.

1990년 무렵 소련 해체와 독일 통일 및 동구 사회주의권 붕괴 등으로 세계는 냉전에서 벗어났다. 이에 따라 한국과 일본의 반공연대도 약화되었다. 한국은 중국·러시아와 국교를 맺고 1991년 남북한 유엔 동시 가입을 실현했다. 남북고위급회담(1990~1992)을 추진해 남북 평화공존의 제도화

사진 21
한일 월드컵 공동개최(2002.5.31)

한국과 일본은 2002년 5월 31일부터 6월 30일까지 월드컵 축구대회를 공동으로 개최했다. 양국 정상이 참석한 가운데 개막전은 서울, 결승전은 요코하마에서 치렀다. 국가끼리 월드컵을 함께 개최한 것은 세계 최초였다. 양국 국민은 모처럼 서로 상대방을 응원하는 화해 분위기를 연출했다. 한일의 공동사업이 관계 개선을 추동한 좋은 사례였다. 그러나 한일의 우호 분위기는 오래 가지 않았다. 역사 문제가 다시 불거졌기 때문이다.

를 모색하고, 남북 쌍방의 비핵화 공동선언을 채택했다.

그렇지만 북한의 핵실험으로 1993년 제1차 핵위기가 발생했다. 한국과 일본은 북한의 핵개발을 막기 위해 미국과 함께 북한에 경수로형 원자력발전소를 지어주는 사업을 추진했다(1995~2006). 그러나 북한의 잇따른 도발로 모처럼의 국제협력사업은 중단됐다. 한국과 일본은 북한 비핵화를 논의하는 6개국 협의에도 함께 참여했으나 성과 없이 끝났다(2003~2008).

일본의 고이즈미 총리는 2002년 9월 평양을 방문해 김정일 국방위원장과 함께 경제협력 방식으로 조일수교를 추진하겠다고 선언했다. 일본과 북한이 한일협정체제를 모델로 삼아 국교를 수립하겠다는 것이었다. 그러나 북한의 일본인 납치사건이 걸림돌이 돼 조일수교는 시작단계에서 좌초했다. 이후 납치된 일본인 송환 문제는 일본의 대북정책에서 최우선 과제가 되어 남북관계의 진전에도 적지 않은 영향을 미쳤다. 일본 사회에서는 북한에 대한 적대감이 높아지고 피해자의식이 널리 퍼졌다.

1990년대 들어 한국에서는 정치민주화와 사회다원화가 괄목할 만하게 진전됐다. 이에 따라 권위주의시대에 억눌렸던 반일 내셔널리즘이 불을 뿜었다. 김영삼 정부는 '역사 바로 세우기'라는 구호를 내세우고 옛 조선총독부 건물을 철거하는 등 반일 애국심을 부추겼다. 일본에서는 자민당 집권체제를 대신해 야당 연립정권이 출현했다. 그리하여 민간에서 높아지기 시작한 식민지 지배에 대한 사죄·반성의 기운이 정계에도 번져갔다.

이런 분위기 속에서 한국과 일본의 역사인식이 접근하는 현상도 두드러졌다. 1991년 일본군 '위안부' 문제의 공론화, 1993년 고노 담화 발표, 호소카와 모리히로 총리의 침략전쟁 인정과 식민지 지배 사죄, 1995년 무라야마 담화 발표, 아시아여성기금 설립, 1998년 한일파트너십선언 등이 좋은 사례였다. 높게 평가할 만한 현상이었다.

그런데 2000년대에 들어 한국과 일본은 역사인식을 둘러싸고 다시 격렬하게 대립했다. 주요 충돌사건만 언급하면, 2001년 일본에서 역사왜곡으로 비판받은 중학교 '새 역사 교과서'의 문부과학성 검정 통과, 고이즈미 총리의 야스쿠니신사 참배, 2005년 일본의 '다케시마(竹島)의 날' 제정과 독도 영유권 주장, 노무현 대통령의 대일외교전쟁 불사 천명, 2006년에 집권한 아베 신조 총리의 역사 수정 시도 등이다. 한국은 성장하는 국력을 바탕으로 자민당 정부와 그 지지세력의 역사인식이 배타적 애국주의로 선회하는 것을 막으려고 애썼다.

한국과 일본 정부는 1990년대 말까지 외교 교섭 등을 통해 역사 문제를 관리해 왔다. 그 과정에서 식민지 지배에 대한 일본 정부의 공식적인 견해는 '한국 국민에게 다대한 손해와 고통을 안겨준 사실을 겸허히 받아들이고 통절한 반성과 사죄를 표시하는' 식으로 확립되었다. 제대로 된 사죄·반성 표명이 일절 없었던 1965년 국교 수립 당시에 비하면 괄목할 만한 진전이었다. 2000년대에 들어서서 일본에서 배타적 애국주의 역사인식이 새로 대두한 것은 한일의 역사인식이 이렇게 접근하는 데 대한 반동이었다.

그런데 일본에서 2009년부터 2011년까지 3년 동안 극적으로 민주당이 정권을 장악했다. 민주당은 일본의 침략전쟁과 식민지 지배에 대해 대체로 자민당보다 더 비판적인 역사인식을 가지고 있었다. 그런 연유로 간 나오토 총리는 '한국병합' 100주년을 맞는 2010년 8월 10일, '3·1독립운동 등의 격렬한 저항에서도 나타났듯이, 정치·군사적 배경하에서 당시 한국인들은 그 뜻에 반하여 이루어진 식민지 지배로 국가와 문화를 빼앗기고, 민족의 자긍심에 깊은 상처를 입었습니다'라는 내용이 들어간 담화를 발표했다.

종래 일본 정부는 '한국병합'을 합법·정당·유효한 조처였다고 일관되게 주장해 왔다. 그런데 1990년대부터 식민지 지배에 대해 통절한 사죄와 반성을 표명하는 쪽으로 바뀌었다. 명확한 사죄와 반성은 일본 정부가 한국병합이 합법이고 유효했지만 부당했다는 식으로 견해를 변경하는 것처럼 보였다. 간 총리는 여기서 한 걸음 더 나아가 식민지 지배가 강제적·강압적이었다고 인정하는 듯한 뉘앙스를 풍겼다. 곧 식민지 지배가 한국인의 의사에 반해 이루어졌다고 표현함으로써 '한국병합'이 강제적이었다고 인정하는 듯한 인상을 준 것이다. 그러므로 간 담화의 역사인식은 역대 총리의 그것보다 한국 쪽에 가장 가까이 다가섰다고 평가할 수 있다.

그렇지만 민주당 정부는 잇따른 국정 실책으로 급속히 국민의 지지를 상실했다. 곧이어 등장한 자민당의 제2차 아베 신조 정부는 제일 먼저 민주당의 역사인식부터 뒤엎었다. 일본 국민의 여론도 역사·영토 문제에서 한국에 양보해서는 안 된다는 분위기로 돌아섰다. 한일관계의 파란을 예고하는 반전이었다.

4. 역사전쟁에서 한미일 공조로(2012~2025)

1) 대등관계 형성과 쌍방향 교류 확대

한국과 일본은 2010년대 들어 수평적·대칭적·균등적·균질적 관계에 성큼 다가섰다. 경제규모를 살펴보면, 1965년 한국의 국민총생산액은 31억 달러로, 일본 960억 달러의 3.2%였다. 일본이 한국의 31배였다. 2014년 한국의 국민총생산액은 1조 4,100억 달러로, 일본 4조 6,723억 달러의 30.2%가 됐다. 일본이 한국의 3.3배였다. 그동안 한국의 국민총생산액은 455배, 일본은 49배 늘어났다. 일본의 경제규모도 많이 커졌지만 한국의 팽창이 훨씬 더 두드러졌다.

2014년에 세계 제조업 경쟁력지수에서 한국은 4위에 오르고, 일본은

5위로 처져 한국이 일본을 처음 앞섰다. OECD의 구매력평가지수(PPP)를 기준으로 한 1인당 GDP는 2017년 한국 4만 1,001달러, 일본 4만 827달러로, 국민의 생활수준에서도 한국이 약간 높았다. 2023~2024년에는 1인당 명목 GDP에서 연속으로 한국이 일본을 앞서는 현상이 나타났다.

물자교역에서도 한국의 약진은 두드러졌다. 1965년 한국의 수출액은 1억 8,000만 달러로 일본의 비중이 26%였다. 그런데 2014년에는 5,726억 달러에 6%로 바뀌었다. 1965년 일본의 수출액은 84억 달러로 한국의 비중이 2%였다. 그런데 2014년에는 6,961억 달러에 7%로 바뀌었다. 한국과 일본의 수출액은 각각 3,181배와 83배 늘어나 한국의 증가세가 훨씬 가팔랐다.

1965년 한국의 수입액은 4억 6,000만 달러로 일본의 비중이 38%였다. 그런데 2014년에는 5,255억 달러에 10%로 바뀌었다. 1965년 일본의 수입액은 81억 달러로 한국의 비중이 0.5%였다. 그런데 2014년에는 각각 8,181억 달러에 4%로 바뀌었다. 한국과 일본의 수입액은 각각 1,142배와 101배 늘어나 한국의 증가폭이 훨씬 컸다.

그런데 일본은 1965년부터 2014년까지 50년 동안 한국과의 교역에서 5,000억 달러 이상의 흑자를 기록했다. 반면에 한국은 일본과의 교역에서 그만큼 적자를 냈다. 한국의 주요 상대국에 대한 수출 비율을 보면, 1990년에 일본 19.4%, 미국 29.8%, 중국 0.9%였다. 그런데 2020년에는 일본 4.9%, 미국 14.5%, 중국 25.8%로 바뀌었다. 한국에서 일본의 비중은 낮아진 반면 일본에서 한국의 비중은 높아졌다. 2010년대 들어 한일의 직접교역은 감소했다. 이에 따라 한국의 대일무역 적자 폭도 줄어들었다.

경제 이외의 분야에서도 한국과 일본은 거의 수평화·대칭화·균등화·균질화 구조로 이행했다. 한국은 군사력(예산규모), 소프트파워, 규범을 설정하는 능력, 문화·학술의 매력, 세계에 발신하는 능력 등에서 일본과 비슷한 수준에 도달했다. 영화, K-POP 등에서는 한국이 앞서는 경우도 생겨났다. 한국과 일본은 아시아에서는 드물게 자유민주주의·시장경제·인권·평화 등을 공유하는 나라가 됐다. 한마디로 양국은 정치·경제·사회·문화 등의 체제와 가치에서 균등화·균질화를 함께 이룩한 셈이다.

이에 따라 한일 간의 교류와 협력도 다층화·다양화되었다. 정부 주도에서 시민사회·지방자치단체 등으로 교류와 협력이 확산되었다. 그 흐름도 일본이 주도하는 일방향이 아니라 서로가 주도하는 쌍방향으로 바뀌었다. 어떤 분야에서는 한국이 선도하는 경우가 많아졌다.

1990년대 이전 일본의 한국에 대한 관심은 낮았다. 반면에 한국의 일본에 대한 관심은 높았다. 그런데 지금은 오히려 일본 젊은이들의 한국에 대한 관심이 높아졌다. 2025년 초의 여론조사에 따르면, 한국과 일본의 10~20대는 3분의 2 가까이가 서로 친밀감을 느낀다. 그리고 친일·반일, 친한·반한의 이분법을 넘어 상대방을 가까운 협력 파트너로 여긴다.

양국의 상호 방문객 수에서도 역전현상이 두드러졌다. 일본을 방문한 한국인은 1965년 5,000명, 2014년 228만 명, 2018년 753만 명이었다. 같은 해 한국을 방문한 일본인은 각각 1만 7,000명, 275만 명, 295만 명이었다. 한일이 역사 문제를 둘러싸고 치열하게 다퉜음에도 불구하고 2018년에는 한국인의 방일자 수가 격증해 일본인의 방한자 수보다 2.6배나 많았다. 한일 사이에서 처음 나타난 현상이었다. 이런 추세는 코로나 재난 이후에도 지속돼, 2024년 방한 일본일은 322만 명, 방일 한국인은 882만 명으로 후자가 2.7배 이상 많았다. 인구비례로 보면 7배가량 많은 셈이다. 이런 변화 속에서 양국 국민이 상대국을 방문하거나 상대방 문화를 즐기는 일은 이제 일상이 되었다. 한류와 일류의 상호 유행이다.

2) 정체성 충돌과 역사대결 격화

한일관계가 수평화·대칭화·균등화·균질화하면 상대방에 대한 견제와 경쟁이 치열해지기 마련이다. 한국과 일본은 요즘 모든 영역에서 우위 다툼을 벌인다. 한국과 일본의 위상 변동은 종종 혐오감·투쟁심으로 연결된다. 특히 내셔널 아이덴티티와 직결된 역사 문제에서는 자신이 옳고 상대가 틀렸다는 대결의식을 서로 굽히지 않는다. 그렇기 때문에 2010년대에 들어 한국과 일본은 역사·독도 문제 등을 둘러싸고 노골적으로 대립했다. 이른바 역사전쟁에 돌입한 것이다.

한국과 일본의 역사대결은 새삼스러운 일이 아니었다. 한일회담에서부터 지금까지 한일관계의 부침을 규정해 온 근본적 요인이었다. 그렇지만 2010년대의 역사대결은 양적·질적 면에서 그 이전과는 달랐다. 역사대결을 억제해 온 양국 정부가 오히려 이를 부추겼다. 그리고 그 전선은 경제·안보 영역으로까지 확대되었다. 종래에는 금기해 온 성역이었다. 게다가 사법부와 입법부도 가세했다. 양국 국민이 동참한 것은 물론이다. 그리하여 한국과 일본은 2011년 이후 10년 이상 마치 역사전쟁과 같은 정체성 충돌을 되풀이하였다.

2010년대 역사전쟁의 흐름은 다음과 같다. 이명박 대통령이 독도를 방문하고 천황의 사죄를 언급하자 일본이 맹렬히 반발했다. 박근혜 정부는 아베 신조 정부와 일본군'위안부' 문제를 둘러싸고 정면충돌했다가 해결을 합의하고 화해·치유재단을 설립했다. 문재인 정부는 일방적으로 일본군'위안부' 문제 해결 합의를 번복하고 화해·치유재단을 해산했다. 이에 대해 일본 정부는 국가 간 약속을 지키라고 한국 정부를 압박하며 국내외 홍보를 강화했다.

한국 법원은 일본 기업에 대해 강제징용 피해자에게 위자료를 지불하라고 판결했다. 원고는 관련 일본 기업의 한국 내 자산 현금화를 추진했다. 일본은 한국이 청구권협정으로 이미 해결된 문제를 끄집어내 국제법을 위반했다고 비난했다. 그리고 반도체 핵심소재의 수출관리를 강화했다. 한국은 이에 맞서 군사정보보호협정의 중단을 선언하고 일본상품 불매운동을 벌였다. 일본은 수출관리 우대국가에서 한국을 제외하고 한국 여행을 자제했다.

한일 양국은 군사 면에서도 대립했다. 욱일기를 게양한 일본 해상자위대의 제주도 앞바다 국제관함식 참가를 둘러싼 대립, 일본 해상자위대 항공기에 대한 한국 해군의 화기관제 레이더 조준사건 등이 그 예다.

정부 사이의 대립은 국민 상호 간의 비난과 불신을 깊게 만들었다. 아베 총리와 문재인 대통령은 역사 문제를 둘러싸고 자주 설전을 벌였다. 이로 인해 양국 국민끼리의 대립도 날카로워졌다. 두 정상은 양국 국민이 서로 싫어하고 미워하는 표상이 되었다.

한국과 일본은 역사 문제를 다루는 기본자세가 다르다. 그 차이는 이른바 '이행기 정의(transitional justice)'를 다루는 데서 두드러지게 나타난다. 이행기 정의는 과거 인권 침해에 대한 정부 차원의 대응을 말하는데, 주로 진상규명, 피해자에 대한 사죄와 보상, 피해자 명예 회복을 의미한다.

그런데 한국은 약자·피해자를 포함한 관계자가 납득하고 동의하는 구제(救濟)를 '정의'로 보고, 법을 개정하거나 제정해서라도 정의를 실현해야 한다고 주장한다. 반면에 일본은 약자·피해자 구제는 법의 범위에서 이루어지거나 약속·합의를 지키는 과정에서 실행되어야 한다는 절차상의 정의를 중시한다. 한국은 한때 정당했던 통치행위였더라도 정치변동에 따라 정권이 바뀌면 국가범죄로 단죄한다. 이전 정부가 외국과 맺은 조약이나 합의도 위법·부당하다고 판단하면 무시 또는 파기해도 좋다고 본다. 일본은 이에 동의하지 않는다. 한국이 정치변동을 빌미로 역사 문제를 확대재생산한다고 비난하고, 낡은 규범이나 역학관계에 따라 합의한 내용이라도 충실히 지키라고 요구한다.

　2010년대에 한국과 일본이 역사 문제를 둘러싸고 첨예하게 대립한 것은 이행기 정의에 대한 인식 차이에서 비롯한 바 크다고 볼 수 있다. 이런 차이는 곧 정체성(아이덴티티)의 충돌로 이어져 역사 문제의 해결을 더욱 어렵게 만들었다.

　한국과 일본은 2018년 이후 역사적 아이덴티티의 충돌이 경제·안보 영역까지 침범하는 미증유의 사태를 맞았다. 타는 불에 기름을 부은 것은 미국과의 동맹이나 북한·중국을 대하는 양국 정부의 정책 차이였다. 문재인 정부는 중국에 다가서기 위해 한미동맹을 축소하려 하고, 아베 신조 정부는 중국을 견제하기 위해 미일동맹을 확대하려 했다. 북한의 핵·미사일 개발에 대해서, 문 정부는 남북관계 개선에 중점을 두고, 아베 정부는 대북압박 강화에 중점을 두었다. 이처럼 양국 정부는 근린제국과 관련된 주요 외교정책에서 큰 엇박자를 냈다. 이로 인해 깊어진 상호 불신과 대립이 역사전쟁을 막다른 골목으로 몰아가는 또 하나의 요인으로 작용했다.

3) 한일관계 개선과 한미일 공조 모색

일본에서 2021년 10월 기시다 후미오 정부, 한국에서 2022년 5월 윤석열 정부가 출범했다. 이를 계기로 한일관계는 급격히 개선의 방향으로 선회했다. 특히 윤 대통령은 한국이 직면한 경제·안보 상황이 심각하다고 보고, 한일관계를 재정비함으로써 한미일관계를 새로운 차원으로 공고히 하는 정책을 구사했다. 러시아의 우크라이나 침공, 이스라엘과 하마스의 전쟁, 북한의 핵·미사일 개발과 러시아와의 밀착, 중국의 강성외교와 타이완해협의 긴장 고조 등은 윤 대통령의 대일유화정책에 상당한 정당성을 부여했다.

사진 22
한미일의 캠프데이비드 정상회의(2023.8.19)

3국 정상(윤석열, 조 바이든, 기시다 후미오)은 캠프데이비드에서 회의를 했다. 그리고 3국이 인도·태평양의 자유·인권·법치를 실현하기 위해 경제·안보·가치의 규범을 함께 만들어가자는 정신·원칙·공약을 발표했다. 3국 정상의 캠프데이비드공동성명은 한국이 인도·태평양에서 주요 행위자로 등장했음을 상징했다. 아울러 한일관계 개선이 세계 평화와 번영에 필수적 공공재임을 국내외에 과시했다.

한일관계와 한미일관계를 강화하기 위해서는 먼저 강제동원 피해자배상 판결 문제를 풀어야 한다. 그 조치가 바로 일본 기업이 물어야 하는 배상금을 한국의 일제강제동원피해자지원재단이 대신 지급하는 제3자 변제 방식이었다. 윤 정부의 이러한 주도적·선제적 대응은 국민의 전폭적 지지를 받지는 못했다. 반가량은 뜨악하게 여겼다. 야당과 언론 및 시민단체는 오히려 강하게 반대했다. 그들은 윤 정부가 역사전쟁에서 후퇴 내지 굴복한 것이라고 매도했다.

그런데 윤 대통령의 선도와 기시다 총리의 호응은 불과 2년여 만에 한일관계를 눈에 띄게 호전시켰다. 그 여파로 한미일 협력체제도 다른 어느 때보다 돈독해졌다. 3국 정상은 2023년 8월 19일 캠프데이비드에서 정상회담을 열고 공동으로 장문의 정신·원칙·공약을 발표했다. 캠프데이비드선언의 기본 취지는 다음과 같았다.

한미일 3국은 인도·태평양 국가로서 자유·인권·법치 존중의 공통 비전을 확인하고, 이를 발전시키기 위해 경제안전보장과 해양안전보장의 제도화·포괄화·체계화를 추진한다. 이런 공동이익을 위협하는 세력에 대해서는 3국이 신속하게 대응한다.

캠프데이비드선언은 경제·안보·가치를 공유하는 한미일 삼국이 파트너십을 공고히해 세계 평화와 번영에 기여할 것을 포괄적으로 제시한 기념비적 문건이었다. 캠프데이비드공동성명은 매우 방대하다. 그 문면에서는 한국의 국제적 지위 향상이 대등한 한일관계를 만들어내고, 한일관계의 개선이 튼튼한 한미일 공조를 이끌어냈음을 쉽게 알아차릴 수 있다. 역사적 가치가 충분하므로 자료37에 전문을 소개하니 참조하기 바란다.

캠프데이비드공동성명에서 보듯이, 윤석열·기시다 정부가 한일관계를 개선하고 미국이 여기에 응고제 역할을 함으로써 3국이 동북아시아는 물론 인도·태평양 지역에서 확고한 팀워크를 구축할 수 있는 기반을 마련했다. 한일관계의 증진이 바야흐로 세계의 자유민주주의와 평화·번영을 촉진하는 공공재로 기능하게 되었음을 보여주는 행사였다고 할 수 있다.

퇴임을 앞둔 기시다 총리는 한일관계 개선과 캠프데이비드선언의 취지를 재확인하고 이어가기 위해 2024년 9월 4일 서울을 방문해 윤 대통령과 정상회담을 가졌다. 이 자리에서 양국은 재외국민보호협력각서를 체결했다. 기시다 총리는 재일한국인을 싣고 한국으로 오다 1945년 8월 24일 마이즈루 앞바다에서 침몰한 우키시마호 승선명부 자료를 윤 대통령에게 전달했다.

일본에서는 2024년 10월 1일 이시바 시게루 내각이 새로 출범했다. 이시바 총리는 유연한 역사인식의 소지자로서 기시다 총리의 대한정책을 계승할 뜻을 밝혔다. 그리하여 한일관계 개선의 기조가 지속될 것으로 보였다.

그런데 2024년 12월 이후 한국에서는 한일뿐만 아니라 한미일 관계의 향방에 큰 영향을 미칠 수 있는 뜻밖의 사태가 발생했다. 12월 3일 윤석열 대통령이 국가 위기 상황의 타개를 명목으로 비상계엄령을 선포한 것이다. 비상계엄령은 국회의 요구로 이튿날 새벽 해제되었다. 그렇지만 그 뒷수습을 둘러싸고 한국은 미증유의 혼란에 빠졌다.

국회는 2024년 12월 14일 윤 대통령을 탄핵했다. 그리고 헌법재판소는 2025년 4월 4일 탄핵을 인용해 윤 대통령을 파면했다. 그 과정에서 국민의 여론은 찬반으로 극명하게 갈리고, 전국에서 기각과 인용을 요구하는 상반된 대규모 집회가 벌어졌다. 여기서 정국의 추이를 자세히 살펴볼 필요는 없다. 다만 한일관계와 관련해서만 간단히 언급하겠다.

국회는 야당이 2024년 12월 7일 첫 번째로 발의해 부결된 탄핵소추안에서 윤 대통령의 한일관계 개선 정책을 원색적으로 비판했다. 해당 부분을 적기하면 다음과 같다.

가치외교라는 미명하에 지정학적 균형을 도외시한 채 북한과 중국, 러시아를 적대시하고, 일본 중심의 기이한 외교정책을 고집하며 일본에 경도된 인사를 정부 주요 직위에 임명하는 등의 정책을 펼침으로써 동북아에서 고립을 자초하고 전쟁의 위기를 촉발시켜 국가안보와 국민 보호 의무를 내팽개쳐 왔다.

위에서 보듯이, 야당은 윤 대통령이 체제와 이념의 가치를 소중히 여겨 일본을 중시하는 외교정책을 펼침으로써 한국의 고립을 자초하고 전쟁 위기를 촉발시켜 국가안보와 국민보호를 위험에 빠트렸다고 강하게 비난했다. 이와 함께 야당은 윤 대통령의 한일관계 개선을 북한·중국·러시아에 대한 적대와 동일하게 여기는 듯한 국제정세 인식을 드러냈다. 새삼스럽게도 이 인용문의 전반적 기조는 한일굴욕회담반대학생총연합회가 1964년 5월 20일에 발표한 선언문과 일맥상통한다고 볼 수도 있다(자료 7 참조).

국내외 여론은 첫 번째 탄핵소추안의 위 인용문 내용에 우려를 표명했다. 원론에서는 외교정책이 탄핵의 사유가 될 수 없다는 주장이 주류였다. 그리고 각론에서는 작금의 국제정세에서 한미일 공조야말로 한국과 동북아시아의 안보와 번영을 보장하는 기본적·현실적 외교정책이라는 논조가 많았다.

이번 기회에 정권을 잡으려는 야당으로서는 국내외의 비판을 무시할 수 없었다. 그리하여 12월 14일 발의해 의결한 두 번째 탁핵소추안에는 이 인용문을 넣지 않았다.

그런데 윤 대통령이 추진한 한일관계 개선은 누가 집권하더라도 그대로 계승하지는 않을 것으로 보인다. 왜냐하면 한국의 정치풍토상 일단 집권하면 먼저 전임자의 실정을 부각시키는 데 골몰하기 때문이다. 더구나 윤 대통령의 한일관계 개선 정책은 찬반으로 엇갈렸으므로 온전하게 그의 업적으로 남겨두지는 않을 것이다.

게다가 2025년 1월 20일 트럼프(Donald J. Trump)가 다시 미국 대통령에 취임했다. 그는 동맹의 가치를 별로 중시하지 않는 데다, 바이든(Joe Biden) 전 대통령의 업적을 깎아내리는 데 열심이다. 따라서 한미일 공조를 다짐한 캠프데이비드공동성명도 퇴색되거나 폐기될 가능성이 없지 않다. 그렇게 되면 한미일 공조의 기축이 된 한일관계 개선의 효용성도 줄어들 것이다. 공교롭게도 공동성명을 만들어 발표한 세 주역이 모두 무대에서 사라졌다. 이런 상황에서 한일관계는 앞으로 어떤 방향으로 전개될 것인가? 지금으로서는, 이 책에서 자료와 함께 꼼꼼하게 살펴본 역사적 경위를 바탕으로 냉철히 그 귀추를 지켜볼 수밖에 없다.

7장

한일관계의
과제와 지향

1. 역사인식의 전환

1) 동반성취의 긍정적 평가

한국과 일본은 잦은 마찰과 갈등에도 불구하고 세계의 수준에서 본다면 국교정상화 60년 동안 밀접한 교류와 협력을 통해 꽤 양호한 선린우호관계를 구축했다. 특히 폐허와 빈곤 속에 허덕이던 한국의 성장과 발전은 괄목할 만한 성과였다. 그 과정에서 일본은 한국의 모범이었으며 따라잡아야 할 대상이었다.

한국은 일본이 이룩한 현대 문명을 모방하고 학습하면서 자신의 포부와 역량을 키워왔다. 역사인식과 과거사 처리 등을 둘러싸고 때때로 분출된 반일 내셔널리즘의 폭풍 속에서도 극일의 염원을 불태우며 배우는 노력을 되풀이했다. 그리하여 불과 반세기 만에 한국은 국민의 생활양식과 문화 수준에서 일본에 상당히 근접한 국가로 발전했다. 한국이 이렇게 발전하는 데는 일본의 존재가 큰 자극이 되었다.

한국의 발전과 더불어 일본도 다대한 이익을 거두었다. 한일 국교정상화 3년 만에 일본은 세계 제2위 경제대국으로 올라섰다. 이후 일본은 변화무쌍한 동아시아 국제정세 속에서도 평화국가로서 번영을 구가했다. 그 과정에서 한국은 항상 일본의 투자교역 대상이자 국가방위의 성채(城砦)였다. 일본이 경제와 안보의 양면에서 이익을 누리며 번영을 지속한 데는 냉전의 최전선에서 방파제 역할을 한 한국의 기여가 컸다고 볼 수 있다.

한국과 일본은 국교정상화 60년 동안 민주주의, 시장경제, 법치주의, 인권옹호, 환경보호, 평화공영 등의 보편적 가치를 존중하고 실행하는 수준 높은 국가를 건설했다. 세계적으로 저명한 문명사가 재레드 다이아몬드와 일본의 한반도 전문가 오코노기 마사오(小此木正男) 교수는 한국과 일본의 이런 관계를 '쌍둥이 국가'라고 표현했다. 한국과 일본이 파란만장한 역사의 소용돌이에 빠져 적대하지 않고 절차탁마하며 엇비슷한 국가를 만든 것이야말로 국교정상화 60년의 가장 큰 성취라고 평가할 수 있다.

국교정상화 이후 60년이 지나는 동안 한일관계에서도 새로운 변화가 나타났다. 곧 종래의 일방적인 종속과 의존 관계에서 벗어나 상대적인 자립과 경쟁의 관계로 바뀐 것이다. 그리하여 오랫동안 한일관계에 멍에로 작용했던 식민지 대 제국의 수직적·비대칭적 관계는 과거 속으로 사라지고 파트너 대 파트너로서의 수평적·대칭적 관계가 현실로서 나타났다. 곧 대등한 관계를 실현한 것 또한 국교정상화 60년이 이루어낸 대단한 성과라고 상찬(賞讚)할 수 있다.

그런데 한국과 일본이 아무리 함께 발전하고 평등한 관계를 이룩했다 하더라도 둘 사이의 격차와 상위(相違)가 완전히 없어진 것은 아니다. 일본은 진작부터 선진국이었고 한국은 지금 막 그 문턱에 올라섰다. 일본의 육지 면적은 한국의 4배이고, 배타적 경제수역은 십여 배가 넘는다. 인구와 국내총생산도 3배나 된다. 첨단과학기술이나 사회안전망 등에서 일본은 한국보다 한 수 앞선다. 요즈음 한국 정치·사회의 극단적 대립·분열을 보면 아직 선진도상국 단계를 벗어나지 못하고 있다는 게 더 정확한 분석일 터다.

역사와 문화에서도 한국과 일본은 다른 요소를 내재하고 있다. 그것은 당연히 양국 국민의 의식과 생활에 지대한 영향을 미친다. 세계적 관점에서 한국과 일본이 아무리 '쌍둥이 국가'처럼 보인다 하더라도 두 나라가 여러 분야에서 서로 다른 것 또한 엄연한 사실이다. 그리고 그것은 한일이 아무리 동등한 국가로 발전한다 하더라도 쉽게 해소되지는 않을 것이다. 서로 다른 역사와 문화야말로 국가적·민족적 정체성의 근원이기 때문이다. 우리는 이 점을 인정하고 존중하는 게 좋겠다.

국교정상화 60년을 한마디로 총괄하면 동반성취의 역사였다. 한국과 일본의 국민은 오랜 역사갈등에 휘둘려 그 과정과 의미를 제대로 이해하지 못하고 있을 뿐이다. 아니 일부는 개인적·정파적 이해관계를 따져 한일의 동반성취를 의도적으로 무시하거나 폄하해 왔다. 그러므로 한일관계를 근본적으로 개선하기 위해서는 무엇보다도 먼저 국교정상화 60년의 역사를 균형 잡힌 시각에서 정확히 인식하고 공정히 평가하는 게 급선무다. 그리고 그 속에서 향후 60년의 미래를 창조할 수 있는 지혜와 용기를 배워야 한다.

2) 호혜적 역사관의 정립

현대 한일관계는 처음에는 보잘것없었지만 나중에는 크게 번창했다. 특히 한국의 도약이 눈부셨다. 한국은 불행한 과거 때문에 일본을 원망하고 미워했다. 그러면서도 따라잡아야 할 모범으로 여기고 절치부심하며 실력을 길렀다. 그리고 국교정상화 60년 만에 마침내 일본에 근접한 지위에 올라섰다.

일본은 한국의 경제발전과 안전강화가 일본의 국익에 도움이 된다고 판단했다. 그리하여 한국의 불만과 요구를 적당히 수용하고 협력했다. 반면에 그 대가로 국교정상화 60년 동안 한국과 교역에서 7,000억 달러 이상의 흑자를 거뒀다. 이처럼 한국과 일본은 우여곡절을 겪으면서도 서로에게 이익이 되는 동반성취의 길을 걸어왔다. 그 결과 지금 두 나라는 여러 분야에서 거의 대등한 위상을 확보하게 되었다.

그런데도 왜 한국과 일본의 많은 국민은 아직도 서로 존중하지 않고 혐오하고 있는가? 역사 문제를 둘러싼 갈등과 대립이 주요 원인이라고 볼 수 있다. 따지고 보면 역사인식의 충돌은 현대 한일관계의 내력에 대한 무지·오해·편견 등에서 기인하는 바가 크다. 양국 국민이 현대 한일관계의 역사를 제대로 성찰하고 그 속에서 지혜와 교훈을 얻었다면 반일과 혐한을 미연에 방지하거나 완화시킬 수 있었을 것이다. 그렇지만 한국과 일본의 정치인·언론인·연구자 등 여론 형성자들은 양국이 지난 60년 동안 난관을 헤치며 함께 발전해 온 역사를 인정하고 호평하는 데 매우 인색했다.

단적인 예를 들겠다. 한국과 일본의 역사교육에서는 현대 한일관계를 거의 가르치지 않는다. 한국의 중고등학교 한국사 관련 교과서는 근대 한일관계 70년(1875~1945)에 관해서는 50여 쪽(조금이라도 일본과 관련된 내용을 포함하면 150여 쪽)이나 기술하고 있다. 그렇지만 같은 70년이 되는 현대 한일관계(1945~2015)에 대해서는 3쪽 가량 기술한다. 그 내용도 역사 문제를 둘러싼 갈등과 대립뿐이다.

현대 한일관계사를 소홀히 취급하는 것은 일본의 역사 교과서가 더욱 심하다. 분량과 내용 모두 한국과는 비교도 안 될 만큼 소략하다. 일본 역사에서 한일관계가 차지하는 비중이 한국 역사에서 한일관계가 차지하는 비중만큼 크지 않다고 여기기 때문이다. 그렇지만 일본 역사에 끼친 한일관계의 양적·질적 영향은 결코 작지 않다. 지금도 일본 어디를 가나 고대부터 현대까지 한국과 관련된 유적·유물이 산재해 있다.

한마디로 말하면, 한국과 일본의 학생·국민은 제도적으로 현대 한일관계에 대한 무지와 오해의 늪에서 벗어나기 힘든 구조 속에 갇혀 있다고 볼 수 있다.

한국과 일본은 근현대 150년의 절반 이상을 차지하는 현대사 속에서 새로운 차원의 상호관계를 구축했다. 앞에서 총괄한 대로 동반성취를 실현한 것이다. 곧 양국은 국교정상화 이후 한일협정체제 아래 갈등과 대립을 되풀이하면서도 큰 흐름에서는 교류와 협력을 강화해 함께 이익을 거두는 성공의 길을 걸어왔다. 그 결과 60년 만에 서로 대등한 위상의 '쌍둥이 국가'를 건설할 수 있었다.

한국과 일본이 현대에 이룩한 동반성취는 2000년 한일관계 역사에서 처음 일어난 문명전환이다. 동반성취가 너무 극적인 때문인지 양국 정부와 국민은 그것의 문명사적 의미를 정확히 이해하지 못하는 것 같다. 양국에서 현대 한일관계의 근본적 변화를 세계사적 시각에서 호혜적으로 성찰하려는 시도가 거의 없는 것이 이를 웅변한다.

이런 편향된 지적 풍토 속에서도 4반세기쯤 앞서 김대중 대통령과 오부치 게이조 총리는 현대 한일관계의 역사를 함께 높이 평가했다. 양국 정상은 1998년 10월 8일 도쿄에서 발표한 한일파트너십선언 3항에서 다음과 같이 말했다. 선언의 자세한 내용은 자료21을 참조하기 바란다.

양국 정상은 과거 오랜 역사를 통하여 교류와 협력을 유지해 온 한일 양국이 1965년 국교정상화 이래 각 분야에서 긴밀한 우호협력관계를 발전시켜 왔으며, 이러한 협력관계가 서로의 발전에 기여하였다는 데 인식을 같이하였다. 오부치 총리대신은 한국이 국민들의 꾸준한 노력을 통하여 비약적인 발전과 민주화를 달성하고, 번영되고 성숙한 민주주의 국가로 성장한 데 대하여 경의를 표하였다. 김대중 대통령은 전후 일본이 평화헌법하에서 전수방위 및 비핵 3원칙을 비롯한 안전보장정책과 세계경제 및 개발도상국에 대한 경제지원 등을 통하여 국제사회의 평화와 번영을 위하여 수행해 온 역할을 높이 평가하였다.
양국 정상은 한일 양국이 자유민주주의, 시장경제라는 보편적 이념에 입각한 협력관계를 양국 국민 간의 광범위한 교류와 상호 이해에 기초하여 앞으로 더욱 발전시켜 나간다는 결의를 표명하였다.

한일의 정상이 반대여론을 무릅쓰고 한일파트너십선언을 작성·발표한 배경에는 국교정상화 이후 양국이 걸어온 역사에 대한 상호 이해와 존중이

깔려 있다. 양국 정상은 상대국의 국가 건설 과정을 높게 평가하고, 양국의 교류·협력이 서로의 발전에 기여했다는 사실을 인정했다. 아울러 한국과 일본이 각자 또는 함께 이룩한 성과를 긍정적으로 총괄하고, 앞으로도 자유민주주의·시장경제라는 보편적 이념과 양국 국민의 광범위한 교류·이해에 기초해 협력관계를 더욱 발전시켜 나가자는 결의를 표명했다. 한마디로 호혜적 역사관을 피력한 셈이었다.

한일 정상이 양국의 우호협력을 이렇게 높게 평가했음에도 불구하고 대다수 국민, 특히 정치인·언론인·연구자 등 여론 형성자들은 이에 호응하지 않았다. 그들은 한일파트너십선언 3항의 진의를 이해하지 못했다. 더욱 놀라운 것은 한일관계를 매도하는 힘센 논객 중에 한일파트너십선언조차 읽어보지 않은 사람이 많다는 사실이다. 아니 이것을 숙지하고 있다고 자랑하는 논객의 대부분도 한일파트너십선언 2항에 있는, "일본이 과거 한때 식민지 지배로 인하여 한국 국민에게 다대한 손해와 고통을 안겨주었다는 역사적 사실을 겸허히 받아들이면서, 이에 대하여 통절한 반성과 마음으로부터의 사죄를 하였다"라는 구절만을 애지중지한다.

한일파트너십선언의 역사인식은 간 총리 담화(2010.8.10)로 계승되었다. 간 총리 담화가 한일파트너십선언보다 한 발 더 나아간 것은 '한국병합'과 식민지 지배의 강제성을 인정한 점이다. 나아가 한국과 일본이 교류협력과 절차탁마를 통해 발전해 왔음을 인정하고 존중했다. 그러므로 한일관계에서 사죄·반성에 눈이 팔려 동반성취를 무시하는 태도는 나무는 보되 숲은 못 보는 것과 같이 어리석은 짓이다.

한일의 호혜적 역사인식은 맨땅에서 어느 날 갑자기 튀어나온 게 아니다. 이미 한국과 일본의 역사 연구자·교육자는 1970년대 이래 역사대화를 거듭해 왔다. 그들은 국가정체성과 국민 자존심을 서로 배려하며 역사인식의 상호 이해와 공유를 모색했다. 호혜적 역사인식은 음으로 양으로 그 성과를 토대로 형성된 것이었다.

  그런데 얼마 전 한국에서 한일의 동반발전과 우호협력을 높게 평가하고 공동비전을 제시하는 언설을 더 분명히 듣게 되었다. 윤석열 대통령은 2023년 3·1절 기념식에서, 일본은 과거 군국주의 침략자에서 우리와 보편적 가치를 공유하고 안보와 경제 그리고 글로벌 어젠다에서 협력하는 파트너가 되었다고 말했다. 그리고 보편적 가치를 공유하는 국가들과 연대하고 협력해서 세계시민의 자유 확대와 공동번영에 기여하겠다는 의지를 밝혔다.

  윤 대통령은 현대 일본의 변화와 한일관계의 성취를 김대중 대통령보다 훨씬 더 적극적으로 평가했다. 그리고 안보·경제와 글로벌 어젠다는 물론 자유민주주의 등 보편적 가치의 실현을 위해서도 한일이 연대·협력해 나갈 것을 기대했다. 윤 대통령은 이런 한일관계 인식을 바탕으로 강제징용 판결금 문제를 한국이 나서서 제3자 변제 방식으로 해결하겠다고 선언했다. 윤 대통령이 선도적으로 추진한 한일관계 개선은 두 달 후 한미일 정상의 캠프데이비드공동성명을 이끌어내는 동력으로 작용했다.

  어떤 사람은 윤 대통령이 헌법 가치를 훼손한 죄목으로 파면당한 마당에 새삼스럽게 그의 한일관계 언설을 들먹일 필요가 있느냐고 비판할지도 모르겠다. 그렇지만 그는 짧은 집권 동안에 한일 간에 격화된 역사대결을 수습하고 동반자관계를 수립하는 데 기여했다. 적어도 한일관계를 개선 쪽으로 반전시키는 계기를 만든 점에서 만큼은 큰 족적을 남긴 셈이다. 따라서 기분이 좀 언짢더라도, 역사적 맥락에서 윤 대통령의 한일관계 언설을 신중하게 분석해 볼 필요가 있다. 이것이 필자가 1장에서 피력한 성찰사관에 합당한 자세이다.

  윤석열 대통령의 호혜적 한일관계 인식은 2024년 3·1절 기념사에서 더욱 선명히 드러났다. 기념사의 자세한 내용은 자료38을 참조하기 바란다.

기미독립선언서는 일본을 향해, 우리의 독립이 양국 모두 잘 사는 길이며, 이해와 공감을 토대로 '새 세상'을 열어가자고 요구했습니다. 그리고 지금 한일 양국은 아픈 과거를 딛고 '새 세상'을 향해 함께 나아가고 있습니다. 자유, 인권, 법치의 가치를 공유하며 공동의 이익을 추구하고, 세계의 평화와 번영을 위해 협력하는 파트너가 되었습니다.

북한의 핵과 미사일 위협에 대한 양국의 안보협력이 한층 공고해졌습니다. 산업과 금융, 첨단 기술 분야에서 두텁게 협력하고 있고, 지난해 양국을 오간 국민들이 928만 명에 달합니다. 무력 충돌이 벌어졌던 중동과 아프리카에서는 서로의 국민을 구출하며 도움을 주고받았습니다.

이처럼 한일 양국이 교류와 협력을 통해 신뢰를 쌓아가고, 역사가 남긴 어려운 과제들을 함께 풀어나간다면, 한일관계의 더 밝고 새로운 미래를 열어갈 수 있을 것입니다. 내년 한일 국교정상화 60주년을 계기로 보다 생산적이고 건설적인 양국 관계로 한 단계 도약시켜 나가기를 기대합니다.

윤 대통령은 한국이 자유·인권·법치 곧 인류의 보편가치를 공유하는 일본과 협력해 세계의 평화와 번영에 기여하는 일은 3·1독립운동의 정신을 발휘하는 것으로 자리매김했다. 그리고 한국과 일본이 상호 신뢰와 교류협력을 증진해 국교정상화 60년을 계기로 한 차원 더 높은 관계로 도약하기를 염원했다.

윤 대통령의 두 차례 3·1절 기념사는 박정희 대통령이 한일협정 조인에 즈음해 발표한 특별담화의 취지와도 아주 잘 어울렸다. 박 대통령 특별담화의 전문은 자료14를 참조하기 바란다.

박 대통령은 한일협정이 굴욕적·종속적·매국적이라고 비판하는 야당·학생 등을 향해 패배주의·열등의식·소극주의에 빠졌다고 질타했다. 그리고 격변하는 국제정세 특히 공산주의 세력에 맞서 자유·독립을 수호하고 평화·번영을 이룩하기 위해서는 불구대천의 원수였던 일본과도 호혜 평등, 상호 협력, 상호 보완관계를 맺어야 한다고 역설했다. 아울러 우리나라가 그렇게 할 수 있느냐 없느냐는 우리가 얼마나 피해의식·열등감에서 벗어나 자신·용기·긍지를 가지고 적극적·진취적으로 대처하느냐에 달려 있다고 갈파했다. 일본에 대해서도 참다운 선린·우방이 되고 안 되고는 스스로 한국이나 한국 국민에 대해 얼마나 성의를 가지고 대하느냐에 달렸다고 경종을 울렸다.

윤석열 대통령이 2023년과 2024년 3·1절 기념사에서 한국과 일본의 동반성취를 높게 평가하고 공동비전을 제시한 것은 국교정상화 60년 만에 박정희 대통령의 주의주장이 현실로 실현된 데서 오는 성취감과 자신감의 발로라고 볼 수 있다.

그렇지만 윤 대통령은 한일관계와 관련해서 자신이 왜 이런 역사관과 세계관 및 미래관을 표명하는지를 국민에게 소상히 설명하지 않았다. 그리하여 적지 않은 국민은 윤 대통령의 진의를 알지 못하고 오히려 '친일·매국적'이라고 비난했다. 윤 대통령이 박정희 대통령처럼 전 국민을 상대로 특별담화라도 직접 발표해 설득하거나 이해를 구했더라면 훨씬 많은 지지와 성원을 받았을 것이다. 아니면 김대중·오부치 정상처럼 윤석열·기시다 공동선언을 발표해 그 참뜻을 내외에 천명했더라면, 당장은 주목을 끌지 못했더라도 후세에는 높은 평가를 받게 될 가능성이 높았을지 모르겠다.

윤 대통령은 한일관계 개선에서 박정희·김대중 대통령에 버금갈 만한 결단을 내렸다. 그럼에도 불구하고 소통 부족과 내정 미숙으로 합당한 인정을 받지 못했다. 윤 대통령은 다른 분야에서도 그런 실책을 자주 범한 데다 비상계엄이라는 극단 조치를 무모하게 단행함으로써 결국 파면의 나락으로 떨어졌다. 자업자득인 셈이다.

한일관계는 감정이나 편견을 넘어 이성적이고 합리적으로 바라봐야 한다. 2025년은 한국과 일본의 해방·패전 80주년, 국교정상화 60주년이다. 이런 역사의 절목을 맞아 양국은 박정희, 김대중, 오부치 게이조, 간 나오토, 윤석열 정상의 한일관계 인식을 계승·발전시킬 필요가 있다. 그것은 곧 현대 한일관계 인식의 기본 틀, 곧 패러다임을 바꾸는 일이다.

그동안 현대 한일관계사 인식은 이익과 손해가 한국이나 일본의 한쪽에 치우쳤다고 보는 일방적·부정적 평가가 일반적이었다. 그런데 이 책에서 구체적·다각적으로 밝혔듯이 실체는 양쪽에 모두 이익이 된 동반성취의 역사였다. 그렇다면 이에 합당한 윈-윈의 역사관을 새로 정립해야 하지 않겠는가. 이를 위해서는 먼저 한국과 일본이 대립과 반목을 되풀이하면서도 양국에 도움이 되는 방향으로 한일협정체제를 끊임없이 수정·보완해 온 내력을 정확히 이해하고 공정히 평가해야 한다. 그리고 그 성취를 흔쾌히 인정하고 존중할 필요가 있다. 곧 호혜적 현대 한일관계사관의 정립이다.

2. 공동번영의 지속

1) 과거사의 미래지향적 해결

일본은 한일협정에 따라 과거사 처리, 곧 식민지 지배로 인한 피해에 대해 일정한 보상을 실시했다. 일본은 그것을 원칙상 경제협력이지 보상이 아니라고 강변한다. 그렇지만 한국은 일본이 당시부터 청구권으로 양해한 것으로 여겼다. 한국은 청구권 자금 대부분을 국가 건설을 위한 경제개발에 투입하고 그 10분의 1가량을 강제동원 피해자에게 보상금으로 지불했다.

당연히 한국의 피해자들은 만족하지 않았다. 이들은 한국과 일본에서 좀 더 나은 보상을 요구하며 소송 등의 운동을 벌였다. 사할린 잔류 한국인, 재한 원자폭탄 피해자, 일본군'위안부' 등도 유사한 운동을 전개했다. 한일 정부는 끈질긴 외교 교섭을 통해 여러 지원책을 마련했다. 그리하여 2010년대를 제외하고는 피해보상 문제로 양국관계를 손상시키는 일은 벌어지지 않았다.

일본 정부는 식민지 지배로 인한 피해보상 곧 과거사 처리는 한일협정을 이행함으로써 완전히 그리고 최종적으로 끝났다는 입장을 고수해 왔다. 그러면서도 인도적 견지에서 한국 정부와 협의하여 사안에 따라 보완 조처를 취해 왔다. 한국 정부도 몇 차례 법률을 제정하여 추가보상을 실시하는 등 자구노력을 계속해 왔다.

그렇지만 한일 사이에 아직도 과거사 처리를 둘러싸고 갈등과 마찰이 존재하는 것 또한 엄연한 현실이다. 실제로 최근 10여 년 동안은 과거사 처리를 둘러싼 한일의 대립이 상호관계 전반을 국교정상화 이래 최악의 상황으로 몰아갔다.

그렇다면 한국과 일본은 과거사 처리 문제에 어떻게 대응하면 좋겠는가? 우선 양국 정부는 대립의 현실을 직시해 과거사 처리가 다 끝났다거나 전혀 이루어지지 않았다고 뻗대서는 안 된다. 과제는 과제로서 인정해야 한다. 그리고 그 해결을 다음 세대에게 미뤄서도 안 된다. 지금 세대에서 해결하겠다는 의지를 가지고 실행에 옮겨야 한다.

양국 정부는 먼저 과거사 처리 문제의 현 상황을 국민에게 정확하고 소상하게 설명해 납득시켜야 한다. 한국과 일본은 충분하지는 않지만 함께 과거사를 처리해 온 경험, 방법, 실적 등을 많이 축적하고 있다. 그런 내력에 깃든 성과와 결함 등을 면밀히 점검하고 평가하면서 현안을 극복할 수 있는 해법과 지혜를 찾아야 한다. 그리고 국민에게 알려 공감을 얻어야 한다.

국교정상화 60년을 맞는 2025년이야말로 한국과 일본이 과거사 처리의 미진한 부분을 보완할 수 있는 좋은 기회이다. 여기에는 독일이 만들어 운영하고 있는 '기억·책임·미래재단'이 참고가 될 수도 있다. 곧 한국과 일본의 정부와 기업 등이 함께 자금을 출연하여 재단을 만들고, 재단을 공동으로 운영하면서 과거사와 관련된 모든 현안을 처리하고 그 내역을 양국뿐만 아니라 세계를 향해 소상히 설명하며, 나아가 한일관계에 대한 연구와 교육 및 기념 사업 등을 추진하는 것이다.

얼마 전 윤석열·기시다 정부는 양국 경제단체 또는 기업 등이 출자하는 재단을 설치하기로 합의했다. 이에 따라 한국 전국경제인연합회와 일본 경제단체연합회는 2023년 3월 16일 '한일·일한 미래 파트너십 기금'(이하 미래기금)을 창설하고 각각 10억 원을 출연했다. 이 기금은 일단 청소년이나 교사 교류 등에 활용한다. 기금의 성격상 현재로서는 강제동원 피해자 원호 등에는 사용하기 어려운 것 같다. 그렇더라도 강제동원 피해자 소송의 피고 기업인 미쓰비시중공업과 일본제철 등이 대승적 판단 아래 이 재단에 출연하면 간접적으로나마 성의를 표시한 행위로 받아들일 수도 있겠다.

한일의 경제계가 합심해 기금을 마련한 것은 격려할 만한 일이다. 일단 제도가 마련되면 확대 발전은 얼마든지 가능하다. 그렇지만 현재의 기금 규모는 너무 작다. 2024년에 양쪽에서 각각 10억 원가량 더 모금했지만, 기금을 대폭 증액하든가 아니면 한일미래재단 또는 한일우호신뢰재단 등으로 확대 개편해 더 큰 사업을 벌일 필요가 있다.

한국과 일본이 공동으로 재단을 설립하여 과거사 문제를 포괄적으로 해결하자는 제안은 전혀 새로운 것이 아니다. 한국과 일본은 이미 대화와 타협 그리고 출자와 용역 등을 통해 과거사 처리의 미진한 부분을 함께 보완해 왔다. 일본군'위안부', 재한 원자폭탄 피해자, 사할린 잔류 한국인 등의 문제가 좋은 예이다. 한일문화교류기금과 일한문화교류기금도 있다. 따라서 종래에 해온 보완 조처의 규모와 범위를 확대하면 더 큰 목적 사업을 할 수 있다. 한국에서는 청구권 자금을 활용하여 대기업으로 성장한 몇 기업이 기금을 출연한 바 있다. 한국에서 큰돈을 번 일본의 기업이 여기에 동참하면 금상첨화다. 물론 양국 국민이 성금을 보탤 수도 있다.

한국 대법원은 일본 기업에 강제동원 피해자배상을 선고했다. 일본 최고재판소는 일본 정부와 기업의 배상 책임을 인정하지 않았지만 일본군'위안부' 소송에 대해 입법 조처를 권고하고, 강제동원 피해 소송에는 원고와 기업의 화해를 권고한 바 있다. 따라서 한국과 일본의 정부, 국회, 기업 등이 과거사를 포괄적으로 해결하려는 의지를 보인다면 미래기금의 활성화는 결코 불가능한 일이 아닐 것이다.

한국과 일본이 미래기금을 통해 식민지 지배와 관련된 나머지 문제를 극복하면 세계사에 기록될 만한 획기적 사례가 될 것이다. 양국이 서양의 선진 여러 나라에 앞서 제국과 식민지 문제를 청산한 업적이 되기 때문이다. 국교정상화 60년에 양질의 선진국으로 함께 발전한 한국과 일본이 세계에서 모범이 될 만한 사업을 선구적으로 실행하면 양국의 위상은 그만큼 더 높아지지 않겠는가.

독도는 현재 한국이 엄연히 주권을 행사하고 있는 영토다. 그러므로 일본이 영유권을 주장한다고 해서 그대로 실현될 가능성은 전혀 없다. 따라서 한국은 앞장서서 독도 문제를 이슈로 만들 필요가 없다. 한국은 독도가 분쟁지역으로 비화하지 않도록 신중하고 단호하게 관리하는 쪽이 낫다. 일본은 한국의 이러한 결의와 정책을 이해하고 용인해야 한다. 그게 바로 한일협정에 배어있는 지혜이자 교훈이다. 양국은 독도 문제가 우호친선관계를 해치는 현안으로 부상하지 않도록 조심해야 한다. 그 대신에 독도 이외의 분야에서 서로 경쟁하며 이익을 공유하는 방법을 찾으면 좋겠다.

오늘날 한국과 일본 사이에는 매년 1,000만 명 이상이 왕래하고 1,000억 달러 정도의 교역이 이루어지고 있다. 정보와 문화의 교류도 이에 못지않게 활발하다. 그럼에도 한국과 일본은 강제동원 피해자, 일본군'위안부',

재한 원자폭탄 피해자, 사할린 잔류 한국인, 역사인식, 독도 영유권, 어로 행위, 재일한국인의 법적지위 등의 문제를 둘러싸고 갈등을 빚고 있다. 한일협정체제는 이 모든 명암을 끌어안고 진화를 거듭했다. 양국은 현안이 생길 때마다 타협과 협력을 통해 극복해 온 것이다.

그러므로 현재의 한일관계를 제대로 이해하고 또 과거사 처리의 해법을 찾기 위해서는 양국 국민이 한일협정체제의 진화에 대해 정확한 지식과 공정한 견해를 갖는 게 대단히 중요하다. 지난 80년의 현대 한일관계 역사 속에 교훈과 지혜가 깃들어 있기 때문이다.

2) 역사화해의 대승적 실현

한국과 일본이 미래기금을 통해 미래지향적인 상호관계를 구축하려면 역사화해를 함께 추진하는 게 좋을 것이다. 역사화해는 여러 차원에서 이루어질 수 있지만 그 핵심은 역시 양국 정부가 역사인식과 과거사 처리에서 합의를 이루어 더 이상 정치외교의 쟁점으로 삼지 않겠다고 함께 천명하는 것이다. 이를 위해서는 사전에 양국 정부가 역사화해의 목표와 방법 등을 함께 만들고 그것의 실행과 진도를 함께 점검해야 한다. 미래기금의 출범은 역사화해에도 긍정적 신호를 보냈다고 볼 수 있다.

물론 역사화해는 양국 정상의 선언이나 재단의 가동만으로 이루어지는 일은 아니다. 여기에는 양국 국민의 동의와 지지 및 참여가 필요하다. 그 과정에서 전진과 후퇴, 합의와 반발 등이 되풀이될 것이다. 그렇지만 한국과 일본은 지난 수십 년 동안 역사와 미래 문제를 함께 다뤄온 경험과 방법 등을 축적하고 있다. 그 내력에서 교훈과 지혜를 끌어내면 역사화해에 이르는 길은 그렇게 험난하지 않을 수도 있다.

역사화해를 위한 정지작업으로서 한국과 일본은 우선 당면한 역사갈등을 완화하는 작업을 추진해야 한다. 무엇보다도 양국의 정치인·언론인·연구자·교육자 등 사회의 여론 주도층은 역사갈등이 재발하지 않도록 언행에 충분히 주의를 기울일 필요가 있다. 그리고 양국 정부는 역사갈등이 한일관계 전반에 나쁜 영향을 미치지 않도록 세심하게 관리해야 한다.

한국과 일본의 역사갈등을 질병에 비유한다면, 치유방법으로 다음 세 가지를 원용할 수 있다. 역사갈등의 증상에 따라 세 가지 방법을 적절히 활용하면 역사화해에 이르는 여정을 상당히 단축할 수 있을 것이다.

첫째, 병인요법(病因療法)이다. 질병의 원인을 밝혀 병소를 도려냄으로써 근본적으로 치유하는 것처럼, 역사갈등의 원인이 되는 사안과 정면으로 씨름하는 것이다. 공동으로 자료를 발굴하고 연구함으로써 사실에 대한 이해를 공유하고 인식의 차이를 좁힌다. 그 성과를 바탕으로 서로 역사교육이나 역사 교과서 기술을 개선하여 배타적 국수주의를 억제하고 개방적 역사의식을 함양한다.

둘째, 대증요법(對症療法)이다. 질병의 원인이 무엇인지 모르지만 환자가 고열에 시달리면 먼저 해열제 등을 복용하여 체온을 낮추는 것처럼, 복잡한 이유로 역사갈등이 고조된 상황에서는 상호 적대감정을 완화하는 조처를 취해야 한다. 정부와 학계 및 언론 등이 정확한 정보를 제공하고 상대방에 대한 혐오감을 누그러트린다. 민관(民官)의 다양한 대화를 통해 불신과 오해를 제거하고 이해와 신뢰의 분위기를 확대해나가는 것이다.

셋째, 생활요법(生活療法)이다. 우리는 날마다 적절한 운동과 식사를 함으로써 질병에 걸리지 않도록 면역력을 기른다. 병에 걸리면 치유와 더불어 사회복귀를 위해 훈련한다. 이처럼 평소부터 양국 국민이 건전한 역사의식을 체득하여 편협한 국수주의에 빠지지 않도록 계도할 필요가 있다. 학교교육과 사회교육 등을 통해 균형 잡힌 역사인식과 보편적 가치관을 함양하여 한일이 공생공영하는 태도를 기르는 것이다.

현재 한국과 일본의 역사갈등을 보면 정부 특히 지도자의 말과 행동이 대단히 중요하다는 것을 새삼스럽게 느낄 수 있다. 따라서 양국 정부가 먼저 역사갈등에 대처해 온 경위를 성찰해 자세를 가다듬어야 한다. 그 길잡이로서 김대중 대통령과 오부치 게이조 총리의 한일파트너십선언(1998.10.8)의 역사인식을 환기하고 준수하는 것도 좋을 것이다.

요즘 한국과 일본의 답답한 상황을 보면 역사화해는 실현되기 어려운 꿈일 뿐이라는 생각도 든다. 그렇지만 세상일은 궁즉명(窮卽明)이고 정반합(正反合)인 경우도 많다. 양국 정부가 모처럼 관계 개선에 나서고 국제정세도 그렇게 하도록 압박하는 상황이므로 대국적·전략적 차원에서 역사화해는 오히려 빨리 이루어질 수도 있다. 독일과 프랑스를 비롯한 유럽의 역사화해도 사실은 각국 지도자가 국익을 고려한 위에서 대국적·전략적으로 판단하고 실행했기 때문에 가능했던 일이었다.

한국과 일본은 서로 교류하고 협력함으로써 함께 이익을 확장시킬 수 있는 이웃이다. 밉다거나 싫다고 해서 이사 갈 수 있는 처지도 아니다. 그러므로 두 나라는 역사갈등을 완화하고 과거사 처리에 대한 불만을 해소하여 역사화해를 이룩하지 않으면 안 된다. 역사화해를 위해서는 서로 타협과 존중을 아끼지 말아야 한다. 한국과 일본은 과거를 가지고 싸운다기보다는 미래를 함께 만들어 간다는 신념과 목표를 가지고 역사화해를 추진해야 한다. 그러다 보면 어느새 미래가 과거를 정리해 준 현실을 목도하게 될 것이다. 패전·해방 80주년과 국교정상화 60주년을 맞아 양국 정부와 국민의 단호한 의지와 불굴의 행동을 기대한다.

3) 공동번영의 지속적 추구

한국과 일본은 잦은 마찰과 충돌에도 불구하고 분리독립 80년, 국교정상화 60년 만에 자유민주주의, 시장경제, 풍요, 인권, 평화 등을 함께 누리는 동질의 선진국가를 건설했다. 그리고 각각 미국의 동맹국으로서 자국은 물론 동아시아의 안전과 번영을 이끄는 역할을 하고 있다. 또 양국 국민은 비슷한 수준의 생활과 문화를 영위한다. 한국과 일본이 이런 성취를 좀 더 긍정적으로 평가하고 적극적으로 교류·협력에 나선다면 세계문명의 발전에 훨씬 더 기여할 것이다.

"인생칠십고래희 종심소욕불유구(人生七十古來稀 從心所欲不踰矩)"라는 옛말이 있다. 여러 가지로 해석할 수 있겠지만, 70 정도 오래 살다보면 산전수전 다 겪고 세상 이치를 깨달아 마음대로 행동해도 규범이나 법도를 어길 게 없다는 뜻으로 풀 수 있다. 너그럽고 의젓하고 베풀고 떳떳하게 받아주는 경지일 터이다.

현대 한일관계는 벌써 희수(喜壽)를 훌쩍 넘겨 80을 맞았다. 한국과 일본이 함께 옛말의 참뜻을 헤아려 서로 존중·배려·관용·협력·경쟁하는 가운데 성숙하고 세련된 이웃관계를 새롭게 구축하기 바란다. 이 책에서 개관한 한일협정체제의 진화 곧 현대 한일관계사의 내력이 그런 방향으로 나아가는 데 많은 시사를 주리라 믿는다.

한국과 일본은 그동안 제국과 식민지 관계에서 유래한 역사 문제를 다뤄온 경험, 노하우, 실적을 많이 축적하고 있다. 양국이 그런 노력과 성과, 결함과 과제 등을 면밀히 검토·평가하다 보면, 그 속에서 보완과 개선, 극복과 해결의 지혜와 교훈을 얻을 수 있다. 이를 위해서는 한일협정체제에 대한 정확한 이해와 그것의 미래에 대한 확고한 신념이 무엇보다 필요하다. 양국이 공정한 현대 한일관계사상과 공생의 비전을 정립해 공유함으로써 소모적 역사전쟁에서 하루빨리 벗어나기를 기대한다.

한일 사이에 역사 문제가 중요하기는 하지만 이것이 양국관계의 모든 부문을 좌지우지하는 절체절명의 사안은 아니다. 양국은 역사 문제와 씨름하면서도 선의의 경쟁을 펼쳐 양질의 발전을 지속해야 한다. 경쟁에서는 상대방의 발목을 잡기보다는 서로 손을 잡아주는 상생의 자세가 필요하다. 선진국이 된 양국은 인류가 보편적으로 당면한 과제를 해결하는 데도 힘을 합쳐야 한다. 환경·기후·질병·빈곤·인권·평화 등 함께 할 일은 산더미처럼 많다. 양국이 교류·협력을 계속하다 보면 이익을 공유하는 영역도 점점 더 넓어질 것이다.

지금 한국과 일본은 공통의 위기에 직면해 있다. 코로나19 등 질병의 대유행, 러시아의 우크라이나 침공, 이스라엘 대 하마스 전쟁, 북한의 핵전쟁 위협과 중국·러시아의 공세, 미국의 자국제일주의 표방 등 국제정세가 요동친다. 경우에 따라서는 한국과 일본이 공유해 온 체제와 가치 곧 안전보장, 시장경제, 자유민주주의, 국제통상, 인권, 평화 등이 근본에서 재편·붕괴·변용·약화될지 모르는 비상상황을 맞고 있다. 양국이 발전과 번영을 지속하기 위해서라도 교류와 협력, 경쟁과 연대를 통해 이런 위기를 극복해야 한다. 역사 문제에만 얽매이다가는 세계사적 대전환에 제대로 대응하지 못하고 뒤처지게 될 것이다. 한국과 일본은 마땅히 평화와 번영을 함께 만들어가야 한다.

졸저의 모두에서 소개한 재레드 다이아몬드의 화제작 『총·균·쇠』(개정판)의 맨 끝 논문은 「일본인의 뿌리」이다. 이 논문의 마지막 구절을 인용하면서 이 책을 마무리하겠다. 우리에게 익숙한 세계적 문명사가가 제3자의 시각에서 진솔하게 피력한 고견이다. 그 행간에 깃들어 있는 깊은 의미를 충분히 음미하면 좋겠다.

역사는 한일 양 국민들에게 상호 불신과 증오의 여지를 제공해 주고 있다. 그 때문에 그들이 역사적으로 얼마나 밀접한 관계에 있었는지를 증명하는 결론을 반가워하지 않을 것이다. 마치 아랍인과 유대인처럼 한국인과 일본인은 핏줄이 이어져 있지만, 서로 오랜 전통적인 상호 적대적 감정을 떨치지 못하고 있다. 하지만 그런 대립과 갈등은 상호 간에 파괴적일 뿐 이로울 건 아무것도 없다. 분명히 한일 양국 국민들은 유년기를 함께 지낸 '쌍둥이 형제'와 같다. 이제 동아시아의 정치적 미래는 그들 사이의 오랜 유대를 성공적으로 재발견하는가에 따라 크게 좌우될 것이다.

제2부

현대 한일관계의 자료

자료1 | 카이로선언 | 1943.12.1, 카이로

3국(미국, 영국, 중국)은 일본에 대한 장래의 군사 행동을 합의하였다.

세 위대한 연합국은 해로와 육로, 항공로로 야만적인 적국에 대하여 끊임없는 압력을 가할 결의를 표명하였다. 이 압박은 이미 증대하고 있다.

세 위대한 연합국은 일본의 침략을 제지하고 이를 벌하기 위하여 이 전쟁을 수행하고 있다. 연합국은 자국을 위하여 어떠한 이익도 요구하지 않으며, 영토를 확장할 의도 역시 갖고 있지 않다.

연합국의 목적은 일본이 1914년 제1차 세계전쟁 이후 탈취 또는 점령한 태평양의 도서 일체를 박탈할 것과 만주·타이완 및 펑후제도와 같이 일본이 중국으로부터 빼앗은 일체의 지역을 중화민국에 반환함에 있다. 또한 일본은 폭력과 탐욕으로 약탈한 다른 일체의 지역으로부터 축출될 것이다.

세 위대한 연합국은 한국 인민의 노예상태에 유의하여, 한국이 적절한 절차에 따라 자유롭게 독립할 것을 결의한다.

이를 위해 세 위대한 연합국은 일본과 교전 중인 여러 국가와 협조하여 일본의 무조건적인 항복을 받기에 필요한 중요한 작전을 장기적으로 계속 수행할 것이다.

| 자료2 | 조선 내에 있는 일본인 재산권 취득에 관한 건 | 1945.12.6, 서울 |

재조선미국육군사령부 군정청 법령 제33호

제1조 법령 제31호는 관보로 공포하지 않고 이에 전혀 발령하지 않은 것처럼 무효로 한다.

제2조 1945년 8월 9일 이후 일본 정부, 그 기관 또는 해당 국민, 회사, 단체, 조합, 해당 정부 기타 기관 혹은 해당 정부가 조직 또는 관리하는 단체가 직접, 간접적으로 전부 또는 일부를 소유 또는 관리하는 금, 은, 백금, 통화, 증권, 은행 예산, 채권, 유가증권 및 본 군정청 관할 안에 존재하는 기타 모든 종류의 재산 및 그 수입에 대한 소유권은 1945년 9월 25일 자로 조선 군정청이 취득하고 조선 군정청이 해당 재산 전부를 소유한다. 누구든지 군정청의 허가 없이 해당 재산에 침입 또는 점유하여 해당 재산을 이전하거나 해당 재산의 가치 효력을 훼손하는 일은 불법으로 한다.

제3조 본령 제2조에 의해 조선 군정청이 취득할 재산을 소유, 관리 또는 지배하는 보관자, 관리자, 관리, 은행, 신탁회사, 기타 개인, 단체 또는 조합은 다음 각 항을 준수해야 한다.
(가) (1) 군정청의 지령 아래 해당 재산을 보유하고 그 지령이 있을 때까지는 해당 재산의 이동 또는 다른 방법에 의한 처분을 금지할 것
    (2) 해당 재산을 보존, 유지, 수호하고 해당 재산의 가치 효용을 훼손하는 행위를 방지할 것
    (3) 정확한 기록 및 회계장부를 유지할 것
(나) 군정장관의 지시가 있을 때는 그 지시에 따라
    (1) 전기(前記) 재산에 관해 요구되는 자료 및 1945년 8월 9일 이후 해당

　　　　재산에 관련되는 모든 수입 및 지출을 기술하는 보고서를 제출해야 함
　　(2) 해당 재산의 보관, 관리권 및 모든 장부, 기록, 회계서류를 인도해
　　　　야 함
　　(3) 재산 및 모든 수입 및 수익금에 대해 결제해야 함

제4조 본령의 조규, 본령에 따라 발령되는 허가 또는 규정을 위반하는 자는 군정재판소의 판결에 의해 처벌한다.

제5조 본령은 관보에 공포와 동시에 효력이 발생한다.

1945년 12월 6일
재조선미국육군사령관 지령에 따라

재조선 군정장관
미국 육군소장 아놀드(A. V. Arnold)

| 자료3 | 대한민국과 미국 정부 간의 재정 및 재산에 관한 최초 협정 | 1948.9.11, 서울 |

제5조 대한민국 정부는 한국 소재 합중국 육군 군정부의 명령 제33호에 기초하여 귀속된 전쟁 전의 공사(公私) 일본 재산의 처분에서 한국 소재 합중국 육군 군정부가 이미 시행한 것을 승인하고 추인한다. 이 협정 제1조 및 제9조에 포함된 미합중국 정부에 의한 재산 취득 및 사용에 관한 유보를 제외하고 귀속된 팔고 남은 재산, 기득 재산의 임대 및 매각에서 발생한 지출되지 않은 순수 득금 및 모든 수취 예산 및 매각 계약은 다음 방법으로 대한민국 정부로 이전된다.

(가) 모든 현금, 은행 예금 및 다른 유통자산은 여기에 이 협정의 실시일에 이전된다.

(나) 이전되어야 할 다른 귀속 재산은 입수할 수 있는 모든 재산 목록, 도면, 증서 또는 다른 소유권 증서와 함께 대차대조표, 운영명세서 및 기득 재산의 회계기록을 첨부하여 이전을 순서에 맞게 시행하는 한 신속하게 대한민국 정부로 점차 인도된다. 대한민국 정부는 명령 제33호에 기초하여 현재까지 귀속된 재산으로 이 조약의 규정에 기초하여 대한민국 정부로 이전된 또는 이전될 것을 한국 인민의 이익을 위해 수령하고 관리하는 별개 정부기관을 설치할 것에 동의한다.

대한민국 정부는 이 조약에 따라 대한민국 정부가 취득하는 한국 소재 전쟁 전 일본 재산에 대해서 일본국과 전쟁상태였던 나라의 국민이 직접 또는 간접적으로 가지는 권리 및 이익을 존중하고 보존하고 보호한다. 다만 이 권리 및 이익이 명령 제33호의 실시일 전에 선의의 이전에 의해 합법적으로 취득되는 것을 조건으로 한다.

대한민국 정부는 이 조약에 내건 재산의 귀속 결정, 관리 및 처분에서 발생한 현재 및 장래의 모든 청구권을 포함한 모든 책임에서 여기에 미합중국을 해제한다.

| 자료4 | 샌프란시스코평화조약(대일강화조약) 중 한국 관련 조항 | 1951.9.8 서명, 1952.4.28 발효, 샌프란시스코 |

제2조

(a) 일본국은 조선의 독립을 승인하고 제주도, 거문도 및 울릉도를 포함한 조선에 대한 모든 권리, 권원 및 청구권을 포기한다.

제4조

(a) 이 조항의 (b) 규정을 유보하고 일본국 및 그 국민의 재산에서 제2조에 내건 지역에 있는 것 및 일본국 및 그 국민의 청구권(채무를 포함)으로 실제로 이들 지역의 시정을 시행하고 있는 당국 및 그 주민(법인을 포함)에 대한 것의 처리 및 일본국에서 이들의 당국 및 주민의 재산 및 일본국 및 그 국민에 대한 이들의 당국 및 주민의 청구권(채무를 포함) 처리는 일본국과 이들 당국 사이의 특별규정의 주제로 한다(국민이라는 단어가 이 조약에서 사용될 때는 항상 법인을 포함한다).

(b) 일본국은 제2조 및 제3조에 내건 지역 중 어딘가에 있는 합중국 군정부에 의해 또는 그 지령에 따라 시행된 일본국 및 그 국민의 재산 처리 효과를 승인한다.

제9조

일본은 공해에서 어로의 규제 또는 제한과 어업의 보존 및 발전을 규정하는 2개국 간 또는 다수 국가 간의 협정 해결을 희망하는 연합국과 조속히 교섭을 개시한다.

제12조

일본은 각 연합국과 무역·해운·통상 관계를 안정하고 우호적인 기초 위에 두기 위해 조약 또는 협정을 체결하기 위한 교섭을 조속히 개시할 용의가 있음을 선언한다.

제21조
이 조약의 제25조 규정과 관계없이 중국은 제10조 및 제14조 (a) 2의 이익을 받을 권리를 가지고 조선은 이 조약 제2조, 제4조, 제9조 및 제12조의 이익을 받을 권리를 가진다.

| 자료5 | 대한민국 인접 해양 주권에 관한 대통령 선언 (평화선선언) | 1952.1.18, 서울 |

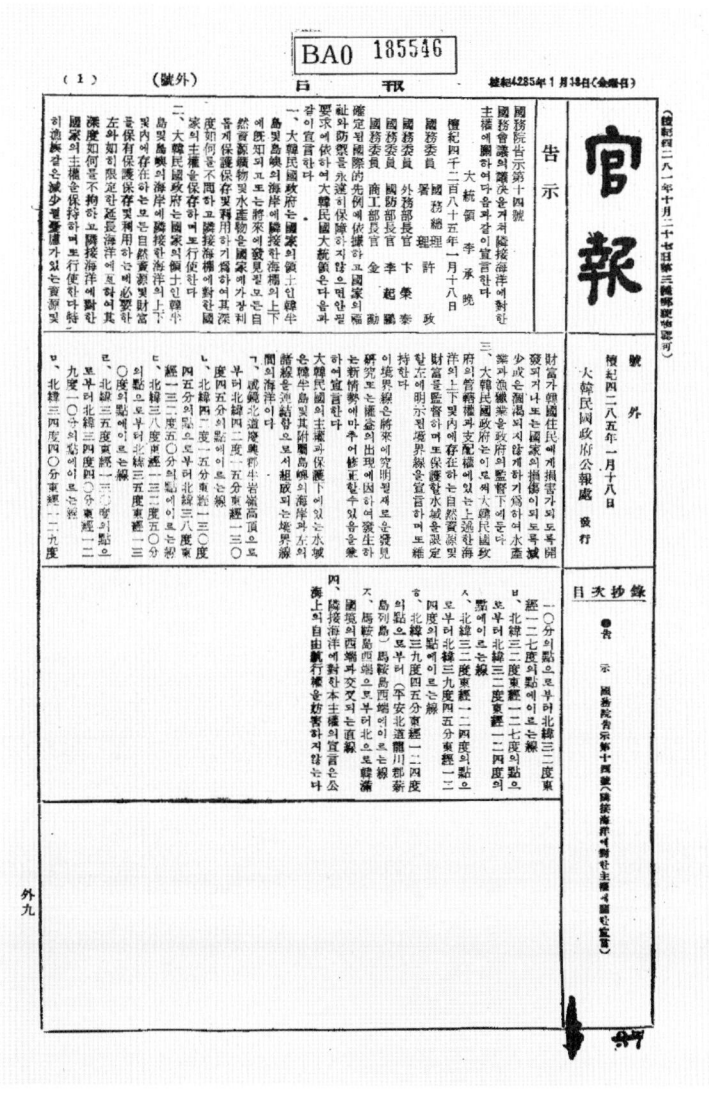

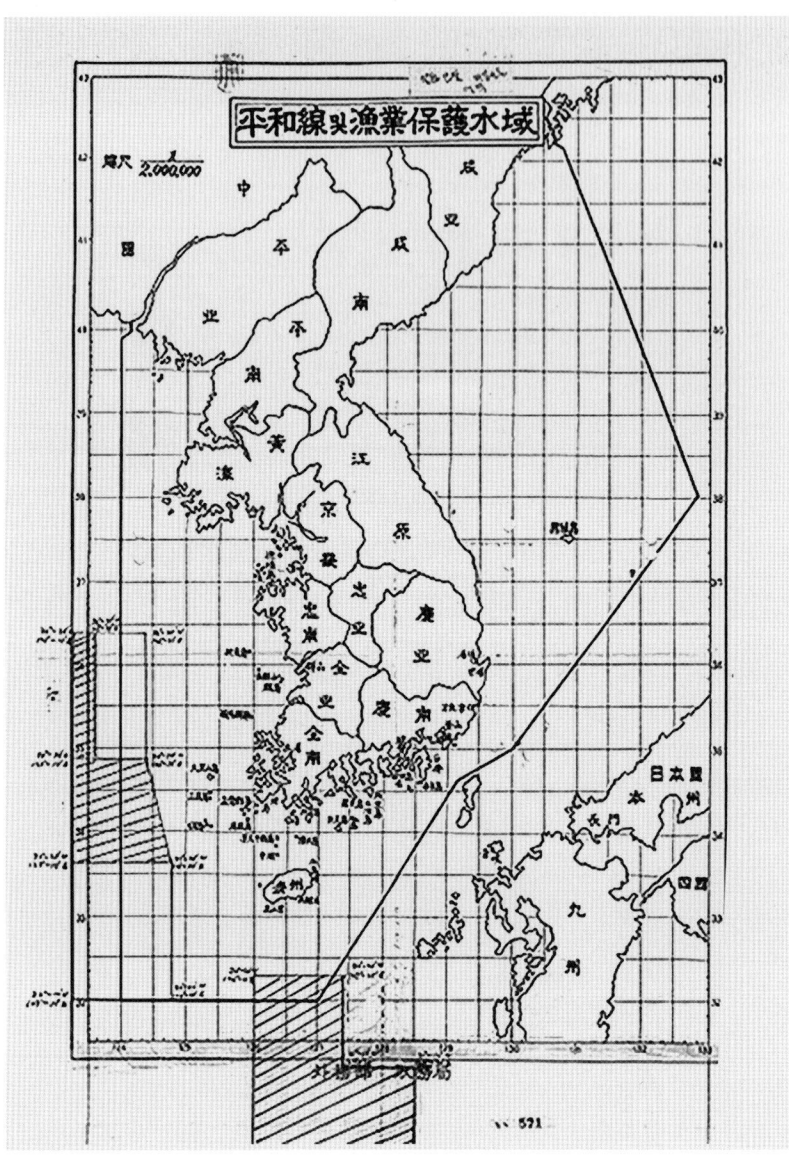

| 자료6 | 김종필·오히라 메모 | 1962.11.12, 도쿄 |

김종필 중앙정보부장과 오히라 마사요시 외무대신이 2차 회담 직후 각각 작성한 이른바 김종필·오히라 메모의 원본은 아직도 확인할 수 없다. 언론에 몇 차례 보도된 메모에 대해 김종필은 진본이 아니라고 말했다(중앙일보, 2005.5.4). 아래 문서는 『한국외교문서철』796에 실려 있는데, 외교부가 김종필의 메모를 바탕으로 정리·정서한 것으로 보인다. 이 문서의 골자는 한국과 일본에서 나도는 유사 메모나 김종필의 증언과 거의 일치하기 때문에 사료로서의 가치는 충분하다고 볼 수 있다.

1. 무상을 한국 측은 3.5억 달러(O.A.: 오픈 어카운트 포함), 일본 측은 2.5억 달러(오픈 어카운트 불포함), 이것을 양자가 3억 달러(오픈 어카운트 포함)을 10년 기간, 단 조기 제공 조건으로 양측 수뇌에게 건의한다.

2. 유상을 (해외경제협력기금) 한국 측은 2.5억 달러(이자는 3% 이하, 7년 거치, 20~30년), 일본 측은 1억 달러(이자는 3.5%, 5년 거치, 20년), 이것을 양자가 2억 달러, 10년 기간, 이자는 3.5%, 단 조기 제공 가능 조건(6~10년), 거치 7년, 20년으로 양측 정상에게 건의한다.

3. 수출입은행의 것에 대해서: 한국 측은 별개의 취급을 희망, 일본 측은 1억 달러 이상 프로젝트에 의해 신장 가능.

이것을 양자가 합의해 국교정상화 이전이라도 바로 협력할 수 있도록 추진할 것을 양국 정상에게 건의한다.

1962.11.24~11.30에 양측의 의견을 교환한다.

| 자료7 | 한일회담 반대 선언문과 결의문 | 1964.5.20, 서울 |

선언문

민족사는 바야흐로 위대한 결단을 요구하는 전환기에 섰다.

조국은 지금 민족적 진통의 이 거센 물결 속에서 우리의 과감한 투쟁을 갈구하고 있다. 이제 우리는 이러한 시대적 사명을 통감하고 우리 대학사의 자랑찬 전통을 계승하여 '빈곤과 부자유 그리고 외세 의존'의 참담한 현실을 전진적으로 변혁시키려는 민족적 양심의 깃발을 올린다. 4월의 항쟁은 민족사적 전진을 위하여 누적되어온 정치·경제·사회적 제모순을 지양하고 조국의 완전한 자주독립과 민족적 주체의 확고한 정립, 외세에 의존 기생한 민족반역체제의 제거와 그리고 반봉건적(半封建的) 사회경제구조의 청산을 위한 거룩한 투쟁이었다.

4월항쟁의 참다운 가치성은 반외압세력(反外壓勢力)·반매판·반봉건에 있으며 민족 민주의 참된 길로 나가기 위한 도정이었다. 5월 군부 쿠데타는 이러한 민족 민주 이념에 대한 정면적인 도전이었으며 노골적인 대중탄압의 시작이었다.

군사정권은 권력으로 민족적 양심세력의 단초적 맹아를 삼제했고 사회전반에 걸친 독재적인 기본권의 유린은 민주주의의 가능성을 말살했으며 사리와 사욕, 부정과 부패, 조작과 날조, 이 모든 악의 요소를 잉태한 채 파멸의 길로 질주하고 있다.

경제적 민족자립을 외치는 정부는 노동자 농민의 소비대중에게 실업 기아임금 살인적 물가고를 선물하면서 매판적 반민족 자본을 후원하였다.

 민주주의적 민족해방운동의 과학적 이념인 민족적 민주주의는 수렵적 정보정치를 합리화하기 위한 행상적 탈춤으로 분장되었고 굶주린 대중의 감각적 해방을 위한 독화(毒花)의 미소를 띠었다.

국제협력이라는 미명하에 우리 민족의 치떨리는 원수 일본제국주의를 수입하여, 대미 의존적 반신불수인 한국경제를 2중 예속의 철쇄로 속박하는 것이 조국의 근대화로 가는 첩경이라고 기만하는 반민족적 음모를 획책하고 있다.

우리는 전민족의 양심이 이러한 반역적 범죄행위를 묵과하지 않을 것임을 확신한다.

우리는 외세의존의 모든 사상과 제도의 근본적 개혁 없이는, 전체 국민의 희생 위에 홀로 군림하는 매판자본의 타도 없이는, 외세 의존과 그 주구 매판자본을 지지하는 정치질서의 철폐 없이는, 민족자립으로 가는 어떠한 길도 폐색되어 있음을 분명히 인식한다.

민족적 긍지를 배반하고 일본 예속화를 촉진하는 굴욕적 한일회담의 즉시 중단을 엄숙히 요구한다.

우리의 지성과 양심은 민족 이익에 역행하는 어떠한 기만도 왜곡된 논리에도 증오와 거부를 계속할 것을 선언한다.

이러한 우리의 투쟁은 민족사의 전진적 승리를 쟁취하고 말 것임을 확신한다.

1964. 5. 20
한일굴욕회담반대학생총연합회

결의문

- 일본에의 예속으로 직행하는 매국의 한일 굴욕회담을 전면 중지하라.
- 농민·노동자·소시민의 피눈물을 밟고 서서 홀로 살쪄 가는 매판성 악덕재벌을 처형하고 몰수하라.
- 5·16 이래의 온갖 부정부패사건을 자진 폭로하고 그 원흉을 조사 처단하라.
- 불법 상행위를 자행한 일본인 상사를 즉각 추방하라.
- 5월 군사정부는 5·16 이래의 부정·부패·독선·무능·극악의 경제난, 민족분

열, 굴욕적 한일회담 등 역사적 범죄를 자인하고 국민의 심판에 붙이라.
- 5·16 이래 구속된 정치범을 즉각 석방하라.
- 민족적 양심의 학생과 국민은 우리의 정당한 요구가 관철될 때까지 피의 투쟁을 계속하려 한다.

1964.5.20
한일굴욕회담반대학생총연합회

| 자료8 | 이동원 외무부장관과 시나 에쓰사부로 외무대신 간의 공동성명 | 1965.2.20, 서울 |

1. 대한민국 이동원 외무부장관의 초청으로 일본국 시나 에쓰사부로 외무대신은 1965년 2월 17일부터 20일까지 대한민국을 방문하였다. 양 외상은 동 기간 중 우호적인 분위기에서 3차에 걸쳐 회담하였다. 한편, 시나 대신은 박정희 대통령, 이효상 국회의장, 정일권 국무총리 및 장기영 부총리를 예방하였다.

2. 양 외상은 현하 국제정세와 현재 진행 중인 한일회담을 포함하는 공동관심사에 관하여 의견을 교환하였다. 양 외상은, 한일 양국이 아세아 및 기타 각 지역에 있어서 정의, 자유, 번영에 입각한 영속적 평화를 유지하는 것이 공동 목적이며 한일회담의 원만한 타결은 한일 양국에 현저한 이익을 초래할 뿐만 아니라 전 자유 진영의 이익에도 부합됨을 재확인하였다.

3. 이 장관은 과거 어떤 기간에 걸쳐 양국 간에 있었던 불행한 관계에서 연유하는 한국 국민의 대일감정을 설명하였다. 시나 대신은 이 장관의 설명에 유념하고 그와 같은 과거 관계에 대하여 유감의 뜻을 표명하였으며 깊이 반성하는 바라고 말하였다. 시나 대신은 한일회담을 성실히 진행시킴으로써 양국 간에 새로운 우호관계를 수립하는 것이 정의와 평등과 상호 존중에 기초하는 양 자유 국민의 공동번영에 크게 공헌할 것이라는 굳은 신념을 피력하였다.

4. 양 외상은 한일회담의 최근의 교섭 결과를 검토하였다. 양 외상은 공정 타당한 기초에서 한일회담을 조속히 그리고 원만히 타결하기 위하여 결단성 있는 최선의 노력을 경주하겠다는 강한 결의를 표명하였다.

5. 양 외상은 대한민국과 일본국 간의 기본관계에 관한 조약안이 금일 가조인된 데 대하여 만족의 뜻을 표시하였다. 양 외상은, 이러한 가조인은 제 현안의 전면타결을 위하여 의의 깊은 일보 전진이라는 점에 의견을 같이 하였다.

6. 양 외상은, 재일한인의 법적지위 및 처우 문제에 관한 현재의 토의가 성공적인 결실을 맺고 이로써 재일한인이 평화롭고 행복하고 안정된 생활을 영위할 수 있게 되기를 희망하였다. 양 외상은, 또한 이 문제의 원만한 타결은 한일 양 국민 간의 우호관계를 증진하는 데 있어서 중요한 교량적 역할을 하게 될 것이라는 견해를 표명하였다.

7. 양 외상은 양국 간의 어업문제가 합리적으로 해결됨이 요망된다는 의견을 표명하였으며 또한 그러한 해결은 양국 어민의 이익에 부합되어야 한다는 점을 확인하였다. 양 외상은 어업문제의 적절한 해결책을 모색하기 위하여, 가능한 한 조속히 통상회담이 개최되기를 희망하였다.

8. 양 외상은 양국 간의 건전하고 상호 이익이 되는 무역관계를 유지하는 것이 극히 중요하다는 점을 재확인하면서 양국 정부가 더욱 균형된 기초 위에서 상호 간의 무역을 확대하기 위하여 긴밀히 협력하여야 되겠다는 것에 합의하였다. 이러한 사실을 염두에 두고 양 외상은 양국의 수출능력의 증진에 대한 가능성 문제를 포함한 양국 간의 무역관계를 토의하기 위하여 조속한 시일 내에 개최할 것에 합의하였다.

9. 시나 대신은 이 장관이 일본을 방문하도록 정중히 초청하였다. 이 장관은 시나 대신의 초청을 감사히 수락하고 가능한 한 속히 방일할 수 있게 되기를 바란다고 말하였다.

10. 양 외상은 금번의 회담이 매우 유익하였으며 양국 간의 제 현안과 공동관심사에 대한 상호 이해를 깊게 하였음을 인정하였다. 양 외상은 이 장관의 방일 시에 있을 차기 회담에서 토의를 계속할 것에 합의하였다.

자료9 | 대한민국과 일본국 간의 기본관계에 관한 조약 | 1965.6.22, 도쿄

1965년 6월 22일 도쿄에서 서명
1965년 12월 18일 발효

대한민국과 일본국은, 양국 국민관계의 역사적 배경과 선린관계와 주권 상호 존중의 원칙에 입각한 양국관계의 정상화에 대한 상호 희망을 고려하며, 양국의 상호 복지와 공통 이익을 증진하고 국제평화와 안전을 유지하는 데 있어서 양국이 국제연합 헌장의 원칙에 합당하게 긴밀히 협력함이 중요하다는 것을 인정하며, 또한 1951년 9월 8일 샌프란시스코시에서 서명된 일본국과의 평화조약의 관계규정과 1948년 12월 12일 국제연합 총회에서 채택된 결의 제195(Ⅲ)호를 상기하며, 본 기본관계에 관한 조약을 체결하기로 결정하여, 이에 다음과 같이 양국의 전권위원을 임명하였다.

대한민국	일본국
대한민국 외무부장관 이동원	일본국 외무대신 시나 에쓰사부로
대한민국 특명전권대사 김동조	다카스기 신이치

이들 전권위원은 그들의 전권 위임장을 상호 제시하고, 그것이 양호 타당하다고 인정한 후, 다음의 제 조항에 합의하였다.

제1조
양 체약 당사국 간에 외교 및 영사관계를 수립한다. 양 체약 당사국은 대사급 외교사절을 지체없이 교환한다. 양 체약 당사국은 또한 양국 정부에 의하여 합의되는 장소에 영사관을 설치한다.
제2조

1910년 8월 22일 및 그 이전에 대한제국과 대일본제국 간에 체결된 모든 조약 및 협정이 이미 무효임을 확인한다.

제3조
대한민국 정부가, 국제연합 총회의 제195(Ⅲ)호에 명시된 바와 같이, 한반도에 있어서의 유일한 합법정부임을 확인한다.

제4조
(가) 양 체약 당사국은 양국 상호 간의 관계에 있어서 국제연합 헌장의 원칙을 지침으로 한다.
(나) 양 체약 당사국은 양국의 상호의 복지와 공통의 이익을 증진함에 있어서 국제연합 헌장의 원칙에 합당하게 협력한다.

제5조
양 체약 당사국은 양국의 무역, 해운 및 기타 통상상의 관계를 안정되고 우호적인 기초 위에 두기 위하여 조약 또는 협정을 체결하기 위한 교섭을 실행 가능한 한 조속히 시작한다.

제6조
양 체약 당사국은 민간 항공운수에 관한 협정을 체결하기 위하여 실행 가능한 한 조속히 교섭을 시작한다.

제7조
본 조약은 비준되어야 한다. 비준서는 가능한 한 조속히 서울에서 교환한다. 본 조약은 비준서가 교환된 날로부터 효력을 발생한다.

이상의 증거로서, 각 전권위원은 본 조약에 서명 날인하였다.

1965년 6월 22일 도쿄에서, 동등히 정본인 한국어, 일본어 및 영어로 본서 2통을 작성하였다. 해석에 상위가 있을 경우에는 영어본에 따른다.

대한민국을 위하여 일본국을 위하여
(서명)　이동원 (서명)　시나 에쓰사부로
　　　　김동조 　　　　다카스기 신이치

자료10 | 대한민국과 일본국 간의 재산 및 청구권에 관한 문제의 해결과 경제협력에 관한 협정 | 1965.6.22, 도쿄

1965년 6월 22일 도쿄에서 서명
1965년 12월 18일 발효

대한민국과 일본국은, 양국 및 양국 국민의 재산과 양국 및 양국 국민 간의 청구권에 관한 문제를 해결할 것을 희망하고, 양국 간의 경제협력을 증진할 것을 희망하여, 다음과 같이 합의하였다.

제1조

1. 일본국은 대한민국에 대하여
(a) 현재에 있어서 1천 8십억 일본 원(108,000,000,000원)으로 환산되는 3억 아메리카 합중국불($ 300,000,000)과 동등한 일본 원의 가치를 가지는 일본국의 생산물 및 일본인의 용역을 본 협정의 효력 발생일로부터 10년 기간에 걸쳐 무상으로 제공한다. 매년의 생산물 및 용역의 제공은 현재에 있어서 1백 8억 일본 원(10,800,000,000원)으로 환산되는 3천만 아메리카 합중국불($ 30,000,000)과 동등한 일본 원의 액수를 한도로 하고 매년의 제공이 본 액수에 미달되었을 때에는 그 잔액은 차년 이후의 제공액에 가산된다. 단, 매년의 제공한도액은 양 체약국 정부의 합의에 의하여 증액될 수 있다.
(b) 현재에 있어서 7백 20억 일본 원(72,000,000,000원)으로 환산되는 2억 아메리카 합중국불($ 200,000,000)과 동등한 일본원의 액수에 달하기까지의 장기 저리의 차관으로서, 대한민국 정부가 요청하고 또한 3의 규정에 근거하여 체결될 약정에 의하여 결정되는 사업의 실시에 필요한 일본국의 생산물 및 일본인의 용역을 대한민국이 조달하는 데 있어 충당될 차관을 본 협정의 효력 발

생일로부터 10년 기간에 걸쳐 행한다. 본 차관은 일본국의 해외경제협력기금에 의하여 행하여지는 것으로 하고, 일본국 정부는 동 기금이 본 차관을 매년 균등하게 이행할 수 있는데 필요한 자금을 확보할 수 있도록 필요한 조치를 취한다. 전기 제공 및 차관은 대한민국의 경제발전에 유익한 것이 아니면 아니 된다.

2. 양 체약국 정부는 본조의 규정의 실시에 관한 사항에 대하여 권고를 행할 권한을 가지는 양 정부 간의 협의기관으로서 양 정부의 대표자로 구성될 합동위원회를 설치한다.

3. 양 체약국 정부는 본조의 규정의 실시를 위하여 필요한 약정을 체결한다.

제2조

1. 양 체약국은 양 체약국 및 그 국민(법인을 포함함)의 재산, 권리 및 이익과 양 체약국 및 그 국민 간의 청구권에 관한 문제가 1951년 9월 8일에 샌프란시스코시에서 서명된 일본국과의 평화조약 제4조 (a)에 규정된 것을 포함하여 완전히 그리고 최종적으로 해결된 것이 된다는 것을 확인한다.

2. 본조의 규정은 다음의 것(본 협정의 서명일까지 각기 체약국이 취한 특별조치의 대상이 된 것을 제외한다)에 영향을 미치는 것이 아니다.
(a) 일방체약국의 국민으로서 1947년 8월 15일부터 본 협정의 서명일까지 사이에 타방체약국에 거주한 일이 있는 사람의 재산, 권리 및 이익
(b) 일방체약국 및 그 국민의 재산, 권리 및 이익으로서 1945년 8월 15일 이후에 있어서의 통상의 접촉의 과정에 있어 취득되었고 또는 타방체약국의 관할하에 들어오게 된 것
3. 2의 규정에 따르는 것을 조건으로 하여 일방체약국 및 그 국민의 재산, 권리

및 이익으로서 본 협정의 서명일에 타방체약국의 관할하에 있는 것에 대한 조치와 일방체약국 및 그 국민의 타방체약국 및 그 국민에 대한 모든 청구권으로서 동일자 이전에 발생한 사유에 기인하는 것에 관하여는 어떠한 주장도 할 수 없는 것으로 한다.

제3조

1. 본 협정의 해석 및 실시에 관한 양 체약국 간의 분쟁은 우선 외교상의 경로를 통하여 해결한다.

2. 1의 규정에 의하여 해결할 수 없었던 분쟁은 어느 일방체약국의 정부가 타방체약국의 정부로부터 분쟁의 중재를 요청하는 공한을 접수한 날로부터 30일의 기간 내에 각 체약국 정부가 임명하는 1인의 중재위원과 이와 같이 선정된 2인의 중재위원이 당해 기간 후의 30일의 기간 내에 합의하는 제3의 중재위원 또는 당해 기간 내에 이들 2인의 중재위원이 합의하는 제3국의 정부가 지명하는 제3의 중재위원과의 3인의 중재위원으로 구성되는 중재위원회에 결정을 위하여 회부한다. 단, 제3의 중재위원은 양 체약국 중의 어느 편의 국민이어서는 아니 된다.

3. 어느 일방체약국의 정부가 당해 기간 내에 중재위원을 임명하지 아니하였을 때, 또는 제3의 중재위원 또는 제3국에 대하여 당해 기간 내에 합의하지 못하였을 때에는 중재위원회는 양 체약국 정부가 각각 30일의 기간 내에 선정하는 국가의 정부가 지명하는 각 1인의 중재위원과 이들 정부가 협의에 의하여 결정하는 제3국의 정부가 지명하는 제3의 중재위원으로 구성한다.

4. 양 체약국 정부는 본조의 규정에 의거한 중재위원회의 결정에 복한다.

제4조

본 협정은 비준되어야 한다. 비준서는 가능한 한 조속히 서울에서 교환한다. 본 협정은 비준서가 교환된 날로부터 효력을 발생한다.

이상의 증거로서, 하기 대표는 각자의 정부로부터 정당한 위임을 받아 본 협정에 서명하였다.
1965년 6월 22일 도쿄에서 동등히 정본인 한국어 및 일본어로 본서 2통을 작성하였다.

대한민국을 위하여   일본국을 위하여
(서명)   이동원   (서명)   시나 에쓰사부로
         김동조   다카스기 신이치

| 자료11 | 대한민국과 일본국 간의 일본국에 거주하는 대한민국 국민의 법적지위와 대우에 관한 협정 | 1965.6.22, 도쿄 |

1965년 6월 22일 도쿄에서 서명
1965년 12월 18일 발효

대한민국과 일본국은, 다년간 일본국에 거주하고 있는 대한민국 국민이 일본국의 사회와 특별한 관계를 가지게 되었음을 고려하고, 이들 대한민국 국민이 일본국의 사회 질서 하에서 안정된 생활을 영위할 수 있게 하는 것이 양국간 및 양국 국민 간의 우호관계 증진에 기여함을 인정하여, 다음과 같이 합의하였다.

제1조

1. 일본국 정부는 다음의 어느 하나에 해당하는 대한민국 국민이 본 협정의 실시를 위하여 일본국 정부가 정하는 절차에 따라 본 협정의 효력 발생일로부터 5년 이내에 영주 허가의 신청을 하였을 때에는, 일본국에서의 영주를 허가한다.
(a) 1945년 8월 15일 이전부터 신청시까지 계속하여 일본국에 거주하고 있는 자
(b) (a)에 해당하는 자의 직계 비속으로서 1945년 8월 16일 이후 본 협정의 효력 발생일로부터 5년 이내에 일본국에서 출생하고, 그 후 신청시까지 계속하여 일본국에 거주하고 있는 자

2. 일본국 정부는, 1의 규정에 의거하여 일본국에서의 영주가 허가되어 있는 자의 자녀로서 본 협정의 효력 발생일로부터 5년이 경과한 후에 일본국에서 출생한 대한민국 국민이, 본 협정의 실시를 위하여 일본국 정부가 정하는 절차

에 따라 그의 출생일로부터 60일 이내에 영주 허가의 신청을 하였을 때에는 일본국에서의 영주를 허가한다.

3. 1 (b)에 해당하는 자로서 본 협정의 효력 발생일로부터 4년 10개월이 경과한 후에 출생하는 자의 영주 허가의 신청 기한은 1의 규정에 불구하고 그의 출생일로부터 60일 이내로 한다.

4. 전기의 신청 및 허가에 대하여는 수수료는 징수되지 아니한다.

제2조

1. 일본국 정부는, 제1조의 규정에 의거하여 일본국에서의 영주가 허가되어 있는 자의 직계 비속으로서 일본국에서 출생한 대한민국 국민의 일본국에서의 거주에 관하여는, 대한민국 정부의 요청이 있으면, 본 협정의 효력 발생일로부터 25년이 경과할 때까지는 협의를 행함에 동의한다.

2. 1의 협의에 있어서 본 협정의 기초가 되고 있는 정신과 목적을 존중한다.

제3조

제1조의 규정에 의거하여 일본국에서 영주가 허가되어 있는 대한민국 국민은, 본 협정의 효력 발생일 이후의 행위에 의하여 다음의 어느 하나에 해당되는 경우를 제외하고는 일본국으로부터의 퇴거를 강제 당하지 아니한다.
(a) 일본국에서 내란에 관한 죄 또는 외환에 관한 죄로 인하여 금고 이상의 형에 처하여진 자(집행유예의 언도를 받은 자 및 내란에 부화 수행한 것으로 인하여 형에 처하여진 자를 제외한다)
(b) 일본국에서 국교에 관한 죄로 인하여 금고 이상의 형에 처하여진 자, 또는

외국의 원수, 외교사절 또는 그 공관에 대한 범죄 행위로 인하여 금고 이상의 형에 처하여지고 일본국의 외교상의 중대한 이익을 해한 자

(c) 영리의 목적으로 마약류의 취체(取締)에 관한 일본국의 법령에 위반하여 무기 또는 3년 이상의 징역 또는 금고에 처하여진 자(집행유예의 언도를 받은 자를 제외한다), 또는 마약류의 취체(取締)에 관한 일본국의 법령에 위반하여 3회(단, 본 협정의 효력 발생일 전의 행위에 의하여 3회 이상형에 처하여진 자에 대하여는 2회) 이상 형에 처하여진 자

(d) 일본국의 법령에 위반하여 무기 또는 7년을 초과하는 징역 또는 금고에 처하여진 자

제4조

일본국 정부는 다음에 열거한 사항에 관하여, 타당한 고려를 하는 것으로 한다.

(a) 제1조의 규정에 의거하여 일본국에서 영주가 허가되어 있는 대한민국 국민에 대한 일본국에 있어서의 교육, 생활보호 및 국민건강보험에 관한 사항

(b) 제1조의 규정에 의거하여 일본국에서 영주가 허가되어 있는 대한민국 국민(동조의 규정에 따라 영주 허가의 신청을 할 자격을 가지고 있는 자를 포함함)이 일본국에서 영주할 의사를 포기하고 대한민국으로 귀국하는 경우의 재산의 휴행(携行) 및 자금의 대한민국에의 송금에 관한 사항

제5조

제1조의 규정에 의거하여 일본국에서의 영주가 허가되어 있는 대한민국 국민은 출입국 및 거주를 포함하는 모든 사항에 관하여 본 협정에서 특히 정하는 경우를 제외하고 모든 외국인에게 동등히 적용되는 일본국의 법령의 적용을 받는 것이 확인된다.

제6조

본 협정은 비준되어야 한다. 비준서는 가능한 한 조속히 서울에서 교환한다. 본 협정은 비준서가 교환된 날로부터 30일 후에 효력을 발생한다.

이상의 증거로서, 하기 대표는 각자의 정부로부터 정당한 위임을 받아 본 협정에 서명하였다.
1965년 6월 22일 도쿄에서 동등히 정본인 한국어 및 일본어로 본서 2통을 작성하였다.

대한민국을 위하여	일본국을 위하여
(서명)　이동원	(서명)　시나 에쓰사부로
김동조	다카스기 신이치

자료12   대한민국과 일본국 간의 어업에 관한 협정   1965.6.22, 도쿄

1965년 6월 22일 도쿄에서 서명
1965년 12월 18일 발효

대한민국 및 일본국은, 양국이 공통의 관심을 갖는 수역에서의 어업자원의 최대의 지속적 생산성이 유지되어야 함을 희망하고, 전기의 자원의 보존 및 그 합리적 개발과 발전을 도모함이 양국의 이익에 도움이 됨을 확신하고, 공해 자유의 원칙이 본 협정에 특별한 규정이 있는 경우를 제외하고는 존중되어야 한다는 것을 확인하고, 양국의 지리적 근접성과 양국 어업상의 교착으로부터 발생할 수 있는 분쟁의 원인을 제거하는 것이 요망됨을 인정하고, 양국 어업의 발전을 위하여 상호 협력할 것을 희망하여, 다음과 같이 합의하였다.

제1조

1. 양 체약국은 각 체약국이 자국의 연안의 기선부터 측정하여 12해리까지의 수역을 자국이 어업에 관하여 배타적 관할권을 행사하는 수역(이하 "어업에 관한 수역"이라 함)으로서 설정하는 권리를 갖음을 상호 인정한다. 단, 일방체약국이 어업에 관한 수역의 설정에 있어서 직선기선을 사용하는 경우에는 그 직선기선은 타방체약국과 협의하여 결정한다.

2. 양 체약국은 일방체약국이 자국의 어업에 관한 수역에서 타방체약국의 어선이 어업에 종사하는 것을 배제하는 데 대하여 상호 이의를 제기하지 아니한다.

3. 양 체약국의 어업에 관한 수역이 중복하는 부분에 대하여는, 그 부분의 최대의 폭을 나타내는 직선을 이등분하는 점과 그 중복하는 부분이 끝나는 2점을

각각 연결하는 직선에 의하여 양분한다.

제2조

양 체약국은 다음 각선으로 둘러싸이는 수역(영해 및 대한민국의 어업에 관한 수역을 제외함)을 공동규제수역으로 설정한다.
(a) 북위 37도30분 이북의 동경 124도의 경선
(b) 다음 각 점을 차례로 연결하는 선
　　(i) 북위 37도30분과 동경 124도의 교점
　　(ii) 북위 36도45분과 동경 124도30분의 교점
　　(iii) 북위 33도30분과 동경 124도30분의 교점
　　(iv) 북위 32도30분과 동경 126도의 교점
　　(v) 북위 32도30분과 동경 127도의 교점
　　(vi) 북위 34도34분30초와 동경 129도2분50초의 교점
　　(vii) 북위 34도44분10초와 동경 129도8분의 교점
　　(viii) 북위 34도50분과 동경 129도14분의 교점
　　(ix) 북위 35도30분과 동경 130도의 교점
　　(x) 북위 37도30분과 동경 131도10분의 교점
　　(xi) 우암령 고정

제3조

양 체약국은 공동규제수역에서, 어업자원의 최대의 지속적 생산성을 확보하기 위하여 필요한 보존 조치가 충분한 과학적 조사에 의거하여 실시될 때까지, 저인망어업, 선망어업 및 60톤 이상의 어선에 의한 고등어 낚시 어업에 대하여, 본 협정의 불가분의 일부를 이루는 부속서에 규정한 잠정적 어업 규제 조치를 실시한다('톤'이라 함은 총 톤수에 의하는 것으로 하며 선내 거주구 개선

을 위한 허용 톤수를 감한 톤수에 의하여 표시함).

제4조

1. 어업에 관한 수역의 외측에서의 단속(정선 및 임검을 포함함) 및 재판 관할권은 어선이 속하는 체약국만이 행하며, 또한 행사한다.

2. 어느 체약국도 그 국민 및 어선이 잠정적 어업 규제 조치를 성실하게 준수하도록 함을 확보하기 위하여 적절한 지도 및 감독을 행하며, 위반에 대한 적당한 벌칙을 포함하는 국내 조치를 실시한다.

제5조

공동규제수역의 외측에 공동자원조사수역이 설정된다. 그 수역의 범위 및 동 수역 안에서 행하여지는 조사에 대하여는, 제6조에 규정되는 어업공동위원회가 행할 권고에 의거하여, 양 체약국 간의 협의에 따라 결정된다.

제6조

1. 양 체약국은 본 협정의 목적을 달성하기 위하여 한일어업공동위원회(이하 '위원회'라고 함)를 설치하고 유지한다.

2. 위원회는 두 개의 국별 위원부로 구성되며 각 국별 위원부는 각 체약국 정부가 임명하는 3인의 위원으로 구성한다.

3. 위원회의 모든 결의, 권고 및 기타의 결정은 국별 위원부 간의 합의에 의하여서만 행한다.

4. 위원회는 그 회의의 운영에 관한 규칙을 결정하고 필요가 있을 때에는 이를 수정할 수 있다.

5. 위원회는 매년 적어도 1회 회합하고 또 그 외에 일방의 국별 위원부의 요청에 의하여 회합할 수 있다. 제1회 회의의 일자 및 장소는 양 체약국 간의 합의로 결정한다.

6. 위원회는 제1회 회의에서 의장 및 부의장을 상이한 국별 위원부에서 선정한다. 의장 및 부의장의 임기는 1년으로 한다. 국별 위원부로부터의 의장 및 부의장의 선정은 매년 각 체약국이 그 지위에 순번으로 대표되도록 한다.

7. 위원회 밑에 그 사무를 수행하기 위한 상설 사무국이 설치된다.

8. 위원회의 공용어는 한국어 및 일본어로 한다. 제안 및 자료는 어느 공용어로도 제출할 수 있으며, 또한 필요에 따라 영어로도 제출할 수 있다.

9. 위원회가 공동의 경비를 필요하다고 인정할 때에는 위원회가 권고하고 또한 양 체약국이 승인한 형식 및 비율에 따라 양 체약국이 부담하는 분담금에 의하여 위원회가 지불한다.

10. 위원회는 공동경비를 위한 자금의 지출을 위임할 수 있다.

제7조

1. 위원회는 다음 임무를 수행한다.
(a) 양 체약국이 공통의 관심을 갖는 수역에서의 어업자원의 연구를 위하여 행하는 과학적 조사에 대하여, 또한 그 조사와 연구의 결과에 의거하여 취할 공

동 규제수역 안에서의 규제 조치에 대하여 양 체약국에 권고한다.

(b) 공동자원 조사수역의 범위에 대하여 양 체약국에 권고한다.

(c) 필요에 따라 잠정적 어업 규제 조치에 관한 사항에 대하여 검토하고, 또한 그 결과에 의거하여 취할 조치(당해 규제 조치의 수정을 포함함)에 대하여 양 체약국에 권고한다.

(d) 양 체약국 어선 간의 조업의 안전과 질서에 관한 필요한 사항 및 해상에서의 양 체약국 어선 간의 사고에 대한 일반적인 취급방침에 대하여 검토하고 또한 그 결과에 의거하여 취할 조치에 대하여 양 체약국에 권고한다.

(e) 위원회의 요청에 의하여 양 체약국이 제공하여야 할 자료, 통계 및 기록을 편집하고 연구한다.

(f) 본 협정의 위반에 관한 동등한 형의 세목 제정에 대하여 심의하고 또한 양 체약국에 권고한다.

(g) 매년 위원회의 사업보고를 양 체약국에 제출한다.

(h) 이외에 본 협정의 실시에 따르는 기술적인 제 문제에 대하여 검토하고 또한 필요하다고 인정할 때에는 취할 조치에 대하여 양 체약국에 권고한다.

2. 위원회는 그 임무를 수행하기 위하여 필요에 따라 전문가로 구성되는 하부 기구를 설치할 수 있다.

3. 양 체약국 정부는 1의 규정에 의거하여 행하여진 위원회의 권고를 가능한 한 존중한다.

제8조

1. 양 체약국은 각각 자국의 국민 및 어선에 대하여 항행에 관한 국제 관행을 준수시키기 위하여 양 체약국 어선 간의 조업의 안전을 도모하고 그 정상적인 질서를 유지하기 위하여, 또한 해상에서의 양 체약국 어선 간의 사고의 원활하

고 신속한 해결을 도모하기 위하여 적절하다고 인정하는 조치를 취한다.

2. 1에 열거한 목적을 위하여 양 체약국의 관계당국은 가능한 한 상호 밀접하게 연락하고 협력한다.

제9조

1. 본 협정의 해석 및 실시에 관한 양 체약국 간의 분쟁은 우선 외교상의 경로를 통하여 해결한다.

2. 1의 규정에 의하여 해결할 수 없었던 분쟁은 어느 일방체약국의 정부가 타방 체약국의 정부로부터 분쟁의 중재를 요청하는 공한을 접수한 날로부터 30일의 기간 내에 각 체약국 정부가 임명하는 1인의 중재위원과 이와 같이 선정된 2인의 중재위원이 당해 기간 후 30일의 기간 내에 합의하는 제3의 중재위원 또는 당해 기간 내에 이들 2인의 중재위원이 합의하는 제3국의 정부가 지명하는 제3의 중재위원과의 3인의 중재위원으로 구성되는 중재위원회에 결정을 위하여 회부한다. 단, 제3의 중재위원은 양 체약국 중의 어느 편의 국민이어서는 아니된다.

3. 어느 일방체약국의 정부가 당해 기간 내에 중재위원을 임명하지 아니하였을 때, 또는 제3의 중재위원 또는 제3국에 대하여 당해 기간 내에 합의하지 못하였을 때에는 중재위원회는 양 체약국 정부가 각각 30일의 기간 내에 선정하는 국가의 정부가 지명하는 각 1인의 중재위원과 이들 정부가 협의에 의하여 결정하는 제3국의 정부가 지명하는 제3의 중재위원으로 구성한다.

4. 양 체약국 정부는 본조의 규정에 의거한 중재위원회의 결정에 복한다.

제10조

1. 본 협정은 비준되어야 한다. 비준서는 가능한 한 조속히 서울에서 교환한다. 본 협정은 비준서가 교환된 날로부터 효력을 발생한다.

2. 본 협정은 5년간 효력을 가지며, 그 후에는 어느 일방체약국이 타방체약국에 본 협정을 종결시킬 의사를 통고하는 날로부터 1년간 효력을 가진다.

이상의 증거로서, 하기 대표는 각자의 정부로부터 정당한 위임을 받아 본 협정에 서명하였다.
1965년 6월 22일 도쿄에서 동등히 정본인 한국어 및 일본어로 본서 2통을 작성하였다.

대한민국을 위하여	일본국을 위하여
(서명) 이동원	(서명) 시나 에쓰사부로
김동조	다카스기 신이치

자료13 | 대한민국과 일본국 간의 문화재 및 문화협력에 관한 협정 | 1965.6.22, 도쿄

1965년 6월 22일 도쿄에서 서명
1965년 12월 18일 발효

대한민국과 일본국은, 양국 문화의 역사적인 관계에 비추어, 양국의 학술 및 문화의 발전과 연구에 기여할 것을 희망하여, 다음과 같이 합의하였다.

제1조
대한민국 정부와 일본국 정부는 양국 국민간의 문화관계를 증진시키기 위하여 가능한 한 협력한다.

제2조
일본국 정부는 부속서에 열거한 문화재를 양국 정부 간에 합의되는 절차에 따라 본 협정 효력 발생 후 6개월 이내에 대한민국 정부에 인도한다.

제3조
대한민국 정부와 일본국 정부는 각각 자국의 미술관, 박물관, 도서관 및 기타 학술문화에 관한 시설이 보유하는 문화재에 대하여 타방국의 국민에게 연구의 기회를 부여하기 위하여 가능한 한의 편의를 제공한다.

제4조
본 협정은 비준되어야 한다. 비준서는 가능한 한 조속히 서울에서 교환한다. 본 협정은 비준서가 교환된 날로부터 효력을 발생한다.

이상의 증거로서 하기 대표는 각자의 정부로부터 정당한 위임을 받아 본 협정에 서명하였다.

1965년 6월 22일 도쿄에서 동등히 정본인 한국어 및 일본어로 본서 2통을 작성하였다.

대한민국을 위하여   일본국을 위하여
(서명)   이동원   (서명)   시나 에쓰사부로
         김동조   다카스기 신이치

| 자료14 | 한일회담 타결에 즈음한 박정희 대통령의 특별담화 | 1965.6.23, 서울 |

친애하는 국민 여러분!

어제 일본 동경에서 한일양국의 전권대표 사이에는 양국 국교정상화에 관한 제 협정이 정식으로 조인되었습니다.

지난 14년 동안 우리나라의 가장 어렵고도 커다란 외교 숙제였으며, 또한 내가 총선거 때에 공약으로 내건 바 있는 이 문제가 마침내 해결을 본 데 즈음하여, 나는 내가 가지고 있는 평소 소신의 일단을 밝혀 국민 여러분의 이해와 협조를 얻고자 합니다.

한 민족, 한 나라가 그의 운명을 개척하고 전진해 나가려면, 무엇보다도 국제정세와 세계조류에 적응하는 결단이 있어야 합니다. 국제정세를 도외시하고 세계 대세에 역행하는 국가판단이 우리에게 어떠한 불행을 가져오고야 말았는가는 바로 이조 말엽에 우리 민족이 치른 뼈저린 경험이 실증하고 있습니다.

오늘의 국제정세는 우리로 하여금 과거 어느 때보다도 일본과의 국교정상화를 강력히 요구하고 있습니다. 오늘날 우리가 대치하고 있는 적은 국제공산주의 세력입니다. 우리는 이 나라를 어느 누구에게도 다시 빼앗겨서는 안 되지만, 더욱이 공산주의와 싸워 이기기 위하여서는 우리와 손잡을 수 있고 벗이 될 수 있다면 누구하고라도 손을 잡아야 합니다.

우리의 자유와 독립을 수호하고 내일의 조국을 위해서 도움이 될 수 있는 일이라면, 어려운 일이기는 하지만 과거의 감정을 참고 씻어버리는 것이 진실로 조국을 사랑하는 길이 아니겠습니까. 이것이 나의 확고부동한 신념입니다.

더구나 중공의 위협이 나날이 증대하여 가고 있고, 국제사회가 이른바 다원적 양상으로 변모하고 있는 이 시점에서, 우리의 위치를 냉철하게 파악하고 반세기 전에 우리가 겪은 민족의 수난을 다시 되풀이하지 않기 위해서는 국가의 안전보장과 민족의 번영을 기약하는 현명한 판단이 절실히 요청되는 것입니다. 지난 수십 년간, 아니 수백 년간 우리는 일본과 깊은 원한 속에 살아 왔습니다. 그들은 우리의 독립을 말살하였고, 그들은 우리의 부모형제를 살상했고, 그들은 우리의 재산을 착취했습니다. 과거만을 따진다면 그들에 대한 우리의 사무친 감정은 어느 모로 보나 불구대천이라 할 수 있습니다.

그러나, 국민 여러분!
그렇다고 우리는 이 각박한 국제사회의 경쟁 속에서 지난날의 감정에만 집착해 있을 수는 없는 것입니다. 아무리 어제의 원수라 하더라도 우리의 오늘과 내일을 위해 필요하다면 그들과도 손을 잡아야 하는 것이 국리민복을 도모하는 현명한 대처가 아니겠습니까.

친애하는 국민 여러분!
한일 간의 국교를 정상화함에 있어서 나와 현 정부가 크게 배려한 것은 무엇보다도 우리의 원통스러운 과거를 청산하고 호혜 평등, 협동, 전진의 앞날을 다짐하는 기본관계의 설정이었고, 다음으로는 대일평화조약에 규정된 청구권 문제, 한국 연안의 어족자원보호와 100만 어민의 장래를 보장하는 어업협정 문제, 일본땅에 버려진 채 정당한 대우를 받지 못하고 있는 60만의 재일교포의 처우문제, 그리고 우리의 귀중한 문화재를 돌려받는 문제였습니다.
물론 이러한 제 문제가 우리만의 희망과 주장대로 해결된 것은 아닙니다. 그러나 내가 자신을 갖고 말할 수 있는 것은, 우리가 처해 있는 제반여건과 선진 제국의 외교관례에 비추어 볼 때, 우리의 국가이익을 확보하는 데 선의를 다했다는 사실입니다.
외교란 상대가 있는 것이고 또 일방적 강요를 뜻하는 것이 아니며, 그것은 이치와 조리를 따져 상호 간에 납득을 해야 비로소 타결이 되는 것입니다. 우리는 이제 한일 간의 공동의 이익과 공동의 안전과 공동의 번영을 모색하는 새로운 시대에 접어들게 되었습니다.

양국은 비단 지리적으로 가깝다든가 역사적으로 깊은 관계에 있다는 것만이 아니라, 극동의 같은 자유국가로서 공동운명의 길을 걷고 있습니다. 이 공동의 관계는 호혜 평등의 관계요, 상호 협력의 관계이며, 또한 상호 보완의 관계입니다.

한일 양국 간에 있어서 새로운 역사가 시작되는 이 순간에 우리가 깊이 반성하고 깊이 다짐할 점이 무엇이겠습니까. 그것이 바로 독립국가로서의 자주정신과 주체의식이 더욱 확고해야 하겠다는 것이며, 아시아에 있어 반공의 상징적인 국가라는 자부와 긍지를 잊어서는 안 되겠다는 것입니다.

나는 우리 국민의 일부 중에 한일협정의 결과가 굴욕적이니, 저자세니, 또는 군사적·경제적 침략을 자초한다는 등 비난을 일삼는 사람들이 있다는 것을 알고 있습니다. 심지어는 매국적이라고 극언을 하는 사람이 있습니다.

나는 지금까지 그들의 주장이 정부를 편달하고, 정부가 하는 협상의 입장을 강화하는 데 도움이 될 수 있으리라는 점에서 이것을 호의적으로 받아들여 왔습니다.

그러나 만일 그들의 주장이 진심으로 우리가 또다시 일본의 침략을 당할까 두려워하고 경제적으로 예속이 될까 걱정을 한다면, 나는 그들에게 묻고 싶습니다. 그들은 어찌하여 그처럼 자신이 없고 피해의식과 열등감에 사로잡혀서 일본이라면 무조건 겁을 집어먹느냐 하는 것입니다.

이와 같은 비굴한 생각, 이것이야말로 굴욕적인 자세라고 나는 지적하고 싶습니다. 일본 사람하고 맞서면 "언제든지 우리가 먹힌다" 하는 이 열등의식부터 우리는 깨끗이 버려야 합니다. 한걸음 더 나아가서 이제는 대등한 위치에서, 오히려 우리가 앞장서서 그들을 이끌고 나가겠다는 우월감은 왜 가져보지 못하는 것입니까?

이제부터는 이러한 적극적인 자세를 가지고 나가야 합니다. 하나의 민족국가가 새로이 부흥할 때는 반드시 민족 전체에 넘쳐흐르는 자신과 용기와 긍지가 있어야 하고 적극성과 진취성이 충만해야 하는 것입니다.

오늘날 우리나라의 근대화 작업을 좀먹는 가장 암적인 요소는 우리들 마음 한

구석에 도사리고 있는 패배주의와 열등의식, 그리고 퇴영적인 소극주의 바로 이것인 것입니다.

또 하나 있습니다. 그것은 비생산적인 사이비 행세, 이것들입니다. 또 있습니다. 속은 텅텅 비고도 겉치레만 번지레 꾸미려 하는 권위주의, 명분주의, 그리고 언행불일치주의입니다. 이러한 요소들은 과감하게 씻어버려야 합니다. 그리하여 자신을 가진 국민이 됩시다. 자신은 희망인 것입니다. 희망이 있는 곳에 민족의 힘이 생기는 것입니다.

하늘은 스스로 돕는 자를 돕는 법입니다. 응당한 노력을 지불함이 없이 공짜로 무엇이 되려니, 또는 무엇이 생기려니 하는 생각은 자신력을 완전히 상실한 비굴한 사고방식입니다.

지금 일부 국민들 중에 한일 국교정상화가 되면 우리는 또다시 일본의 침략을 당한다고 주장하는 이가 있지만, 이러한 열등의식은 버려야 하는 동시에, 이와 반대로 국교정상화가 되면 당장에 우리가 큰 덕을 볼 것이라는 천박한 생각도 우리에게는 절대 금물인 것입니다.

따라서 한마디로 한일 국교정상화가 앞으로 우리에게 좋은 결과를 가져오느냐, 불행한 결과를 가져오느냐 하는 관건은, 우리의 주체의식이 어느 정도 건재하느냐, 우리의 자세가 얼마나 바르고 우리의 각오가 얼마나 굳으냐에 있다는 것입니다.

우리가 만약에 정신을 바짝 차리지 못하고, 정부는 물론이거니와, 정치인이나, 경제인이나, 문화인이나를 할 것 없이 국리민복을 망각하고 개인의 사리사욕을 앞세우는 일이 있을진대, 이번에 체결된 모든 협정은 그야말로 치욕적인 제2의 을사조약이 된다는 것을 2,700만 국민 한 사람 한 사람이 다 같이 깊이 명심해야 할 것입니다.

나는 이 기회에 일본 국민들에게도 밝혀 둘 말이 있습니다. 우리와 그대들 간에 이루어졌던 불행한 과거를 청산하고, 새로운 선린으로써 다시 손을 마주잡게 된 것은 우리 양국 국민을 위해서 다행한 일이라고 생각합니다.

물론 과거 일본이 저지른 죄과들이 오늘의 일본 국민이나 오늘의 세대, 선도들에게 전적으로 책임이 있다고는 생각하지 않습니다. 그러나 정무조인이 이루어진 이 순간에, 침통한 표정과 착잡한 심정으로 과거의 구원을 억지로 누르고, 다시 손을 잡는 한국 국민들의 이 심정을 그렇게 단순하게 보아 넘기거나 결코 소홀히 생각하여서는 안 된다는 것입니다.

앞으로 우리 두 나라 국민이 참다운 선린과 우방이 될 수 있고 없는 것은 이제부터에 달려 있는 것입니다. 이번에 체결된 협정문서의 조문 그 자체가 문제가 아니라, 앞으로 그대들의 한국이나 한국 국민에 대한 자세와 성의 여하가 문제가 되는 것입니다.

우리는 그것을 주시하고 있다는 것을 명심해야 할 것입니다. "일본은 역시 믿을 수 없는 국민이다" 하는 대일불신감정이 우리 국민들 가슴속에 또다시 싹트기 시작한다면 이번에 체결된 제 협정은 아무런 의의를 지니지 못 할 것입니다.

친애하는 국민 여러분!
이제 남은 절차는 국회의 비준입니다. 물론 국회는 국회대로 충분한 논의를 하겠지만 국민 여러분께서도 특별한 관심과 참여의식으로 이 문제의 마지막 매듭에 현명한 판단과 아낌없는 협조가 있을 것을 나는 확신해 마지않습니다.

1965년 6월 23일

대통령 박정희

자료15 '역사 교과서'에 관한 미야자와 기이치 관방장관 담화 | 1982.8.26, 도쿄

1. 일본 정부 및 일본 국민은 과거 일본국의 행위가 한국, 중국을 포함한 아시아 국가들의 국민에게 다대한 고통과 손해를 끼친 것을 깊이 자각하고, 이와 같은 일을 두 번 다시 반복해서는 안 된다는 반성과 결의 위에 서서 평화국가로서의 길을 걸어왔다. 일본국은 한국에 대해서는 1965년의 일한 공동코뮤니케에서 "과거의 관계는 유감이며 깊이 반성하고 있다"라는 인식을, 또한 중국에 대해서는 일중 공동성명에서 "과거 일본국이 전쟁을 통해 중국 국민에게 중대한 손해를 끼친데 대한 책임을 통감하고 깊이 반성한다"라는 인식을 밝혔는 바, 이것도 전술한 일본국의 반성과 결의를 확인한 것이며, 현재에도 이러한 인식에는 추호의 변화도 없다.

2. 이와 같은 일한 공동코뮤니케, 일중 공동성명의 정신은 일본국의 학교교육, 교과서의 검정에 있어서도 당연히 존중되어야 할 것이나, 오늘날 한국, 중국 등으로부터 이러한 점과 관련된 일본국 교과서 기술에 관한 비판이 제기되고 있다. 일본국으로서는 아시아 인근 제국과의 우호, 친선을 추진함에 있어 이러한 비판에 충분히 귀를 기울이고, 정부의 책임하에 시정한다.

3. 이를 위해 금후의 교과서 검정에 있어서는, 교과용 도서검정조사 심의회의 논의를 거쳐 검정기준을 고치고, 전술한 취지가 충분히 실현되도록 배려한다. 이미 검정이 행하여 진 것에 대해서는 금후 신속히 이러한 취지가 실현되도록 조치할 것이며 그때까지의 조치로서 문부대신이 소견을 밝히고, 전술한 두가지 취지를 교육현장에 충분히 반영시키도록 한다.

4. 일본국으로서는, 금후에도 인근제국 국민과의 상호 이해의 촉진과 우호 협력 발전을 위해 노력하고, 아시아, 나아가서는 세계 평화와 안정에 기여해 나갈 생각이다.

| 자료16 | 교과서 검정기준에 관한 오가와 헤이지 문부대신 담화(근린제국 조항) | 1982.11.24, 도쿄 |

1. 일본의 교육은 평화적인 국가와 사회의 구성원을 육성함이 목적이다. 따라서 학교 교육에 있어서도 국민으로서의 자각을 깊게 함과 동시에 국제이해와 국제협조의 정신을 배양하는 것을 중요시하고 있다. 이 점에 관하여는 교과서 검정에 있어서도 종래부터 배려해 오고 있는 바이다. 그러나 얼마 전 한국·중국 등으로부터 일본의 역사교과서의 기술에 대하여 의견이 들어 왔다. 이와 같은 의견에 충분히 귀를 기울여 검토를 거듭한 결과 8.26자 "역사교과서에 관한 관방장관 담화"가 발표되었다. 본인은 동 취지를 받아들여 9.14 교과용 도서검정 조사심의회에 대하여 "역사교과서의 기술에 관한 검정의 절차에 관하여" 자문하였다. 심의회는 신중하게 심의하여 11.16 자문결과를 매듭지었다.

2. 자문결과는 교과서 검정에 있어서 일본과 한국·중국을 비롯한 인근 아시아 제국과의 불행한 과거의 관계를 고려하여, 이들 제국의 국민감정 등에 대하여도 금후 일층 배려할 필요가 있다고 하고 따라서 검정 기준에 국제이해와 국제협력에 관한 사항을 덧붙일 필요가 있다고 하였다.

3. 동 자문결과에 따라 의무교육제학교 교과용 도서검정 기준 및 고등학교 교육용 도서 검정기준을 개정하여 "인근 아시아 제국과의 관계에 관한 근·현대의 역사적 사실에는 국제이해와 국제협조의 견지에서 필요한 배려가 있어야 할 것"이라는 규정을 추가하였다. 국제이해와 국제협조의 정신에 관하여는 종래부터 교과서 검정에 있어서 배려해 온 바 있으나, 새로운 검정기준을 추가함으로써 일본과 인근 아시아 제국과의 우호, 친선을 일층 전진시켜 교과서의 기술이 보다 적절한 것이 되도록 길을 열고자 한다. 금후에는 저작자, 발행자가 검정을 신청하는 교과서에 대하여 새로운 검정기준이 적용됨으로써 교과서의

구체적 기술이 개선될 것으로 생각한다.

4. 상기 신검정 기준은 자문결과에 따라 1982년도 교과서 검정부터 적용키로 하였다. 또한 1981년도 검정을 필한 고등학교 역사교과서에 대하여는 정오정정(正誤訂正)의 절차에 의하여 수정하지 않고 신검정 기준에 의한 검정을 가능한 한 빨리 행하기 위하여 자문결과에 따라 차기 개정 검정을 1년 앞당겨 1983년에 실시코자 한다.

5. 문부성으로서는 금후에는 일한 공동성명 및 일중 공동성명의 정신을 존중하여 인근 제국과의 상호 이해의 촉진과 우호협력관계의 발전에 노력하는 것이 극히 중요하다고 생각한다. 학교 교육의 현장에 있어서 이상의 취지를 감안, 금후 일층 인근 아시아 제국을 비롯, 제 외국과의 국제이해와 국제협조를 배양함에 배려가 있기를 기대한다.

| 자료 17 | 재일한국인 3세 이하 자손의 법적지위에 관한 한일 외무장관 간 합의각서 | 1991.1.10, 서울 |

대한민국 정부 및 일본국 정부는 1965년 6월 22일 동경에서 서명된 '일본국에 거주하는 대한민국 국민의 법적지위와 대우에 관한 대한민국과 일본국 간의 협정'(이하 '법적지위협정'으로 칭함) 제2조 1의 규정에 의거하여, 법적지위협정 제1조의 규정에 따라 일본국에의 영주가 허가되어 있는 자(이하 '재일한국인 1세 및 2세'로 칭함)의 직계비속으로서 일본국에 있어서의 거주에 관하여, 1988년 12월 23일 제1차 공식 협의 이래 수차에 걸쳐 협의를 거듭하여 왔다.

또한 대한민국 정부는 1990년 5월 24일의 노태우 대통령과 가이후 도시키 총리대신 간에 개최되었던 정상회담 등 수차의 기회를 통하여 1990년 4월 30일의 한일 정기 외무장관회담 시 일본국 정부가 밝힌 '대처방침'(이하 '1990년 4월 30일 대처방침'으로 칭함)에 표명된 재일한국인 3세 이하의 자손에 관한 해결의 방향성을 재일한국인 1세 및 2세에 대하여도 적용할 것을 요망하였는바, 일본국 정부는 제15회 한일 정기 각료회의 등의 기회에서 그러한 요망에 대하여도 적절한 대응을 행할 것을 표명하였다.

1991년 1월 9일 및 10일의 가이후 도시키 일본국 내각총리대신의 대한민국 방문에 즈음하여 일본 측은 재일한국인이 가진 역사적 경위 및 정주성을 고려하여, 이들 재일한국인이 일본국에서 보다 안정된 생활을 영위할 수 있도록 하는 것이 중요하다는 인식에 입각하여, 지금까지의 합의 결과를 토대로 일본국 정부로서 금후 본건에 관하여 하기 방침으로 대처한다는 뜻을 표명하였다. 또한 쌍방은 이로서 법적지위협정 제2조 1의 규정에 의거한 협의를 종료시키며, 금후 본 협의의 개시와 함께 개최가 연기되어 온 양국 외교 당국 간 국장 수준의 협의를 연 1회 정도를 목표로 재개하여, 재일한국인의 법적지위 및 대우에 관하여 양국 정부간에 협의하여야 할 사항이 있는 경우, 동 협의 기회에서 제기할 것을 확인하였다.

1. 입관법 관계의 각 사항에 관하여는 1990년 4월 30일의 대처방침을 토대로 재일한국인 3세 이하의 자손에 대하여 일본국 정부로서 다음 조치를 취하기 위하여 필요한 개정법안을 금번 통상국회에 제출하도록 최대한 노력한다. 이 경우, (2) 및 (3)에 관하여는, 재일한국인 1세 및 2세에 대하여도 재일한국인 3세 이하 자손과 같은 조치를 강구하기로 한다.
(1) 간소화된 절차로, 지속적으로 영주를 인정한다.
(2) 퇴거강제 사유는 내란, 외환의 죄, 국교, 외교상의 이익에 관한 죄 및 이에 준하는 중대한 범죄에 한정한다.
(3) 재입국허가에 대하여는 출국기간을 최대한 5년으로 한다.

2. 외국인등록법 관계의 각 사항에 관하여는, 1990년 4월 30일의 대처방침에 의거하여, 다음의 조치를 취하기로 한다.
(1) 지문날인에 관하여는, 지문날인에 대신하는 수단을 가능한 한 조기에 개발하며, 이에 의하여 재일한국인 3세 이하의 자손은 물론, 재일한국인 1세 및 2세에 관하여도 지문날인을 행하지 아니하기로 한다. 이를 위하여 금후 2년 이내에 지문날인에 대신하는 조치를 실시할 수 있도록 필요한 개정법안을 차기 통상국회에 제출하기 위하여 최대한 노력한다. 지문날인에 대신하는 수단으로서는, 사진, 서명 및 외국인 등록에 가족사항을 가미하는 것을 중심으로 검토한다.
(2) 외국인등록증의 휴대제도에 관하여는, 운용의 방법도 포함하여, 적절한 해결책에 관하여 계속 검토한다. 동 제도의 운용에 관하여는, 금후로도, 재일한국인의 입장을 배려한 상식적이고 탄력적인 운용을 보다 철저하게 행하도록 노력한다.

3. 교육문제에 관하여는 다음의 방향으로 대처한다.

(1) 일본 사회에 있어서 한국어 등 민족의 전통 및 문화를 보지(保持)하고 싶다는 재일한국인 사회의 희망을 이해하며, 현재, 지방자치체의 판단에 의하여 학교의 과외로서 행하여지고 있는 한국어 및 한국문화 등의 학습이 금후에도 지장없이 실시되도록 일본국 정부로서 배려한다.
(2) 일본인과 동등한 교육기회를 확보하기 위하여, 보호자에 대하여 취학안내를 발급하는 것에 관하여, 전국적인 지도를 행하기로 한다.

4. 공립학교 교원에의 채용에 대하여는 그 길을 열어, 일본인과 동일하게 일반 교원 채용시험의 수험을 인정하도록 각 도도부현을 지도한다. 이 경우 공무원 임용에 관한 국적에 의한 합리적 차이에 입각한 일본국 정부의 법적견해를 전제로 하면서, 신분의 안정과 대우에 관하여도 배려한다.

5. 지방공무원에의 채용에 대하여는, 공무원 임용에 관한 국적에 의한 합리적 차이에 입각한 일본국 정부의 법적견해를 전제로 하면서, 채용기회의 확대를 도모하도록 지방공공단체를 지도하여 간다. 한편 지방자치제 선거권에 대하여는, 대한민국 정부의 요망이 표명되었다.

이상옥   나카야마 다로
대한민국 외무부장관 서명   일본국 외무대신 서명

자료18 | 위안부 관계 조사 결과 발표에 관한 고노 요헤이 내각관방장관 담화 | 1993.8.4, 도쿄

소위 종군위안부 문제에 대해서 정부는 재작년 12월부터 조사를 진행해 왔으나 금번 그 결과가 정리되었기에 발표하기로 하였다.

금번 조사의 결과, 장기적이고도 광범위한 지역에 걸쳐 위안소가 설치되었으며 많은 위안부가 존재했었다는 것이 확인되었다. 위안소는 당시 군 당국의 요청에 의해 설치 운영되었으며, 위안소의 설치, 관리 및 위안부의 이송에 대해서는 구 일본군이 직접 또는 간접적으로 이에 관여했다. 위안부 모집에 대해서는 군의 요청을 받은 업자가 주로 담당하였으나 그 경우도 감언, 강압 등에 의한, 본인들의 의사에 반하여 모집된 사례가 많으며 더욱이 관헌(官憲) 등이 직접 이에 가담한 적도 있었던 사실이 밝혀졌다. 또한 위안소에서의 생활은 강제적인 상황하에서의 참혹한 것이었다.

또한, 전지(戰地)로 이송된 위안부의 출신지에 대해서는 일본을 제외하면 한반도가 큰 비중을 차지하고 있었는데 당시의 한반도는 일본국의 통치하에 있었기 때문에 모집, 이송, 관리 등도 감언, 강압 등에 의해, 총체적으로 본인들의 의사에 반하여 이루어졌다.

어쨌든, 본건은 당시의 군의 관여하에 수많은 여성의 명예와 존엄에 깊은 상처를 입힌 문제이다. 정부는 이번 기회에 다시금 그 출신지의 여하를 떠나 소위 종군위안부로서 헤아릴 수 없는 고통을 겪고, 심신에 치유하기 어려운 상처를 입은 모든 분들께 마음에서 우러나오는 사죄(お詫び)와 반성의 심정을 말씀드린다. 또 그와 같은 마음을 일본국이 어떻게 표현하는가에 대해서는 지식인들의 의견 등도 구해 앞으로 진지하게 검토해야 한다고 생각한다.

우리들은 이와 같은 역사의 진실을 피하는 일 없이 오히려 이것을 역사의 교훈으로서 직시해 나가고자 한다. 우리들은 역사연구, 역사교육을 통해 이와 같은 문제를 영원히 기억해 똑같은 잘못을 결코 되풀이하지 않겠다는 굳은 결의를 다시 한번 표명한다.

또한 본 문제에 대해서는 일본에서 소송이 제기되어 있으며 국제적으로도 주목받고 있어 정부로서도 앞으로 민간연구를 포함해 충분한 관심을 기울여 나가고자 한다.

자료19 '전후 50주년 종전기념일을 맞아' (무라야마 총리 담화) | 1995.8.15, 도쿄

지난번 대전이 종말을 고한 지 50년의 세월이 흘렀습니다. 다시 한번 이 전쟁에 의해 희생된 내외의 많은 분들을 생각할 때 만감이 가슴에 벅차오릅니다.

패전 후 일본은 저 불타버린 벌판으로부터 수많은 곤란을 극복하여 오늘의 평화와 번영을 쌓아왔습니다. 이것은 우리들의 자랑이며, 이를 위하여 쏟아 넣은 국민 여러분 한 분 한 분의 영지(英知)와 꾸준한 노력에 저는 마음으로부터 경의를 표합니다. 여기에 이르기까지 미국을 비롯 세계 각국으로부터 보내온 지원과 협력에 대하여 다시금 심심한 사의를 표명합니다. 또한 아시아·태평양 근린제국, 미국 및 구주제국과의 사이에 오늘날과 같은 우호관계를 쌓게 된 것을 마음으로부터 경하하는 바입니다.

평화롭고 풍요한 일본이 된 오늘, 우리들은 자칫하면 이 평화의 존엄성과 감사함을 잊기 쉽습니다. 우리들은 과거의 잘못을 두 번 다시 반복하지 않도록 전쟁의 비참함을 젊은 세대에게 가르쳐 전하지 않으면 안 됩니다. 특히 근린제국의 사람들과 손을 잡고 아시아·태평양 지역, 나아가서 세계의 평화를 확실히 해 나가기 위해서는 무엇보다도 이러한 제국과의 사이에 깊은 이해와 신뢰의 바탕을 둔 관계를 쌓아나가는 것이 불가결하다고 생각합니다. 정부는 이러한 생각에 기초하여 특히 근현대에 있어서의 일본과 근린 아시아제국과의 관계에 관한 역사연구를 지원하고, 각국과의 교류의 비약적 확대를 위해서 이 두 가지를 기둥으로 평화우호 교류사업을 전개하고 있습니다. 또한 현재 추진 중인 전후 처리 문제에 관해서도 우리 나라와 이들 각국과의 신뢰관계를 일층 강화하기 위해 저는 계속 성실히 대응해 나갈 것입니다.

지금 전후 50주년의 계기를 맞아 우리들이 명심해야 할 일은 지난날을 돌아보며 역사의 교훈을 얻고, 미래를 향하여 인류 사회의 평화와 번영의 길을 그르치지 않는 것입니다.

우리 나라는 머지않은 과거의 한 시기에 국책(國策)을 그르쳐서 전쟁의 길을 걸어 국민을 존망(存亡)의 위기에 빠뜨리고, 식민지 지배와 침략에 의해 많은 나라, 특히 아시아 제국(諸國)의 사람들에 대하여 다대(多大)한 손해와 고통을 주었습니다. 저는 미래에 잘못이 다시 없도록 하기 위해서는 의심할 여지없는 이 역사의 사실을 겸허하게 받아들여 여기에 다시 한번 통절(痛切)한 반성의 뜻을 표하며, 마음에서 우러나오는 사죄(お詫び)의 심정을 표명합니다. 또한 이러한 역사가 가져온 내외의 모든 희생자에 대하여 깊은 애도의 뜻을 바칩니다.

패전의 날로부터 50주년을 맞는 오늘 우리 나라는 깊은 반성에 서서 독선적인 내셔널리즘을 배척하고 책임 있는 국제사회의 일원으로서 국제협조를 촉진하고 이를 통하여 평화의 이념과 민주주의를 확산시켜 나가지 않으면 안 됩니다. 동시에 우리 나라는 유일의 피폭국으로서의 체험을 바탕으로 핵무기의 궁극적인 폐기를 위하여 핵 비확산체제의 강화 등 국제적인 군축을 적극적으로 추진해 나가는 것이 중요합니다. 이것이야말로 과거에 대한 속죄이며, 희생된 분들의 영령을 위로하는 일이 된다고 저는 믿고 있습니다.

"신의보다 의지할 만한 것은 없다"라는 말이 있습니다. 이 기념할 만한 날에 즈음하여 신의를 시정(施政)의 근간으로 할 것을 내외에 표명하면서 저의 맹세의 말로 대신코자 합니다.

1995년 8월 15일

내각총리대신
무라야마 도미이치

| 자료20 | 전 위안부 여러분들에 대한 내각총리대신의 편지 | 1997~2001, 도쿄 |

배계(拝啓)

이번에 정부와 국민이 다함께 협력하여 추진하고 있는 '여성을 위한 아시아평화 국민기금'을 통해 종군위안부로서 희생하신 분들께 우리 나라의 국민적인 보상이 행해짐에 즈음하여 저의 심정을 표명하고자 합니다.

이른바 종군위안부 문제는 당시 구 일본군의 관여 하에 많은 여성들의 명예와 존엄성에 깊은 상처를 입힌 문제입니다. 저는 일본국 내각총리대신으로서 다시 한번 소위 종군위안부로서 수많은 고통을 겪고 심신양면에 걸쳐 치유하기 어려운 상처를 입으신 분들에게 진심으로 사과와 반성의 뜻을 말씀드리고자 합니다.

우리는 과거의 무거움으로부터도 미래를 향한 책임으로부터도 도망칠 수가 없습니다. 우리 나라로서는 도의적인 책임을 통감하면서 사과와 반성의 뜻에 입각하여 과거의 역사를 직시하고, 이것을 후세들에게 올바로 전달하는 것과 동시에 부조리한 폭력 등 여성의 명예와 존엄성에 관련된 문제들에 대해서도 적극적으로 임해야 한다고 생각합니다.

끝으로 여러분들의 앞으로의 인생이 평온하시기를 충심으로 비는 바입니다.

경구(敬具)

2001년

일본국 내각총리대신 고이즈미 준이치로

역대 내각총리대신 서명: 하시모토 류타로(橋本龍太郎), 오부치 게이조(小淵惠三), 모리 요시로(森喜郎), 고이즈미 준이치로(小泉純一郎)

| 자료21 | 21세기의 새로운 한일 파트너십 공동선언 (김대중·오부치 공동선언) | 1998.10.8, 도쿄 |

1. 김대중 대한민국 대통령 내외분은 일본국 국빈으로서 1998년 10월 7일부터 10일까지 일본을 공식 방문하였다. 김대중 대통령은 체재 중 오부치 게이조 일본국 내각총리대신과 회담을 가졌다. 양국 정상은 과거의 양국관계를 돌이켜 보고, 현재의 우호협력관계를 재확인하는 동시에 미래의 바람직한 양국관계에 관하여 의견을 교환하였다.

이 회담의 결과, 양국 정상은 1965년 국교정상화 이래 구축되어 온 양국 간의 긴밀한 우호협력관계를 보다 높은 차원으로 발전시켜, 21세기의 새로운 한일 파트너십을 구축한다는 공통의 결의를 선언하였다.

2. 양국 정상은 한일 양국이 21세기의 확고한 선린 우호협력관계를 구축해 나가기 위해서는 양국이 과거를 직시하고, 상호 이해와 신뢰에 기초한 관계를 발전시켜 나가는 것이 중요하다는 데 의견의 일치를 보았다.

오부치 총리대신은 금세기의 한일 양국관계를 돌이켜 보고, 일본이 과거 한때 식민지 지배로 인하여 한국 국민에게 다대한 손해와 고통을 안겨주었다는 역사적 사실을 겸허히 받아들이면서, 이에 대하여 통절한 반성과 마음으로부터의 사죄를 하였다.

김대중 대통령은 이러한 오부치 총리대신의 역사인식 표명을 진지하게 받아들이고, 이를 평가하는 동시에, 양국이 과거의 불행한 역사를 극복하고 화해와 선린우호협력에 입각한 미래지향적인 관계를 발전시키기 위하여 서로 노력하는 것이 시대적 요청이라는 뜻을 표명하였다.

또한 양국 정상은 양국 국민, 특히 젊은 세대가 역사에 대한 인식을 심화시키는 것이 중요하다는 점에 대하여 견해를 함께 하고, 이를 위하여 많은 관심과 노력을 기울일 필요가 있다는 점을 강조하였다.

3. 양국 정상은 과거 오랜 역사를 통하여 교류와 협력을 유지해 온 한일 양국이 1965년 국교정상화 이래 각 분야에서 긴밀한 우호협력관계를 발전시켜 왔으며, 이러한 협력관계가 서로의 발전에 기여하였다는 데 인식을 같이 하였다. 오부치 총리대신은 한국이 국민들의 꾸준한 노력에 의하여 비약적인 발전과 민주화를 달성하고, 번영되고 성숙한 민주주의 국가로 성장한 데 대하여 경의를 표하였다. 김대중 대통령은 전후 일본이 평화헌법하에서 전수방위 및 비핵 3원칙을 비롯한 안전보장정책과 세계경제 및 개발도상국에 대한 경제지원 등을 통하여 국제사회의 평화와 번영을 위하여 수행해 온 역할을 높이 평가하였다.

양국 정상은 한일 양국이 자유민주주의, 시장경제라는 보편적 이념에 입각한 협력관계를 양국 국민 간의 광범위한 교류와 상호 이해에 기초하여 앞으로 더욱 발전시켜 나간다는 결의를 표명하였다.

4. 양국 정상은 양국 간의 관계를 정치, 안전보장, 경제 및 인적·문화교류 등 폭넓은 분야에서 균형되고 보다 높은 차원의 협력관계로 발전시켜 나갈 필요가 있다는 데 의견을 같이하였다. 또한 양국 정상은 양국의 파트너십을 단순히 양자 차원에 그치지 않고 아시아·태평양 지역, 나아가 국제사회 전체의 평화와 번영을 위하여, 또한 개인의 인권이 존중되는 풍요한 생활과 살기 좋은 지구환경을 지향하는 다양한 노력을 통해 진전시켜 나가는 것이 매우 중요하다는데 의견의 일치를 보았다.

이를 위하여 양국 정상은 20세기의 한일관계를 마무리하고, 진정한 상호 이해와 협력에 입각한 21세기의 새로운 한일 파트너십을 공통의 목표로서 구축하고 발전시켜 나가는 데 있어서 다음과 같이 의견의 일치를 보았으며, 이러한 파트너십을 구체적으로 실천해나가기 위하여 이 공동선언에 부속된 행동계획을 작성하였다.

양국 정상은 양국 정부가 앞으로 양국의 외무장관을 책임자로 하여 정기적으로 이 한일 파트너십에 기초한 협력의 진척 상황을 확인하고, 필요에 따라 이를 더욱 강화해 나가기로 하였다.

5. 양국 정상은 현재의 한일관계를 보다 높은 차원으로 발전시켜 나가기 위하여 양국 간의 협의와 대화를 더욱 촉진시켜 나간다는 데 의견의 일치를 보았다. 양국 정상은 이러한 관점에서 정상 간의 지금까지의 긴밀한 상호 방문·협의를 유지·강화하고 정례화해 나가기로 하는 동시에, 외무장관을 비롯한 각 분야의 각료급 협의를 더욱 강화해 나가기로 하였다. 또한 양국 정상은 양국 간 각료간 담화를 가능한 한 조기에 개최하여 정책 실시의 책임을 갖는 관계각료들의 자유로운 의견교환의 장을 설치키로 하였다. 아울러 양국 정상은 지금까지의 한일 양국 국회의원 간 교류의 실적을 평가하고, 한일/일한 의원연맹의 향후 활동 확충 방침을 환영하는 동시에, 21세기를 담당할 차세대의 소장의원 간의 교류를 장려해 나가기로 하였다.

6. 양국 정상은 냉전 후의 세계에 있어서 보다 평화롭고 안전한 국제사회 질서를 구축하기 위한 국제적 노력에 대하여 한일 양국이 서로 협력하면서 적극적으로 참가해 나가는 것이 중요하다는 데 의견의 일치를 보았다. 양국 정상은 21세기의 도전과 과제에 보다 효과적으로 대처해 나가기 위해서는 국제연합의 역할이 강화되어야 하며, 이는 안전보장이사회의 기능 강화, 국제연합 사무국 조직의 효율화, 안정적인 재정기반의 확보, 국제연합 평화유지 활동의 강화, 개발도상국의 경제사회개발에 대한 협력 등을 통해 이룩할 수 있다는 데 대해 의견이 일치하였다.

이러한 점을 염두에 두고, 김대중 대통령은 국제연합을 비롯한 국제사회에 대한 일본의 기여와 역할을 평가하고, 금후 일본의 그와 같은 기여와 역할이 증대되는 데 대한 기대를 표명하였다.

또한 양국 정상은 군축 및 비확산의 중요성, 특히 어떠한 종류의 대량파괴무기일지라도 그 확산이 국제사회의 평화와 안전에 대한 위협이 된다는 것을 강조하는 동시에, 이러한 분야에서의 양국 간 협력을 더욱 강화하기로 하였다.

양국 정상은 양국 간의 안보정책협의회 및 각급 차원의 방위교류를 환영하고, 이를 더욱 강화해 나가기로 하였다. 아울러 양국 정상은 양국이 각각 미국과의 안전보장체제를 견지하는 동시에, 아시아·태평양 지역의 평화와 안정을 위한 다자간 대화 노력을 더욱 강화해 나가는 것이 중요하다는 데 의견의 일치를 보았다.

7. 양국 정상은 한반도의 평화와 안정을 위해서는 북한이 개혁과 개방을 지향하는 동시에, 대화를 통한 보다 건설적인 자세를 취하는 것이 매우 중요하다는 인식을 공유하였다. 오부치 총리대신은 확고한 안보체제를 유지하면서 화해와 협력을 적극적으로 추진한다는 김대중 대통령의 대북한정책에 대한 지지를 표명하였다. 이와 관련하여 양국 정상은 1992년 2월 발효된 '남북사이의 화해와 불가침 및 교류·협력에 관한 합의서'의 이행과 4자회담의 순조로운 진전이 바람직하다는 데 의견을 같이하였다.

또한 양국 정상은 1994년 10월 미국과 북한 간에 서명된 '제네바 합의' 및 한반도에너지 개발기구(KEDO)를 북한의 핵 계획 추진을 저지하기 위한 가장 현실적이고 효과적인 메커니즘으로서 유지해 가는 것이 중요하다는 것을 확인하였다. 이와 관련하여 양국 정상은 북한의 미사일 발사에 대하여, 국제연합 안전보장이사회 의장이 안보리를 대표하여 표명한 우려 및 유감의 뜻을 공유하는 동시에, 북한의 미사일 개발이 중지되지 않는다면, 한국, 일본 및 동북아시아 지역 전체의 평화와 안전에 악영향을 미친다는 데 의견을 같이하였다.

양국 정상은 양국이 북한에 관한 정책을 추진함에 있어서 상호 긴밀히 연대해 나가는 것이 중요함을 재확인하고, 각급 차원에서의 정책 협의를 강화하는 데 의견을 같이하였다.

8. 양국 정상은 자유롭고 개방된 국제경제체제를 유지·발전시키고, 또한 구조적 문제에 직면한 아시아 경제의 회복을 실현해 나감에 있어서 한일 양국이 각각 안고 있는 경제적 과제를 극복하면서, 경제분야의 균형된 상호 협력관계를

보다 강화해 나가는 것이 중요하다는 데 합의하였다. 이를 위하여 양국 정상은 양자 간의 경제정책 협의를 더욱 강화하는 동시에, WTO, OECD, APEC 등 다자무대에서의 양국 간 정책 협조를 더욱 촉진해 나간다는 데 의견을 같이하였다.

김대중 대통령은 금융, 투자, 기술이전 등 여러 분야에 걸친 지금까지의 일본의 대한국 경제지원을 평가하는 동시에, 한국이 안고 있는 경제적 문제의 해결을 위한 노력을 설명하였다. 오부치 총리대신은 일본의 경제회복을 위한 각종 시책 및 아시아의 경제난 극복을 위하여 일본이 시행하고 있는 경제적 지원에 관해 설명하는 한편, 한국의 경제난 극복을 위한 노력을 계속 지지한다는 의향을 표명하였다. 양국 정상은 재정 투융자를 적절히 활용한 일본 수출입은행의 대한국 융자에 관하여 기본적인 합의가 이루어진 것을 환영하였다.

양국 정상은 양국 간의 커다란 현안이었던 한일 어업협정 교섭이 기본 합의에 도달한 것을 마음으로부터 환영하는 동시에, 국제연합 해양법 협약을 기초로 한 새로운 어업질서하에 어업분야에 있어서의 양국관계의 원활한 진전에 대한 기대를 표명하였다.

또한 양국 정상은 이번에 새로운 한일 이중과세방지협약이 서명되는 것을 환영하였다. 아울러 양국 정상은 무역·투자, 산업기술, 과학기술, 정보통신 및 노·사·정 교류 등 각 분야에서의 협력·교류를 더욱 발전시켜 나간다는 데 의견의 일치를 보았으며, 한일 사회보장협정을 염두에 두고, 장래 적절한 시기에 서로의 사회보장제도에 대한 정보·의견교환을 실시하기로 하였다.

9. 양국 정상은 국제사회의 안전과 복지에 대한 새로운 위협이 되고 있는 국경을 초월한 각종 범세계적 문제의 해결을 위하여 양국 정부가 긴밀히 협력해 나간다는 데 의견의 일치를 보았다. 양국 정상은 지구환경 문제, 특히 온실가스 배출 제한, 산성비 대책을 비롯한 제반 문제에 대한 대응에 있어서의 협력을 강화하기 위하여, 한일 환경정책대화를 추진하기로 하였다. 또한 개발 도상국에 대한 지원을 강화하기 위하여 원조분야에서의 양국 간 협조를 더욱 발전시

켜 나간다는 데 의견의 일치를 보았다. 아울러 양국 정상은 한일 범죄인인도조약 체결을 위한 협의를 시작하는 동시에, 마약·각성제 대책을 비롯한 국제조직범죄 대책분야에서의 협력을 더욱 강화한다는 데 의견의 일치를 보았다.

10. 양국 정상은 이상 각 분야의 양국 간 협력을 효과적으로 추진해 나가는 기초는 정부 간 교류 뿐만 아니라 양국 국민 간의 깊은 상호 이해와 다양한 교류에 있다는 인식하에 양국 간의 문화·인적교류를 확충해 나간다는 데 의견의 일치를 보았다.

양국 정상은 2002년 월드컵의 성공을 위한 양국 국민의 협력을 지원하고, 2002년 월드컵 개최를 계기로 문화 및 스포츠 교류를 더욱 활발히 추진해 나가기로 하였다.

양국 정상은 연구원, 교사, 언론인, 시민단체 등 다양한 계층의 국민 및 지역 간 교류의 진전을 촉진하기로 하였다.

양국 정상은 이러한 교류·상호 이해 촉진의 토대를 조성하는 조치로서 이전부터 추진해 온 사증제도의 간소화를 계속 추진하기로 하였다.

또한 양국 정상은 한일 간의 교류 확대와 상호 이해 증진에 이바지하기 위하여 중·고생 교류사업의 신설을 비롯하여 정부 간의 유학생 및 청소년 교류 사업의 내실화를 기하는 동시에, 양국의 청소년을 대상으로 한 취업관광사증제도를 1999년 4월부터 도입하기로 합의하였다. 또한 양국 정상은 재일한국인이 한일 양국 국민의 상호 교류, 상호 이해를 위한 가교로서의 역할을 담당할 수 있다는 인식에 입각하여 그 지위의 향상을 위하여 양국 간 협의를 계속해 나간다는 데 의견의 일치를 보았다.

양국 정상은 한일포럼 및 역사공동연구의 촉진에 관한 한일 공동위원회 등 관계자에 의한 한일 간 지적교류의 의의를 높이 평가하는 동시에, 이러한 노력을 계속 지지해 나간다는 데 의견의 일치를 보았다.

김대중 대통령은 한국 내에서 일본 문화를 개방해 나가겠다는 방침을 전달하였으며, 오부치 총리대신은 이러한 방침이 한일 양국의 진정한 상호 이해에 기여할 것으로 환영하였다.

11. 김대중 대통령과 오부치 총리대신은 21세기의 새로운 한일 파트너십이 양국 국민의 폭넓은 참여와 부단한 노력에 의하여 더욱 높은 차원으로 발전될 수 있다는 공통의 신념을 표명하는 동시에, 양국 국민에 대하여 이 공동선언의 정신을 함께하고, 새로운 한일 파트너십의 구축·발전을 위한 공동의 작업에 동참해 줄 것을 호소하였다.

대한민국 대통령   일본국 내각총리대신
김대중   오부치 게이조

1998년 10월 8일, 도쿄

| 자료22 | 대한민국과 일본국 간의 어업에 관한 협정 (신어업협정) | 1998.11.28, 가고시마
1999.1.22, 도쿄 |

대한민국과 일본국은, 해양생물자원의 합리적인 보존·관리 및 최적이용의 중요성을 인식하고, 1965년 6월 22일 도쿄에서 서명된 '대한민국과 일본국 간의 어업에 관한 협정'을 기초로 유지되어 왔던 양국 간 어업분야에 있어서의 협력관계의 전통을 상기하고, 양국이 1982년 12월 10일 작성된 '해양법에 관한 국제연합 협약'(이하 '국제연합해양법협약'이라 한다)의 당사국임을 유념하고, 국제연합 해양법 협약에 기초하여, 양국 간 새로운 어업질서를 확립하고, 양국 간에 어업분야에서의 협력관계를 더욱 발전시킬 것을 희망하여, 다음과 같이 합의하였다.

제1조

이 협정은 대한민국의 배타적 경제수역과 일본국의 배타적 경제수역(이하 '협정수역'이라 한다)에 적용한다.

제2조

각 체약국은 호혜의 원칙에 입각하여 이 협정 및 자국의 관계법령에 따라 자국의 배타적 경제수역에서 타방체약국 국민 및 어선이 어획하는 것을 허가한다.

제3조

1. 각 체약국은 자국의 배타적 경제수역에서의 타방체약국 국민 및 어선의 어획이 인정되는 어종·어획할당량·조업구역 및 기타 조업에 관한 구체적인 조건을 매년 결정하고, 이 결정을 타방체약국에 서면으로 통보한다.

2. 각 체약국은 제1항의 결정을 함에 있어서, 제12조의 규정에 의하여 설치되는 한일 어업공동위원회의 협의결과를 존중하고, 자국의 배타적 경제수역에서의 해양생물자원의 상태, 자국의 어획능력, 상호 입어의 상황 및 기타 관련 요소를 고려한다.

제4조

1. 각 체약국의 권한있는 당국은 타방체약국으로부터 제3조에서 규정하는 결정에 관하여 서면에 의한 통보를 받은 후, 타방체약국의 배타적 경제수역에서 어획하는 것을 희망하는 자국의 국민 및 어선에 대한 허가증 발급을 타방체약국의 권한있는 당국에 신청한다. 해당 타방체약국의 권한있는 당국은 이 협정 및 어업에 관한 자국의 관계법령에 따라 이 허가증을 발급한다.

2. 허가를 받은 어선은 허가증을 조타실의 보이기 쉬운 장소에 게시하고 어선의 표지를 명확히 표시하여 조업한다.

3. 각 체약국의 권한있는 당국은 허가증의 신청 및 발급, 어획실적에 관한 보고, 어선의 표지 및 조업일지의 기재에 관한 규칙을 포함한 절차규칙을 타방체약국의 권한있는 당국에 서면으로 통보한다.

4. 각 체약국의 권한있는 당국은 입어료 및 허가증 발급에 관한 타당한 요금을 징수할 수 있다.

제5조

1. 각 체약국의 국민 및 어선이 타방체약국의 배타적 경제수역에서 어획할 때에는 이 협정 및 어업에 관한 타방체약국의 관계법령을 준수한다.

2. 각 체약국은 자국의 국민 및 어선이 타방체약국의 배타적 경제수역에서 어획할 때에는 제3조의 규정에 따라 타방체약국이 결정하는 타방체약국의 배타적 경제수역에서의 조업에 관한 구체적인 조건과 이 협정의 규정을 준수하도록 필요한 조치를 취한다. 이 조치는 타방체약국의 배타적 경제수역에서의 자국의 국민 및 어선에 대한 임검·정선 및 기타의 단속을 포함하지 아니한다.

제6조

1. 각 체약국은 타방체약국의 국민 및 어선이 자국의 배타적 경제수역에서 어획할 때에는 제3조의 규정에 따라 자국이 결정하는 자국의 배타적 경제수역에서의 조업에 관한 구체적인 조건과 이 협정의 규정을 준수하도록 국제법에 따라 자국의 배타적 경제수역에서 필요한 조치를 취할 수 있다.

2. 각 체약국의 권한있는 당국은 제1항의 조치로서 타방체약국의 어선 및 그 승무원을 나포 또는 억류한 경우에는 취하여진 조치 및 그 후 부과된 벌에 관하여 외교경로를 통하여 타방체약국에 신속히 통보한다.

3. 나포 또는 억류된 어선 및 그 승무원은 적절한 담보금 또는 그 제공을 보증하는 서류를 제출한 후에는 신속히 석방된다.

4. 각 체약국은 어업에 관한 자국의 관계법령에서 정하는 해양생물자원의 보존 조치 및 기타 조건을 타방체약국에 지체없이 통보한다.

제7조

1. 각 체약국은 다음 각목의 점을 순차적으로 직선으로 연결하는 선에 의한 자국 측의 협정수역에서 어업에 관한 주권적 권리를 행사하며, 제2조 내지 제

6조의 규정의 적용상도 이 수역을 자국의 배타적 경제수역으로 간주한다.

가. 북위 32도 57.0분, 동경 127도 41.1분의 점
나. 북위 32도 57.5분, 동경 127도 41.9분의 점
다. 북위 33도 01.3분, 동경 127도 44.0분의 점
라. 북위 33도 08.7분, 동경 127도 48.3분의 점
마. 북위 33도 13.7분, 동경 127도 51.6분의 점
바. 북위 33도 16.2분, 동경 127도 52.3분의 점
사. 북위 33도 45.1분, 동경 128도 21.7분의 점
아. 북위 33도 47.4분, 동경 128도 25.5분의 점
자. 북위 33도 50.4분, 동경 128도 26.1분의 점
차. 북위 34도 08.2분, 동경 128도 41.3분의 점
카. 북위 34도 13.0분, 동경 128도 47.6분의 점
타. 북위 34도 18.0분, 동경 128도 52.8분의 점
파. 북위 34도 18.5분, 동경 128도 53.3분의 점
하. 북위 34도 24.5분, 동경 128도 57.3분의 점
거. 북위 34도 27.6분, 동경 128도 59.4분의 점
너. 북위 34도 29.2분, 동경 129도 00.2분의 점
더. 북위 34도 32.1분, 동경 129도 00.8분의 점
러. 북위 34도 32.6분, 동경 129도 00.8분의 점
머. 북위 34도 40.3분, 동경 129도 03.1분의 점
버. 북위 34도 49.7분, 동경 129도 12.1분의 점
서. 북위 34도 50.6분, 동경 129도 13.0분의 점
어. 북위 34도 52.4분, 동경 129도 15.8분의 점
저. 북위 34도 54.3분, 동경 129도 18.4분의 점
처. 북위 34도 57.0분, 동경 129도 21.7분의 점
커. 북위 34도 57.6분, 동경 129도 22.6분의 점
터. 북위 34도 58.6분, 동경 129도 25.3분의 점

퍼. 북위 35도 01.2분, 동경 129도 32.9분의 점
허. 북위 35도 04.1분, 동경 129도 40.7분의 점
고. 북위 35도 06.8분, 동경 130도 07.5분의 점
노. 북위 35도 07.0분, 동경 130도 16.4분의 점
도. 북위 35도 18.2분, 동경 130도 23.3분의 점
로. 북위 35도 33.7분, 동경 130도 34.1분의 점
모. 북위 35도 42.3분, 동경 130도 42.7분의 점
보. 북위 36도 03.8분, 동경 131도 08.3분의 점
소. 북위 36도 10.0분, 동경 131도 15.9분의 점

2. 각 체약국은 제1항의 선에 의한 타방체약국 측의 협정수역에서 어업에 관한 주권적 권리를 행사하지 아니하며, 제2조 내지 제6조의 규정의 적용상도 이 수역을 타방체약국의 배타적 경제수역으로 간주한다.

제8조

제2조 내지 제6조의 규정은 협정수역 중 다음 가목 및 나목의 수역에는 적용하지 아니한다.
가. 제9조 제1항에서 정하는 수역
나. 제9조 제2항에서 정하는 수역

제9조

1. 다음 각목의 점을 순차적으로 직선으로 연결하는 선에 의하여 둘러싸이는 수역에 있어서는 부속서 I 의 제2항의 규정을 적용한다.
가. 북위 36도 10.0분, 동경 131도 15.9분의 점
나. 북위 35도 33.75분, 동경 131도 46.5분의 점

다. 북위 35도 59.5분, 동경 132도 13.7분의 점
라. 북위 36도 18.5분, 동경 132도 13.7분의 점
마. 북위 36도 56.2분, 동경 132도 55.8분의 점
바. 북위 36도 56.2분, 동경 135도 30.0분의 점
사. 북위 38도 37.0분, 동경 135도 30.0분의 점
아. 북위 39도 51.75분, 동경 134도 11.5분의 점
자. 북위 38도 37.0분, 동경 132도 59.8분의 점
차. 북위 38도 37.0분, 동경 131도 40.0분의 점
카. 북위 37도 25.5분, 동경 131도 40.0분의 점
타. 북위 37도 08.0분, 동경 131도 34.0분의 점
파. 북위 36도 52.0분, 동경 131도 10.0분의 점
하. 북위 36도 52.0분, 동경 130도 22.5분의 점
거. 북위 36도 10.0분, 동경 130도 22.5분의 점
너. 북위 36도 10.0분, 동경 131도 15.9분의 점

2. 다음 각목의 선에 의하여 둘러싸이는 수역 중 대한민국의 배타적 경제수역의 최남단의 위도선 이북의 수역에 있어서는 부속서 I 의 제3항의 규정을 적용한다.

가. 북위 32도 57.0분, 동경 127도 41.1분의 점과 북위 32도 34.0분, 동경 127도 9.0분의 점을 연결하는 직선
나. 북위 32도 34.0분, 동경 127도 9.0분의 점과 북위 31도 0.0분, 동경 125도 51.5분의 점을 연결하는 직선
다. 북위 31도 0.0분, 동경 125도 51.5분의 점에서 시작하여 북위 30도 56.0분, 동경 125도 52.0분의 점을 통과하는 직선
라. 북위 32도 57.0분, 동경 127도 41.1분의 점과 북위 31도 20.0분, 동경 127도 13.0분의 점을 연결하는 직선
마. 북위 31도 20.0분, 동경 127도 13.0분의 점에서 시작하여 북위 31도

0.0분, 동경 127도 5.0분의 점을 통과하는 직선

제10조

양 체약국은 협정수역에서의 해양생물자원의 합리적인 보존·관리 및 최적 이용에 관하여 상호 협력한다. 이 협력은 해당 해양생물자원의 통계학적 정보와 수산업 자료의 교환을 포함한다.

제11조

1. 양 체약국은 각각 자국의 국민과 어선에 대하여 항행에 관한 국제법규의 준수, 양 체약국 어선 간 조업의 안전과 질서의 유지 및 해상에서의 양 체약국 어선간 사고의 원활하고 신속한 해결을 위하여 적절한 조치를 취한다.

2. 제1항에 열거한 목적을 위하여 양 체약국의 관계당국은 가능한 한 긴밀하게 상호 연락하고 협력한다.

제12조

1. 양 체약국은 이 협정의 목적을 효율적으로 달성하기 위하여 한일 어업공동위원회(이하 '위원회'라 한다)를 설치한다.

2. 위원회는 양 체약국 정부가 각각 임명하는 1인의 대표 및 1인의 위원으로 구성되며, 필요한 경우 전문가로 구성되는 하부기구를 설치할 수 있다.

3. 위원회는 매년 1회 양국에서 교대로 개최하고 양 체약국이 합의할 경우에는 임시로 개최할 수 있다. 제2항의 하부기구가 설치되는 경우에는 해당 하부기

구는 위원회의 양 체약국 정부대표의 합의에 의하여 언제라도 개최할 수 있다.

4. 위원회는 다음 사항에 관하여 협의하고, 협의결과를 양 체약국에 권고한다. 양 체약국은 위원회의 권고를 존중한다.
가. 제3조에 규정하는 조업에 대한 구체적인 조건에 관한 사항
나. 조업질서유지에 관한 사항
다. 해양생물자원의 실태에 관한 사항
라. 양국 간 어업분야에서의 협력에 관한 사항
마. 제9조 제1항에서 정하는 수역에서의 해양생물자원의 보존·관리에 관한 사항
바. 기타 이 협정의 실시와 관련되는 사항

5. 위원회는 제9조 제2항에서 정하는 수역에서의 해양생물자원의 보존·관리에 관한 사항에 관하여 협의하고 결정한다.

6. 위원회의 모든 권고 및 결정은 양 체약국 정부의 대표 간의 합의에 의하여서만 이를 한다.

제13조

1. 이 협정의 해석이나 적용에 관한 양 체약국 간의 분쟁은 먼저 협의에 의하여 해결한다.

2. 제1항에서 언급하는 분쟁이 협의에 의하여 해결되지 아니하는 경우에는 그러한 분쟁은 양 체약국의 동의에 의하여 다음에 정하는 절차에 따라 해결한다.
가. 어느 일방체약국의 정부가 타방체약국의 정부로부터 분쟁의 원인이 기재된 당해 분쟁의 중재를 요청하는 공문을 받은 경우에 있어서 그 요청에 응하는

통보를 타방체약국 정부에 대하여 행할 때에는 그 분쟁은 그 통보를 받은 날부터 30일의 기간 내에 각 체약국 정부가 임명하는 각 1인의 중재위원과 이와 같이 선정된 2인의 중재위원이 그 기간 후 30일 이내에 합의하는 제3의 중재위원 또는 그 기간 후 30일 이내에 그 2인의 중재위원이 합의하는 제3국의 정부가 지명하는 제3의 중재위원과의 3인의 중재위원으로 구성된 중재위원회에 결정을 위하여 회부된다. 다만, 제3의 중재위원은 어느 일방체약국의 국민이어서는 아니된다.

나. 어느 일방체약국의 정부가 '가'에서 정하고 있는 기간 내에 중재위원을 임명하지 못한 경우, 또는 제3의 중재위원 또는 제3국에 대하여 '가'에서 정하고 있는 기간 내에 합의되지 아니하는 경우, 중재위원회는 각 경우에 있어서의 '가'에서 정하고 있는 기간 후 30일 이내에 각 체약국 정부가 선정하는 국가의 정부가 지명하는 각 1인의 중재위원과 이들 정부가 협의에 의하여 결정하는 제3국 정부가 지명하는 제3의 중재위원으로 구성된다.

다. 각 체약국은 자국의 정부가 임명한 중재위원 또는 자국의 정부가 선정하는 국가의 정부가 지명하는 중재위원에 관한 비용 및 자국의 정부가 중재에 참가하는 비용을 각각 부담한다. 제3의 중재위원이 그 직무를 수행하기 위한 비용은 양 체약국이 절반씩 부담한다.

라. 양 체약국 정부는 이 조의 규정에 의한 중재위원회의 다수결에 의한 결정에 따른다.

제14조

이 협정의 부속서 I 및 부속서 II는 이 협정의 불가분의 일부를 이룬다.

제15조

이 협정의 어떠한 규정도 어업에 관한 사항외의 국제법상 문제에 관한 각 체약국의 입장을 해하는 것으로 간주되어서는 아니된다.

제16조

1. 이 협정은 비준되어야 한다. 비준서는 가능한 한 신속히 서울에서 교환한다. 이 협정은 비준서를 교환하는 날부터 효력을 발생한다.

2. 이 협정은 효력이 발생하는 날부터 3년간 효력을 가진다. 그 이후에는 어느 일방체약국도 이 협정을 종료시킬 의사를 타방체약국에 서면으로 통고할 수 있으며, 이 협정은 그러한 통고가 있는 날부터 6개월 후에 종료하며, 그와 같이 종료하지 아니하는 한 계속 효력을 가진다.

제17조

1965년 6월 22일 도쿄에서 서명된 '대한민국과 일본국 간의 어업에 관한 협정'은 이 협정이 발효하는 날에 그 효력을 상실한다.

이상의 증거로 아래 대표는 각자의 정부로부터 정당한 위임을 받아 이 협정에 서명하였다.
1998년 11월 28일 가고시마에서 동등하게 정본인 한국어 및 일본어로 각 2부를 작성하였다.

대한민국을 위하여   일본국을 위하여

자료23 | 조일평양선언　　　　　　　　　　**2002.9.17, 평양**

고이즈미 준이치로 일본국 총리대신과 김정일 조선민주주의 인민공화국 국방위원장은 2002년 9월 17일, 평양에서 만나 회담하였다.

두 수뇌는, 일조 간의 불행한 과거를 청산하고, 현안사항을 해결하며, 내실 있는 정치, 경제, 문화적 관계를 수립하는 것이 쌍방의 기본 이익에 합치하며 지역의 평화와 안정에 크게 기여할 것이라는 공통의 인식을 확인했다.

1.

쌍방은, 이 선언에서 나타낸 정신 및 기본원칙에 따라, 국교정상화를 조기에 실현시키기 위해 모든 노력을 쏟기로 하고, 이를 위해 2002년 10월 중에 일조 국교정상화 교섭을 재개하기로 하였다.

쌍방은 상호 신뢰관계에 의거하여, 국교정상화 실현에 이르는 과정 중 일조 간에 존재하는 제 문제에 성의있는 자세로 임한다는 강한 결의를 표명했다.

2.

일본 측은 과거의 식민지 지배에 의해 조선 사람들에게 다대한 손해와 고통을 주었다고 하는 역사적 사실을 겸허히 받아들이고, 통절한 반성과 진심으로 사과한다는 마음을 표명했다.

쌍방은 일본 측이 조선민주주의인민공화국 측에 대해, 국교정상화 이후 쌍방이 적절하다고 생각하는 기간 중에 무상자금협력, 저금리의 장기차관 공여(供與) 및 국제기관을 통한 인도주의적 지원 등의 경제협력을 실시하고, 또, 민간 경제활동을 지원한다는 견지에서 국제협력은행 등에 의한 융자, 신용 공여 등이 실시되는 것이, 이 선언의 정신에 합치한다는 기본인식하에, 국교정상화 교섭에 있어, 경제협력의 구체적인 규모와 내용을 성실하게 협의하기로 하였다.

쌍방은, 국교정상화를 실현하는 것에 있어, 1945년 8월 15일 이전에 발생한 사유에 의거한 양국 및 양국 국민 모두의 재산 및 청구권을 서로 포기한다는 기본원칙에 따라, 국교정상화 교섭에 있어서 이에 대해 구체적으로 협의하기로 하였다.

쌍방은, 재일조선인의 지위에 관한 문제 및 문화재 문제에 관해서는, 국교정상화 교섭에서 성실히 협의하기로 하였다.

3.
쌍방은 국제법을 준수하고, 서로의 안전을 위협하는 행동을 하지 않기로 확인했다. 또한 일본국민의 생명과 안전과 관련한 현안문제에 대해서, 조선민주주의인민공화국 측은 일조가 비정상적인 관계에 있을 때 발생한 이와 같은 유감스러운 문제가 앞으로 다시 발생하는 일이 없도록 적절한 조치를 취할 것을 확인했다.

4.
 쌍방은, 북동아시아 지역의 평화와 안정을 유지하고 강화하기 위해 서로 협력해 갈 것을 확인했다.
쌍방은, 이 지역의 관련국 간의, 상호 신뢰에 의거한 협력관계 구축의 중요성을 확인함과 함께, 이 지역의 관련국 간의 관계가 정상화되기 위해 지역의 신뢰양성을 꾀하기 위한 기본 틀을 정비해 가는 것이 중요하다는 인식을 공유했다.
쌍방은 조선반도 핵문제의 포괄적 해결을 위해, 관련된 모든 국제적 합의를 준수한다는 점을 확인하였다. 또 쌍방은 핵문제 및 미사일 문제를 포함한 안전보장상의 제 문제에 관해 관계제국 간의 대화를 촉진하고, 문제해결을 꾀하는 것의 중요성을 확인했다.
조선민주주의인민공화국 측은 이 선언의 정신에 따라 미사일 발사의 모라토리움을 2003년 이후에도 계속 연장해 가겠다는 의향을 표명했다.

쌍방은 안전보장에 관련된 문제에 대해 협의해 가기로 하였다.

일본국　　　　　　　조선민주주의 인민공화국
총리대신　　　　　　국방위원회 위원장
고이즈미 준이치로　　김정일

2002년 9월 17일
평양

| 자료24 | 전후 60주년에 즈음한 총리 담화 (고이즈미 총리 담화) | 2005.8.15, 도쿄 |

저는 종전 60년을 맞이함에 있어서, 다시 한번 지금 우리가 누리고 있는 평화와 번영은 전쟁으로 어쩔 수 없이 목숨을 잃으신 많은 분들의 고귀한 희생의 위에 있음을 생각하며 다시는 일본국이 전쟁에의 길로 나가서는 안 된다는 결의를 새롭게 하는 바입니다.

지난 대전(大戰)에서는 300만여 동포가 조국을 생각하며 가족을 생각하며 전장에서 산화하거나 전후 머나먼 이국땅에서 돌아가셨습니다.

또한, 일본국은 일찍이 식민지 지배와 침략으로 많은 나라 특히 아시아 제국의 사람들에게 다대한 손해와 고통을 주었습니다. 이러한 역사의 사실을 겸허히 받아들여 다시 한번 통절한 반성과 진심으로 사죄의 마음을 표함과 더불어 지난 대전에서의 내외의 모든 희생자께 삼가 애도의 뜻을 표합니다. 비참한 전쟁의 교훈을 풍화시킴이 없이 다시는 전쟁을 일으키는 일 없이 평화와 번영에 공헌해 나갈 것을 결의합니다.

전후, 일본국은 국민의 부단한 노력과 많은 나라의 지원에 힘입어 폐허로부터 다시 일어나 샌프란시스코평화조약을 받아들이고 국제사회에의 복귀에 제일보를 내딛었습니다. 어떠한 문제도 무력이 아닌 평화적으로 해결한다는 입장으로 일관하며 ODA나 유엔 평화유지활동 등을 통하여 세계 평화와 번영을 위해 물적·인적 양면에서 적극적으로 공헌해 왔습니다.

일본국의 전후 역사는 진정으로 전쟁에의 반성을 행동으로 보여준 평화의 60년이었습니다.

일본국은 전후 세대가 인구의 70%를 넘고 있습니다. 일본 국민은 한결같이 스스로의 체험이나 평화를 지향하는 교육을 통하여 국제평화를 진심으로 희구하고 있습니다. 지금 세계 각지에서 청년해외협력대 등의 많은 일본인이 평화와 인도지원을 위해 활약하고 있으며 현지 주민들로부터 신뢰와 높은 평가를 받고 있습니다. 또한 아시아 여러 나라와의 사이에서도 일찍이 볼 수 없었던 정도로 경제, 문화 등 폭넓은 분야에서 교류를 깊게 하고 있습니다. 특히, 일의대수(一衣帶水)의 사이인 중국이나 한국을 비롯해 아시아 제국과는 함께 손을 잡고 이 지역의 평화를 유지하며 발전을 지향하는 것이 필요하다고 생각합니다. 과거를 직시하고 역사를 바르게 인식하여 아시아 제국과의 상호 이해와 신뢰를 기반으로 미래지향의 협력관계를 구축해 나아가고자 합니다.

국제사회는 현재 개발도상국의 발전이나 빈곤 극복, 지구환경의 보전, 대량살상무기의 확산방지, 테러방지·근절 등, 예전에는 상상할 수도 없었던 복잡하고도 곤란한 과제에 직면해 있습니다. 일본국은 세계평화에 공헌하기 위해 불전(不戰)의 맹세를 견지하며 유일한 피폭국으로서의 체험이나 전후 60년의 과정에 입각해 국제사회의 책임 있는 일원으로서의 역할을 적극적으로 해 나아갈 것입니다.

전후 60년의 길목인 올해 평화를 사랑하는 일본국은 뜻을 같이하는 모든 국가와 함께 인류 전체의 평화와 번영을 실현하기 위해 전력을 다할 것을 거듭 표명합니다.

2005년 8월 15일

내각총리대신
고이즈미 준이치로

| 자료25 | 한일회담 문서공개 후속대책 관련 민관공동위원회 개최(국무조정실 보도자료) | 2005.8.26 발표, 서울 |

■ 정부는 8월 26일 오전 이해찬(李海瓚) 국무총리 주재로 한일회담 문서공개 후속대책 관련 민관공동위원회를 개최하고, '65년 한일 청구권협정의 효력범위 문제 및 이에 따른 정부대책 방향 등에 대해 논의하였음

■ 이날 위원회에서는 그간 민관공동위 법리분과에서 회담문서내용 등을 토대로 검토해 온 한일 청구권협정의 법적효력범위 등에 대해 논의하고 다음과 같이 정리하였음
○ 한일 청구권협정은 기본적으로 일본의 식민지배 배상을 청구하기 위한 것이 아니었고, 샌프란시스코조약 제4조에 근거하여 한일 양국 간 재정적·민사적 채권·채무관계를 해결하기 위한 것이었음
○ 일본군위안부 문제 등 일본 정부·군(軍) 등 국가권력이 관여한 반인도적 불법행위에 대해서는 청구권협정에 의하여 해결된 것으로 볼 수 없고, 일본 정부의 법적책임이 남아있음
– 사할린동포, 원폭 피해자 문제도 한일 청구권협정 대상에 포함되지 않음

■ 또한 위원회는 한일협정 협상 당시 한국정부가 일본 정부에 대하여 요구했던 강제동원 피해보상의 성격, 무상자금의 성격, '75년 한국정부 보상의 적정성 문제 등을 검토하고 다음과 같이 정리하였음
○ 한일협상 당시 한국정부는 일본 정부가 강제동원의 법적배상·보상을 인정하지 않음에 따라, "고통받은 역사적 피해사실"에 근거하여 정치적 차원에서 보상을 요구하였으며, 이러한 요구가 양국 간 무상자금산정에 반영되었다고 보아야 함
○ 청구권협정을 통하여 일본으로부터 받은 무상 3억불은 개인재산권(보험,

예금 등), 조선총독부의 대일채권 등 한국정부가 국가로서 갖는 청구권, 강제동원 피해보상 문제 해결 성격의 자금 등이 포괄적으로 감안되어 있다고 보아야 할 것임
○ 청구권협정은 청구권 각 항목별 금액결정이 아니라 정치협상을 통해 총액 결정 방식으로 타결되었기 때문에 각 항목별 수령금액을 추정하기 곤란하지만, 정부는 수령한 무상자금 중 상당금액을 강제동원 피해자의 구제에 사용하여야 할 도의적 책임이 있다고 판단됨

* 한국 정부가 61년 6차 회담 시 8개 항목의 보상으로 일본에 요구한 총 12억 2천만 불 중 강제동원 피해보상에 대해서 3억 6천만 불(약 30%)을 산정한 바 있음

○ 그러나 '75년 우리정부의 보상 당시 강제동원 부상자를 보상대상에서 제외하는 등 도의적 차원에서 볼 때 피해자 보상이 불충분하였다고 볼 측면이 있음

■ 정부는 이러한 위원회의 논의결과를 토대로 오랜 기간 고통을 겪어 온 강제동원피해자의 아픔을 치유하기 위해서 도의적·원호적 차원과 국민통합 측면에서 정부 지원대책을 마련하기로 하였음
○ 강제동원 피해자들에 대해 추가적 지원대책을 강구하고, 강제동원 기간 중의 미불임금 등 미수금에 대해서도 일본으로부터 근거자료 확보 노력 등 정부가 구제대책을 마련
○ 아울러, 정부는 일제 강제동원 희생자에 대한 추모 및 후세에 대한 역사교육을 위해 추도공간 등을 조성하는 방안도 검토

■ 정부는 또한 일제 강점하 반인도적 불법행위에 대해서는 외교적 대응방안을 지속적으로 강구해 나가기로 하였음
○ 일본군위안부 문제는 일본 정부에 대해 법적책임 인정 등 지속적인 책임 추궁을 하는 한편, UN인권위 등 국제기구를 통해서 이 문제를 계속 제기
○ "해남도 학살사건" 등 일본군이 관여한 반인도적 범죄 의혹에 대해서는 진상규명을 한 후 정부 대응방안을 검토

■ 이날 회의에서 이해찬 국무총리는 60년 이상 지속해 온 강제동원 피해자들의 고통과 아픔을 치유하여 국민통합을 도모하고, 정부의 도덕성을 제고하기 위해서는 늦었지만 이들에 대한 지원 조치가 필요하다고 강조하고, 관계부처는 사회각계의 의견을 폭넓게 수렴하여 충실한 정부대책을 마련하고, 외교적 차원의 노력도 다하도록 지시하였음

자료26 | 노무현 대통령의 한일관계에 관한 특별담화문 | 2006.4.25, 서울

존경하는 국민 여러분,

독도는 우리 땅입니다. 그냥 우리 땅이 아니라 40년 통한의 역사가 뚜렷하게 새겨져 있는 역사의 땅입니다.

독도는 일본의 한반도 침탈 과정에서 가장 먼저 병탄되었던 우리 땅입니다. 일본이 러일전쟁 중에 전쟁 수행을 목적으로 편입하고 점령했던 땅입니다.

러일전쟁은 제국주의 일본이 한국에 대한 지배권을 확보하기 위해 일으킨 한반도 침략전쟁입니다. 일본은 러일전쟁을 빌미로 우리 땅에 군대를 상륙시켜 한반도를 점령했습니다. 군대를 동원하여 궁을 포위하고 황실과 정부를 협박하여 한일의정서를 강제로 체결하고, 토지와 한국민을 징발하고 군사시설을 설치했습니다. 우리 국토 일부에서 일방적으로 군정을 실시하고, 나중에는 재정권과 외교권마저 박탈하여 우리의 주권을 유린했습니다.

일본은 이런 와중에 독도를 자국 영토로 편입하고, 망루와 전선을 가설하여 전쟁에 이용했던 것입니다. 그리고 한반도에 대한 군사적 점령상태를 계속하면서 국권을 박탈하고 식민지 지배권을 확보하였습니다.

지금 일본이 독도에 대한 권리를 주장하는 것은 제국주의 침략전쟁에 의한 점령지 권리, 나아가서는 과거 식민지 영토권을 주장하는 것입니다. 이것은 한국의 완전한 해방과 독립을 부정하는 행위입니다. 또한 과거 일본이 저지른 침략전쟁과 학살, 40년간에 걸친 수탈과 고문·투옥, 강제징용, 심지어 위안부까지 동원했던 그 범죄의 역사에 대한 정당성을 주장하는 행위입니다. 우리는 결코 이를 용납할 수 없습니다.

우리 국민에게 독도는 완전한 주권 회복의 상징입니다. 야스쿠니 신사 참배, 역사교과서 문제와 더불어, 과거 역사에 대한 일본의 인식, 그리고 미래의 한일관계와 동아시아의 평화에 대한 일본의 의지를 가늠하는 시금석입니다.

일본이 잘못된 역사를 미화하고 그에 근거한 권리를 주장하는 한 한일 간의 우호관계는 결코 바로 설 수가 없습니다. 일본이 이들 문제에 집착하는 한 우리는 한일 간의 미래와 동아시아의 평화에 관한 일본의 어떤 수사도 믿을 수가 없을 것입니다. 어떤 경제적인 이해관계도, 문화적인 교류도 이 벽을 녹이지는 못할 것입니다.

한일 간에는 아직 배타적 경제수역의 경계가 획정되지 못하고 있습니다. 이는 일본이 독도를 자기 영토라고 주장하고, 그 위에서 독도기점까지 고집하고 있기 때문입니다. 동해 해저 지명 문제는 배타적 경제수역 문제와 연관되어 있습니다. 배타적 수역의 경계가 합의되지 않고 있는 가운데, 일본이 우리 해역의 해저 지명을 부당하게 선점하고 있으니 이를 바로잡으려고 하는 것은 우리의 당연한 권리입니다.

따라서 일본이 동해 해저 지명 문제에 대한 부당한 주장을 포기하지 않는 한 배타적 경제수역에 관한 문제도 더 미룰 수 없는 문제가 되었고, 결국 독도 문제도 더 이상 조용한 대응으로 관리할 수 없는 문제가 되었습니다.

독도를 분쟁지역화하려는 일본의 의도를 우려하는 견해가 없지는 않으나, 우리에게 독도는 단순히 조그만 섬에 대한 영유권의 문제가 아니라, 일본과의 관계에서 잘못된 역사의 청산과 완전한 주권 확립을 상징하는 문제입니다. 공개적으로 당당하게 대처해 나가야 할 일입니다.

존경하는 국민 여러분,

이제 정부는 독도 문제에 대한 대응방침을 전면 재검토하겠습니다. 독도 문제를 일본의 역사교과서 왜곡, 야스쿠니 신사 참배 문제와 더불어 한일 양국의 과거사 청산과 역사인식, 자주독립의 역사와 주권 수호 차원에서 정면으로 다루어 나가겠습니다.

물리적인 도발에 대해서는 강력하고 단호하게 대응할 것입니다. 세계 여론과 일본 국민에게 일본 정부의 부당한 처사를 끊임없이 고발해 나갈 것입니다. 일본 정부가 잘못을 바로잡을 때까지 국가적 역량과 외교적 자원을 모두 동원하여 지속적으로 노력할 것입니다. 그 밖에도 필요한 모든 일을 다 할 것입니다.

어떤 비용과 희생이 따르더라도 결코 포기하거나 타협할 수 없는 문제이기 때문입니다.

저는 우리의 역사를 모독하고 한국민의 자존을 저해하는 일본 정부의 일련의 행위가 일본 국민의 보편적인 인식에 기초하고 있는 것은 아닐 것이라는 기대를 가지고 있습니다. 한일 간의 우호관계, 나아가서는 동아시아의 평화를 위태롭게하는 행위가 결코 옳은 일도, 일본에게 이로운 일도 아니라는 사실을 일본 국민들도 잘 알고 있을 것이기 때문입니다. 우리가 감정적 대응을 자제하고 냉정하게 대응해야 하는 이유도 여기에 있습니다.

일본 국민과 지도자들에게 간곡히 당부합니다. 우리는 더 이상 새로운 사과를 요구하지 않습니다. 이미 누차 행한 사과에 부합하는 행동을 요구할 뿐입니다. 잘못된 역사를 미화하거나 정당화하는 행위로 한국의 주권과 국민적 자존심을 모욕하는 행위를 중지하라는 것입니다. 한국에 대한 특별한 대우를 요구하는 것이 아니라 국제사회의 보편적인 가치와 기준에 맞는 행동을 요구하는 것입니다. 역사의 진실과 인류사회의 양심 앞에 솔직하고 겸허해지기를 바라는 것입니다.

일본이 이웃나라에 대해, 나아가서는 국제사회에서 이 기준으로 행동할 때 비로소 일본은 경제의 크기에 걸맞은 성숙한 나라, 나아가 국제사회에서 주도적인 역할을 할 수 있는 국가로 서게 될 것입니다.

국민 여러분,

우리는 식민지배의 아픈 역사에도 불구하고 일본과 선린우호의 역사를 새로 쓰기 위해 부단히 노력해 왔습니다. 양국은 민주주의와 시장경제라는 공통의 지향 속에 호혜와 평등, 평화와 번영이라는 목표를 향해 전진해 왔고 큰 관계발전을 이루었습니다.

이제 양국은 공통의 지향과 목표를 항구적으로 지속하기 위해 더욱더 노력해야 합니다. 양국관계를 뛰어넘어 동북아의 평화와 번영, 나아가 세계의 평화와 번영에 함께 이바지해야 합니다. 그러기 위해서는 과거사의 올바른 인식과 청산, 주권의 상호 존중이라는 신뢰가 중요합니다.

일본은 제국주의 침략사의 어두운 과거를 과감히 털고 일어서야 합니다. 21세기 동북아의 평화와 번영, 나아가 세계 평화를 향한 일본의 결단을 기대합니다.

감사합니다.

자료27 내각총리대신 담화(간 총리 담화)　　2010.8.10, 도쿄

금년은 한일관계에 있어서 커다란 전환점이 되는 해입니다. 정확히 100년 전 8월 한일병합조약이 체결되어 이후 36년에 걸친 식민지 지배가 시작되었습니다. 3·1독립운동 등의 격렬한 저항에서도 나타났듯이, 정치·군사적 배경하에 당시 한국인들은 그 뜻에 반하여 이루어진 식민지 지배에 의해 국가와 문화를 빼앗기고, 민족의 자긍심에 깊은 상처를 입었습니다.

저는 역사에 대해 성실하게 임하고자 생각합니다. 역사의 사실을 직시하는 용기와 이를 인정하는 겸허함을 갖고, 스스로의 과오를 되돌아 보는 것에 솔직하게 임하고자 생각합니다. 또한, 아픔을 준 쪽은 잊기 쉽고, 받은 쪽은 이를 쉽게 잊지 못하는 법입니다. 이러한 식민지 지배가 초래한 다대(多大)한 손해와 아픔에 대해, 여기에 재차 통절한 반성과 마음에서 우러나오는 사죄의 심정을 표명합니다.

이러한 인식하에 향후 100년을 바라보면서, 미래지향적인 한일관계를 구축해 갈 것입니다. 또한, 지금까지 실시해 온, 이른바 사할린 한국인 지원, 한반도 출신자의 유골봉환 지원이라는 인도적 협력을 금후에도 성실히 실시해 갈 것입니다. 또한, 일본이 통치하던 기간에 조선총독부를 경유하여 반출되어 일본 정부가 보관하고 있는 조선왕조의궤 등 한반도에서 유래한 귀중한 도서에 대해, 한국민의 기대에 부응하여 가까운 시일에 이를 반환하고자 합니다.

일본과 한국은 2천 년에 걸친 활발한 문화 교류 및 인적 왕래를 통해 세계에 자랑할 만한 훌륭한 문화와 전통을 깊이 공유하고 있습니다. 또한, 오늘날 양국의 교류는 매우 중층적이며 광범위하고 다방면에 걸쳐 있으며, 양국 국민이 서로에게 느끼는 친근감과 우정은 전례가 없을 정도로 강한 것입니다. 또한, 양국의 경제관계 및 인적교류의 규모는 국교정상화 이래 비약적으로 확대되었고, 서로 절차탁마 하면서 경제적 결합은 매우 공고해졌습니다.

한일 양국은 이제 금번 21세기에 있어서 민주주의 및 자유, 시장경제라는 가치를 공유하는 가장 중요하며 긴밀한 이웃 국가가 되었습니다. 이는 양국관계에 그치지 않고, 장래 동아시아 공동체 구축을 염두에 둔 이 지역의 평화와 안정, 세계경제 성장과 발전, 그리고 핵군축 및 기후변화, 빈곤 및 평화구축 등과 같은 지구규모의 과제까지, 지역과 세계의 평화와 번영을 위해 폭넓게 협력하여 지도력을 발휘하는 파트너 관계입니다.

저는 이러한 커다란 역사의 전환점을 계기로, 한일 양국의 유대가 보다 깊고, 보다 확고해지는 것을 강하게 희구함과 동시에, 양국 간 미래를 열어가기 위해 부단한 노력을 아끼지 않을 결의를 표명합니다.

내각총리대신
간 나오토

| 자료28 | 대한민국과 일본국 간의 재산 및 청구권에 관한 문제의 해결과 경제협력에 관한 협정 제3조 부작위 위헌 확인 | 2011.8.30 선고, 서울 |

판시사항

청구인들이 일본국에 대하여 가지는 일본군위안부로서의 배상청구권이 '대한민국과 일본국 간의 재산 및 청구권에 관한 문제의 해결과 경제협력에 관한 협정'(이하 '이 사건 협정'이라 한다) 제2조 제1항에 의하여 소멸되었는지 여부에 관한 한일 양국 간 해석상 분쟁을 위 협정 제3조가 정한 절차에 따라 해결하지 아니하고 있는 피청구인의 부작위가 위헌인지 여부(적극)

결정요지

헌법 전문, 제2조 제2항, 헌법 제10조와 이 사건 협정 제3조의 문언에 비추어 볼 때, 피청구인이 위 협정 제3조에 따라 분쟁해결의 절차로 나아갈 의무는 일본국에 의해 자행된 조직적이고 지속적인 불법행위에 의하여 인간의 존엄과 가치를 심각하게 훼손당한 자국민들이 배상청구권을 실현하도록 협력하고 보호하여야 할 헌법적 요청에 의한 것으로서, 그 의무의 이행이 없으면 청구인들의 기본권이 중대하게 침해될 가능성이 있으므로, 피청구인의 작위의무는 헌법에서 유래하는 작위의무로서 그것이 법령에 구체적으로 규정되어 있는 경우라고 할 것이다.

특히, 우리 정부가 직접 일본군위안부 피해자들의 기본권을 침해하는 행위를 한 것은 아니지만, 일본에 대한 배상청구권의 실현 및 인간으로서의 존엄과 가치의 회복에 대한 장애상태가 초래된 것은 우리 정부가 청구권의 내용을 명확히 하지 않고 '모든 청구권'이라는 포괄적인 개념을 사용하여 이 사건 협정을 체결한 것에도 책임이 있다는 점에 주목한다면, 그 장애상태를 제거하는 행위로 나아가야 할 구체적 의무가 있음을 부인하기 어렵다.

이러한 분쟁해결 절차로 나아가지 않은 피청구인의 부작위가 청구인들의 기본권을 침해하여 위헌인지 여부는, 침해되는 기본권의 중대성, 기본권침해 위험의 절박성, 기본권의 구제가능성, 작위로 나아갈 경우 진정한 국익에 반하는지 여부 등을 종합적으로 고려하여, 국가기관의 기본권 기속성에 합당한 재량권 행사 범위 내로 볼 수 있을 것인지 여부에 따라 결정된다.

일본국에 의하여 광범위하게 자행된 반인도적 범죄행위에 대하여 일본군위안부 피해자들이 일본에 대하여 가지는 배상청구권은 헌법상 보장되는 재산권일 뿐만 아니라, 그 배상청구권의 실현은 무자비하고 지속적으로 침해된 인간으로서의 존엄과 가치 및 신체의 자유를 사후적으로 회복한다는 의미를 가지는 것이므로 피청구인의 부작위로 인하여 침해되는 기본권이 매우 중대하다. 또한, 일본군위안부 피해자는 모두 고령으로서, 더 이상 시간을 지체할 경우 일본군위안부 피해자의 배상청구권을 실현함으로써 역사적 정의를 바로세우고 침해된 인간의 존엄과 가치를 회복하는 것은 영원히 불가능해질 수 있으므로, 기본권 침해 구제의 절박성이 인정되며, 이 사건 협정의 체결 경위 및 그 전후의 상황, 일련의 국내외적인 움직임을 종합해 볼 때 구제가능성이 결코 작다고 할 수 없다. 국제정세에 대한 이해를 바탕으로 한 전략적 선택이 요구되는 외교행위의 특성을 고려한다고 하더라도, 피청구인이 부작위의 이유로 내세우는 '소모적인 법적논쟁으로의 발전가능성'이나 '외교관계의 불편'이라는 매우 불분명하고 추상적인 사유를 들어, 기본권 침해의 중대한 위험에 직면한 청구인들에 대한 구제를 외면하는 타당한 사유라거나 진지하게 고려되어야 할 국익이라고 보기는 힘들다.

이상과 같은 점을 종합하면, 결국 이 사건 협정 제3조에 의한 분쟁해결 절차로 나아가는 것만이 국가기관의 기본권 기속성에 합당한 재량권 행사라 할 것이고, 피청구인의 부작위로 인하여 청구인들에게 중대한 기본권의 침해를 초래하였다 할 것이므로, 이는 헌법에 위반된다.

재판관 조대현의 인용보충의견
법정의견에 덧붙여, 대한민국은 이 사건 협정으로 인하여 청구인들이 일본국에 대한 손해배상청구권을 행사할 수 없게 된 손해를 완전하게 보상할 책임을 진다고 선언하여야 한다.

재판관 이강국, 재판관 민형기, 재판관 이동흡의 반대의견
행정권력의 부작위에 대한 헌법소원이 적법하기 위해서는, 공권력의 주체에게 '헌법에서 유래하는 작위의무'가 특별히 구체적으로 규정되어 있어야 하는데, 위 작위의무의 도출근거는 헌법의 명문, 헌법의 해석, 법령의 규정 3가지이다.
우선, 헌법 제10조의 국민의 인권을 보장할 의무, 제2조 제2항의 재외국민 보호의무, 헌법 전문(前文)은, 국가의 국민에 대한 일반적·추상적 의무를 선언한 것이거나 국가의 기본적 가치질서를 선언한 것일 뿐이어서 그 조항 자체로부터 국가의 국민에 대한 구체적인 작위의무가 나올 수 없다고 할 것이고, 이는 우리 재판소의 확립된 판례이기도 하다.
다음으로 이 사건 협정은 한일 양국이 당사자가 되어 상대방에 대하여 부담할 것을 전제로 체결된 조약이기에 위 협정 제3조로부터 '우리 정부가 청구인들에 대하여 부담하는 작위의무'는 도출될 수 없으며, 더구나 이 사건 협정 제3조에 '의무적' 내용은 기재되어 있지 않다. 그리고 위 협정 제3조에 기재된 외교적 해결, 중재회부 요청은 우리 정부의 '외교적 재량사항'에 해당한다는 선례(헌재 2000.3.30, 98헌마206결정)도 있는데, 다수의견은 결론적으로 위 선례와 배치되는 판단을 하고 있다.
이 사건 협정 제3조가 말하는 '외교적 해결의무'는 그 이행의 주체나 방식, 이행 정도, 이행의 완결 여부를 사법적으로 판단할 수 있는 객관적 판단기준을 마련하기 힘든 고도의 정치행위 영역으로서, 헌법재판소의 사법심사의 대상은 되지만 사법자제가 요구되는 분야에 해당한다.
일본에 의하여 강제로 위안부로 동원된 후 인간의 존엄과 가치마저 송두리째 박탈당한 이 사건 청구인들의 기본권을 구제해 주어야 할 절박한 심정을 생각하면 어떠한 방법으로든 국가적 노력을 다해 주었으면 하는 바람은 우리 모두 간절하나 헌법과 법률의 규정 및 그에 관한 헌법적 법리해석의 한계를 넘어서까지 피청구인에게 그 외교적 문제해결을 강제할 수는 없다. 이는 권력분립의 원칙상 헌법재판소가 지켜야 하는 헌법적 한계이다.

| 자료29 | 위안부 문제를 둘러싼 일한 간 의견교환의 경위-고노 담화 작성부터 아시아여성기금까지 | 2014.6.20, 도쿄 |

Ⅰ. 고노 담화의 작성 경위

1. 미야자와 총리 방한에 이르기까지의 일한 간의 의견교환(~1992년 1월)

(1) 1991년 8월 14일에 한국에서 옛 위안부가 최초로 이름을 내걸고 나선 이후, 같은 해 12월 6일에는 한국의 옛 위안부 3명이 도쿄지방재판소에 제소했다. 1992년 1월에 미야자와 총리의 방한이 예정되어 있던 중, 한국에서의 위안부 문제에 대한 관심과 대일비판의 고조에 따라 일한 외교 당국은 이 문제가 총리 방한 때에 현안이 되는 것을 염려하고 있었다.

1991년 12월 이후 한국 측으로부터 몇 차례의 기회에 위안부 문제가 미야자와 총리 방한 시에 현안화하지 않도록 일본 측에서 사전에 무언가 조치를 강구하는 것이 바람직하다고 하는 생각이 전달되었다. 또 한국 측은 총리 방한 전에 일본 측이, 예를 들면 관방장관의 담화와 같은 형태로, 무언가 입장표명을 하는 것도 하나의 방안이라는 인식을 나타내고, 일본 정부가 미안하다고 하는 자세를 표현하고 이것이 양국 간의 마찰요인이 되지 않도록 배려하여 주기 바란다며 총리 방한 전에 이 문제에 대해 대응할 것을 요구했다.

이미 같은 해 12월의 시점에서 일본 측에서의 내부 검토에서도 "이것은 총리에 의해 일본군의 관여를 사실상 시인하고 반성과 유감의 뜻의 표명을 해주는 쪽이 적당"하고, 또 "단지 구두의 사죄만으로는 한국여론이 가라앉지 않을 가능성"이 있다며 위안부를 위한 위령비 건립이라는 상징적인 조치를 취하는 것이 선택지로 제기되고 있었다.

(2) 1991년 12월에 내각외정심의실의 조정하에, 관계 가능성이 있는 성청(省

廳)에서 조사를 개시했다. 1992년 1월 7일에 방위연구소에서 군의 관여를 나타내는 문서가 발견되었다는 사실이 보고되었다. 그후 1월 11일에는 이 문서에 대하여 아사히(朝日)신문이 보도[1]한 것을 계기로 하여 한국 국내에서는 대일비판이 과열되었다. 1월 13일에 가토 관방장관은 "지금 단계에서 어떠한, 어느 정도의 관여라는 것을 말씀드릴 단계는 아니지만, 군의 관여는 부정할 수 없다", "이른바 종군위안부로서 필설로 다하기 어려운 쓰라린 고생을 한 여러분에 대하여 충심으로부터 사과와 반성의 마음을 말씀드리고 싶다"고 하는 취지를 정례기자회견에서 말하였다.

(3) 1992년 1월 16일~18일의 미야자와 총리 방한 시의 수뇌회담에서는, 노태우 대통령으로부터 "가토 관방장관이 구 일본군의 관여를 인정하고, 사죄와 반성의 뜻을 표명한 것을 평가. 금후 진상규명의 노력과 일본의 적합한 조치를 기대"한다는 발언이 있었고, 미야자와 총리는 "종군위안부의 모집과 위안소의 경영 등에 구 일본군이 관여한 움직일 수 없는 사실을 알게 되었다. 일본 정부로서는 공개적으로 이것을 인정하고, 마음으로부터 사죄하는 입장을 결정", "종군위안부로서 필설로 다하기 어려운 쓰라린 고통을 경험한 여러분들에 대해, 충심으로부터 사과와 반성의 마음을 표명하고 싶다", "작년 말부터 정부 관계 성청에서 조사하여 왔는데, 금후라도 계속하여 자료를 발굴, 사실구명을 성심성의껏 행하여 가고 싶다"고 하는 의향을 말하였다.

2. 미야자와 총리 방한으로부터 가토 관방장관 발표(조사 결과의 발표)까지의 일한 간의 의견교환(1992년 1월~1992년 7월)

(1) 미야자와 총리 방한 후, 1992년 1월, 한국 정부는 '정신대 문제에 관한 정

---

1 편집자주: 요시미 요시아키(吉見義明) 교수에 의한 '육지밀대일기(陸支密大日記)' 문서 관련 '위안소 군 관여를 나타내는 자료' 제하 보도.

부방침'을 발표하고, "일본 정부에 대해 철저한 진상규명과 그에 수반하는 적절한 보상 등의 조치를 요구한다"고 말했다. 일본 측에서는 진상규명을 위한 조사에 더해, "65년의 법적해결의 틀과는 별도로 이른바 종군위안부 문제에 대해서 인도적 견지에서 우리 나라가 자주적으로 취할 조치에 대해 한국 측과 아이디어를 교환하기 위한 대화를 가질" 것이 검토되고, 한국 측의 생각을 내부적으로 청취했다.

(2) 일본 측은 1991년 12월에 개시된 성청(省廳)의 관련자료 조사를 1992년 6월까지 실시했다. 한국 측으로부터는 해당조사를 한국의 정부 및 국민이 납득할 수 있는 수준으로 할 것과 조사 결과 발표 이전에 실무 레벨에서 그에 대한 비공식적인 사전협의를 행할 것에 대한 의사표시가 있었다. 또 발표 직후에는 한국 측으로부터 조사 결과 자체의 발표 외에, 해당 조사 결과에 대한 일본 정부의 견해의 표명과 조사에 뒤따르는 일본 정부의 조치안(措置案)의 제시가 포함되어야 한다는 취지의 의견이 제시되는 등, 조사 결과의 발표 모습에 대해 한국 측과 여러 가지 의견교환이 있었다.

조사 결과에 대하여, 한국 측은 일본 정부가 성의를 갖고 조사하는 노력을 평가하면서도, 전반적으로 한국 측의 기대와 큰 차이가 있고 한국의 국민감정과 여론을 자극할 가능성이 있다고 지적했다. 또한 모집 시의 '강제성'을 포함하여 진상규명을 계속 행할 것, '후속 조치'(보상과 교과서에서의 기술)를 취할 것을 요구하는 코멘트가 있었다. 그에 더해 "당시의 관계자의 증언 등에서 명확한 강제연행, 강제동원의 핵심이 될 사항이 조사 결과에 포함되어 있지 않다는 점에 대한 한국 측 여론의 동향이 우려된다"는 코멘트가 이루어졌다. 일본 정부에 의한 조사 결과 발표에 앞서서, 한국 정부는 1992년 7월에 위안부 문제 등에 관한 조사·검토의 상황을 발표했는데, 그때에 일본 측에 대해 사전에 코멘트를 하도록 요청하고, 결과적으로 양국에서 사전조정이 행해졌다.

(3) 1992년 7월 6일, 가토 관방장관은 기자회견에서 그때까지의 조사 결과를

발표했다. 관계자료가 보관되어 있을 가능성이 있는 성청에서 자료조사를 행한 후, 관방장관은 "위안소의 설치, 위안부의 모집을 맡은 자의 단속, 위안시설의 축조·증강, 위안소의 경영·감독, 위안소·위안부의 위생관리, 위안소 관계자에 대한 신분증명서 등의 발급에 대해, 정부의 관여가 있었던 것"을 인정하고, "이른바 종군위안부로서 필설로 다하기 어려운 쓰라린 고통을 경험한 모든 여러분에 대해, 다시 한번 충심으로부터의 사과와 반성의 마음을 말씀드리고 싶다", "이와 같은 신산(辛酸)을 경험한 여러분에 대해, 성의를 갖고 검토하여 가고자 생각하고 있습니다"라고 발언했다. 다른 한편, 징용의 방식에 관해, 강제적으로 행해졌는지 또는 사람을 속임으로 행해졌는지를 뒷받침하는 자료는 조사에서 나오지 않았다는 것인가 하는 질문을 받고 "지금까지는 발견되지 않았습니다"라고 답했다.

(4) 또한 한국 측은 '보상'과 일한청구권·경제협력협정과의 관계에 대해서는, 법률적으로 청구권 처리가 끝났는지 검토해 보지 않으면 알 수 없다거나, 현시점에서는 일본 측에 새로운 보상을 제의하는 것은 고려하지 않고 있다고 말하는 등, 한국국내에서 여러 가지 논의가 있었음을 살펴볼 수 있다.

3. 가토 관방장관 발표로부터 고노 관방장관 담화 전까지의 일한 간의 의견교환(1992년 7월~1993년 8월)

(1) 가토 관방장관 발표 후에도, 한국의 여론에서는 위안부 문제에 대해 강경한 견해가 수그러들지 않았다. 이러한 상황에서, 내각외정심의실과 외무성 사이에서, 위안부 문제에 관한 금후의 조치에 대해 검토가 계속 이루어졌다. 1992년 12월 상순에 외무성 내에서 행해진 논의에서는, 노태우 정권 중에 본 건을 해결해 줄 필요가 있다고 인식되고 있었다. 마찬가지로 10월 상순에는 이시하라 관방장관 하에서, 내각외정심의실과 외무성의 관계자가 위안부 문제에 관한 금후의 방침에 대해 협의했다. 이 협의에서는 위안부 문제에 대해, 이

후 검토할 사항을 다음과 같이 정한다는 방침이 확인되었다. ① 진상규명에 관한 금후의 대처, ② 한국에 대한 무언가의 조치, ③ 한국 이외의 국가·지역에 대한 조치, ④ 일본적십자사(이하 '일적')에 의사 타진(②를 실시하기 위한 협력요청), ⑤ 초당파 국회의원에 의한 간담회의 설치. 이 속에서, 진상규명과 관련, 자료조사의 범위를 확대하는데, 옛 위안부에 대한 청취조사는 곤란하다고 말하였다. 또 한국에 대한 조치와 관련해서는, '일적' 내에 기금을 창설하고, 대한적십자사(이하 '한적')와 협력하면서 옛 위안부를 주요한 대상으로 하는 복지 조치를 강구한다고 하였다.

(2) 상기 방침을 이어받아, 10월 중순에 행해진 일한 간 실무레벨의 의견교환에서 일본 측은 비공식 견해로서 ① '일적'에 기금을 설치하고, 한국 등의 국가에 대해 위안부 문제에 대한 일본의 마음을 표현하기 위해 조치를 강구한다, ② 진상규명에 대해서는, 대상이 되는 성청의 범위를 확대한다든지, 중앙·지방의 도서관의 자료를 수집하는 등의 조치를 강구하고, 이상 두 가지를 패키지로 하는 아이디어가 있다는 의사를 한국에 전달했다. 이에 대해 한국 측에서는 ① 중요한 것은 진상규명이다, ② 강제의 유무에 관해서 자료를 찾을 수 없기 때문에 강제가 없다는 설명은 한국 국민에게는 형식적이며 진실한 노력이 이루어지지 않고 있는 것으로 비쳐진다, ③ 피해자 및 가해자로부터의 사정 청취를 행하고, 위안부가 강제에 의한 것이었다는 것을 일본 정부가 인정하는 것이 중요하다는 등의 반응이 있었다.

(3) 이러한 한국 측의 반응 위에서, 일본 측에서 다시 대응방침의 검토가 이루어졌다. 10월 하순, 미래지향적 일한관계의 구축을 위해 한국의 정권 변화까지 본건의 결론을 보기 위해 노력한다는 기본적 입장 하에서 다음을 한국 측에 제안한다는 방침을 결정하고 이를 한국 측에 전달하였다. ① 진상규명[자료의 조사범위 확대와 종군위안부 대표자(여러 명)와의 면회의 실시라는 추가 조치를 취하고 결론을 이끈다. '강제성'에 대해서는 명확히 인정하는 것은 곤란하지

만, "일부에 강제성의 요소도 있었던 것은 부정할 수 없을 것이다"와 같이 일정한 인정을 표현한다.]과 ② "우리들의 마음을 표현하기 위한 조치"('일적' 내에 기금을 창설하고 한국과 협력하면서 주로 복지 측면에서의 조치를 상정)를 패키지로 하여 본 건의 해결을 꾀한다는 것을 한국 측에 제안할 방침을 정하고, 한국 측에 전달했다.

(4) 그러나, 1992년 12월의 대통령선거와의 관계 속에서, 한국 측에서는 검토가 그다지 진행되지 않고, 본격적인 논의는 대통령선거 후에 하고 싶다는 반응이 있었다. 따라서 일본 측에서는 한국 신정권의 스태프와 조정을 하고, 조기의 또한 완전한 결론을 보게 되기를 꾀한다는 방침을 결정했다. 그때, 금후의 대응으로서 ① 진상규명을 위한 조치를 실시한다, ② 후속 조치의 내용을 가능한 한 더욱 구체화한다, ③ "후속 조치와 세트의 형태로 진상규명 조치의 결과로", "일부에 '강제성'의 요소도 있었다고 생각된다" 등의 일정한 인식을 나타낸다는 것을 재차 한국 측에 타진하게 되었다. 그때, 진상규명을 위한 조치로서는 ① 조사범위의 확대, ② 한국 측 조사결과의 입수, ③ 일본 측 관계자·유식자로부터의 의견청취, ④ 옛 종군위안부 대표로부터의 의견청취가 거론되고 있었다. 위안부 대표로부터 의견을 청취하는 것에 대해서는 "진상규명의 결론과 후속 조치에 관해 한국 측의 협력이 얻어질 전망이 선 최종단계에서", "필요한 최소한의 형태로" 실시한다고 하였다.

(5) 1992년 12월, 한국의 대통령선거를 전후하여, 일본 측은 누차에 걸쳐 한국 측에 대해 일본 측의 기본적인 생각을 설명했다.
진상규명에 대해서는 ① 일본 정부는 지금까지 진상을 규명하기 위해 노력해왔지만, 100%의 해명은 무릇 불가능하다, ② 위안부의 모집에서는 '강제성'이 있었던 케이스도, 없었던 케이스도 있을 것인데, 그 비율을 분명히 하는 것은 불가능할 것이다, ③ 최후의 단계에서, 일본 정부 관계자가 위안부 대표와 만나 이야기를 듣고, 또 한국 정부의 조사 결과를 참고하여 일본 정부의 인식으로서 강제적인 요소가 있었다는 것을 무언가의 형태로 말하는 것이 어떤가 생각하고 있다는 등으로 설명했다. 이에 대해 한국 측은 ① 이론적으로는 자유의지로 갔어도, 가서 보면 이야기가 다르다고 하는 일도 있다. ② 위안부가 된 것은 자신의 의지가 아니라는 것이 인정되는 것이 중요하다고 말했다.

후속 조치에 관해서 일본 측은 다음을 설명했다. 법률적으로는 정리되었지만, 사건의 본질을 생각하면 문제는 단지 위법행위가 있었다는 것이 아니라, 모랄(도덕)의 문제로서 일본이 성의를 어떻게 표현하는가 하는 것이라고 인식한다. 조치를 취함에 있어서는 한국 측의 의견은 참고할 점으로 잘 청취하겠지만, 기본적으로는 일본이 자발적으로 행할 것 등을 설명했다.

(6) 1993년 2월에는 김영삼 대통령이 취임했다. 1993년 2월~3월경의 일본 측의 대처방침에 관한 검토에서는, 기본적 사고로서, "진상규명에 대한 일본 정부의 결론과 교환하여, 한국 정부가 그 어떤 조치의 실시를 받아들이도록 한다는 패키지딜로 본 건의 해결을 꾀한다", "진상규명에 대해서는 절반정도는 강제에 가까운 형태로서의 모집도 있었다는 것에 대해, 무언가의 표현으로 우리의 인식을 나타내는 것에 대해 검토 중", "조치에 대해서는, 기금을 창설하고, 관계 국가(지역)의 카운터파트를 통한 복지 조치의 실시를 검토"한다고 하였다. '강제성'에 대해서는 "예를 들면, 일부에서는 군 또는 정부 관헌의 관여도 있었고, '자신의 의사에 반하는 형태'로 종군위안부가 된 사례가 있다는 것은 부정할 수 없다는 라인(line)에 따른 인식을 일본 정부가 나타낼 용의가 있다는 사실을 한국 정부에 타진한다"는 방침이 나타나 있다. 또 위안부 대표 자로부터의 사정 청취에 관해서는 "진상규명의 결론과 후속 조치에 관해 한국 측의 협력을 얻을 수 있다는 전망이 서는 최종적 단계에서, 다른 국가·지역과의 관계를 고려하면서, 필요한 최소한의 형태로, 말하자면 의식(儀式)으로서 실시하는 것을 검토한다"고 되어 있다(청취조사에 대해서는 후술).

(7) 1993년 3월 13일, 2월에 취임한 김영삼 한국대통령은 위안부 문제에 대해

서 "일본 정부에 물질적 보상을 요구하지 않을 방침이며, 보상은 내년부터 한국 정부의 예산으로 한다. 그렇게 하여 도덕적 우위성으로 새로운 한일관계에 접근하는 것이 가능할 것이다"라고 말했다.

동년 3월 중순에 행해진 일한의 실무 측의 협의에서, 일본 측은 ① 위안부 문제의 조기해결, ② 한국 정부의 여론 대책 요청, ③ 앞서 나온 대통령 발언을 이어받은 한국 정부의 방침과 일본의 조치에 대한 한국 측의 의사 확인 등을 축으로 하는 대처방침을 중심으로 협의에 임한다. 이 대처방침 속에서 일본 측은 "일본 정부가 진상규명의 낙착으로서 '강제성'에 관한 일정한 인식을 표시할 용의가 있다는 것을 구체적으로 타진한다. 또 한국 정부의 중개가 얻어지면, 본 건 조치의 패키지로서 위안부 대표(복수 가능)와의 면회를 실시할 용의가 있음을 타진한다"고 하였다. 동 협의의 장에서 한국 측은 일본 측의 인식의 표시의 방법에 대하여, 사실에 반하는 발표는 불가능하겠지만, (예를 들면, 무언가 강제성을 인정하는 말 앞에 "군이 모집에 직접 관여한 것을 나타내는 자료는 발견되지 않았지만" 등과 같은) 복잡한 '서두'는 피해야 한다고 생각한다는 취지로 말했다.

같은 해 4월 1일의 일한 외무장관회담에서 와타나베(渡邊) 외상은 '강제성'의 문제에 대해서 "전체 케이스에 대해 강제적이었다고 하는 것은 곤란하다", "일본 정부의 인식을 양 국민의 마음에 큰 응어리가 남지 않는 형태로 어떻게 나타낼지, 꼭 적합한 표현의 검토를 실무 측에 지시하였다", "인식을 나타내는 방법에 대해서도, 한국 측과 상의하고 싶다" 등의 의사를 한승주 외교부장관에게 전달했다.

(8) 다른 한편, 진상규명에 대한 한국 측의 자세는 그때까지는 한국 측이 일일이 주문을 해야 할 것이 아니며, 요는 성의를 갖고 추진하고 싶다는 자세였는데, 앞서 서술한 93년 4월 1일의 일한 외무부장관회담으로부터 시작하여, 한국 국내의 위안부관계단체가 납득할 수 있는 형태로 일본 측이 진상규명을 진행하는 것을 기대한다거나, 또 한국 정부 자체는 사태수습을 위해 국내 여론

을 억누르는 것은 할 수 없다는 자세를 표시하기 시작했다. 1993년 4월 상순에 이루어진 일한 실무 측의 의견교환에서도, 한국 측은 일본 측의 활동에 대해, ① 일본 측이 진상규명을 위해 모든 수단을 다했다는 것을 눈으로 볼 수 있는 것이 필요, 쓸데없이 조기해결을 서두를 일이 아니다. ② 위안부는 일부에서만 강제성이 있었다는 것은 통하지 않는 것이 아닌가, ③ 한국 정부는 일본 측과 결론을 볼 것을 의도하여, 한국 여론을 지도한다든가 억누른다는 것은 행할 수 없다. 요는 일본 정부의 자세를 한국 국민이 어떻게 받아들이는가, 로 요약된다는 견해를 밝혔다.

다시, 동년 4월 하순에 행해진 일한 실무 측의 의견교환에서, 한국 측은 일본 측 발표 속에 "일부에 강제성이 있었다"는 것과 같은 한정적 표현이 사용되면, 대소동이 일어날 것이라고 말했다. 이에 대해 일본 측은 '강제성'과 관련, 지금까지 국내에서 이루어진 조사 결과도 있고, 역사적 사실을 왜곡한 결론을 내는 것은 불가능하다고 응답했다. 또 동 협의의 결과를 보고받은 이시하라 관방부장관으로부터 위안부 전체에 대해 '강제성'이 있었다고는 절대 말할 수 없다는 발언이 있었다.

(9) 1993년 6월 29일~30일의 무토(武藤) 외무대신 방한 시에는, 무토 외무대신은 "객관적 판단에 기초한 결과를 발표하고, 본 문제에 대한 우리의 인식"을 나타내며, "구체적으로 어떠한 표현으로 할 것인지에 대해서는, 일본 측으로서도 한국 국민의 이해를 얻을 수 있도록 꼭 적합하게 노력할 생각이지만, 그때는 한국 정부의 대국적 견지에서의 이해와 협력을 얻고 싶다"는 취지로 말했다. 한승주 외교부장관으로부터는, 일본 측의 성의 넘치는 발언에 감사한다면서, 중요한 점은 "첫째로 강제성의 인정, 둘째로 전체상 해명을 위한 최대의 노력, 셋째로 이후에도 조사를 계속한다는 자세의 표명, 넷째로 역사의 교훈으로 삼는다는 의사표명이다. 이것들이 있다면", "한국 정부도", "본 문제의 원만한 해결을 위해 노력해가고 싶다"는 발언이 있었다. 또 한국 측으로부터는 일본에 대해 금전적인 보상은 요구하지 않을 방침이라는 설명이 있었다.

4. 옛 위안부에 대한 청취조사의 경위

(1) 옛 위안부에 대한 청취조사에 관해서는, 1992년 7월~12월에 누차에 걸쳐, 한국 측은 ① 피해자 및 가해자로부터의 사정 청취를 해주기 바란다, ② 일본 측의 성의를 표하기 위해서도, 전체 위안부는 아니더라도, 그 일부로부터 이야기를 들어야 한다, ③ 일본 정부가 최선을 다했다는 것이 한국인에게 전해지는 것이 중요하다, ④ 일본 정부만 아니라, 지방과 외국에서도 조사를 행한다든가, 관계자의 증언도 청취하는 것이 바람직하다는 등의 지적이 있었다. 또 한국 측으로부터는 청취조사에 의해 관계자의 감정을 진정시킬 수 있고, 또 자신의 의사가 없었다고 주장하고 있는 사람에 대해 성의를 표시하는 일이 된다는 견해를 표명하였다.

(2) 일본 측에서는 당초 옛 위안부의 청취조사를 시작하면 수습이 안 되며 신중해야 한다는 의견도 있었는데, 1992년 12월까지 상기 한국 측 견해에 입각하여 "진상규명의 결론 및 후속 조치에 관해 한국 측의 협력이 얻어질 전망이 서는 최종단계에서" 옛 위안부로부터의 의견청취를 "필요한 최소한의 형태로" 실시한다는 대응방침이 결정되었다. 그 후, 1993년 3월의 일한 실무 측의 의견교환에서 일본 측은 앞에서 언급한 3. (4)~(6)의 대처방침에 따라 "한국 정부가 중개해 준다면, 본 건 조치의 패키지의 일환으로서 옛 위안부 대표(복수 가능)와의 면회를 실시할 용의가 있다"고 타진했다. 이에 대해, 한국 측은 평가할만한 아이디어라고 코멘트함과 함께, 전원으로부터 청취할 필요는 없을 것이고, '증인'의 입회를 요구하는 일은 있을 수 없고, 한국 정부는 입회를 희망하지 않을 것이라는 취지로 말했다.

(3) 1993년 4월부터 옛 위안부의 청취조사에 관한 의견교환이 본격화되었다. 그때 한국 정부는 일본 측에 위안부 문제 관계단체에 대해 타진했는데, 위안부 문제 관계단체의 주장이 강경하고, 해결을 서두른 나머지 당사자로부터의 증

언을 취하고선 이 순간을 적당히 넘기려고 한다는 반발이 있다고 설명하였다. 또 한국 정부는 진상규명의 모든 수단을 다한 뒤에 최후의 수단으로서 본인의 인터뷰가 필요하다고 하였던 청취조사의 성격에 대해 설명할 필요가 있고, 갑자기 인터뷰를 한다고 일방적으로 결정할 것이 아니라, 시간의 여유도 가지면서 대응할 필요가 있다는 취지로 말했다. 그런 상황에서 한국 정부는 태평양전쟁희생자유족회(이하 '유족회', 1973년에 결성. 태평양전쟁의 유족을 중심으로 결성된 사단법인으로 활동목적은 유족 실태의 조사와 상호 교류 등) 및 정신대문제대책협의회(이하 '정대협', 다수의 기독교여성단체로 구성되어 특별히 위안부 문제를 취급하고, 일본군의 범죄를 인정, 법적배상 등을 일본 측에 요구하는 것을 활동방침으로 하고 있다)에 의사를 타진했다. 한국 정부는 유족회가 청취조사에 응할 용의가 있으므로 그대로 하고, 정대협은 청취조사에 난색을 표하고 있으므로 동 협회가 낸 증언집[『증언집 I 강제로 끌려간 조선인 군위안부들』(한울, 1993)]을 참고로 하는 것도 하나의 안(案)이라는 취지의 견해를 나타냈다. 또한 동년 5월 중순에 한국 정부는 청취조사에 의해 새로운 사실이 나올 것이라고는 생각하지 않지만, 이 문제의 해결을 위한 절차의 하나로서 시행하는 것이라는 반응을 나타냈다. 또 7월 중순의 일한 실무 측의 의견교환에서 한국 측은 청취조사의 실시는 최종적으로 일본 측의 판단 나름이고, 불가결하다고 생각하는 것은 아니지만 일본 측의 성의를 강하게 표시하는 수순의 하나이며, 실현할 수 있다면 조사 결과를 발표할 때 한국 측의 관계자로부터 호의적인 반응을 얻는 데 효과적인 과정의 하나가 될 것이라고 생각한다는 의향을 표시했다.

(4) 1993년 5월~7월에 걸쳐, 일본 측은, 정대협 및 유족회와 함께 옛 위안부의 청취조사의 실시를 위해 잇따라 접촉·협의했다.
한국 정부는 정대협에 대해서는 (3)과 같고, 정대협의 강경한 입장의 근저에는 일본 정부에 대한 불신감이 있고, 그것을 누그러트리기 위해서는 현지조사의 실시와 인터뷰와 관련 민간인의 입회가 필요하다는 취지를 나타냈다. 한국 정부의 시사를 근거로 하여, 5월 하순에 재한국 일본대사관이 정대협과 협의에 착수했는데, 정대협은 청취조사의 실현에 대해 당시 일본 정부가 하고 있던 추가조사 결과의 사전 제시, '강제성'의 인정 등을 조건으로 내걸었고, 일본 측과의 의견교환을 거치면서도 그 입장을 바꾸지 않았다. 또 그 과정에서 정대협 측은 일본의 관리, 게다가 남성이 갑자기 찾아와도 누구도 마음을 열고 이야기하지 않으며, 위안부들의 증언에 대해서는 정대협이 정리한 증언집을 참고로 하는 것으로 충분하다고 하는 코멘트도 있었기에, 최종적으로 정대협에 대한 청취조사는 단념하고, 대신에 동 증언집을 참고로 하게 되었다.

(5) 다른 한편, 재한국 일본대사관은 유족회와도 협의를 시작하였고, 복수 회차에 걸친 교섭을 거쳐 청취조사를 실시하는 데 합의했다. 이때, ① 청취는 조용한 분위기에서 하는 것으로 하고, 장소는 유족회의 사무소로 할 것, ② 청취에 당면하여 전국인권옹호위원연합회 소속의 변호사 1명 및 소송에 관여한 변호사 1명이 일본 측의 옵서버로, 또 유족회 관계자 1명이 유족회의 옵서버로 각각 입회할 것, ③ 유족회의 모집에 의해 희망하는 전체 위안부를 대상으로 청취를 행할 것, ④ 외부의 기자는 들이지 않고, 또 유족회의 내부 기록용으로 비디오촬영을 하며, 그 비디오는 공표한다든가 법정에서 사용하지 않는다는 것, ⑤ 위안부 관련의 소송에서 원고 측의 소장 속에 나오는 옛 위안부 9명의 증언에 대해서는, 피고인 일본 정부가 소장을 그대로 참고로 하지는 않지만, 유족회가 그들 옛 위안부의 증언을 다른 형태로 정리한 것을 참고자료로 한다는 것 등에 대해서 양자가 일치했다. 청취조사는 사전에 조정 시간이 제한되어 있었다는 점, 또 일본 측으로서는 옛 위안부의 이야기를 들으러 간다는 자세였다는 점도 있어서, 앞서 서술한 대로 유족회 측이 수배한 장소(유족회 사무소)에서 실시하고, 일본 측은 대상자의 인선을 하지 않았다. 또 청취조사의 실시를 앞둔 일본 측과 유족회 사이의 구체적인 조정에 있어서, 대상이 된 위안부의 선정에 대해서는 한국 정부가 어떤 관여나 조정을 한 사실은 확인되지 않았다.

(6) 최종적으로, 유족회 사무소에서의 청취조사는 1993년 7월 26일에 시작되어, 당초는 다음날 27일까지 2일으로 예정되었었는데, 실제로는 30일까지 실시되었고, 계 16명에 대한 청취가 행해졌다. 일본 측으로부터는 내각외정심의실과 외무성으로부터 계 5명이 참가했고, 청취의 내용은 비공개라는 뜻을 모두(冒頭)에 말하고 실시했다. 옛 위안부 중에는 담담히 이야기하는 사람도 있었지만, 기억이 상당히 혼란스러운 사람도 있었고, 그렇게 다양한 케이스가 있었지만 일본 측은 옛 위안부가 이야기하는 것을 성실히 듣는다는 자세로 일관했다. 또 한국 정부 측으로부터는, 하루의 청취조사 모두(冒頭) 부분에서만, 외교부의 직원이 상황 시찰을 위해 방문했다.

(7) 청취조사의 성격에 대해서는 사실규명보다도 그때까지의 경위에 입각하여 하나의 과정으로서 일본 정부가 당사자로부터 청취를 하는 것이며 일본 정부의 진상규명에 대한 진지한 자세를 표시한다는 것, 또 옛 위안부에게 다가가 그 마음을 깊이 이해한다는 것에 그 의의가 있었던 상황이었기에, 동 결과에 대해서 사후의 증거조사나 다른 증언과의 비교는 하지 않았다. 청취조사와 그 직후에 나온 고노 담화와의 관계에 대해서는, 청취조사가 행해지기 전에 추가조사 결과가 거의 정리되어 있었고, 청취조사 종료 전에 담화의 원안이 이미 작성되어 있었다(하기 5 참조).

5. 고노 담화의 어구를 둘러싼 의견교환

(1) 1992년 7월의 가토 관방장관 발표 이후, 일본 측은 진상규명 및 후속 조치와 관련하여 무언가의 표명을 할 것을 의도하고, 한국 측과의 긴밀하게 논의해갔다. 1993년 3월에 행해진 일한 실무 측의 의견교환에서는, 한국 측은 일본 측에 의한 발표는 한국 측과의 협의를 거쳐 이루어지도록 하겠다는 취지가 아니라, 어디까지나 일본 측이 자주적으로 시행한 것으로서 취급되어야 할 것이라고 하면서, 발표내용은 한국 측을 납득시킬 수 있는 내용에 최대한 가까

운 것이 바람직하다는 감상을 말하였다. 동년 5월의 일한의 실무 측 의견교환에서는, 일본 측은 담화 발표에 대해서 한국 정부로부터 부정적인 반응이 나오는 것은 피하고 싶다고 하여, '강제성' 등의 인식에 대해 일언일구(一言一句)하는 것은 안 되지만, 한국 측과 의견교환을 하고 싶다는 취지로 말하였고, 이에 대해 한국 측은 다양한 협력을 하고 싶고 발표문과 관련해서는 그 내용에 대해 알려주기 바란다고 말하는 등, 발표문을 알고 싶다는 뜻을 요망하고 있었다.

동년 7월 28일의 일한 외무장관회담에서 무토 외무대신에 의해 "발표의 어구에 대해서는 내부적으로 사전에 귀 정부와 상의하고 싶다고 생각하고 있다", "이 문제에 대해서는 이상으로써 외교적으로는 일단 매듭을 짓고 싶다. 김영삼 대통령은, 일본 측의 발표가 성심성의의 것이라면, 자신들이 시작하여 국민에게 설명할 생각이며, 그렇게 한다면 한국 국민에게도 이해받을 것이라고 생각한다는 취지로 말하였다. 이 점을 근거로, 아무쪼록 대통령에게 일본 측 생각을 전해 주기 바란다"고 말하였다. 이에 대해, 한승주 한국 외교부장관은 "본건에 대한 일본의 노력과 성의를 평가하고 싶다. 일본 측의 조사의 결과가 김영삼 대통령에 의해 한국 국민 앞에서 그를 설명하여 납득할 수 있는 형태로 행해질 수 있기를 기대함과 함께, 이에 의해 한일관계가 미래지향적으로 갈 수 있기를 기대하고 있다. 한국도 이와 같은 결과를 희망하고 있다"고 말했다.

(2) 일본 측에서는 가토 관방장관 발표 이후에도 계속 관계 성청에서 관련문서를 조사하고, 새로이 미국 국립공문서관 등에서 문헌조사를 하고, 이들에 의해 얻어진 문헌자료를 기본으로 하여 군 관계자와 위안소 경영자 등 각 방면에서 청취조사와 정대협의 증언집의 분석에 착수하였고, 정부 조사보고도 거의 정리되어 있었다. 이들 일련의 조사를 통해서 얻어진 인식은 이른바 '강제연행'은 확인할 수 없다는 것이었다.

(3) 그 후의 담화를 둘러싼 일한 간의 구체적인 조정은, 상기 외무부장관회담을 이어받아 개시되었는데, 담화의 원안은 청취조사(1993년 7월 26일~30일)

의 종료 전, 늦어도 1993년 7월 29일까지, 그때까지 일본 정부가 시행된 관련 문서의 조사 결과 등에 입각하여 이미 기안되어 있었다(상기 4. (7) 참조).

담화의 어구 조정은, 담화발표의 전날인 8월 3일까지, 외무성과 재일 한국대사관, 재한국 일본대사관과 한국 외교부와의 사이에서 집중적으로 실시되었고, 늦어도 7월 31일에는 한국 측으로부터 최초의 코멘트가 있었다는 것을 확인하였다. 그때 한국 측은 발표내용은 일본 정부가 자주적으로 결정하는 것이고, 교섭의 대상이 된다는 생각은 전혀 없다고 하면서, 본 문제를 해결하기 위해서는 한국 국민으로부터 평가를 받을 수 있어야 하고, 이러한 관점에서 구체적 발표문을 일부 수정하는 것을 희망한다. 그러한 점을 해결하지 않고 일본 정부가 발표할 경우는, 한국 정부로서는 긍정적으로 평가할 수 없다는 취지로 말했다. 그 후, 한국 측은 상기 어구조정의 기간 중에 복수 회차에 걸쳐 코멘트를 행했다. 이에 대해, 일본 측은, 내각 외무심의실과 외무성의 사이에서 긴밀히 정보공유·협의하면서, 그때까지 행해진 조사에 입각한 사실관계를 왜곡하지 않는 범위에서, 한국 정부의 의향·요망에 대해 받아들일 것은 받아들이고, 받아들일 수 없는 것은 거부하는 자세로, 담화에 있어 한국 정부 측과 어구를 조정했다.

한국 측과의 조정에서, 주된 논점이 된 것은 ① 위안소의 설치에 관한 군의 관여, ② 위안부 모집에서의 군의 관여, ③ 위안부 모집에 있어서의 '강제성'의 세 가지였다.

위안소의 설치에 관한 군의 관여와 관련하여, 일본 측이 제시한 군 당국의 '의향'이라는 표현에 대해서 한국 측은 '지시'라는 표현을 요구해 왔는데, 일본 측은 위안소의 설치에 대한 군의 '지시'는 확인할 수 없다며 그것을 받아들이지 않고 '요망'이라는 표현을 제안했다.

또 위안부 모집 때의 군의 관여에 관련해서도 한국 측은 "군 또는 군의 지시를 받은 업자"가 이것을 맡았다는 어구를 제안했고, 일본 측은, 모집은 군이 아니라, 군의 의향을 받은 업자가 그것을 주로 했으므로, "군을 모집의 주체로 하는 것은 받아들일 수 없다. 또, 업자에 대한 군의 '지시'는 확인할 수 없다"며 그것을 받아들이지 않고 '요망'을 받은 업자라는 표현을 제안했다.

이에 대해, 한국 측은 위안소의 설치와 위안부의 모집 시의 군의 관여에 대하여, 다시 군의 '지도(指導)'라는 표현을 요구했지만, 일본 측은 받아들이지 않고, 최종적으로는 설치에 대해서는 군 당국의 '요청'으로 결정되었다, 위안부의 모집에 대해서는 군의 '요청'을 받은 업자가 이를 담당했다는 표현으로 결론을 보았다.

또 '사과와 반성'에 대해서 일본 측은 "이른바 종군위안부로서 많은 고통을 경험하고, 심신에 걸쳐 치유하기 어려운 상처를 입은 여러분 개개인에 대해, 마음으로부터 사과의 말씀을 드린다"고 하는 원안을 제시하였고, 한국 측은 '사과'의 어구에 '반성의 마음'을 추가할 것을 요망하였고, 일본 측은 이것을 받아들였다.

이 교섭 과정에서, 일본 측은 미야자와 총리, 한국 측은 김영삼 대통령에게까지 문안을 올려 최종 요해를 받았다.

위안부 모집에서의 '강제성'에 대하여, 어떠한 표현·어구로 이를 포함시킬까 하는 것이 한국 측과의 의견교환의 핵심이었다. 8월 2일의 단계에서도, 한국 측은, 몇 개의 주요 포인트를 제외하고 일본 측은 한국 측의 기대에 응해야 할 상당한 양보가 있고, 그 주요한 점에 대해서도 쌍방의 인식의 차이는 크지 않다고 말하는 한편, 넘을 수 없는 한계가 있고 한국 국민에게 일부의 위안부는 자발적으로 위안부가 되었다는 인상을 주는 것은 안 된다는 취지로 발언하였다.

구체적으로는, 일본 측 원안의 "(업자의) 감언, 강압에 의한 조선인의 의사에 반하여 모집된 사례가 많이 있고"라는 표현에 대해 한국 측은 "사례가 많이 있고"라는 부분을 삭제할 것을 요구했고, 일본 측은 모두가 의사에 반하는 사례였다고 인정하는 것은 곤란하다며 거부했다. 또 조선반도에서의 위안부 모집에 있어서의 '강제성'에 관계되는 표현에 대해서, 최후까지 조정이 실시되었다. 8월 2일 밤까지 의견교환이 지속되고 "당시의 조선반도는 우리 나라의 통치하"에 있었다는 것을 근거로, 위안부의 '모집', '이송, 관리 등'의 단계를 통해서 볼 경우, 어떠한 경위에 의해서든, 전체로서 개인의 의사에 반하여 행해지는 일이 많았다는 취지로 "감언, 강압에 의하는 등, 대체로 본인들의 의사에 반하여"라는 어구로 최종적으로 조정되었다.

최종적으로 8월 3일 밤, 재일 한국대사관으로부터 일본 외무성에 대해 한국 본국의 훈령에 기초한 것이며, 김영삼 대통령은 일본 측의 현 (최종)안(案)을 평가하고 있고, 한국 정부로서는 동 어구로 좋다는 취지의 연락이 있었고, 이로써 고노 담화의 어구에 대해 최종적으로 의견의 일치를 보았다.

(4) 이상과 같이, 일본 측은 (2)에 있는 바와 같이, 관계 성청에서의 관련문서의 조사, 미국국립공문서관 등에서의 문헌자료, 더욱이 군 관계자와 위안소 경영자 등 각 방면에 대한 청취조사와 정대협의 증언집의 분석 등 일련의 조사를 통해서 얻어진, 이른바 '강제연행'은 확인할 수 없다는 인식에 서서, 그때까지 해온 조사에 입각하여 밝혀진 사실관계를 왜곡하는 일이 없도록 하는 범위에서, 한국 정부의 의향·요망에 대해 받아들일 것은 받아들이고, 받아들일 수 없는 것은 거부하는 자세로, 고노 담화의 어구를 둘러싼 한국 측과의 조정에 임했다. 또 일한 간에서 이와 같이 사전의 의견교환을 행한 것에 대해서는, 1993년 8월 2일, 일본 측이 매스컴에 일절 내지 않도록 해야 할 것이라는 취지로 말했고, 한국 측은 이것을 요해함과 함께 발표 직전에 일본 측으로부터 팩스로 발표문을 받았다고 말할 수밖에 없으리라는 취지로 말했다. 또 8월 4일의 담화 발표를 앞두고 일본 실무 측이 준비한 응답요령에는, 한국 측과 "사전협의는 하지 않았고, 이번의 조사 결과는 그 직전에 한국 측에 전달했다"는 응답방향(line)이 기재되었다.

(5) 이상과 같은 사정하에서, 1993년 8월 4일, 일본 측에서는 고노 관방장관이 지금까지 행해져온 조사를 정리한 결과를 발표함과 함께, 담화(고노 담화)를 발표하였다.

고노 관방장관 담화(1993년 8월 4일)

이른바 종군위안부 문제에 관해서 정부는 재작년 12월부터 조사를 진행해 왔으나 이번에 그 결과가 정리됐으므로 발표하기로 했다.

이번 조사 결과 장기간, 그리고 광범위한 지역에 위안소가 설치돼 수많은 위안부가 존재했다는 것이 인정됐다. 위안소는 당시의 군 당국의 요청에 따라 마련된 것이며 위안소의 설치, 관리 및 위안부의 이송에 관해서는 옛 일본군이 직접 또는 간접적으로 이에 관여했다.

위안부의 모집에 관해서는 군의 요청을 받은 업자가 주로 이를 맡았으나 그런 경우에도 감언(甘言), 강압(强壓)에 의하는 등 본인들의 의사에 반해 모집된 사례가 많았으며 더욱이 관헌(官憲) 등이 직접 이에 가담한 적도 있었다는 것이 밝혀졌다. 또 위안소에서의 생활은 강제적인 상황하의 참혹한 것이었다.

또한 전지(戰地)에 이송된 위안부의 출신지에 관해서는, 일본을 별도로 한다면 조선반도가 큰 비중을 차지하고 있었으나 당시의 조선반도는 우리 나라의 통치 아래에 있어 그 모집, 이송, 관리 등도 감언, 강압에 의하는 등 대체로 본인들의 의사에 반해 행해졌다.

어쨌거나 본 건은 당시 군의 관여 아래 다수 여성의 명예와 존엄에 깊은 상처를 입힌 문제다.

정부는 이번 기회에 다시 한 번 그 출신지가 어디인지를 불문하고 이른바 종군위안부로서 많은 고통을 겪고 몸과 마음에 치유하기 어려운 상처를 입은 모든 분에 대해 마음으로부터 사과와 반성의 뜻을 밝힌다. 또 그런 마음을 우리 나라로서 어떻게 나타낼 것인지에 관해서는 식견 있는 분들의 의견 등도 구하면서 앞으로도 진지하게 검토해야 할 일이라고 생각한다.

우리는 이런 역사의 진실을 회피하는 일이 없이 오히려 이를 역사의 교훈으로 직시해 가고 싶다. 우리는 역사 연구, 역사 교육을 통해 이런 문제를 오래도록 기억하고 같은 잘못을 절대 반복하지 않겠다는 굳은 결의를 다시 한 번 표명한다.

덧붙여 말하면 본 문제에 관해서는 우리 나라에서 소송이 제기돼 있고 또 국제적인 관심도 받고 있으며 정부로서도 앞으로도 민간의 연구를 포함해 충분히 관심을 기울이고자 한다.

(6) '강제성'의 인식에 관해, 고노 관방장관은 같은 날 행해진 기자회견에서 금회의 조사 결과에 대하여 강제연행의 사실이 있다고 하는 인식인 것인가라는 질문을 받고 "그러한 사실이 있었다"라고 말했다.
또 '강제'라는 말이 위안부의 모집의 문맥에서가 아니라 위안소의 생활의 기술에서 사용되고 있는 점에 대해 지적하자, 고노 관방장관은 "'감언, 강압에 의하는 등, 본인들의 의사에 반하여 모집되었다'라는 식으로 쓰고 있는 것입니다. 의사에 반하여 모집되었다고 하는 것은 어떤 의미인가? 아시리라고 생각합니다"라고 말했다.
더욱이, 공문서에서 강제연행을 뒷받침하는 기술은 보이지 않았던 것인가 하는 질문을 받고, 고노 관방장관은 "강제라는 것 속에는, 물리적인 강제도 있고, 정신적인 강제라는 것도 있다", "그러한 것이 있었는지 없었는지 하는 것도 충분히 조사"를 했고, 옛 종군위안부로부터 들은 이야기, 증언집에 있는 증언, 그리고 구 위안소 경영자 측의 이야기도 들은 후에, "어쨌든 여기에서 쓴 것과 같이, 본인의 의사에 반하여, 데려왔다는 사례가 많이 있다", "모집된 후의 생활에 대해서도, 본인의 의사가 인정되지 않는 상황이 있었다는 것도 조사 속에서 분명해지고 있습니다"라고 말했다.

(7) 고노 담화 발표 후, 한국 외교부는 "일본 정부가 이번 발표를 통해, 군대 위안부의 모집, 이송, 관리 등에 있어서 전체적인 강제성을 인정하고, 또 군대 위안부 피해자에 대한 사죄와 반성의 뜻과 함께, 이것을 역사의 교훈으로 하여 직시하여 가는 등의 결의를 표명한 점"을 평가하고 싶다는 취지의 논평을 발표했다. 또 재한국 일본대사관으로부터 외무성에 대해 다음을 보고했다. 한국 측 보도는 사실을 담담히 말하고 비교적 긍정적인 평가가 많다는 것, 한국 외

교부는 적극적으로 협력하고 있었다는 것을 지적한 뒤에, 그 배경으로서, 조사 결과와 담화가 전체로서 성의가 넘치는 것이었다는 점에 더해, 동 문제의 취급을 둘러싸고 빈번히 한국 정부와 협의하면서 일본 측의 솔직한 생각을 전달하고 동시에 한국 측의 코멘트를 가능한 한 수용하여 온 것이 있다고 생각된다는 것 등을 보고했다.

(8) 일본 측에서 검토되고, 한국 측과도 여러 가지 의견교환이 있어온 일본 측에 의한 옛 위안부에 대한 '조치'의 구체적인 방법에 대해서는 고노 담화의 발표를 이어받아 양국 간에 보다 상세한 의논이 행해지게 된다. (다음 장 참조)

Ⅱ. 한국에서의 '여성을 위한 아시아평화 국민기금'(이하 '기금') 사업의 경위

1. '기금' 설립까지(1993~1994년)

(1) 앞서 서술한 대로, 위안부 문제를 둘러싼 일한 정부의 의견교환에서는 진상규명과 후속 조치가 패키지로 생각되어 왔다. 1993년 8월 4일의 고노 담화도 "그러한 (사과와 반성의) 마음을 국가로서 어떻게 표시할 것인가라는 점에 대해서는, 식견이 있는 자의 의견 등도 구하면서, 금후에도 진지하게 검토해야 할 것으로 생각한다"고 언급하고 있다. 옛 위안부에 대한 '조치'에 대해서 일본 측이 어떠한 조치를 취해야 할 것인지 한국 정부의 생각을 확인한 바, 한국 측은, 일한 간에서 법적인 보상의 문제는 결론을 본 것이며, 무언가의 조치라고 하는 경우는 법적보상이 아니며, 그리고 그 조치는 공식적으로는 일본 측이 일방적으로 해야 할 것이며, 한국 측이 이러니저러니 할 성질의 일이 아니라고 이해하고 있다는 반응이었다.

(2) 그 후, 옛 위안부에 대한 구체적인 조치에 대해 한국 정부 측과 의견교환을

거듭했는데, 일본 정부가 무언가 구체적인 조치를 강구한다고 해도, 일한 양국 간에서는 위안부 문제를 포함하여 양국 및 양국 국민 간의 재산·청구권의 문제는 법적으로 완전하고 동시에 최종적으로 해결이 끝난 것이며, 한국의 옛 위안부에 대해서는 개인적인 보상이 될 조치는 실시하지 않는다는 것을 상정하고 있다는 뜻을 한국 측에 확인시켰다. 한국 측은 일본 측이 전후 처리의 청산이라는 차원에서 자주적으로 처리해야 할 것이며, 또 한국 정부는 일본 정부에 대해 물질적인 보상을 요구하지 않고, 동시에, 일본 측의 조치에 관여하지 않는다는 반응이었다. 또, 다음 해인 94년 여름에 접어들어, 일한의 실무 측의 의견교환에서 한국 측은 한국 여론의 하나로는 피해자와 그 관계단체가 있고, 그들의 요구는 보상을 하라고 하는 것인 한편, 위안부 문제든 무엇이든 일본 정부에 무엇인가를 요구하는 것은 그만두자고 하는 여론도 있고, 숫자로 말하면 이쪽이 많다고 하는 솔직한 의견을 말하였다.

(3) 1994년 12월 7일, 여3당[일본사회당(日本社会党)·자유민주당(自由民主党)·신당사키가케(新党さきがけ)]에 의한 '전후 50년 문제 프로젝트팀' 하에 설치된 위안부에 대한 대응을 논의하는 소위원회에서 '제1차 보고'가 정리되었고, 국민이 참여하는 기금을 설치하고, 이를 통해 옛 위안부를 대상으로 한 조치를 시행하는 것과 함께, 과거의 잘못을 반복하지 않기 위해 여성에 대한 폭력 등 오늘날의 여성의 명예와 존엄에 관계되는 문제의 인식확대·예방·대응·해결을 지향하는 활동을 지원하고, 정부는 이 기금에 대한 자금거출을 포함하여 가능한 협력을 한다는 의견을 표명했다.

(4) 1995년 6월 13일, 일본 정부는 한국, 대만, 인도네시아, 필리핀 및 네덜란드를 대상으로 하는 '기금'을 다음날 공식 발표하기로 결정하고, 그 설립 목적과 사업의 기본적인 성격 등을 기록한 '기금구상과 사업에 관한 내각관방장관 발표'라는 내용을 한국 측에 사전 통보하였다. 한국 정부는 ① 전반적인 감상으로서는, 당사자 단체에는 만족스러운 것이 아니라 해도, 한국 정부로서는 평

가할 수 있는 점도 있을 것 같다는 느낌이다. ② 종래부터 김영삼 대통령은, 위안부에 대한 보상금은 필요하지 않지만, 철저한 진상규명이 이루어져야 한다는 뜻을 명확히 했다. ③ 한국 측이 요청해 온 바인 일본 정부로서의 공적 성격을 포함할 필요가 있다는 것과 일본 정부로서의 사과의 마음을 표명하는 것, 이 두 가지가 대략 포함되어 있고, 이러한 점에서 평가하고 싶다는 취지로 말하였다. 또 일본 측의 조치를 관계 단체에 설명함에 있어서는 한국 정부로서도 가능한 만큼 협력하고 싶다는 취지의 반응이 있었다. 다음날인 14일에는 이가라시(五十嵐) 관방장관이 이하를 발표했다.

이가라시 내각관방장관 발표(1995년 6월 14일, 발췌)

1993년 8월의 무라야마 총리 담화를 이어받아, 또 여당 전후(戰後) 50년 문제 프로젝트의 협의에 기초하여, 정부에서 검토한 결과, 전후 50년에 해당하고 반성의 입장에 서서 '여성을 위한 아시아평화 우호기금'에 의한 사업을 다음과 같이 시행하는 것으로 한다.
구 종군위안부 여러분들을 위해 국민, 정부 협력 하에서 다음의 일을 한다.
(1) 종군위안부 여러분들에 대한 국민적인 보상을 행하기 위한 자금을 민간으로부터 기금으로 모금한다.
(2) 구 종군위안부 여러분들에 대한 의료, 복지 등 유익한 사업을 시행하는 것에 대해, 정부의 자금 등으로 기금을 지원한다.
(3) 이 사업을 실시함에 있어서, 정부는 구 종군위안부 여러분들에게, 국가로서의 솔직한 반성과 사과의 마음을 표명한다.
(4) 또 정부는 과거의 종군위안부의 역사자료를 정비하여 역사의 교훈으로 삼는다.
여성의 명예와 존엄에 관한 사업으로서 앞서 말한 1. (2)와 아울러 여성에 대한 폭력 등 오늘날의 과제에 대응하기 위한 사업을 시행하는 것에 대해 기금은 정부의 자금 등에 의해 그를 지원한다.
'여성을 위한 아시아평화 우호기금' 사업에 대해 널리 국민의 협력을 바라는

'호소인'으로서 지금까지 찬동을 얻은 여러분은 다음과 같다. (이하 생략)

이것을 받아 한국 외교부는 외교부 논평을 이하와 같이 발표했다.

이가라시 관방장관 발표에 대한 한국 외무부 논평(1995년 6월)
1. 한국 정부는 종군위안부 문제에 대한 후속 조치는 기본적으로 일본 정부가 93년 8월에 발표한 실태조사의 결과에 의해 자주적으로 결정할 사항이지만, 종군위안부 문제의 원만한 해결을 위해서는 당사자가 요구하고 있는 사항이 최대한 반영되는 것이 필요하다는 것을 지적하여 왔다.
2. 오늘 일본 정부의 기금설립은 일부 사업에 대한 정부예산의 지원이라는 공적 성격이 가미되어 있고, 또 이후에 이 사업이 행해질 때 당사자에 대한 국가로서의 솔직한 반성 및 사죄를 표명하고, 과거에 대한 진상규명을 행하고, 이것을 역사의 교훈으로 삼는다는 의지가 명확히 포함되어 있다는 점에서, 지금까지의 당사자의 요구가 어느 정도 반영된 성의 있는 조치라고 평가한다.
3. 한국 정부는, 이후에 일본이 이번 기금 설립을 계기로, 다양한 과거사 문제에 대하여 사실(史實)을 명확히 하고, 그 해결을 위한 노력을 적극적으로 경주하여 감에 따라, 바른 역사인식을 토대로 하여 근린 각국과 미래지향적인 선린우호관계를 발전시켜 갈 것을 기대한다.

2. '기금' 창립 초기(1995~1996년)

(1) 한편 한국 국내의 피해자 지원단체는 '기금'의 위상을 민간단체에 의한 위로금으로 보고, 일본 정부 및 '기금'의 대처를 비판했다. 한국 정부는, 한국 외교부를 통해 관방장관 발표를 평가한다는 성명을 냈지만, 한국 외교부는 그 뒤 7월에는 이러한 상황 속에서 피해자 지원단체로부터 강한 반발이 오고 난처해 한다는 사정으로 인해 일본 정부와 공공연히 협력하는 것은 어렵지만, 수면 아

래에서는 일본 정부와 협력하여 가고 싶다는 입장을 나타냈다.

(2) 1996년 7월, '기금'은 '속죄금(償い金)'의 지원, 총리에 의한 '사과의 편지', 의료복지사업을 결정했다. 특히 총리가 보내는 '사과의 편지'와 관련해서는 일본 정부가 한국 정부에 대해 사과를 하고 있는데, 피해자는 개인적으로 사과를 받지 못하고 있다고 느낀다는 한국 정부로부터의 반응도 있어서 사과를 표명하는 데 총리에 의한 편지라는 형식을 취하게 되었다. 일본 정부가 이러한 결정을 한국 측에 설명하기 위해 유족회와 정대협에 대한 면담을 한국 정부를 통해 제의했지만, 양 단체는 '민간기금'을 받아들일 수 없다는 견해를 표명하였다.

(3) 한국 정부는 ① 일본 정부가 어떠한 형식이든 피해자들이 납득할 수 있는 조치를 취해 달라, ② 일본이 법적으로 국가보상을 하는 것은 무리라고 명언한 상황에서 정부의 사죄의 마음을 표명하고 국가보상과 동일하게 볼 수 있는 그 무언가의 형태가 불가능한가, ③ "한국과의 관계에 대해서는 금후 성의를 갖고 함께 이야기하고 싶다"는 취지의 메시지를 일본 정부가 보내줄 수 없을까 하였고, 그 후 구체적으로 어떻게 대응하는가에 대해서 시간을 갖고 일본 측과 조용히 이야기하여 가고 싶다는 의향을 나타냈다.

(4) 동년 8월에 필리핀에서 '기금' 사업이 개시되기도 하여, 같은 달 '기금'은 한국 정부로부터 인정받은 피해자들에 대해 사업을 실시한다는 방침 아래, '기금'의 운영심의회 위원으로 이루어진 대화팀이 한국을 방문하였고, 십 수 명의 피해자를 만나 사업을 설명했다. 그리고 같은 해 12월, 옛 위안부 7명이 '기금'의 노력을 인정하고, 사업을 받아들이겠다는 의사를 표명했다.

3. 옛 위안부 7명에 대한 '기금' 사업의 시행(1997년 1월)

(1) 일본 정부는 상기 7명에 대한 사업을 실시함에 당면하여, 1997년 1월 10일(사업실시 전날), '기금' 사업을 받아들여도 좋다는 의사를 표명한 한국의 옛 위안부에 대해 '기금' 사업을 전달하겠다고 결정한 취지를 재일본 한국대사관에 통보했다. 한국 정부는 ① 관계단체와 피해자 양방이 만족하는 형태로 사업이 실시되지 않으면 해결되지 않는다. ② 몇 사람의 옛 위안부에 대해서만 실시된다면 관계단체가 강경한 반응을 나타낼 것이므로, 또 일한외무장관 회담, 수뇌회담의 직전이므로 타이밍이 나쁘다고 생각한다는 취지의 반응을 보였다.

(2) 다음 11일, '기금' 대표단은 서울에서 옛 위안부 7명에 대해 총리의 '사과의 편지'를 전달하고, 한국 매스컴 각 사를 대상으로 사업실시의 사실을 명확히 알림과 함께 '기금' 사업에 대해 설명했다.

> 전 위안부 여러분들에 대한 내각총리대신의 편지
> 배계(拜啓)
> 이번에 정부와 국민이 다함께 협력하여 추진하고 있는 '여성을 위한 아시아 평화 국민기금'을 통해 종군위안부로서 희생하신 분들께 우리 나라의 국민적인 보상이 행해짐에 즈음하여 저의 심정을 표명하고자 합니다.
> 이른바 종군위안부 문제는 당시 구 일본군의 관여 하에 많은 여성들의 명예와 존엄성에 깊은 상처를 입힌 문제입니다. 저는 일본국 내각총리대신으로서 다시 한번 소위 종군위안부로서 수많은 고통을 겪고 심신양면에 걸쳐 치유하기 어려운 상처를 입으신 분들에게 진심으로 사과와 반성의 뜻을 말씀드리고자 합니다.
> 우리는 과거의 무거움으로부터도 미래를 향한 책임으로부터도 도망칠 수가 없습니다. 우리 나라로서는 도의적인 책임을 통감하면서 사과와 반성의 뜻

에 입각하여 과거의 역사를 직시하고, 이것을 후세들에게 올바로 전달하는 것과 동시에 부조리한 폭력 등 여성의 명예와 존엄성에 관련된 문제들에 대해서도 적극적으로 임해야 한다고 생각합니다.
끝으로 여러분들의 앞으로의 인생이 평온하시기를 충심으로 비는 바입니다.
경구(敬具)

일본국 내각총리대신

역대 내각총리대신 서명: 하시모토 류타로(橋本龍太郎), 오부치 게이조(小淵惠三), 모리 요시로(森喜朗), 고이즈미 준이치로(小泉純一郎)

이에 대해 한국의 미디어는 '기금' 사업을 비난하고, 피해자 단체는 위안부 7명과 새로이 '기금' 사업에 신청하려고 하는 옛 위안부를 괴롭히기 시작했다. 피해자단체는 옛 위안부 7명의 이름을 대외적으로 언급하는 것 외, 본인에게 전화를 걸어 '민간기금'으로부터 돈을 받은 것은 스스로 '매춘부'였음을 인정하는 행위라고 비난했다. 또 그 후에 새로이 '기금' 사업을 받아들인다는 의사를 표명한 옛 위안부에 대해서는, 관계자가 집에까지 찾아와서 "일본의 더러운 돈"을 받지 말라고 강요했다.

(3) 또 한국 정부는 직후에 한국 정부로서는 목록 등을 누구에게 전달한 것인가에 대해 당연히 '기금'으로부터 통보를 받아 마땅했다고 생각하므로 일본 측이 조금 너무 성급한 것 아닌가, 또 '기금'의 한국에서의 사업 실시에 대해 정말로 곤혹스럽다는 등, 유감의 뜻을 전했다.

(4) 그 다음 주의 일한외무장관 회담에 있어서, 유종하 한국 외교부장관으로부터, 전 주말에 '기금'이 사업을 개시하고 옛 위안부에게 지급을 시행한 것은

지극히 유감이다. 그 철회와 금후의 일시금 지급 중단을 요구한다는 발언이 있었다. 또 이케다(池田) 외무대신의 김영삼 대통령 예방에서 대통령으로부터 이 문제는 국민감정의 면에서 보면 민감한 문제이다. 외무장관 회담에서 이 이야기가 다루어졌다고 보고받았는데 최근 취해진 '기금'의 조치는 국민정서에 있어서 바람직스럽지 않은 영향을 강하게 주는 것이며 유감이다. 이러한 조치가 금후 재차 취해지는 일이 없도록 부탁하고 싶다는 발언이 있었다.

4 '기금' 사업의 일시중단(1997년 2월~1998년 1월)

(1) '기금' 사업을 수취한 7명의 옛 위안부가 한국 내에서 계속 괴롭힘을 당하게 된 일에 근거하여, '기금'은 사업을 일시 보류함으로써 신중한 대응을 취하게 되었다. 다른 한편, 일부 피해자지원단체로부터, 사업의 수취를 희망하는 옛 위안부와의 조정에서 전향적인 반응도 있었으므로, 그러한 옛 위안부의 수를 늘리기 위해서라도 사업에 대하여 한국에서 이해를 얻을 수 있도록 계속 다양한 방책을 검토하고, 한국 국내에서 신문광고를 게재하는 것 등을 모색하기로 했다.

(2) 그 후 1997년 여름부터 가을에 걸쳐, 일본 정부와 '기금' 관계자 사이에서 한국 국내에서의 광고게재와 사업재개에 대해 몇 번이나 절충이 이루어졌다. 일본 정부는 한국 대통령선거와 일한 간의 어업 교섭의 상황도 있어서 연기하도록 작용한 바, '기금'은 납득할 수 없다는 입장을 견지하면서도, 일한 및 한국 국내의 민감한 상황을 고려하여 신문광고의 게재를 수회에 걸쳐 보류했다.

(3) 그러나 '기금' 측은 조금이라도 많은 한국인 옛 위안부에게 '기금' 사업의 내용을 알게 하고, 이해를 얻고 싶다고 강하게 희망하였으므로, 또 한국의 신문사로부터도 광고게재의 이해를 얻었기 때문에, 일본 정부로서도 1997년 12월 18일에 종료되는 대통령선거 이후라면 조용히 눈에 띄지 않는 형태로 사

업을 실시하고 광고에 대해서도 게재하는 것은 어쩔 수 없다고 판단하여 오부치 외무대신까지의 이해도 얻었다.

5 '기금'에 의한 신문광고 게재(1998년 1월)

(1) 1998년 1월 상순에 일한의 실무 측의 의견교환에서 일본 측은 '기금' 사업에 관계되는 한국 내에서의 이해를 확산시킬 목적으로 신문광고[4개 지(紙)]의 게재예정에 대해서 사전설명을 하였다. 이에 대해 한국 정부 측으로부터는, '기금' 사업의 일방적인 실시로는 문제의 해결이 되지 않는다. 그래서 정대협과 '기금'과의 대화를 진척시키려고 하는데 정대협으로부터 조직 내의 의견이 정리되기까지 조금 더 시간이 있으면 좋겠다는 이야기가 있었다는 취지의 회답이 있었다.

(2) 1998년 1월 6일, 실제로 광고가 게재된 이후, 한국 정부 측으로부터 일본 측이 유연성을 발휘하고 서두르는 일 없이 본 문제가 눈에 띄지 않게 서서히 풀려가도록 대응하는 것이 바람직하다고 생각하고 있으며, 그런 의미에서 전날의 신문광고는 극히 자극적이었다는 취지의 반응을 보였다.

6 '기금'에 의한 속죄금 사업의 일시정지(1998년 2월~1999년 2월)

(1) 1998년 3월, 김대중 정권이 발족하고, 한국 정부로서 일본 정부에 국가보상을 요구하지 않는 대신 한국 정부가 '생활지원금'을 옛 위안부에게 지급하겠다는 결정이 이루어졌다. 또, 한국 정부는 '기금'에서 수취한 옛 위안부는 '생활지원금'의 대상에서 제외되지만, '기금' 자체에 표면적으로 반대하고 비난하는 조치는 아니라는 설명을 하였다.

(2) 게다가 이 시기, 한국 정부는, 김 대통령 자신이 본건에 대해 금전의 문제를

없애고 정부 간의 이슈로 하지 말라는 의견이며, 양 국가의 문제는 존재하지 않는다고 생각하는 쪽이 좋다고 하였다. 이에 '기금'에는 미안하지만, 정부 간의 문제가 되지 않도록 종지부를 찍어야 한다는 취지로 한국 정부는 말하였다.

7. '한적'에 의한 의료·복지사업으로의 전환(1999년 3월~1999년 7월)

(1) '기금'은 1998년 7월에 네덜란드의 의료복지사업이 순조롭게 개시된 점도 있어서, 한국에서 '속죄금'에 대신하는 의료복지사업으로의 전환을 검토하고, 1999년 1월 말, '한적'에 협력을 타진한다는 방침을 결정했다. 이에 대하여, 일한 실무 측의 의견교환에서, 한국 측은 사업을 발본(拔本)적으로 변경하는 것은 좋은 것이며, 그 형식으로는 일본 측과 '한적' 사이에서 이야기를 진행하고, '한적'과 상담을 한 단계에서 전향적으로 대응할 것을 종용하는 순서가 적당하다고 생각한다는 취지의 반응을 나타냈다.

(2) 그러나 1999년 3월 하순에 행해진 일한 실무 측의 의견교환에서, 한국 정부가 돌연히 방침을 바꿔 이 문제에서는 뭔가 하든 안하든 비판받는다는 사실을 고려할 필요가 있다는 취지에서, '한적'은 한국 정부의 입김이 닿는 조직이고 강한 반대가 예상되므로 금회의 제안은 용서해 주기 바란다고 하는 반응이 나왔다. 이에 대해 일본 측은 사업전환은 김대중 대통령 방일에 의해 양성된 미래지향의 일한관계에 악영향을 주지 않는 방향에서 총리의 요해도 얻었고, 사업종료에 강하게 난색을 표하고 있는 '기금'을 설득한 것이라고 하면서, 한국 측의 의사는 쉽게 납득하기 어렵다는 취지의 의견을 표현했다. 하지만 한국 측의 협력을 얻지 못해 최종적으로는 사업전환이 실현될 수 없는 상황이 되었다.

8. 사업전환 곤란인 채 기금사업 종료(1999년 7월~2002년 5월)

(1) 사업전환을 실현할 수 없었던 '기금'은 1999년 7월에 사업을 정지하게 되

었고, 정지상태가 2002년 2월까지 계속되었는데, 동월 20일, '기금'은 사업의 정지상태를 일단 풀고, 한국 내에서 사업 신청접수 기한을 동년 5월 1일로 할 것을 결정했다.

(2) 2002년 4월에 행해진 일한의 실무 측의 의견교환에서 한국 정부는 다시 '기금'의 '보상금' 지급, 의료·복지사업에 대한 반대의 태도를 나타냈다. 그리고 그 뒤 5월 1일에 한국에서의 모든 '기금' 사업의 신청접수가 종료되었고, 1997년 1월부터 시작된 한국에서의 사업이 막을 내렸다.

9. 한국에서의 '기금' 사업의 종료와 성과

(1) 1995년에 설립된 '기금'에는 기본재산에 대한 기부를 포함하여 약 6억 엔의 모금이 이루어지고, 일본 정부는 인도네시아 사업으로서 사업 전체가 종료된 2007년 3월 말까지 거출금·보조금 합계 48억 엔을 지출하였다. 한국에서의 사업으로서는 사업종료까지 옛 위안부 모두 61명에 대해 민간에 의한 기부를 원 자금으로 하는 '속죄금' 200만 엔을 지급하고, 정부거출금을 원 자금으로 하는 의료·복지사업 300만 엔을 실시(1인당 계 500만 엔)함과 함께, 이들을 수취한 전체 위안부에 대해 당시 일본 총리의 서명이 들어간 '사과의 편지'를 전달했다. 그 수는 하시모토 정권하에서 27건, 오부치 정권하에서 24건, 모리 정권 하에서 1건, 고이즈미 정권하에서 9건이었다.

(2) 필리핀, 인도네시아와 네덜란드에서는 상대국 정부와 관련단체 등으로부터의 이해와 긍정적인 평가 하에서 '기금' 사업을 실시할 수 있었으나, 한국에서는 한국 국내의 사정과 일한관계에 크게 영향을 받으면서, 동 정부와 국민으로부터 이해를 얻지 못했다. 하지만 '기금' 사업을 수취한 옛 위안부들은 "일본 정부가 우리들이 살아있는 동안에 이와 같은 총리의 사죄와 돈을 내는 것은 생각하지 못했습니다. 일본의 모든 분들의 마음이라는 것도 잘 알겠습니다. 대

단히 감사합니다"라는 감사의 말을 보내주었다.

(3) 또 일부 옛 위안부는 수술을 받기위해 돈이 필요하여 '기금'을 받기로 결정했지만, 당초는 '기금'의 관계자를 만나기는 싫다는 태도를 취하였다. 하지만 '기금'의 대표가 총리의 편지와 이사장의 편지를 낭독하자 크게 울음을 터트리고, '기금' 대표와 안고 울었다. 일본 정부와 국민의 사과와 보상의 마음을 받아들였다는 보고도 있었고, 한국 국내 상황과는 반대로 옛 위안부로부터의 평가를 받았다.

| 자료30 | 내각총리대신 담화(아베 총리 담화) | 2015.8.14, 도쿄 |

종전 70년을 맞아, 앞선 대전(大戰)에의 길과 전후의 걸어온 길, 20세기라고 하는 시대를 저희들은 마음으로 조용히 돌아보며, 그 역사의 교훈으로부터 미래를 향한 지혜를 배우지 않으면 안 된다고 생각합니다.

백년 이상 전의 세계에는 서양 여러 나라를 중심으로 한 나라들의 광대한 식민지가 확산하고 있었습니다. 압도적인 기술우위를 배경으로, 식민지배의 파도는 19세기 아시아에도 들이닥쳤습니다. 그 위기감이 일본에 근대화의 원동력이 됐던 것은 틀림없습니다. 아시아에서 최초로 입헌정치를 세우고, 독립을 지켰습니다. 러일전쟁은 식민지 지배 아래에 있던 많은 아시아와 아프리카 사람들에게 용기를 북돋워주었습니다.

세계를 둘러싼 제1차 세계대전을 걸쳐, 민족자결의 움직임이 확대되면서 그때까지의 식민지화에 제동이 걸렸습니다. 이 전쟁은 1천만 명의 전사자를 낸 비참한 전쟁이었습니다. 사람들은 평화를 강하게 원했으며, 국제연맹을 창설했고, 부전조약(전쟁방지조약)을 체결했습니다. 전쟁자체를 위법화하고, 새로운 국제사회의 조류가 생겨났습니다.

당초는 일본도 보조를 맞췄습니다. 그러나 세계공황이 발생하고, 구미 여러 나라가 식민지 경제를 둘러싼 경제블록화를 진행하면서 일본 경제는 큰 타격을 입었습니다. 그런 와중에 일본은 고립감이 심화됐으며 외교적·경제적인 교착 상태를 힘을 사용해 해결하려고 시도했습니다. 이렇게 해서 일본은 세계의 대세를 놓쳤습니다.

만주사변, 그리고 국제연맹 탈퇴, 일본은 차제에 국제사회가 장렬한 희생 위에 구축한 '새로운 국제질서'에의 '도전자'가 됐습니다. 가야할 침로를 그르치며, 전쟁에의 길로 전진해 갔습니다.

그리고 70년 전, 일본은 패전했습니다.

전후 70년에 즈음해, 국내 외에서 숨진 모든 사람들의 목숨 앞에 깊이 머리를 숙이고, 통석의 념을 나타내는 것과 함께 영겁의, 애통의 마음을 올립니다.

앞선 대전에서는 300여만 명의 동포가 생명을 잃었습니다. 조국의 나아갈 미래를 찾으며, 가족의 행복을 바라면서, 전쟁의 진지에서 흩어졌던 사람들. 종전 후 혹한 또는 작렬하는 먼 타향의 땅에서 굶거나 아픈 고통으로 숨진 사람들, 히로시마와 나가사키에서의 원폭투하, 도쿄를 시작으로 각 도시에서의 폭격, 오키나와에서의 지상전 등으로 인해 많은 곳에서 사람들이 남김없이 희생됐습니다.

전화를 거친 나라들에서도, 장래가 있는 젊은이들의 생명이, 셀 수도 없이 상실됐습니다. 중국, 동남아시아, 태평양의 섬들 등 전장이 됐던 지역에서는 전투뿐 아니라 식량난 등으로 인해 많은 무고한 백성이 고통받고 희생됐습니다. 전장의 그늘에서는 깊이 명예와 존엄에 상처를 입은 여성들이 있었다는 사실도 잊혀져서는 안 됩니다.

아무 죄도 없는 사람들에게 헤아릴 수 없는 손해와 고통을 일본이 준 사실, 역사는 실로 돌이킬 수 없는 가혹한 것입니다. 한 사람 한 사람에게 각각의 인생이 있고, 꿈이 있고, 사랑하는 가족이 있었다는 당연한 사실을 음미할 때, 지금도 말을 잃고 그저 단장(斷腸)의 마음을 금할 수 없습니다.

이토록 고귀한 희생 위에 현재의 평화가 있다, 이것이 전후 일본의 원점입니다.

다시는 전쟁의 참화를 반복해서는 안 된다, 사변, 침략, 전쟁, 어떠한 무력의 위협이나 행사도 국제 분쟁을 해결하는 수단으로서는 두번 다시 사용해선 안 된다, 식민지 지배로부터 영원히 결별하고 모든 민족의 자결권이 존중되는 세계를 만들지 않으면 안 된다, 지난 대전에 대한 깊은 회개의 마음과 함께 우리나라는 그렇게 맹세했습니다. 자유롭고 민주적인 국가를 만들고, 법의 지배를 중시하고 오로지 부전(不戰)의 맹세를 견지해 왔습니다. 70년간의 평화 국가로서의 행보에 우리는 조용한 자부심을 품고 이 부동의 정책을 앞으로도 견지하겠습니다.

우리 나라는 지난 대전에서의 행동에 대해 반복해서 통절한 반성과 진심어린 사죄의 마음을 표명했습니다. 그 생각을 실제 행동으로 보여주기 위해 인도네시아, 필리핀을 비롯한 동남아 국가, 대만, 한국, 중국 등 이웃인 아시아 사람들이 걸어온 고난의 역사를 가슴에 새기고 전후 일관되게 그 평화와 번영을 위해 힘을 다해 왔습니다. 이러한 역대 내각의 입장은 앞으로도 흔들리지 않을 것입니다.

그러나 우리가 어떠한 노력을 해도, 가족을 잃은 분들의 슬픔, 전화(戰禍)에 의해 도탄의 고통을 맛본 사람들의 아픈 기억은 앞으로도 결코 치유되지 않을 것입니다.

그러므로 우리는 명심해야 합니다.

전후 600만 명이 넘는 귀환자가 아시아·태평양 각지에서 무사히 귀환해서 일본 재건의 원동력이 된 사실을. 중국에 방치된 3천 명 가까운 일본인의 아이들이 무사히 성장해 다시 조국의 흙을 밟을 수 있었다는 사실을. 미국과 영국, 네덜란드, 호주 등의 옛 포로 여러분이 오랫동안 일본을 방문해 서로의 전사자를 위한 위령을 계속하고 있다는 사실을.

전쟁의 고통을 그지없이 경험한 중국인 여러분과 일본군에 의해 극심한 고통을 받은 옛 포로 여러분이 그렇게 관대해지기 위해서는 어느 정도의 마음의 갈등이 있고 어느 정도의 노력이 필요했던가.

그것에 대해 우리들은 생각을 다해야 합니다.

관용의 마음에 의해 일본은 전후 국제사회에 복귀할 수 있었습니다. 전후 70년이라는 이 기회에 있어서 우리 나라는 화해를 위해 힘써 주신 모든 국가 모든 분들에게 진심으로 감사의 마음을 전하고 싶습니다.

일본에서는 전후 태어난 세대가 이제 인구의 8할을 넘고 있습니다. 그 전쟁에는 아무런 관계가 없는 우리의 자녀나 손자, 그리고 그 뒤 세대의 아이들에게 사과를 계속할 숙명을 지게 해서는 안 됩니다.

그렇지만 우리 일본인은 세대를 넘어 과거의 역사를 정면으로 마주하지 않으면 안 됩니다. 겸허한 마음으로 과거를 계승하고 미래에 전달할 책임이 있습니다.

우리의 부모, 또 그의 부모 세대가 전후 잿더미와 가난의 수렁 속에서 생명을 이어갔습니다. 그리고 현재 우리 세대 또한 다음 세대로 미래를 이어갈 수 있습니다. 선인들의 끊임없는 노력과 더불어 적으로 치열하게 싸운 미국, 호주, 유럽 국가를 비롯해 정말 많은 국가들이 은혜와 원한을 넘은 선의와 지원의 손길을 뻗어준데 대해 감사합니다.

그것을 우리는 미래로 구전해가지 않으면 안 된다. 역사의 교훈을 깊이 가슴에 새기고 더 나은 미래를 개척하고, 아시아, 그리고 세계 평화와 번영에 힘을 다할 것이다. 그런 큰 책임이 있습니다.

우리는 스스로 교착상태를 힘으로 타개하려고 한 과거를 가슴에 계속 새기겠습니다. 그럴수록 일본은 어떤 분쟁도 법의 지배를 존중하고, 힘의 행사가 아니라 평화적·외교적으로 해결해야 한다는 원칙을 앞으로도 굳게 지키고 세계 각국에 촉구하겠습니다. 유일한 전쟁 피폭국으로서 핵무기의 비확산과 궁극적인 폐기를 목표로 국제사회에서의 책임을 이행하겠습니다.

우리는 20세기에 전시하에 많은 여성들의 존엄과 명예가 깊은 상처를 입은 과거를 가슴에 계속 새기겠습니다. 그럴수록 우리 나라는 그런 여성들의 마음에 항상 다가가는 국가이고 싶습니다. 21세기야말로 여성의 인권이 손상되지 않는 세기가 되도록 하기 위해 세계를 선도하겠습니다.

우리는 경제의 블록화가 분쟁의 싹을 키운 과거를 가슴에 계속 새길 것입니다. 그래서 일본은 어떤 나라의 자의에 좌우되지 않는 자유롭고 공정하고 열린 국제경제체제를 발전시켜 개발도상국 지원을 강화하고 세계를 더욱 번영으로 견인해 나갈 것입니다. 번영이야말로 평화의 기초입니다. 폭력의 온상이 되기도 하는 빈곤에 맞서 세계의 모든 사람들에게 의료와 교육, 자립의 기회를 제공하기 위해 더욱 힘을 다하겠습니다.

우리는 국제 질서에 도전자가 되어 버린 과거를 가슴에 계속 새기겠습니다. 우리나라는 자유, 민주주의, 인권 등 기본적 가치를 확고히 견지하고 그 가치를 공유하는 국가들과 손 잡고 '적극적 평화주의'의 기치를 높이 들고 세계 평화와 번영에 어느 때보다 기여하겠습니다.

종전 80년, 90년, 100년을 향해서, 그런 일본을 국민 여러분과 함께 만들어 가겠다는 결의입니다.

2015년 8월 14일

내각총리대신
아베 신조

자료31   일본군'위안부' 피해자 문제 관련 합의   **2015.12.28, 서울**

가. 합의 전문

윤병세 한국 외교부장관과 기시다 후미오 일본 외무대신이 2015년 12월 28일 서울에서 회담하고 합의·타결을 선언한 내용은 아래와 같다.

한일 외교장관회담 공동기자회견 발표 내용

1. 안녕하십니까. 오늘 저는 기시다 외무대신과 회담을 갖고 일본군 위안부 피해자 문제를 비롯한 양국 간 현안 및 관심사에 대해 심도 있는 협의를 가졌습니다.

2. 먼저 연말 바쁘신 일정에도 불구하고 기시다 외무대신께서 오늘 이 회담을 위해 방한해 주셔서 감사하다는 말씀을 드리고 싶습니다.

3. 여러분들도 아시다시피, 우리 정부는 한일 국교정상화 50주년을 맞이하여 양국 간 핵심 과거사 현안인 일본군 위안부 피해자 문제의 조속한 해결을 위해 적극 노력해 왔습니다.

4. 특히, 지난 11.2 한일 정상회담에서 박 대통령님과 아베 총리께서 "금년이 한일 국교정상화 50주년이라는 전환점에 해당되는 해라는 점을 염두에 두고 가능한 조기에 위안부 피해자 문제를 타결하기 위한 협의를 가속화하자"는 정치적 결단을 내려주셔서, 이후 국장급 협의를 중심으로 이 문제에 대한 양국 간 협의를 가속화해 왔습니다.

5. 어제 있었던 12차 국장급 협의를 포함하여 그간 양국 간 다양한 채널을 통한 협의 결과를 토대로 오늘 기시다 외무대신과 전력을 다해 협의한 결과, 양국이 수용할 수 있는 내용의 합의를 도출할 수 있었습니다. 오늘 이 자리에서 그 결과를 여러분들께 발표하고자 합니다.

6. 우선, 일본 정부를 대표해서 기시다 외무대신께서 오늘 합의사항에 대한 일본측의 입장을 밝히시고, 이어서 제가 한국 정부의 입장을 발표하도록 하겠습니다.

기시다 대신 언급 내용
먼저 일한 국교정상화 50주년인 올해 연말에 서울을 방문하여 윤병세 장관과 매우 중요한 일한 외상회담을 개최할 수 있었던 것을 기쁘게 생각합니다.
일·한 간 위안부 문제에 대해서는 지금까지 양국 국장급 협의 등을 통해 집중적으로 협의해 왔습니다. 그 결과에 기초하여 일본 정부로서 이하를 표명합니다.
① 위안부 문제는 당시 군의 관여 하에 다수의 여성의 명예와 존엄에 깊은 상처를 입힌 문제로서, 이러한 관점에서 일본 정부는 책임을 통감합니다. 아베 내각총리대신은 일본국 내각총리대신으로서 다시 한번 위안부로서 많은 고통을 겪고 심신에 걸쳐 치유하기 어려운 상처를 입은 모든 분들에 대해 마음으로부터 사죄와 반성의 마음을 표명합니다.
② 일본 정부는 지금까지도 본 문제에 진지하게 임해 왔으며, 그러한 경험에 기초하여 이번에 일본 정부의 예산에 의해 모든 전(前) 위안부분들의 마음의 상처를 치유하는 조치를 강구합니다. 구체적으로는, 한국 정부가 전 위안부분들의 지원을 목적으로 하는 재단을 설립하고, 이에 일본 정부 예산으로 자금을 일괄 거출하고, 일한 양국 정부가 협력하여 모든 전 위안부분들의 명예와 존엄의 회복 및 마음의 상처 치유를 위한 사업을 행하기로 합니다.
③ 일본 정부는 이상을 표명함과 함께, 이상 말씀드린 조치를 착실히 실시한다

는 것을 전제로, 이번 발표를 통해 동 문제가 최종적 및 불가역적으로 해결될 것임을 확인합니다. 또한, 일본 정부는 한국 정부와 함께 향후 유엔 등 국제사회에서 동 문제에 대해 상호 비난·비판하는 것을 자제합니다.

또한 앞서 말씀드린 예산 조치에 대해서는 대략 10억엔 정도를 상정하고 있습니다. 이상 말씀드린 것은 일·한 양 정상의 지시에 따라 협의를 진행해 온 결과이며, 이로 인해 일한관계가 신시대에 돌입하게 될 것을 확신합니다.

 이상입니다.

7. 다음은 오늘 합의사항에 대한 우리 정부의 입장을 제가 발표하도록 하겠습니다.

한일 간 일본군위안부 피해자 문제에 대해서는 지금까지 양국 국장급 협의 등을 통해 집중적으로 협의를 해 왔다. 그 결과에 기초하여 한국 정부로서 아래를 표명한다.

① 한국 정부는 일본 정부의 표명과 이번 발표에 이르기까지의 조치를 평가하고, 일본 정부가 앞서 표명한 조치를 착실히 실시한다는 것을 전제로, 이번 발표를 통해 일본 정부와 함께 이 문제가 최종적 및 불가역적으로 해결될 것임을 확인한다. 한국 정부는 일본 정부가 실시하는 조치에 협력한다.

② 한국 정부는 일본 정부가 주한일본대사관 앞의 소녀상에 대해 공관의 안녕·위엄의 유지라는 관점에서 우려하고 있는 점을 인지하고, 한국 정부로서도 가능한 대응방향에 대해 관련 단체와의 협의 등을 통해 적절히 해결되도록 노력한다.

③ 한국 정부는 이번에 일본 정부가 표명한 조치가 착실히 실시된다는 것을 전제로, 일본 정부와 함께 향후 유엔 등 국제사회에서 이 문제에 대해 상호 비난·비판을 자제한다.

이상으로 한국 정부 입장을 말씀드렸습니다.

8. 한일 국교정상화 50주년인 올해를 넘기기 전에 기시다 외무대신과 함께 그간의 지난했던 협상에 마침표를 찍고, 오늘 이 자리에서 협상 타결 선언을 하게 된 것을 대단히 기쁘게 생각합니다.

9. 앞으로 금번 합의의 후속 조치들이 확실하게 이행되어, 모진 인고의 세월을 견뎌오신 일본군 위안부 피해자 분들의 명예와 존엄이 회복되고 마음의 상처가 치유될 수 있기를 진심으로 기원합니다.

10. 아울러 한일 양국 간 가장 어렵고 힘든 과거사 현안이었던 일본군위안부 피해자 문제 협상이 마무리되는 것을 계기로, 새해에는 한일 양국이 새로운 마음으로 새로운 한일 관계를 열어 나갈 수 있게 되기를 충심으로 기원합니다.

감사합니다.

나. 한일 정상 전화회담(일본 측 보도자료: 비공식 번역, 2015년 12월 28일)

12월 28일 17시 48분부터 약 15분간 아베 내각총리대신은 박근혜 한국 대통령과 정상 간 전화회담을 갖은 바, 개요는 아래와 같다. (일본 측에서 스가 관방장관, 하기우다 관방부장관, 세코 관방부장관, 야치 국가안전보장국장, 하세가와 총리보좌관, 사이키 외무사무차관 등 동석)

1. 양 정상은 위안부 문제를 둘러싼 대응과 관련하여 11월 일한중 정상회의를 계기로 일한 정상회담을 갖고 협의를 가속화하여 이번 합의에 이르렀음을 확인하고 평가하였다.

2. (1) 아베 총리는 일본국 내각총리대신으로서 다시 한번 위안부로서 많은 고통을 겪고 심신에 걸쳐 치유하기 어려운 상처를 입은 모든 분들에 대해 마음으

로부터 사죄와 반성의 마음을 표명하였다. 이와 함께 위안부 문제를 포함한 일한 간의 재산 및 청구권 문제는 1965년 일한 청구권 및 경제협력 협정으로 완전히 그리고 최종적으로 해결되었다는 일본국 입장에 변함이 없으나, 이번 합의를 통해 위안부 문제가 "최종적 및 불가역적으로" 해결될 것임을 환영하였다.

(2) 박근혜 대통령으로부터 이번 외교장관회담에서 위안부 문제와 관련하여 최종 합의가 이루어졌음을 평가하고, 새로운 한일관계를 구축하기 위해 서로 노력해 나가자는 발언이 있었다.

(3) 양 정상은 이번 합의를 양 정상이 책임을 갖고 실시할 것, 그리고 향후 여러 문제에서 이 합의의 정신을 바탕으로 대응할 것임을 확인하였다.

3. 양 정상은 안보, 인적교류, 경제를 비롯한 여러 분야에서 일한 협력을 강화하고 일한관계를 전진해 나가는 것이 중요함을 확인하였다.

| 자료32 | 한일 일본군위안부 피해자 문제 합의(2015.12.28) 검토 결과 보고서 | 2017.12.27, 서울 |

Ⅰ. 「한일 일본군위안부 피해자 문제 합의 검토 태스크포스」 출범

2015년 12월 28일 한국과 일본의 외교장관은 공동기자회견에서 일본군위안부 피해자 문제(이하 '위안부 문제')에 관한 양국의 합의 내용(이하 '위안부 합의')을 발표하였다. 이로써 한일 양국의 중요한 외교현안이었을 뿐아니라 국제사회가 주목하여 온 위안부 문제가 일단락되는 듯하였다.

그러나 위안부 합의 직후 비판 여론이 나오기 시작하였다. 시간이 지나면서 국민 다수가 반대하는 것으로 나타났고, 피해자 및 관련 단체를 비롯한 시민사회의 반발이 두드러졌다. 특히, 박근혜 대통령의 탄핵 뒤 치러진 2017년 제19대 대통령선거에서는 여야 주요 정당 후보들이 합의의 무효화 또는 재협상 공약을 내놓았다.

2017년 5월10일 문재인 정부가 탄생하였다. 외교부는 7월31일 장관 직속으로 「한일 일본군위안부 피해자 문제 합의 검토 태스크포스」(이하 '위안부 티에프')를 설치하여, 위안부 합의의 경위와 내용을 검토·평가하도록 하였다. 위안부 티에프에는 오태규 위원장을 비롯하여 한일관계, 국제정치, 국제법, 인권 등 다양한 분야의 위원 9명이 참여하였다.

〈표〉 위안부 티에프 위원 명단(생략)

시민사회, 정치권, 언론, 학계 등은 위안부 합의 이후, 피해자의 참여, 이면 합의, '최종적, 불가역적 해결' 등과 관련해 다양한 의혹과 비판을 제기하였다. 위안부 티에프는 이러한 의문과 관심에 답하려고 노력하였다.

위안부 티에프는 2014년 4월 16일 위안부 문제 관련 제1차 한일 국장급 협의부터 2015년 12월 28일 합의 발표까지를 검토기간으로 하였다. 또 사안을 더욱 정확하게 이해하기 위해 해당 검토기간 앞뒤의 경과와 국내외 동향도 살펴보았다. 티에프는 모두 20여 차례 회의와 집중 토론을 하였다. 티에프는 외교부가 제공한 협상 경위 자료를 우선 검토한 뒤, 이를 토대로 필요한 문서를 외교부에 요청하여 열람하였다. 외교부가 작성한 문서를 주로 검토하였고, 외교부가 전달받거나 보관하고 있던 청와대와 국정원 자료를 보았다. 문서 및 자료로 파악이 부족했던 부분에 관해서는 협상의 주요 관계자들을 면담해 의견을 들었다.

위안부 티에프는 다음과 같은 기준으로 경위를 파악하고 내용을 평가하였다.

첫째, '피해자 중심적 접근'이다. 위안부 문제의 해결은 본질적으로 '가해자 대 피해자' 구도에서 피해 여성의 존엄과 명예를 회복하고 상처를 치유하는 데 있다. 피해 구제과정에서 피해자의 참여가 무엇보다 중요하며, 정부는 피해자의 의사와 입장을 수렴하여 외교 협상에 임할 책무가 있다.

둘째, 전시성폭력인 위안부 문제는 반인도적 불법행위이자 보편적 인권의 문제이다. 국제사회는 전시성폭력 문제에 관한 지속적이고 체계적인 해결 노력을 하면서, 피해 구제를 위한 국제규범을 발전시켜 왔다. 따라서 위안부 문제에 관해서는 한일 양자 차원뿐 아니라 국제적인 차원도 함께 고려되어야 한다.

셋째, 과거와는 달리, 오늘날의 외교는 정부 관료의 손에 전적으로 맡겨진 것이 아니라 국민과 함께하는 것이어야 한다. 더욱이 위안부 문제와 같이 국민의 관심이 큰 사안은 국민과 더불어 호흡하는 민주적인 절차와 과정을 통해서 제대로 해결될 수 있다.

넷째, 위안부 문제는 한일관계뿐만 아니라 한국 외교 전반에 큰 영향을 끼치는 사안이다. 따라서 관계부처 사이, 협상 관계자 사이의 유기적 협력체계와 긴밀한 소통을 통해, 전반적인 대외정책과 균형을 이루는 협상 전략을 마련하는 것이 중요하다.

위안부 티에프는 보고서에서 위안부 합의가 이루어진 경위를 살펴보고, (1) 합의 내용, (2) 합의의 구도, (3) 피해자 중심 해결, (4) 정책 결정과정 및 체계로 나누어 평가를 하였다.

위안부 티에프는 위안부 합의의 경위와 내용에 관한 검토와 평가로 임무가 한정되어 있으므로, 위안부 합의의 향후 처리 방향에 관해서는 다루지 않았다.

〈표〉 위안부 티에프 회의 개최 일시(생략)

II. 위안부 합의 경위

1. 국장급 협의 전 단계(~2014년 4월)

1991년 8월 김학순 일본군위안부 피해자의 최초 공개 증언은 한일 양국뿐 아니라 국제사회에서 본격적으로 위안부 문제를 공론의 장으로 끌어올리는 계기가 되었다.

1993년 3월 김영삼 대통령은 위안부 문제에 관하여 일본에 금전적 보상을 요구하지 않고 한국 정부가 피해자들을 직접 지원하겠다고 밝혔다. 대신 일본 정부에 위안부 문제의 진상을 조사할 것을 요구하였다.[1]

일본 정부는 1993년 8월 위안소의 설치와 관리 등에 일본군이 관여했으며 일본군위안부의 모집과 이송 등이 총체적으로 본인의 의사에 반하여 이루어졌음을 인정하는 고노 관방장관 담화를 발표하였다. 이를 계기로 한국 정부는 같은 날 위안부 문제를 한일 양자 차원의 외교협상 대상으로 삼지 않겠다는 방침을

---

[1] 1993년 3월 한국 외무부는 정부의 자체적인 구호 대책을 마련하고 일본 쪽에 대해 성의있는 진상조사를 촉구하겠다고 발표하였다. 같은 해 6월 〈일제하 일본군위안부에 대한 생활안정지원법〉이 제정되어 피해자에게 1인당 500만 원의 생활보호 기본금이 지급되었고, 생활보호법, 의료보호법 등에 따라 생활지원금 지급(월 15만 원), 의료 혜택 등 지원이 이루어졌다. 1998년 4월 김대중 정부는 피해자에 대한 생활보호 기본금을 4,300만 원으로 확대하는 등 피해자에 대한 지원을 강화하였다.

밝혔다.

일본 정부는 1995년 7월 '여성을 위한 아시아평화국민기금'(이하 '아시아여성기금')을 설립하여 위안부 피해자들에게 일본 총리 명의의 사죄 편지와 함께, 인도적 조치로 금전을 지급하였다.[2]

일본 정부는 1965년 「대한민국과 일본국 간의 재산 및 청구권에 관한 문제의 해결과 경제협력에 관한 협정」(이하 '청구권협정')으로 위안부 문제가 이미 해결되어 법적책임이 없다는 입장이다. 반면, 한국 정부는 반인도적 불법행위인 위안부 문제가 양국 사이의 재정적, 민사적 채권·채무관계를 다룬 청구권협정에서 해결되지 않은 사안이라는 입장이다.[3]

한일 양국의 입장이 평행선을 달리고 있는 가운데 2011년 8월 한국 헌법재판소가 위안부 문제에 관한 위헌 결정을 내렸다. 헌법재판소는 청구권협정으로 위안부 피해자들의 일본에 대한 배상청구권이 소멸되었는지에 관해 한일 양국 사이에 해석상의 분쟁이 있으며, 한국 정부가 이를 청구권협정 분쟁해결 절차[4]에 따라 해결하지 않고 있는 것이 위헌이라고 결정하였다. 이에 따라 한국 정부는 2011년 9월, 11월 두 차례 청구권협정 제3조 제1항에 따른 양자협의를 일본에 요청하였다. 그러나 일본은 응하지 않았다.

2011년 12월 한일 정상회담에서 이명박 대통령은 위안부 문제 해결을 위한 일

---

[2] 아시아여성기금으로부터 금전을 수령한 한국인 피해자는 공식적으로 7명으로 알려져 있으나, 2014년 6월 일본 정부가 발표한 고노 담화 검토보고서에서는 아시아여성기금이 한국인 피해자 61명에게 1인당 위로금 200만 엔과 의료복지지원금 300만 엔을 지급하였다고 기술되어 있다.

[3] 2005년 8월 26일 총리실 산하의 한일회담 문서공개 후속대책 관련 민관공동위원회는 "일본군'위안부' 문제 등 일본 정부-군 등 국가권력이 관여한 반인도적 불법행위에 대해서는 청구권협정에 의하여 해결된 것으로 볼 수 없고 일본 정부의 법적책임이 남아있다"고 발표하였다.

[4] 청구권협정에 따르면 협정의 해석 및 이행에 관한 양국 사이의 분쟁은 우선 외교상의 경로를 통하고(제3조 제1항), 외교상 경로로 해결할 수 없었던 분쟁은 중재에 의하여 해결(제3조 제2,3항)하도록 규정하고 있다.

본 정부의 결단을 촉구하였다. 일본 쪽은 2012년 3월 '사사에 안'으로 알려진 인도적 차원의 해결구상[5]을 비공식으로 제안하였으나, 한국 정부는 국가 책임 인정이 필요하다는 이유로 거부하였다. 2012년 후반 한일 양국 정부는 물 밑에서 위안부 문제에 관한 협의를 추진하기도 하였으나, 성과를 거두지 못하였다. 2013년 2월 출범한 박근혜 정부는 일본을 설득하여 성의 있는 조치를 끌어낸다는 방침을 세우고, 일본 쪽에 위안부 문제를 논의하는 실무협의를 개최하자고 지속적으로 요구하였다. 하지만, 위안부 문제를 포함한 역사인식에 관한 양국 정상의 이견 때문에 별다른 진전이 없었다.

2. 국장급 협의를 통한 해결 노력(2014년 4월~2015년 2월)

2014년 3월 24일~25일 네덜란드 헤이그에서 핵안보정상회의가 열렸다. 미국은 한미일 협력 차원에서 한일 관계 개선을 위해 노력하였고, 3월 25일 한미일 3국 정상회담이 별도로 개최되었다. 이 과정에서 한일 양국은 위안부 문제를 다루는 국장급 협의를 개시하기로 합의하였다.

위안부 문제 관련 한일 국장급 협의는 한국 외교부 동북아국장과 일본 외무성 아시아대양주국장 사이에 2014년 4월 16일부터 2015년 12월 28일 합의 발표 하루 전까지 모두 12차례 열렸으며, 중간에 비공개 협의도 있었다.

〈표〉 위안부 문제 관련 한일 국장급 협의 개최 일시 및 장소 (생략)

국장급 협의가 개시된 뒤에도 양쪽이 기본 입장만 되풀이하면서 좀처럼 교섭에 진전이 없자, 협상 대표의 급을 높여 정상과 직접 소통할 수 있는 고위급 비

---

[5] 2012년 3월 일본 외무성의 사사에 사무차관이 제시한 구상으로 ① 총리 사죄 표명, ② 정부 예산에 의한 의료비 지원 등 인도적 조치 실시, ③ 주한일본대사의 피해자 방문의 내용으로 구성되어 있다.

공개 협의가 필요하다는 의견이 양쪽에서 나오기 시작하였다.

3. 고위급 협의를 통한 합의 도출(2015년 2월~2015년 12월)

(1) 고위급 협의 개시

한국 정부는 국장급 협의의 교착상태를 풀기 위해 2014년 말 고위급 협의를 병행 추진하기로 방침을 정하였다. 이때부터 협상의 중심이 고위급 비공개 협의로 옮겨가게 되었다. 일본 쪽이 협상 대표로 국가안전보장회의 사무국장을 내세움에 따라 한국 쪽은 대통령의 지시로 이병기 국가정보원장이 대표로 나섰다.[6]

(2) 고위급 협의를 통한 잠정 합의

제1차 고위급 협의는 2015년 2월 열렸고, 같은 해 12월 28일 합의 발표 직전까지 8차례의 협의가 있었다. 양쪽은 수시로 고위급 대표 사이의 전화 협의와 실무급 차원의 협의도 병행하였다. 주무부처인 외교부는 고위급 협의에 직접 참여하지는 못하였다. 그러나 고위급 협의의 결과를 청와대로부터 전달받은 뒤 이를 검토하였고, 의견을 청와대에 전달하였다.

한국 쪽은 제1차 고위급 협의에 앞서 2015년 1월 열린 제6차 국장급 협의에서 핵심적인 요구사항으로 '도의적' 등의 수식어가 없는 일본 정부의 책임 인정, 이전보다 진전된 내용의 공식 사죄 및 사죄의 불가역성 담보, 일본 정부의 예산을 사용한 이행 조치 실시를 제시하였다.

일본 쪽은 제1차 고위급 협의에서 일본 쪽이 취할 조치와 함께, 최종적·불가역적 해결 확인, 주한일본대사관 앞 소녀상 문제 해결, 국제사회에서 비난·비판 자제 등 한국 쪽이 실시할 조치를 제시하였다. 일본 쪽은 이를 공개 부분 및

---

6 이병기 씨는 처음부터 끝까지 고위급 협의 대표로 참여하였다. 1차 협의 때는 국정원장이었으나, 2차 협의 직전인 2015년 2월 대통령 비서실장이 되었다.

비공개 부분으로 나누어서 합의에 포함시키기를 원하였다.

양쪽은 고위급 협의 개시 약 2개월 만인 2015년 4월 11일 제4차 고위급 협의에서 대부분의 쟁점을 타결하여 잠정 합의하였다. 합의 내용은 일본 정부의 책임 문제와 사죄, 금전적 조치와 같은 세 가지 핵심 사항은 물론, 최종적·불가역적 해결, 소녀상 문제, 국제사회에서 상호 비난·비판 자제의 항목을 포함하고 있었다. 또한 관련 단체 설득, 제3국 기림비, '성노예' 용어에 관한 비공개 내용도 포함되어 있었다.

(3) 고위급 협의의 교착 및 최종 합의

2015년 4월 잠정 합의 내용에 관하여 양국 정상의 추인을 받는 과정에서 일본 쪽은 비공개 부분인 제3국의 기림비와 관련하여, 기림비 설치 움직임을 한국 정부가 지지하지 않는다는 내용을 추가하기를 희망하였다. 한국 쪽은 그러한 내용을 추가하는 것은 이미 타결된 내용에 관한 본질적 수정이기 때문에 수용할 수 없다고 하였다.

이런 가운데 2015년 6월 말 이른바 '군함도'를 비롯한 일본 근대산업시설의 유네스코세계유산 등재 문제로 양국 정부의 갈등이 커지면서, 위안부 문제에 관한 협의도 더 이상 진전되지 않았다.

2015년 11월 1일 서울에서 열린 한일중 3국 정상회의는 중단되었던 고위급 협의를 재개하는 계기가 되었다. 11월 2일 한일 정상회담에서 양국 정상은 한일 국교정상화 50주년이라는 점을 감안하여 가능한 한 빠른 시일 안에 위안부 문제를 타결하기로 의견을 모았다. 박근혜 대통령은 연내 타결에 강한 의욕을 보였으며, 2015년 12월 23일 제8차 고위급 협의에서 합의가 최종 타결되었다. 한일 외교장관은 2015년 12월 28일 서울에서 회담을 열어 합의 내용을 확인한 데 이어 공동기자회견을 열어 이를 발표하였다. 같은 날 양국 정상은 전화 통화로 합의 내용을 다시 확인하였다. 그리고 대통령은 위안부 문제와 관련한 대국민 메시지를 발표하였다.

최종 합의 내용은 제3국 기림비와 소녀상 부분이 일부 수정된 것을 제외하고는 잠정 합의 내용과 동일하였다.

III. 위안부 합의 평가

다음에서는 합의 내용, 합의의 구도, 피해자 중심 해결, 정책 결정과정 및 체계로 나누어 평가하였다.

1. 합의 내용

(1) 공개 부분

가. 일본 정부 책임

> **한일 외교장관 공동기자회견 일본 쪽 발표 내용**
> 위안부 문제는 당시 군의 관여 하에 다수의 여성의 명예와 존엄에 깊은 상처를 입힌 문제로서, 이러한 관점에서 일본 정부는 책임을 통감함.

책임 부분에서 일본 정부의 책임을 수식어 없이 명시하도록 한 것은 책임에 관한 언급이 없었던 고노 담화와, 책임 앞에 '도의적'이 붙어 있었던 아시아여성기금 당시 일본 총리 편지와 비교하여 진전이라고 볼 수 있다. 또한 '일본 정부로서 책임을 통감'한다는 데 더하여, 총리의 사죄와 반성의 마음 표명, 그리고 일본 정부의 예산 출연을 전제로 한 재단 설립이 합의 내용에 포함된 것은 일본이 법적책임을 사실상 인정한 것으로 해석할 수 있는 측면이 있다.
그러나 일본 정부는 청구권협정으로 위안부 문제가 이미 해결되었으므로 법적 책임이 존재하지 않는다는 입장을 견지하고 있다. 일본 쪽은 협상의 전 과정과 협상 타결 직후 정상 사이의 전화 통화에 이르기까지 일관되고 반복적으로 이러한 입장을 밝혔다.

한국 정부는 일본이 확고한 법적입장을 고수하고 있어 법적책임 인정을 이끌어내는 것은 어렵다고 보고, 일본 정부가 법적책임을 사실상 인정한 것으로 해석될 수 있도록 하는 현실적인 방안을 추진하였다. 한국 쪽은 "소모적인 법리 논쟁을 벌이는 것보다는 피해자들을 중심으로 생각하면서 피해자들이 납득할 수 있는 해결방안을 도출한다는 자세로 창의적인 해결방안을 모색하는 것이 바람직하다"는 입장에서 협상을 진행하였다.

법적책임 인정은 피해자 쪽의 핵심 요구사항의 하나였다. 외교부도 내부 검토에서 법적책임은 국내설득에서 핵심적인 사안이며 단순히 '일본 정부 책임'으로 할 경우 국내 설득에 난항이 예상된다며 문제점을 인식하고 있었다. 한일 양쪽은 이 부분이 논란이 될 것을 예상하여 '발표 내용에 관한 언론 질문 때 응답요령'에서 "합의 문안 중 '책임'의 의미에 대한 문의 때 『일본군위안부 피해자 문제는 당시 군의 관여 하에, 다수의 여성의 명예와 존엄에 깊은 상처를 준 문제이며, 이러한 관점에서 일본 정부는 책임을 통감하고 있음』이라는 표현 그대로이며, 그 이상도 이하도 아니다"라고 답변하기로 조율하였다.[7]

---

7 '발표 내용에 관한 언론 질문 때 응답요령'에는 위의 내용 이외에도 아래와 같은 내용이 함께 들어 있다.
[질문] 이번 합의에 따라 실시하려는 구체적인 사업 내용이 있는지, 또한 본 사업에 수반되는 예산규모는 어느 정도를 상정하고 있는지?
[응답] 한국 정부가 일본군위안부 피해자에 대한 지원을 목적으로 재단을 설립하고, 여기에 일본 정부 예산으로 자금을 일괄 거출하고, 한일 양국 정부가 협력하여 모든 일본군위안부 피해자들의 명예와 존엄의 회복, 마음의 상처 치유를 위한 사업을 실시하기로 함. 구체적으로는 △모든 일본군위안부 피해자들의 명예와 존엄의 회복에 기여하는 마음의 상처 치유를 위한 조치, △의료 서비스 제공(의약품 지급 포함), △건강관리 및 요양, 간병 지원, △상기 재단의 목적에 비추어 적절한 기타 조치를 생각하고 있는데, 사업은 앞으로 한일 양국 정부 간 합의된 내용의 범위 내에서 실시함. 일본 정부가 거출하는 예산 규모에 대해서도 향후 조정해 나갈 예정인데, 대략 000엔 정도를 상정하고 있음.

한국 쪽은 협상에서 종래 일본의 '도의적 책임 통감'보다 진전된 '책임 통감'의 표현을 얻어내었다. 그러나 '법적' 책임이나 책임 '인정'이라는 말은 이끌어내지 못하였다. 한국 쪽은 이를 보완하기 위하여 피해자 방문 등 피해자의 마음을 얻을 수 있는 조치를 일본 쪽에 요구하였으나 합의에 포함시키지 못하였다.

나. 일본 정부 사죄

> 한일 외교장관 공동기자회견 일본 쪽 발표 내용
> 아베 내각총리대신은 일본국 내각총리대신으로서 다시 한번 위안부로서 많은 고통을 겪고 심신에 걸쳐 치유하기 어려운 상처를 입은 모든 분들에 대한 마음으로부터의 사죄와 반성의 마음을 표명함.

아베 총리는 내각총리대신 자격으로 사죄와 반성을 표명하였다. 과거 아시아여성기금 당시 피해자에게 전달된 일본 총리의 편지에도 '사죄와 반성의 마음'이라는 표현이 들어 있었으나, 위안부 합의에서는 좀 더 공식적인 형태로 이러한 뜻을 밝혔다는 점에서, 이번 사죄와 반성 표명은 종래보다는 나아진 것으로 볼 수 있다.

피해자 및 관련 단체는 일본 정부의 '되돌릴 수 없는' 사죄를 요구하여 왔고, 한국 정부도 협상 과정에서 불가역적이고 공식성이 높은 내각 결정(각의 결정) 형태의 사죄를 요구하였다. 하지만, 내각 결정을 통한 사죄에는 이르지 못하였다. 또 형식이 피해자에게 사죄와 반성의 마음을 직접적으로 전하는 것이 아니었다. 내용도 아시아여성기금의 총리 편지 중 '도의적' 용어만 빼고 동일한 표현과 어순을 그대로 되풀이하였다.

다. 일본 정부의 금전적 조치

> **한일 외교장관 공동기자회견 일본 쪽 발표 내용**
> 일본 정부는 지금까지도 본 문제에 진지하게 임해 왔으며, 그러한 경험에 기초하여 이번에 일본 정부의 예산에 의해 모든 전(前) 위안부분들의 마음의 상처를 치유하는 조치를 강구함.
> 구체적으로는, 한국 정부가 전 위안부 분들의 지원을 목적으로 하는 재단을 설립하고, 이에 일본 정부 예산으로 자금을 일괄 거출하고, 한일 양국 정부가 협력하여 모든 전 위안부 분들의 명예와 존엄의 회복 및 마음의 상처 치유를 위한 사업을 행하기로 함.

금전적 조치 부분에서 아시아여성기금과 달리, 일본 정부가 예산으로 전액 출연한 돈을 사용하여 한국 안에 재단이 설립되었다.[8] 그리고 위안부 합의 당시

---

8   고위급 협의에서 합의된 '재단 설립에 관한 조치 내용'으로 아래와 같은 내용이 있다.
    - 모든 일본군위안부 피해자분들의 명예와 존엄 회복 및 마음의 상처를 치유하기 위한 목적으로, 한국 국내의 적절한 재단에 대해 일본 정부는 그 예산으로 자금을 일괄 거출하여, 사업의 재원으로 함.(일본 정부 예산에 의한 거출은 1회에 한함.)
    - 동 재단의 활동은 이하와 같음.
    목적: 모든 일본군위안부 피해자분들의 명예와 존엄의 회복 및 마음의 상처 치유.
    대상: 모든 일본군위안부 피해자분들.
    사업: ① 모든 일본군위안부 피해자분들의 명예와 존엄의 회복에 기여하는 마음의 상처 치유를 위한 조치, 의료 서비스 제공(의약품 지급을 포함), ② 건강관리 및 요양간병 지원, ③ 상기 재단의 목적에 비추어 적절한 기타 조치.
    실시 체제: 재단은 양국 정부 간 합의된 내용의 범위 내에서 사업을 실시함. 재단은 양국 정부에 대해 사업의 실시에 대해 정기적으로 통보하는 것으로 하며, 필요시 양국 정부 간 협의함.
    - 재단 설립 방법: 한국 정부는 공익법인의 설립 절차에 따라 정부 등록 공익재단의 형태로 추진함.
    - 재단 설립 및 일본 정부 예산의 거출 절차는 아래와 같이 추진함: ① 한국 내 재단설립준비위원회 발족, ② 양국 정부 간 재단의 사업내용 및 실시방식 등을 포함한 구상서

생존 피해자 47명 중 36명과 사망 피해자 199명의 유가족 68명이 이 재단을 통하여 돈(생존자 1억 원, 사망자 2천만 원)을 받았거나 받을 의사를 밝혔다(12월 27일 현재).

위안부 문제가 청구권협정으로 해결되어 법적책임이 없다는 일본을 상대로 일본 정부의 예산만을 재원으로 하여 개인에게 지급될 수 있는 돈을 받아낸 것은 이제까지 없었던 일이다.[9]

그러나 일본 쪽은 합의 직후부터, 재단에 출연하는 돈의 성격이 법적책임에 따른 배상은 아니라고 하고 있다. 일부 피해자들과 관련 단체들도 배상 차원의 돈이 아니므로 받아들일 수 없다고 하고 있다. 이렇듯 피해자들 입장에서 책임 문제가 완전히 해소되지 않는 한, 피해자들이 돈을 받았다 하더라도 위안부 문제가 근본적으로 해결된 것은 아니다.

일본 정부가 내는 돈이 10억 엔으로 정해진 것은 객관적 산정 기준에 따른 것이 아니었다. 한일 외교 당국의 협상과정에서 한국 정부가 피해자로부터 돈의 액수에 관해 의견을 수렴하였다는 기록은 보지 못하였다.

또, 한국에 설립된 재단을 통해 피해자와 유가족들에게 돈을 주는 과정에서 받은 사람과 받지 않은 사람으로 나뉘었다. 이로 인해 한일 갈등 구도인 위안부

교환, ③ 준비위원회 - 한국 정부 간 재단 사업 등 권한 위임을 위한 서한 교환, ④ 준비위원회 - 일본 정부 간 자금 거출을 위한 서한 교환, ⑤ 일본 정부의 재단에 대한 자금 거출.

[9] 고위급 협의에서 합의된 '재단 설립에 관한 논의 기록'으로 아래와 같은 내용이 있다.
- 현금 지급과 관련, 한국 쪽 대표로부터 사용처를 묻지 않는 현금을 일본군위안부 피해자분들에게 배포하는 것은 생각하시 않고 있으며, 싱글로 딜요권 경우에 그 기읖 쳐에 따라서 현금 지급을 하는 경우를 배제하지 않기를 바란다는 의미의 발언이 있었음을 감안하여, 일본 쪽 대표는 그 전제로서 "현금의 지급은 포함하지 않는다"라는 표현의 삭제에 동의함.
- "재단은 양국 정부에 대해 사업의 실시에 대해서 정기적으로 통보하며, 필요시 양국 정부 간 협의한다"는 문안에 대해, 일본 쪽 대표로부터 동 문안으로 동의하기 위해서는 일본 정부의 의도에 반해서 재단 사업이 실시되지 않을 것임을 확인하기 바란다고 언급한 점에 대해, 한국 쪽 대표로부터 그렇게 한다는 취지의 응답이 있었음.

문제가 한국 내부의 갈등 구도로 변한 측면이 있다.

라. 최종적 및 불가역적 해결

> **한일 외교장관 공동기자회견 일본 쪽 발표 내용**
> 일본 정부는 상기를 표명함과 함께, 이상 말씀드린 조치(외교장관회담 때는 '상기 ②의 조치')[10]를 착실히 실시한다는 것을 전제로, 이번 발표를 통해 동 문제가 최종적 및 불가역적으로 해결될 것임을 확인함.
>
> **한일 외교장관 공동기자회견 한국 쪽 발표 내용**
> 한국 정부는 일본 정부의 표명과 이번 발표에 이르기까지의 조치를 평가하고, 일본 정부가 앞서 표명한 조치(외교장관회담 때는 '상기의 조치 1.②의 조치')를 착실히 실시한다는 것을 전제로 이번 발표를 통해 일본 정부와 함께 이 문제가 최종적 및 불가역적으로 해결될 것임을 확인함. 한국 정부는 일본 정부가 실시하는 조치에 협력함.
>
> * 밑줄 추가는 위안부 티에프

최종적·불가역적 해결이라는 표현이 합의에 들어간 것은 위안부 합의 발표 뒤 국내에서 논란이 큰 사안이었다.
'불가역적'이라는 표현이 합의에 들어간 경위를 보면, 2015년 1월 제6차 국장급 협의에서 한국 쪽이 먼저 이 용어를 사용하였다. 한국 쪽은 기존에 밝힌 것

---

10 양쪽이 고위급 협의에서 합의한 내용은 '일본 정부는 상기를 표명함과 함께, 상기 ②의 조치를 착실히 실시한다는 것을 전제로'였으나, 일본 쪽은 공동기자회견에서 '이상 말씀드린 조치를 착실히 실시한다는 것을 전제로'로 발표하였다. 한국 쪽은 사전에 합의된 내용인 '일본 정부가 상기 1.②의 조치를 착실히 실시한다는 것을 전제로'를, 공동기자회견에서 '일본 정부가 앞서 표명한 조치를 착실히 실시한다는 것을 전제로'라고 발표하였다.

보다 진전된 일본 총리의 공식 사죄가 있어야 한다면서, 불가역성을 담보하기 위해 내각 결정을 거친 총리 사죄 표명을 요구하였다.

한국 쪽은 일본의 사죄가 공식성을 가져야 한다는 피해자 단체의 의견을 참고하여, 이러한 요구를 하였다. 피해자 단체는 일본이 그간 사죄를 한 뒤 번복하는 사례가 빈번하였다고 하면서, 일본이 사죄할 경우 '되돌릴 수 없는 사죄'가 되어야 할 것이라는 점을 강조해 왔다. 2014년 4월 피해자 단체들은 「일본군위안부 문제 해결을 위한 한국시민사회의 요구서」에서 "범죄사실과 국가적 책임에 대해 번복할 수 없는 명확한 방식의 공식 인정, 사죄 및 피해자에 대한 법적배상"을 주장한 바 있다.

일본 쪽은 국장급 협의 초기에는 위안부 문제가 '최종적'으로 해결되어야 한다고만 말하였으나, 한국 쪽이 제6차 국장급 협의에서 사죄의 불가역성의 필요성을 언급한 직후 열린 제1차 고위급 협의부터 '최종적' 외에 '불가역적' 해결을 함께 요구하였다.

2015년 4월 제4차 고위급 협의에서 이러한 일본 쪽의 요구가 반영된 잠정 합의가 이루어졌다. 한국 쪽은 '사죄'의 불가역성을 강조하였는데 당초 취지와는 달리, 합의에서는 '해결'의 불가역성을 의미하는 것으로 맥락이 바뀌었다. 외교부는 잠정 합의 직후 '불가역적' 표현이 포함되면 국내적으로 반발이 예상되므로 삭제가 필요하다는 검토의견을 청와대에 전달하였다. 그러나 청와대는 '불가역적'의 효과는 책임 통감 및 사죄 표명을 한 일본 쪽에도 적용할 수 있다는 이유로 받아들이지 않았다.

'최종적 및 불가역적 해결'이 들어 있는 문장 앞에 '일본 정부가 재단 관련 조치를 착실히 실시한다는 것을 전제로'라는 표현을 넣고 먼저 제안한 쪽은 한국이었다. 한국 쪽은 위안부 합의 발표 시점에는 일본 정부의 예산 출연이 아직 이루어지지 않을 것이기 때문에 이행을 확실하게 담보하기 위해 이러한 표현을 제안하였다.

이 구절은 최종적이고 불가역적인 해결의 전제에 관한 논란을 낳았다. 일본 정부가 예산을 출연하는 것만으로 위안부 문제가 최종적이고 불가역적으로 해결된다고 해석될 여지를 남겼기 때문이다. 그러나 한국 쪽은 협의 과정에서 한국 쪽의 의도를 확실하게 반영할 수 있는 표현을 포함시키려는 노력을 적극적으로 하지 않았다.

결국 양쪽은 위안부 문제의 '해결'은 최종적·불가역적으로 명확하게 표현하면서 '법적책임' 인정은 해석을 통하여서만 할 수 있는 선에서 합의하였다. 그럼에도 한국 정부는 일본 쪽의 희망에 따라 최종 합의에서 일본 정부의 표명과 조치를 긍정적으로 평가하였다. 또, 일본 정부가 실시하는 조치에 협력한다고도 언급하였다.

마. 주한일본대사관 앞 소녀상

> **한일 외교장관 공동기자회견 한국 쪽 발표 내용**
> 한국 정부는 일본 정부가 주한일본대사관 앞의 소녀상에 대해 공관의 안녕·위엄의 유지라는 관점에서 우려하고 있는 점을 인지하고, 한국 정부로서도 가능한 대응방향에 대해 관련 단체와의 협의 등을 통해 적절히 해결되도록 노력함.

일본 쪽은 소녀상 문제에 관하여 각별한 관심을 보였다. 합의 내용은 외교장관이 공동기자회견에서 발표한 부분과 발표하지 않은 부분으로 나뉘어져 있는데, 소녀상 문제는 양쪽에 모두 포함되었다.

소녀상 문제 등과 관련하여 양쪽이 비공개로 한 부분은 다음과 같다.

일본 쪽은 "이번 발표에 따라 위안부 문제는 최종적 및 불가역적으로 해결될 것이므로, 정대협 등 각종 단체 등이 불만을 표명할 경우에도 한국 정부로서는 이에 동조하지 않고 설득해 주기 바람. 주한일본대사관 앞의 소녀상을 어떻게 이전할 것인지, 구체적인 한국 정부의 계획을 묻고 싶음"이라고 언급하였다.

이에 대해 한국 쪽은 "한국 정부는 일본 정부가 표명한 조치의 착실한 실시가 이루어진다는 것을 전제로, 이번 발표를 통해 일본군위안부 피해자 문제는 최종적 및 불가역적으로 해결될 것임을 확인하고, 관련 단체 등의 이견 표명이 있을 경우 한국 정부로서는 설득을 위해 노력함. 한국 정부는 일본 정부가 주한 일본대사관 앞의 소녀상에 대해 공관의 안녕·위엄의 유지라는 관점에서 우려하고 있는 점을 인지하고, 한국 정부로서도 가능한 대응방향에 관해 관련 단체와의 협의 등을 통해 적절히 해결되도록 노력함"이라고 하였다.

일본 쪽은 협상 초기부터 소녀상 이전 문제를 제기하였고, 합의 내용의 공개 부분에 포함시키기를 희망하였다. 한국 쪽은 소녀상 문제를 협상 대상으로 삼았다는 비판을 우려하여 이 문제가 합의 내용에 포함되는 것을 반대하였다. 그러나 협상 과정에서 결국 이를 비공개 부분에 넣자고 제안하였다.

양쪽이 협상에서 구체적인 표현을 둘러싸고 밀고 당기기를 한 끝에, 최종적으로는 "관련 단체와의 협의 등을 통해 적절히 해결되도록 노력함"이라는 표현이 합의 내용의 공개 부분과 비공개 부분에 동시에 들어가게 되었다. 한국 쪽은 이것이 소녀상 이전을 합의한 것이 아니며, 발표 내용에 있는 '노력한다' 이상의 약속은 따로 없다고 설명하여 왔다. 특히, 국회, 언론 등이 공개된 내용 외의 합의가 있는지를 물은 데 대해 소녀상과 관련해서 그런 합의는 없다는 취지로 답변하여 왔다.

그러나 한국 쪽은 공개 부분에서 소녀상 관련 발언을 한 것과 별도로, 비공개 부분에서 일본 쪽이 소녀상 문제를 제기한 것에 대해 대응하는 형식으로 같은 내용의 발언을 다시 반복하였다. 특히, 비공개 부분에서 한국 쪽의 소녀상 관련 발언은 공개 부분의 맥락과는 달리, "소녀상을 어떻게 이전할 것인지, 구체적인 한국 정부의 계획을 듣고 싶음"이라는 일본 쪽의 발언에 대응하는 형태로 되어 있다.

소녀상은 민간단체 주도로 설치된 만큼 정부가 관여하여 철거하기 어렵다고 하여 왔음에도 불구하고, 한국 쪽은 이를 합의 내용에 포함시켰다. 이 때문에 한국 정부가 소녀상을 이전하기로 약속하지 않은 의미가 퇴색하게 되었다.

바. 국제사회 비난-비판 자제

> **한일 외교장관 공동기자회견 일본 쪽 발표 내용**
> 또한, 일본 정부는 한국 정부와 함께 향후 유엔 등 국제사회에서 동 문제에 대해 상호 비난·비판하는 것을 자제함.
>
> **한일 외교장관 공동기자회견 한국 쪽 발표 내용**
> 한국 정부는 이번에 일본 정부가 표명한 조치가 착실히 실시된다는 것을 전제로 일본 정부와 함께 향후 유엔 등 국제사회에서 동 문제에 대해 상호 비난·비판을 자제함.

국제사회에서의 상호 비난·비판 자제와 관련하여 한국 쪽은 이 문제 역시 위안부 문제가 해결되면 자연스럽게 풀릴 것이라고 주장하였으나 일본 쪽은 이러한 내용을 계속 포함하기를 원하였다. 한국 쪽은 '일본 정부가 표명한 조치가 착실히 실시된다는 것을 전제로', 비난·비판을 '상호' 자제하는 것으로 동의하였다.

위안부 합의 이후 청와대는 외교부에 기본적으로 국제무대에서 위안부 관련 발언을 하지 말라는 지시를 하기도 하였다. 그래서 마치 이 합의를 통해 국제사회에서 위안부 문제를 제기하지 않기로 약속했다는 오해를 불러 왔다.

그러나 위안부 합의는 한일 양자 차원에서 일본 정부의 책임, 사죄, 보상 문제를 해결하기 위한 것이었으며, 유엔 등 국제사회에서 보편적 인권문제, 역사적 교훈으로 위안부 문제를 다루는 것을 제약하는 것은 아니다.

(2) 비공개 부분

위안부 합의에는 외교장관 공동기자회견 발표 내용 이외에 비공개 부분이 있었다. 이런 방식은 일본 쪽 희망에 따라 고위급 협의에서 결정되었다. 비공개 부분은 ① 외교장관회담 비공개 언급 내용, ② 재단 설립에 관한 조치 내용, ③ 재단 설립에 관한 논의 기록, ④ 발표 내용에 관한 언론 질문 때 응답요령으로 되어 있다.[11]

비공개 언급 내용은 한국정신대문제대책협의회(이하 '정대협') 등 피해자 관련 단체 설득, 주한일본대사관 앞 소녀상, 제3국 기림비, '성노예' 용어 등 국내적으로 민감한 사항들이다. 비공개 언급 내용은 일본 쪽이 먼저 발언을 하고, 한국 쪽이 이에 대해 대응하는 형식으로 구성되어 있다.

우선 일본 쪽은 (1) "이번 발표에 따라 위안부 문제는 최종적 및 불가역적으로 해결될 것이므로, 정대협 등 각종 단체 등이 불만을 표명할 경우에도 한국 정부로서는 이에 동조하지 않고 설득해 주기 바람. 주한일본대사관 앞의 소녀상을 어떻게 이전할 것인지, 구체적인 한국 정부의 계획을 묻고 싶음", (2) "제3국에 있어서 위안부 관련 상(像)·비(碑)의 설치에 대해서는, 이러한 움직임은 제(諸) 외국에서 각 민족이 평화와 조화 속에서 공생하는 것을 희망하고 있는 가운데, 적절하지 않은 것으로 생각함", (3) "한국 정부는 앞으로 '성노예'라는 단어를 사용하지 않기를 희망함"이라고 언급하였다.

이어서 한국 쪽은 (1) "한국 정부는 일본 정부가 표명한 조치의 착실한 실시가 이루어진다는 것을 전제로, 이번 발표를 통해 일본군위안부 피해자 문제는 최종적 및 불가역적으로 해결될 것임을 확인하고, 관련 단체 등의 이견 표명이 있을 경우 한국 정부로서는 설득을 위해 노력함. 한국 정부는 일본 정부가 주한일본대사관 앞의 소녀상에 대해 공관의 안녕·위엄의 유지라는 관점에서 우려하고 있는 점을 인지하고, 한국 정부로서도 가능한 대응방향에 관해 관련 단체와의 협의 등을 통해, 적실히 해실되보록 노력함", (2) "제3국에서의 일본군 위안부 피해자 관련 석비(石碑)·상(像)의 설치 문제와 관련, 한국 정부가 관여

---

11 고위급 협의 때 논의되었던 '재단 설립에 관한 조치 내용'과 '재단 설립에 관한 논의 기록' 등에 기초하여 '화해·치유재단'이 설립되었고, 관련 사업이 실시되었다. '재단 설립에 관한 조치 내용'은 보고서 14쪽 각주 8), '재단 설립에 관한 논의 기록'은 15쪽 각주 9), '발표 내용에 관한 언론 질문 때 응답요령'은 12쪽 각주 7)에서 확인할 수 있다.

하는 것은 아니지만, 이번 발표에 따라 한국 정부로서도, 이러한 움직임을 지원함이 없이 향후 한일관계가 건전하게 발전할 수 있도록 노력함", (3) "한국 정부는 이 문제에 관한 공식 명칭은 '일본군위안부 피해자 문제'뿐임을 재차 확인함"이라고 대응하였다.

한국 정부는 공개된 내용 이외의 합의사항이 있는지를 묻는 질문에 대해 소녀상과 관련해서는 그런 것이 없다고 하면서도, 정대협 설득, 제3국 기림비, '성노예' 표현과 관련한 비공개 내용이 있다는 사실은 말하지 않았다.

한국 쪽은 협상 초기부터 위안부 피해자 단체와 관련한 내용을 비공개로 받아들였다. 이는 피해자 중심, 국민 중심이 아니라 정부 중심으로 합의를 한 것임을 보여준다.

일본 쪽은 정대협 등 피해자 관련 단체를 특정하면서 한국 정부에 설득을 요청하였다. 이에 대해 한국 쪽은 정대협을 특정하지는 않고, '관련 단체 설득 노력'을 하겠다고 일본 쪽의 희망을 사실상 수용하였다.

또, 일본 쪽은 해외에 기림비 등을 설치하는 것을 한국 정부가 지원하지 않겠다는 약속을 받으려고 하였다. 한국 쪽은 제3국 기림비 설치는 정부가 관여하는 것이 아니라며 일본의 요구를 거부하였으나, 마지막 단계에서 '지원함이 없이'라는 표현을 넣는 것에 동의하였다.

일본 쪽은 한국 쪽이 성노예 표현을 사용하지 않을 것도 원하였다. 한국 쪽은 성노예가 국제적으로 통용되는 용어인 점 등을 이유로 반대하였으나, 정부가 사용하는 공식 명칭은 '일본군위안부 피해자 문제'뿐이라고 확인하였다.

비공개 언급 내용은 한국 정부가 소녀상을 이전하거나 제3국 기림비를 설치하지 못하게 관여하거나 '성노예(sexual slavery)' 표현을 사용하지 않기로 약속한 것은 아니나, 일본 쪽이 이러한 문제에 관여할 수 있는 여지를 남겼다.

2015년 4월 제4차 고위급 협의에서 잠정 합의 내용이 타결된 뒤 외교부는 내부 검토회의에서 네 가지의 수정·삭제 필요사항을 정리하였다. 여기에는 비공개 부분의 제3국 기림비, 성노예 표현 두 가지가 들어 있고, 공개 및 비공개 부분의 소녀상 언급도 포함되어 있었다. 이는 외교부가 비공개 합의 내용이 부작용을 불러올 수 있음을 인지하고 있었다는 것을 보여준다.

(3) 합의 성격

위안부 합의는 양국 외교장관 공동발표와 정상의 추인을 거친 공식적인 약속이며, 그 성격은 조약이 아니라 정치적 합의이다.
한일 양국 정부는 고위급 협의의 합의 내용을 외교장관 회담에서 구두로 확인하였고 회담 직후 공동기자회견에서 발표하였다. 그리고 사전에 약속한 대로 양국 정상이 전화통화로 추인하는 형식을 취하였다.
양쪽이 발표 내용을 각각 공식 웹사이트에 게재하면서 서로 내용이 일치하지 않는 부분이 생겼다. 한국 외교부는 외교장관 공동기자회견에서 발표한 내용을, 일본 외무성은 양쪽이 사전 합의한 내용을 공식 웹사이트에 게시하였다. 또 양쪽이 각기 공식 웹사이트에 올려놓은 영어 번역문도 차이가 있어 혼란을 더했다. 그래서 실제 합의한 내용이 무엇인지, 발표된 내용이 전부인지 등에 관해 의혹과 논란을 낳았다.

2. 합의의 구도

그간 피해자 쪽의 3대 핵심 요구 사항, 즉 일본 정부 책임 인정, 사죄, 배상의 관점에서 보면, 위안부 합의는 아시아여성기금 등 종래와 비교하여 나아졌다고 볼 수 있는 측면이 있다. 특히, 아베 정부를 상대로 이 정도의 합의를 이루어낸 것을 평가하는 일부 시각도 있다.
3대 핵심 사항은 일본 쪽이 다른 조건을 걸지 않고 자발적으로 하는 것이 바람직하였다. 그러나 위안부 문제의 최종적·불가역적 해결 확인, 소녀상 문제의 적절한 해결 노력, 국제사회에서의 상호 비난·비판 자제 등 일본 쪽의 요구를 한국 쪽이 받아들이는 조건으로 타결되었다.
한국 쪽은 처음에는 고노 담화에 언급된 미래세대 역사교육, 진상규명을 위한 역사공동연구위원회 설치 등 일본 쪽이 해야 하는 조치를 제시하며 맞대응을 하기도 하였으나, 결국 일본 쪽의 구도대로 협상을 하게 되었다. 이렇게 3대 핵심 사항과 한국 쪽의 조치가 교환되는 방식으로 합의가 이루어짐으로써 3대 핵심 사항에서 어느 정도 진전으로 평가할 수 있는 부분조차도 그 의미가 퇴색하였다.

게다가 공개 부분 외에도 한국 쪽에 일방적으로 부담이 될 수 있는 내용이 비공개로 포함되어 있는 것이 드러났다. 그것도 모두 시민사회의 활동과, 국제무대에서 한국 정부의 활동을 제약하는 것으로 해석될 소지가 있는 사항들이다. 이 때문에 공개된 부분만으로도 불균형한 합의가 더욱 기울게 되었다.

3. 피해자 중심 해결

위안부 합의에 관하여 중요하게 부각되고 있는 문제의식은 이 합의가 위안부 피해자 및 관련 단체와 유엔 등 국제사회가 강조해 온 피해자 중심적 접근과 그 취지를 반영하고 있는가 하는 점이다. 한국 정부는 위안부 문제를 전시성폭력 등 보편적 가치로서 여성 인권을 보호하기 위한 차원에서 다루어 왔다.

전시여성인권 문제와 관련하여 피해자 중심적 접근은 피해자를 중심에 두고 구제와 보상이 이루어져야 한다는 것이다. 2005년 12월 유엔 총회 결의에 따르면, 피해자가 겪은 피해의 심각성 정도 및 피해가 발생했던 정황의 역사적 맥락에 따라, 그에 상응하는 완전하고 효과적인 피해의 회복이 이루어져야 한다.

박근혜 대통령은 위안부 문제와 관련하여 "피해자들이 수용할 수 있고 우리 국민이 납득할 수 있는", "국민 눈높이에도 맞고 국제사회도 수용할 수 있는" 해결이 되어야 한다는 점을 강조하였다. 외교부는 국장급 협의 개시 결정 뒤 전국의 피해자 단체, 민간 전문가 등을 만났다. 2015년 한 해에만 모두 15차례 이상 피해자 및 관련 단체를 접촉하였다.

피해자 쪽은 위안부 문제 해결을 위해서는 일본 정부의 법적책임 인정, 공식 사죄, 개인배상의 세 가지가 무엇보다 중요하다고 말하여 왔다. 외교부는 이들의 의견과 전문가들의 조언을 바탕으로 수식어 없는 일본 정부의 책임 인정, 일본 총리의 공식 사죄, 개인보상을 주요 내용으로 하는 협상안을 마련하여 국장급 및 고위급 협의에 임하였다.

외교부는 협상에 임하면서 한일 양국 정부 사이에 합의하더라도 피해자 단체가 수용하지 않으면 다시 원점으로 돌아갈 수밖에 없으므로 피해자 단체를 설득하는 것이 중요하다는 인식을 가졌다. 또, 외교부는 협상을 진행하는 과정에서 피해자 쪽에 때때로 관련 내용을 설명하였다. 그러나 최종적·불가역적 해결 확인, 국제사회 비난·비판 자제 등 한국 쪽이 취해야 할 조치가 있다는 것에 관해서는 구체적으로 알려주지 않았다. 돈의 액수에 관해서도 피해자의 의견을 수렴하지 않았다. 결과적으로 이들의 이해와 동의를 이끌어내는 데 실패하였다.

피해자 단체는 합의 발표 직후 성명서를 통해 "피해자들과 지원단체, 그리고 국민들의 열망은 일본 정부가 일본군 '위안부' 범죄에 대해 국가적이고 법적인 책임을 명확히 인정하고 그에 따른 책임을 이행함으로써 피해자들이 명예와 인권을 회복하고 다시금 이러한 비극이 재발되지 않도록 하라는 것이었다"고 반발하였다. 이들은 또 최종적·불가역적 해결과 소녀상 문제 등이 포함된 데 대해서 강하게 비판하였다.

여성차별철폐위원회(CEDAW)는 일본 정부의 정례보고서에 관한 2016년 3월의 최종견해에서 "위안부 문제가 '최종적 및 불가역적으로 해결된 것'이라고 주장한 발표는 '피해자 중심적 접근'을 완전하게 채택하지 않았다"고 평가하였다. 또 합의를 이행하는 과정에서 피해자의 뜻을 충분히 고려하고, 진실, 정의, 배상에 대한 피해자들의 권리를 보장할 것을 일본 정부에 촉구하였다.[12] 고문방지위원회[13] 등도 위안부 합의에 관하여 피해자 중심적 접근이 결여되었다

---

12 CEDAW//C/JPN/CO/7-8(2016).

13 2017년 5월 고문방지위원회는 피해자의 권리와 국가 책임을 규정한 고문방지협약 제

고 지적하였다.

4. 정책 결정 과정 및 체계

위안부 문제를 외교사안으로 다룰 때는 인류 보편 가치를 추구하는 동시에 대외정책 전반과 적절한 균형을 고려하여야 한다. 인화성이 큰 위안부 문제를 조심스럽게 접근하지 않을 경우 대일외교뿐만 아니라 외교 전반에 큰 영향을 끼치기 때문이다. 박근혜 정부는 위안부 문제를 한일관계 개선의 전제로 삼았고 경직된 대응으로 여러 가지 부담을 초래하였다.

박근혜 대통령은 취임 첫해인 2013년 3·1절 기념사에서 "가해자와 피해자라는 역사적 입장은 천년의 역사가 흘러도 변하지 않는다"면서 대일강경책을 주도하였다. 한국 정부는 위안부 문제와 정상회담 개최를 연계함에 따라 역사 갈등과 함께 안보, 경제, 문화 등 분야에서 값비싼 대가를 치렀다. 정부 차원의 갈등이 상호 과잉반응과 국제무대에서 과도한 경쟁을 빚으면서 양국 국민 차원의 감정의 골도 깊어졌다.

한일관계 악화는 미국의 아시아·태평양 지역전략에 부담으로 작용함으로써 미국이 양국 사이의 역사 문제에 관여하는 결과를 가져왔다. 이러한 외교 환경 아래서 한국 정부는 일본 정부와 협상을 통해 위안부 문제를 조속히 풀지 않으면 안 되는 상황을 맞았다.

한국 정부는 위안부 문제와 안보·경제 부문 등을 분리해 대응하지 못하고 '위안부 외교'에 매몰되었다. 또, 대통령은 위안부 문제 해결을 위해 미국을 통해 일본을 설득한다는 전략을 이끌었다. 몇 차례의 한미 정상회담에서 일본 지도층의 역사관으로 인하여 한일관계 개선이 이루어지지 않고 있다는 점을 되풀이하여 강조하였다. 그러나 이러한 전략은 효과를 거두지 못하였고, 오히려 미

14조의 이행에 관한 일반 논평에 위안부 합의가 충분히 부합하지 않는다는 점 등을 지적하며 위안부 합의의 수정을 권고하였다(CAT/C/KOR/CO/3-5).

국 안에 '역사 피로' 현상을 불러왔다.

위안부 협상과 관련한 정책의 결정 권한은 지나치게 청와대에 집중되어 있었다. 대통령의 핵심 참모들은 대통령의 강경한 자세가 대외관계 전반에 부담을 초래할 수 있음에도 불구하고 정상회담과 연계해 일본을 설득하자는 대통령의 뜻에 순응하였다. 더구나 대통령이 소통이 부족한 상황에서 조율되지 않은 지시를 함으로써 협상 관계자의 운신의 폭을 제약하였다.

주무부처인 외교부는 위안부 협상에서 조연이었으며, 핵심 쟁점에 관해 의견을 충분히 반영하지 못하였다. 또, 고위급 협의를 주도한 청와대와 외교부 사이의 적절한 역할 분담과 유기적 협력도 부족하였다.

IV. 결론

위안부 티에프는 지금까지 피해자 중심적 접근, 보편적 가치와 역사 문제를 대하는 자세, 외교에서 민주적 요소, 부처 사이의 유기적 협력과 소통을 통한 균형 잡힌 외교 전략 마련이라는 차원에서 합의의 경위를 파악하고 내용을 평가하였다.

위안부 티에프는 다음과 같은 네 가지 결론을 내렸다.

첫째, 전시여성인권에 관해 국제사회의 규범으로 자리 잡은 피해자 중심적 접근이 위안부 협의 과정에서 충분히 반영되지 않았고, 일반적인 외교현안처럼 주고받기 협상으로 합의가 이루어졌다. 한국 정부는 피해자들이 한 명이라도 더 살아 있는 동안 문제를 풀어야 한다면서 협의에 임하였다. 그러나 협의 과정에서 피해자들의 의견을 충분히 수렴하지 않은 채, 정부 입장을 위주로 합의를 매듭지었다. 이번의 경우처럼 피해자들이 수용하지 않는 한, 정부 사이에 위안부 문제의 '최종적·불가역적 해결'을 선언하였더라도, 문제는 재연될 수밖에 없다.

위안부 문제와 같은 역사 문제는 단적으로 외교 협상이나 정치적 타협으로 해결되기 어렵다. 장기적으로 가치와 인식의 확산, 미래세대 역사교육을 병행해 추진하여야 한다.

둘째, 박근혜 대통령은 '위안부 문제 진전 없는 정상회담 불가'를 강조하는 등 위안부 문제를 한일관계 전반과 연계해 풀려다가 오히려 한일관계를 악화시켰다. 또 국제 환경이 바뀌면서 '2015년 내 협상 종결' 방침으로 선회하여 정책 혼선을 불러왔다. 위안부 등 역사 문제가 한일관계뿐 아니라 대외관계 전반에 부담을 주지 않도록 균형 있는 외교 전략을 마련해야 한다.

셋째, 오늘날의 외교는 국민과 함께하여야 한다. 위안부 문제처럼 국민의 관심이 큰 사안일수록 국민과 같이 호흡하는 민주적 절차와 과정이 더욱 중시되어야 한다. 그러나 고위급 협의는 시종일관 비밀협상으로 진행되었고, 알려진 합의 내용 이외에 한국 쪽이 부담이 될 수 있는 내용도 공개되지 않았다.

마지막으로, 대통령과 협상책임자, 외교부 사이의 소통이 부족하였다. 이 결과 정책방향이 환경 변화에 따라 수정 또는 보완되는 시스템이 작동하지 않았다. 이번 위안부 합의는 정책 결정 과정에서 폭넓은 의견 수렴과 유기적 소통, 관련 부처 사이의 적절한 역할 분담이 필요하다는 것을 보여준다.

외교는 상대방이 있는 만큼, 애초에 세웠던 목표나 기준, 검토과정에서 제기되었던 의견을 모두 반영시킬 수는 없다. 그러나 이러한 외교 협상의 특성과 어려움을 감안하더라도, 위안부 티에프는 위와 같은 네 가지 결론을 내리지 않을 수 없었다.

자료33 **위안부 TF 조사 결과에 대한 문재인 대통령 입장문**　　**2017.12.28, 서울**

위안부 TF의 조사결과 발표를 보면서 대통령으로서 무거운 마음을 금할 수 없습니다.
2015년 한일 양국 정부 간 위안부 협상은 절차적으로나 내용적으로나 중대한 흠결이 있었음이 확인되었습니다. 유감스럽지만 피해갈 수는 없는 일입니다. 이는 역사 문제 해결에 있어 확립된 국제사회의 보편적 원칙에 위배될 뿐 아니라, 무엇보다 피해 당사자와 국민이 배제된 정치적 합의였다는 점에서 매우 뼈아픕니다. 또한 현실로 확인된 비공개 합의의 존재는 국민들에게 큰 실망을 주었습니다.

지난 합의가 양국 정상의 추인을 거친 정부 간의 공식적 약속이라는 부담에도 불구하고, 저는 대통령으로서 국민과 함께 이 합의로 위안부 문제가 해결될 수 없다는 점을 다시금 분명히 밝힙니다. 그리고 또 한번 상처를 받았을 위안부 피해자 여러분께 마음으로부터 깊은 위로를 전합니다.
역사에서 가장 중요한 것은 진실입니다. 진실을 외면한 자리에서 길을 낼 수는 없습니다.
우리에게는 아픈 과거일수록 마주하는 용기가 필요합니다. 고통스럽고, 피하고 싶은 역사일수록 정면으로 직시해야 합니다.
그 자리에서 비로소 치유도, 화해도, 그리고 미래도 개척될 것입니다.

저는 한일 양국이 불행했던 과거의 역사를 딛고 진정한 마음의 친구가 되기를 바랍니다. 그런 자세로 일본과의 외교에 임하겠습니다.
역사는 역사대로 진실과 원칙을 훼손하지 않고 다뤄갈 것입니다. 동시에 저는 역사 문제 해결과는 별도로 한일 간의 미래지향적인 협력을 위해 정상적인 외교관계를 회복해 나갈 것입니다.

정부는 피해자 중심 해결과 국민과 함께하는 외교라는 원칙 아래 빠른 시일 안에 후속 조치를 마련해 주기 바랍니다.

2017년 12월 28일

대한민국 대통령 문재인

| 자료34 | 일제 강제동원 피해자의 일본기업을 상대로 한 손해배상청구사건 대법원 판결 요지 | 2018.10.30 선고, 서울 |

2013다61381 손해배상(기) (자)상고기각

일제 강제동원 피해자의 일본기업을 상대로 한 손해배상청구사건

일제 강제동원 피해자의 일본기업에 대한 손해배상청구권이 한일 청구권협정의 적용대상에 포함되어 그에 따라 포기 또는 소멸되었거나 행사할 수 없게 된 것인지 여부

조약은 전문·부속서를 포함하는 조약문의 문맥 및 조약의 대상과 목적에 비추어 그 조약의 문언에 부여되는 통상적인 의미에 따라 성실하게 해석되어야 한다. 여기서 문맥은 조약문(전문 및 부속서를 포함한다) 외에 조약의 체결과 관련하여 당사국 사이에 이루어진 그 조약에 관한 합의 등을 포함하며, 조약 문언의 의미가 모호하거나 애매한 경우 등에는 조약의 교섭 기록 및 체결 시의 사정 등을 보충적으로 고려하여 그 의미를 밝혀야 한다.

원고들이 주장하는 피고에 대한 손해배상청구권은 청구권협정의 적용대상에 포함된다고 볼 수 없다. 그 이유는 다음과 같다.

(1) 우선 이 사건에서 문제되는 원고들의 손해배상청구권은, 일본 정부의 한반도에 대한 불법적인 식민지배 및 침략전쟁의 수행과 직결된 일본 기업의 반인도적인 불법행위를 전제로 하는 강제동원 피해자의 일본 기업에 대한 위자료청구권(이하 '강제동원 위자료청구권'이라 한다)이라는 점을 분명히 해두어야 한다. 원고들은 피고를 상대로 미지급 임금이나 보상금을 청구하고 있는 것이 아니고, 위와 같은 위자료를 청구하고 있는 것이다.

(2) 청구권협정의 체결 경과와 그 전후사정 등에 의하면, 청구권협정은 일본의

불법적 식민지배에 대한 배상을 청구하기 위한 협상이 아니라 기본적으로 샌프란시스코조약 제4조에 근거하여 한일 양국 간의 재정적·민사적 채권·채무 관계를 정치적 합의에 의하여 해결하기 위한 것이었다고 보인다.

(3) 청구권협정 제1조에 따라 일본 정부가 대한민국 정부에 지급한 경제협력 자금이 제2조에 의한 권리문제의 해결과 법적인 대가관계가 있다고 볼 수 있는지도 분명하지 아니하다.

(4) 청구권협정의 협상과정에서 일본 정부는 식민지배의 불법성을 인정하지 않은 채, 강제동원 피해의 법적배상을 원천적으로 부인하였고, 이에 따라 한일 양국의 정부는 일제의 한반도 지배의 성격에 관하여 합의에 이르지 못하였다. 이러한 상황에서 강제동원 위자료청구권이 청구권협정의 적용대상에 포함되었다고 보기는 어렵다.

(5) 환송 후 원심에서 피고가 추가로 제출한 증거들도, 강제동원 위자료청구권이 청구권협정의 적용대상에 포함되지 않는다는 위와 같은 판단에 지장을 준다고 보이지 않는다.

* 일제강점기 강제동원 피해자들이 일본 기업(신일철주금 주식회사)을 상대로 손해배상을 청구한 사안에서, 원고들에게 1억 원씩의 위자료 지급을 명한 원심판결에 대한 피고의 상고를 기각한 사례
* 위와 같은 다수의견에 대하여, '이미 환송판결에서 대법원은 원고들의 손해배상청구권이 청구권협정의 적용대상에 포함되지 아니한다고 판단하였으므로, 그 환송판결의 기속력에 의하여 재상고심인 이 사건에서도 같은 판단을 할 수밖에 없다'는 취지의 대법관 이기택의 별개의견1과 '원고들의 손해배상청구권도 청구권협정의 적용대상에는 포함되지만, 대한민국의 외교적 보호권이 포기된 것에 불과하므로 원고들은 피고를 상대로 우리나라에서 손해배상청구권을 행사할 수 있다'는 취지의 대법관 김소영, 대법관 이동원, 대법관 노정희의 별개의견2가 있고, '원고들의 손해배상청구권이 청구권협정의 적용대상에 포함되고, 대한민국의 외교적 보호권만이 포기된 것이 아니라 청구권협정의 효력에 따라 원고들의 권리행사가 제한되는 것이다'는 취지의 대법관 권순일, 대법관 조재연의 반대의견이 있으며, 다수의견에 대한 대법관 김재형, 대법관 김선수의 보충의견이 있음

| 자료35 | 대한민국 대법원의 일본기업에 대한 판결 확정에 관한 일본 외무대신 담화 | 2018.10.30, 도쿄 |

1. 일한 양국은 1965년 국교정상화 당시 체결된 일한기본조약 및 관련 협정을 바탕으로 긴밀한 우호협력관계를 구축해 왔습니다. 그 핵심인 일한청구권협정은 일본이 한국에 대하여 무상 3억 달러, 유상 2억 달러의 자금협력을 약속함(제1조)과 함께 양 체약국 및 그 국민(법인을 포함함)의 재산, 권리 및 이익과 양 체약국 및 그 국민 간의 청구권에 관한 문제는 '완전히 그리고 최종적으로 해결'된 것이 되며, 어떠한 주장도 할 수 없는 것으로 함(제2조)을 정했으며 그간 일한관계의 기초가 되어 왔습니다.

2. 그럼에도 불구하고, 금일 30일, 대한민국 대법원이 신일철주금 주식회사(新日鐵住金株式會社)에 대해 손해배상의 지불 등을 명하는 판결을 확정시켰습니다. 이 판결은 일한청구권협정 제2조에 명백히 반하며 일본기업에 부당한 불이익을 안겨줄 뿐만 아니라, 1965년 국교정상화 이래 구축해 온 일한 우호협력관계의 법적기반을 근간부터 뒤엎는 것으로 지극히 유감이며 결코 받아들일 수 없습니다.

3. 일본으로서는 대한민국에 대하여 일본의 상기 입장을 다시금 전달함과 동시에 대한민국이 즉시 국제법 위반상태를 시정하는 것을 포함해 적절한 조치를 강구할 것을 강하게 요성합니다.

4. 또한 적절한 조치를 즉시 강구하지 않을 경우, 일본은 일본기업의 정당한 경제 활동을 보호한다는 관점에서라도, 국제 재판을 포함해 모든 선택지를 시야에 두고 의연한 대응을 강구할 생각입니다. 그 일환으로 외무성은 본건에 만전의 체제로 임하기 위해 오늘 아시아대양주국에 일한청구권관련문제대책실을

설치했습니다.

[참고] 일본국과 대한민국 간의 재산 및 청구권에 관한 문제의 해결과 경제협력에 관한 협정(1965년 12월 18일 발효)

제2조

1. 양 체약국은, 양 체약국 및 그 국민(법인을 포함함)의 재산, 권리 및 이익과 양 체약국 및 그 국민 간의 청구권에 관한 문제가, 1951년 9월 8일에 샌프란시스코시에서 서명된 일본국과의 평화조약 제4조 (a)에 규정된 것을 포함하여, 완전히 그리고 최종적으로 해결된 것이 된다는 것을 확인한다.

(중략)

3. 2의 규정에 따르는 것을 조건으로 하여, 일방체약국 및 그 국민의 재산, 권리 및 이익으로서 본 협정의 서명일에 타방체약국의 관할 하에 있는 것에 대한 조치와 일방체약국 및 그 국민의 타방체약국 및 그 국민에 대한 모든 청구권으로서 동 일자 이전에 발생한 사유에 기인하는 것에 관하여는, 어떠한 주장도 할 수 없는 것으로 한다.

| 자료36 | 강제징용 대법원 판결 관련 해법 설명자료 | 2023. 3. 6., 서울, 외교부 |

해법 마련 경위

1. 조속한 해법 마련 필요성

가. 피해자 고령화

■ 피해자 대부분이 90대의 고령, 확정판결 피해자 15명 중 3명 생존

   * 행안부 의료지원금 수령 피해자 수 2021년 2,400명에서 2022년 1,815명으로 감소

   ○ 피해자들은 오랜 기간 일본 및 한국 법원에서 소송을 이어왔으며 일부는 2018년 대법원 판결로 승소가 확정되었음에도 불구하고 판결금을 받지 못하고 있는 상황인바, 그간 정부의 무관심 지적 및 조속한 해결 요청 중

나. 강제징용 대법원 판결 관련 문제 미결상태 장기화

■ 2018년 대법원 확정판결 이후 약 5년간 동 문제 지속, 일본의 대한(對韓) 수출규제·GSOMIA 등 현안으로 한일관계 악화 및 경색 심화

   ○ 엄중한 국제정세하 한일·한미일 간 전략적 공조 강화가 양국 공동이익에 부합함에도 불구, 협력 기회를 상실하는 상황 지속

■ 지난 정부부터 현금화는 바람직하지 않다는 일관된 입장하에 대일(對日)협의를 지속해 왔으나, 양국 간 신뢰 서야도 실실식 신신 밀기

   ○ '19.6월 한일 양국 기업의 자발적 출연금으로 재원을 조성해 판결금을 지급하는 방안을 제안하였으나 일측 거부, 그 이후 소위 '문희상안(案)'이 거론되었으나 정부 해법으로 최종 미채택 경위 등

2. 그간 추진 경위

가. 추진 기본방향

■ 피해자·유가족을 포함한 국내 각계각층의 의견을 수렴하고, 이를 바탕으로 속도감 있는 대일협의를 통해 한일 양국 공동이익에 부합하는 합리적인 해결방안을 조속히 모색

나. 국내 의견 수렴

■ 그간 사실상 방치되어 온 동 사안의 해결을 위해 정부 출범 초부터 최대한의 노력 경주

■ 2022년 강제징용 민관협의회 출범(7.4, 7.14, 8.9, 9.5), 장관 현인회의 (12.6) / 2023년 공개토론회(1.12) 개최, 강제징용 피해자 및 유가족 단체 면담(2.28) 등 현 정부 들어 최초로 실시 → 피해자·유가족을 비롯한 각계각층의 의견 수렴

　○ 동 문제의 조속한 해결이 긴요하다는 국내 각계각층 공감대 확인 / 판결금 지급방안, 일측 호응, 후속 조치 등 폭넓은 의견 교환

■ 특히, 「한일 일본군위안부 피해자 문제 합의 검토 결과 보고서(2017.12)」에서 정부가 위안부합의 협의 과정 중 "피해자들의 의견을 충분히 수렴하지 않았다"는 지적 겸허히 수용 / 피해자 소통 밀도 있게 실시

　○ 확정판결 피해자 기준 15명 중 13명*의 피해자, 유족, 가족분들을 직접 접촉하여 의견을 청취

　　*연락처 불명 2명 제외

■ 직접 소통한 결과, 상당수 유가족들은 소송 장기화에 따른 피로감과 현실적 어려움을 호소하시며 어떠한 방식으로든 조속한 해결을 희망

　○ 또한, 우리 국내 법원의 판결인 만큼 우리 정부도 역할을 해줄 것을 기대하시는 분들도 존재

국내 의견 수렴 내역

피해자측 소통

아태국장, 피해자 지원단체·법률대리인 면담(2022.6.16, 서울)

아태국장, 피해자 지원단체 면담(2022.7.28, 광주)

장관, 광주 방문(2022.9.2)

피해자 지원단체·법률대리인 면담(2022.12.2, 12.7, 서울·광주)

장관, 피해자 및 유가족단체 면담(2023.2.28) 등

국내 의견 수렴

'민관협의회'(2022.7.4, 7.14, 8.9, 9.5)

1차관, 한일 비전포럼(2022.11.16)

장관 주재 한일관계 관련 '현인회의'(2022.12.6)

'공개토론회'(2023.1.12) 등

다. 대일협의

■ 정부 출범 후 한일관계 경색을 해소하고 양국 간 신뢰 회복 및 대화 환경 조성이 시급하다는 인식하, 고위급 교류 활성화 및 민간교류 복원 적극 추진

　○ 지난한 노력 끝에 3년 만의 정상회담, 4년 7개월 만의 외교장관 양자 방일 등을 통해, 현안해결 의지를 확인하고 진지한 협의 토대 마련 / 무사증 재개 등 인적교류 기반 복원 관련 소기의 성과 거양

　　• 정상: 작년 9.21 유엔 총회 계기 약식 정상회담 / 11.13 아세안 관련 정상회의 계기 정상회담 개최, 양국 현안 및 다양한 의제에 관한 양 정상 간 공감대 확인 및 소통 지속 합의

　　• 총리: 아베 전 총리 국장 참석차 국무총리 방일(9.27~28), 기시다 총리 및 정·재계 주요인사 면담을 통해 관계개선 모멘텀 지속

• 장관: 양자 방문 및 각종 다자회의 계기 총 5차례 회담 개최(22.5.9, 7.18, 8.4, 9.19, 23.2.18) 등 한일 외교장관 간 셔틀외교 복원

■ 고위급 교류 등을 통해 마련된 긍정적 흐름을 토대로 차관협의, 국장협의 등 외교 당국 각급에서 현안 관련 집중 대일협의 전개

　○ 국내 의견 수렴 결과를 일측에 전달하고 성의있는 호응 지속 촉구

　○ 그간 일측은 '한국의 국제법 위반' 주장 하 경직된 자세를 고수해 왔으나, 윤석열 정부 출범 이후 우리측 한일관계 개선 및 현안 해결 의지에 호응하여 진지한 자세로 협의를 지속

고위급 협의 및 대일협의 내역

정상: 유엔 총회 계기 한일 정상회담(2022.9.21, 뉴욕), 한일 정상통화(2022.10.6), 아세안 관련 정상회의 계기 한일 정상회담(2022.11.13, 프놈펜) 등

총리: 아베 전 총리 국장 참석 계기 방일(2022.9.27~28, 도쿄)

장관: 하야시 외무대신 방한 계기 한일 외교장관 회담(2022.5.9, 서울), 박진 외교장관 방일 계기 한일 외교장관 회담(2022.7.18, 도쿄), 아세안 관련 외교장관회의 계기 한일 외교장관 회담(2022.8.4, 프놈펜), 유엔 총회 계기 한일 외교장관 회담(2022.9.19, 뉴욕), 뮌헨안보회의 계기 한일 외교장관 회담(2023.2.18, 뮌헨), 한일 외교장관 통화(2022.5.25, 10.4, 11.3, 11.18, 2023.1.13) 등

차관: 한미일 외교차관협의회 계기 한일 차관회담(2022.6.8, 서울 / 2022.10.25, 도쿄 / 2023.2.13, 워싱턴 D.C.) 등

*상기 외 국장협의 등 수시 실시

해법 주요 내용 및 향후 계획

1. 해법 주요 내용

■ 전반적 평가
- 대한민국의 높아진 국격과 국력에 걸맞은 대승적 결단으로서, 우리 주도의 해결책
- 고령의 피해자를 위해 정부가 책임감을 갖고, 과거사로 인한 우리 국민의 아픔을 적극적으로 보듬는 조치
- 엄중한 국제정세 속에서 장기간 경색된 한일관계를 더 이상 방치하지 않고, 한일 간 갈등과 반목을 넘어 미래로 가는 새로운 역사적인 기회의 창
- 대법원 판결을 존중하면서 실질적 해법을 제시하고 과거를 기억하는 새로운 노력 추진 / 즉, 문제 해결의 '끝'이 아닌 진정한 '시작'

■ 주요 내용
- 판결금 지급: '일제강제동원피해자지원재단(이하 재단)'이 2018년 대법원의 3건의 확정판결* 원고에게 판결금 및 지연이자 지급
  * 2013다61381, 2013다67587, 2015다45420
  • 계류소송의 경우에도 원고 승소 확정시 판결금 등 지급 예정
- 후속 조치: 재단은 피해자들의 고통과 아픔을 기억하여 미래세대에 발전적으로 계승해 나가기 위해 피해자 추모 및 교육·조사·연구 사업 등을 더욱 내실화·확대하기 위한 방안 적극 추진
- 재원 관련: 민간의 자발적 기여 등을 통해 마련하고, 향후 재단이 모저사업과 관련한 가용 재원을 더욱 확충

2. 향후 계획

■ 피해자 및 유가족 대상으로 정부 해법안과 이후 절차에 대해 상세히 설명 및

판결금 수령 관련 이해·동의를 구하는 노력 지속
■ 판결금 지급과 후속 조치 및 이를 위한 재단의 재원 마련 등 관련 절차가 차질 없이 이루어질 수 있도록 재단 등과 긴밀히 협의
■ 과거사 문제의 진정한 해결을 위해 기억과 추모, 연구, 그리고 미래 세대에 대한 교육 강화 검토 및 대국민 소통 지속

자료37 한미일 정상회의 캠프데이비드공동성명 2023.8.19, 캠프데이비드

캠프데이비드 정신

우리 대한민국, 미합중국, 일본국 정상들은 3국 간 파트너십의 새로운 시대를 출범시키기 위해 캠프데이비드에 모였다. 우리는 우리 3국과 우리 국민들을 위한 전례 없는 기회의 시기에, 그리고 지정학적 경쟁, 기후위기, 러시아의 우크라이나 침략 전쟁, 그리고 핵 도발이 우리를 시험하는 역사적 기로에서 만나게 되었다. 진정한 파트너들 간 연대와 조율된 행동을 요구하는 순간이자, 우리가 함께 만나고자 하는 순간이다. 한미일은 우리 공동의 노력을 조율해 나가고자 하며, 이는 우리 3국 간 파트너십이 모든 우리 국민들과 지역, 그리고 세계 안보와 번영을 증진시킨다고 믿기 때문이다. 이러한 정신 하에서 바이든 대통령은 한일관계를 변화시킨 윤석열 대통령과 기시다 후미오 총리의 용기 있는 리더십을 평가하였다. 새롭게 다져진 우정의 연대와 함께, 철통같은 한미동맹과 미일동맹으로 이어진 우리 각각의 양자관계는 지금 그 어느 때보다 강력하며, 우리의 3자관계도 그 어느 때보다 강력하다.

이 역사적 계기를 맞이하여, 우리는 모든 영역과 인도·태평양 지역과 그 너머에 걸쳐 3국 협력을 확대하고 공동의 목표를 새로운 지평으로 높이기로 약속한다. 우리는 경제를 강화하고, 회복력과 번영을 제공하며, 법치에 기초한 자유롭고 열린 국제질서를 지지하고, 특히 현재 그리고 차기 유엔 안전보장이사회 이사국으로서 지역 및 글로벌 평화와 안보를 강화할 것이다. 우리는 민주주의를 증진하고 인권을 보호하기 위한 공조를 강화할 것이다. 우리는 한미동맹과 미일동맹 간 전략적 공조를 강화하고, 3국 안보협력을 새로운 수준으로 끌어올릴 것이다. 우리가 이 새로운 시대에 함께 접어듦에 따라, 우리가 공유하는 가치는 길잡이가 될 것이며, 한미일의 5억 명 국민들이 안전하고 번영하는

자유롭고 열린 인도·태평양이 우리의 공동의 목표가 될 것이다.

오늘, 우리는 우리가 함께 사는 지역을 강화하겠다는 공동의 목표에 있어 단합한다는 점을 공개 선언한다. 우리가 부여받은 책무는 인도·태평양이 번영하고, 연결되며, 회복력있고, 안정적이고, 안전해질 수 있도록 하기 위해 필요한 공동의 역량을 이끌어 내면서 한미일이 목표와 행동에 있어 공조하도록 하는 데 있다. 한미일 협력은 단지 우리 국민들만을 위해 구축된 파트너십이 아닌, 인도·태평양 전체를 위한 것이다.

우리는 우리 공동의 이익과 안보에 영향을 미치는 지역적 도전, 도발, 그리고 위협에 대한 우리의 대응을 조율하기 위해 서로 신속하게 협의한다는 3국 정부의 공약을 발표한다. 이러한 협의를 통해, 우리는 정보를 공유하고, 메시지를 동조화하며, 대응 조치를 조율하고자 한다. 이를 위해 우리는 정기적이고 시기적절한 3국 간 소통을 강화하기 위한 국가 정상급을 포함한 소통 메커니즘을 개선할 것이다. 우리는 최소한 연례적으로 3국 정상, 외교장관, 국방장관 및 국가안보보좌관 간 협의를 가질 것이며, 이를 통해 기존의 외교 및 국방장관 간 각각 가져왔던 3국 협의를 보완할 것이다. 아울러 우리는 첫 3국 재무장관회의를 개최할 것이며, 상무·산업 장관 간 연례적으로 만나는 협의를 새롭게 출범시킬 것이다. 우리는 또한 3국의 인도·태평양에 대한 접근법의 이행을 조율하고 협력이 가능한 새로운 분야를 지속적으로 식별하기 위해 연례 3자 인도·태평양 대화를 발족할 것이다. 해외 정보 조작과 감시 기술의 오용이 제기하는 위협이 증가하고 있다고 인식하면서 우리는 허위정보 대응을 위한 노력을 조율하기 위한 방안에 대해서도 협의할 것이다. 우리는 개발정책 공조를 심화하기 위한 구체 논의를 진전시키기 위해 10월로 예정된 3국 간 개발정책 대화를 환영한다. 우리는 지역 안보를 수호하고, 인도·태평양에 대한 관여를 강화하며, 공동의 번영을 증진하고자 하는 결연한 의지를 갖고 있다.

우리는 아세안 중심성 및 결속과 함께, 아세안이 주도하는 지역구조에 대한 지지를 전적으로 재확인한다. 우리는 '인도·태평양에 대한 아세안의 관점'의 탄탄한 이행과 주류화를 지원하기 위해 아세안 파트너들과 긴밀히 협력할 것을 약속한다. 우리는 메콩강 유역의 지속가능한 에너지를 지원하고 수자원 안보 및 기후 회복력을 증진하기 위해 공동으로 노력하고 있다. 우리는 또한 태평양 도서국들에 대한 우리의 지지를 재확인하며, 개별 국가 및 태평양 지역을 강화하는 '태평양 방식'에 부합하고, 투명하고 효과적인 방식으로 태평양 지역과 진정한 파트너십 아래 협력해 나가고자 한다. 우리는 사이버안보 및 건전한 금융질서 분야에서 역량 구축 노력과 새로이 출범한 한미일 해양안보협력 프레임워크 등을 통해 아세안과 태평양 도서국 대상 지역 역량 강화 노력들이 상호 보완적이며, 우리의 소중한 파트너 국가들에게 최대한 이로울 수 있도록 동 역량 강화 노력들을 조율해 나갈 계획이다.

우리는 역내 평화와 번영을 약화시키는 규칙 기반 국제질서에 부합하지 않는 행동에 대한 우려를 공유한다. 최근 우리가 목격한 남중국해에서의 중화인민공화국에 의한 불법적 해상 영유권 주장을 뒷받침하는 위험하고 공격적인 행동과 관련하여, 우리는 각국이 대외 발표한 입장을 상기하며 인도·태평양 수역에서의 어떤 일방적 현상변경 시도에도 강하게 반대한다. 특히, 우리는 매립지역의 군사화, 해안경비대 및 해상 민병대 선박의 위험한 활용, 강압적인 행동에 단호히 반대한다. 아울러, 우리는 불법·비신고·비규제 조업을 우려한다. 우리는 유엔해양법협약에 반영된 항행과 상공비행의 자유를 포함하여 국제법에 대한 우리의 확고한 의지를 재확인한다. 2016년 7월의 남중국해 중재재판소 판결은 절차 당사국 간 해양 분쟁의 평화적 해결을 위한 법적토대를 제시한다. 우리는 국제사회의 안보와 번영에 필수 요소로서 대만해협에서의 평화와 안정 유지의 중요성을 재확인한다. 우리의 대만에 대한 기본 입장은 변함이 없으며, 양안 문제의 평화적 해결을 촉구한다.

아울러, 우리는 관련 유엔 안보리 결의에 따른 북한의 완전한 비핵화를 위한 공약을 재확인하며, 북한이 핵·미사일 프로그램을 포기할 것을 촉구한다. 우리는 모든 유엔 회원국이 모든 관련 유엔 안보리 결의를 완전히 이행할 것을 촉구한다. 우리는 한반도 그리고 그 너머의 평화와 안보에 중대한 위협을 야기하는 다수의 대륙간탄도미사일(ICBM) 발사를 포함한 북한의 전례 없는 횟수의 탄도미사일 발사와 재래식 군사 행동을 강력히 규탄한다. 우리는 불법적인 대량살상무기 및 탄도미사일 프로그램의 자금원으로 사용되는 북한의 불법 사이버 활동에 대해 우려를 표명한다. 우리는 북한의 사이버 위협에 대응하고 사이버 활동을 통한 제재 회피를 차단하기 위해 국제사회와의 공조를 포함, 3국 간 협력을 추진해 나가고자 3자 실무그룹 신설을 발표한다. 한미일은 북한과의 전제조건 없는 대화를 재개한다는 입장을 지속 견지한다. 우리는 북한 내 인권 증진을 위해 협력을 강화할 것이며, 납북자, 억류자 및 미송환 국군포로 문제의 즉각적 해결을 위한 공동의 의지를 재확인한다. 우리는 대한민국의 담대한 구상의 목표에 대한 지지를 표명하며, 자유롭고 평화로운 통일 한반도를 지지한다.

미국은 대한민국과 일본에 대한 미국의 확장억제 공약이 철통같으며, 모든 범주의 미국의 역량으로 뒷받침되고 있음을 분명히 재확인한다. 오늘 우리 3국은 우리의 조율된 역량과 협력을 증진하기 위하여 3자 훈련을 연 단위로, 훈련 명칭을 부여하여, 다영역에서 정례 실시하고자 함을 발표한다. 우리 3국은 고도화되는 북한의 핵·미사일 위협을 더욱 효과적으로 억제하고 대응하는 우리의 역량을 보여주기 위해 8월 중순 미사일 경보정보 실시간 공유를 위한 해상 탄도미사일방어 경보 점검을 실시하였다. 우리는 2022년 11월 프놈펜 성명상 공약을 이행하기 위해 2023년 말까지 북한 미사일 경보정보가 실시간으로 공유되도록 하고자 하며, 미사일 경보정보 실시간 공유에 필요한 우리의 기술적 역량을 시험하기 위해 초기 조치들을 시행하여 왔다. 우리는 북핵·미사일 위협에 대응하기 위해 증강된 탄도미사일 방어 협력을 추진할 것이다. 우리는 핵무기 없는 세계 달성이 국제사회의 공통의 목표라는 점을 재확인하며, 우리는 핵무기가 다시는 사용되지 않도록 계속해서 모든 노력을 기울여 나갈 것이다. 우리는 안보 파트너십을 심화하는 동시에 각 국가가 가진 고유한 역량을 활용하여 경제 안보와 기술 분야에서 굳건한 협력을 구축하는 데에도 계속 초점을 둘 것이다. 프놈펜 성명상 우리의 약속을 이행하는 차원에서 우리의 국가안보팀들은 공동의 목표를 진전시키기 위해 한미일 경제안보대화로 두 차례 만났다. 우리는 현재 특히 반도체와 배터리를 포함한 공급망 회복력, 기술 안보 및 표준, 청정에너지 및 에너지 안보, 바이오기술, 핵심광물, 제약, 인공지능(AI), 양자컴퓨팅, 과학 연구에 있어 3국 간 협력하고 있다.

앞으로 우리 국가들은 정보공유를 확대하고 잠재적인 국제 공급망 교란에 대한 정책 공조를 제고하며 경제적 강압에 맞서고 이를 극복하는 데 더 잘 대비해나가기 위해 공급망 조기경보시스템 시범사업을 출범코자 긴밀히 협력해 나갈 것이다. 우리는 개발도상국들이 청정에너지 제품의 공급망 내에서 보다 큰 역할을 수행할 수 있도록 회복력 있고 포용적인 공급망 강화 파트너십(RISE)을 계속해서 발전시켜 나갈 것이다. 또한 우리는 우리가 개발한 첨단 기술이 해외로 불법 유출되거나 탈취되지 않도록 기술 보호 조치에 대한 협력을 강화할 것이다. 이를 위해, 미국 혁신기술타격대 그리고 일본 및 대한민국의 상응 기관 간 첫 교류를 실시하여 집행기관 간 정보 공유와 공조를 강화할 것이다. 우리는 또한 국제 평화와 안보를 잠재적으로 위협할 수 있는 군사 또는 이중용도 역량에 우리 기술이 전용되는 것을 방지하기 위해 수출통제에 대한 3국 협력을 지속 강화할 것이다.

기술 보호 조치에 대한 협력과 동시에, 우리는 3국 국립연구소 간 새로운 협력을 추진하고 특히 과학, 기술, 공학 및 수학(STEM) 분야에서 3국 간 공동 연구·개발 및 인력 교류 확대하는 등을 통해 연합되고 공동의 과학·기술 혁신을 강화할 것이다. 이에 더해 우리는 개방형 무선접속망(RAN)과 관련된 3국 간 협력을 확대하고, 특히 우주 영역에서의 위협, 국가 우주 전략, 우주의 책임 있는 이용 등을 포함한 우주 안보 협력에 관한 3국 간 대화를 향후 더 증진하고자 노력할 것이다. 우리는 전환적 기술로서 AI의 중대한 역할을 인정한다. 우리가 공유하는 민주주의 가치에 합치하며, 프론티어 AI 시스템에 대한 국제적 논의의 기초로서 AI 국제 거버넌스 형성 및 안전성, 보안성, 신뢰성을 갖춘 AI 보장을 지원하기 위한 우리 각자의 노력을 확인한다.

우리는 경제적 참여를 막는 장벽을 제거하고, 여성과 소외계층을 포함하여 우리의 모든 국민들이 성공할 수 있는 다양하고, 접근 가능하며, 포용적인 경제를 구축해 나가기 위해 계속해서 매진하고 있다. 우리는 청년과 학생들을 포함한 3국 간 인적 유대를 더욱 강화하기 위해 노력해 나갈 것이다. 우리는 인도태평양경제프레임워크(IPEF) 협상의 성공적인 타결을 향한 협력을 지속해 나갈 것이며, 윤석열 대통령과 기시다 총리는 올해 미국의 아시아태평양경제협력체(APEC) 의장국 수임을 환영한다. 윤석열 대통령과 바이든 대통령은 국제사회가 직면한 도전에 대응하기 위해 히로시마 G7 정상회의에서 일본이 보여준 강력하고 원칙 있는 리더십을 평가한다. 우리는 함께 청정에너지 전환을 가속화하고, 개발금융기관 간 3자 협력과 글로벌 인프라·투자 파트너십(PGII) 등을 통해 양질의 인프라와 회복력 있는 공급망을 위한 자금을 조달하며, 지속 가능한 경제 성장과 금융 안정, 그리고 질서 있고 잘 작동하는 금융시장을 촉진해 나가기로 약속한다. 우리는 다자개발은행들이 공동의 지구적 도전 과제에 보다 기민하게 대응할 수 있도록 진화시키기 위한 야심찬 의제를 지속해 나갈 것이다. 정상들은 다가오는 양허성 프레임워크에 맞추어 글로벌 도전 과제들에 대응함으로써 세계은행그룹의 새로운 양허성 재원과 빈곤퇴치 여력을 마련하고, 위기 대응을 포함하여 최빈국들을 위한 재원 확대를 모색하기로 약속한다.

우리는 우크라이나에 대한 지원에 있어 단합한다. 우리는 국제질서의 근간을 뒤흔든 러시아의 우크라이나에 대한 정당화될 수 없고 잔혹한 침략 전쟁에 대항하여 우크라이나와 함께 한다는 우리의 의지를 재확인한다. 우리는 계속해서 우크라이나를 지원하고 러시아에 대해 조율된 강력한 제재를 부과할 것이다. 우리는 러시아 에너지에 대한 의존도 경감을 가속화해 나갈 것이다. 우리가 이 재앙과도 같은 침략전쟁으로부터 얻을 오랫동안 지속될 교훈은 영토보전, 주권, 분쟁의 평화적 해결 원칙을 수호하고자 하는 국제사회의 변함없는 의지여야 한다고 믿는다. 우리는 어디에서든 이러한 기본적인 원칙들이 거부된다면 우리 지역에 대해서도 위협을 의미한다는 견해를 재확인한다. 우리는 이러한 언어도단의 행위가 다시는 자행되지 않도록 해야 한다는 우리의 의지에 있어 단결한다.

우리는 미래를 위한 공동의 의지와 낙관을 갖고 캠프데이비드를 떠난다. 우리 앞에 놓여진 기회는 주어진 것이 아니라, 우리가 그 기회를 붙잡은 것이다. 한미일 국민과 인도·태평양 지역 국민들에게 평화롭고 번영하는 미래를 가져다주기 위해서는 우리가 보다 자주 연대해야 한다는 것은 우리 각자가 치열하게 지켜온 의지의 산물이다. 오늘, 우리는 한미일관계의 새로운 장이 시작되었음을 선언한다. 우리는 비전을 공유하고, 우리 시대의 가장 어려운 도전 앞에 흔들림 없으며, 무엇보다도 한미일이 지금 그리고 앞으로 그러한 도전들에 함께 대처해 나갈 수 있다는 믿음을 함께 한다.

캠프데이비드 원칙

윤석열 대한민국 대통령, 조셉 R. 바이든 미합중국 대통령, 그리고 기시다 후미오 일본국 내각총리대신은 우리의 파트너십 및 인도·태평양 지역과 그 너머에 대한 공동의 비전을 확인한다. 우리의 파트너십은 공동의 가치, 상호 존중, 그리고 우리 3국과 지역, 세계의 번영을 증진하겠다는 단합된 약속의 토대에 기반해 있다. 앞으로 나아가는 과정에서 우리는 우리의 파트너십이 아래의 원칙에 따르게끔 하고자 한다.
한미일은 인도·태평양 국가로서 국제법, 공동의 규범, 그리고 공동의 가치에 대한 존중을 바탕으로, 자유롭고 열린 인도·태평양을 계속해서 증진해 나갈 것이다. 우리는 힘에 의한 또는 강압에 의한 그 어떠한 일방적 현상 변경 시도에도 강력히 반대한다.
우리 3국 안보협력의 목적은 역내 평화와 안정을 촉진하고 증진하는 것이며, 앞으로도 그러할 것이다.
우리의 역내 공약에는 아세안 중심성과 결속, 그리고 아세안 주도 지역구조에 대한 우리의 확고한 지지가 포함된다. 우리는 인도·태평양에 대한 아세안의 관점의 이행과 주류화를 촉진하기 위해 아세안 파트너들과 긴밀히 협력할 것이다.

우리는 태평양 도서국 및 역내 주도적 협의체인 태평양도서국포럼과 태평양 방식에 따라 긴밀하게 협력해 나갈 것이다.

우리는 관련 유엔 안보리 결의에 따른 북한의 완전한 비핵화 공약을 함께 견지한다. 우리는 북한과의 전제조건 없는 대화에 대한 입장을 지속 견지한다. 우리는 납북자, 억류자 및 미송환 국군포로 문제의 즉각적인 해결을 포함한 인권 및 인도적 사안 해결을 추진할 것이다. 우리는 자유롭고 평화로운 통일 한반도를 지지한다.

우리는 국제사회의 안보와 번영에 필수 요소로서 대만해협에서의 평화와 안정의 중요성을 재확인한다. 대만에 대한 우리의 기본입장에 변화가 없음을 인식하며, 양안 문제의 평화적 해결을 촉구한다.

선도적인 글로벌 경제로서, 우리는 금융 안정뿐 아니라 질서 있고 잘 작동하는 금융시장을 촉진하는 개방적이고 공정한 경제 관행을 통해 우리의 국민들, 지역 및 전 세계를 위한 지속적인 기회와 번영을 추구한다.

상호 신뢰, 신임 및 관련 국제법과 표준에 대한 존중에 기반하여 우리가 개방적이고, 접근 가능하며, 안전한 기술 접근법을 위해 협력해 나감에 따라, 우리의 기술 협력은 인도·태평양의 활기와 역동성에 기여할 것이다. 우리는 우리 3국 간 및 국제기구 내에서 핵심·신흥기술의 개발, 이용 및 이전을 지도하기 위한 표준 관행과 규범의 발전을 모색할 것이다.

우리 3국은 기후변화 대응을 위해 협력하기로 하고, 관련 국제기구·협의체를 통해 리더십을 발휘하고 해결책을 제시하기 위해 협력할 것이다. 우리는 전 지구적 이슈와 불안정의 근본 원인을 함께 해결하기 위해 개발과 인도적 대응 협력을 강화해 나갈 것이다.

우리는 유엔 헌장의 원칙, 특히 주권, 영토보전, 분쟁의 평화적 해결과 무력 사용에 관한 원칙을 수호한다는 공약에 있어 흔들리지 않는다. 어느 한 곳에서든 이러한 원칙이 위협받을 경우 모든 곳에서 그 원칙에 대한 존중이 훼손된다. 책임감 있는 국가 행위자로서, 우리는 모두가 번영할 수 있도록 법치의 증진 및 역내 및 국제 안보 보장을 모색한다.

우리 3국은 핵비확산조약 당사국으로서 비확산에 대한 우리의 공약을 지킬 것을 서약한다. 우리는 핵무기 없는 세계 달성이 국제사회의 공통된 목표라는 점을 재확인하며, 핵무기가 다시는 사용되지 않도록 모든 노력을 기울여 나갈 것이다.

우리 3국은 우리의 사회가 강력한 만큼만 강하다. 우리는 여성의 완전하고 의미있는 사회 참여 증진과 모두의 인권과 존엄에 대한 우리의 의지를 재확인한다.

이러한 공동의 원칙들이 향후 수년간 계속해서 우리의 3국 파트너십을 이끌어 갈 것이라는 믿음으로, 우리가 함께할 새로운 장의 시작에 이를 발표한다.

무엇보다 우리는 대한민국, 미국, 일본이 하나가 될 때 더 강하며, 인도·태평양 지역이 더 강하다는 것을 인식한다.

한미일 간 협의에 대한 공약

우리 대한민국, 미합중국, 일본국 정상은 우리 공동의 이익과 안보에 영향을 미치는 지역적 도전, 도발, 그리고 위협에 대한 우리 정부의 대응을 조율하기 위하여, 각국 정부가 3자 차원에서 서로 신속하게 협의하도록 할 것을 공약한다. 이러한 협의를 통해, 우리는 정보를 공유하고, 메시지를 동조화하며, 대응 조치를 조율하고자 한다.

우리 3국은 자국의 안보 이익 또는 주권을 수호하기 위한 모든 적절한 조치를 취할 자유를 보유한다. 이 공약은 한미 상호방위조약과 미일 상호협력 및 안전보장조약에서 비롯되는 공약들을 대체하거나 침해하지 않는다. 이 협의에 대한 공약은 국제법 또는 국내법 하에서 권리 또는 의무를 창설하는 것을 의도하지 않는다.

| 자료38 | 윤석열 대통령의 제105주년 3·1절 기념사 | 2024.3.1, 서울 |

존경하는 국민 여러분, 700만 재외동포와 독립유공자 여러분,

오늘, 3·1절 105주년을 맞았습니다. 조국의 자유와 번영을 위해 헌신하신 순국선열과 애국지사들께 머리 숙여 경의를 표합니다. 독립유공자와 유가족 여러분께 진심으로 감사의 말씀을 드립니다.

국민 여러분,

105년 전 오늘, 우리의 선열들은 대한의 독립국임과 대한 사람이 그 주인임을 선언하였습니다. 손에는 태극기를 부여잡고, 가슴에는 자유에 대한 신념을 끌어안고, 거국적인 비폭력투쟁에 나섰습니다. 1919년 기미독립선언서는 3·1운동의 정신을 이렇게 웅변하고 있습니다. "우리 민족이 영원히 자유롭게 발전하려는 것이며, 인류가 양심에 따라 만들어 가는 세계 변화의 큰 흐름에 발맞추려는 것이다."

기미독립선언의 뿌리에는 당시 세계사의 큰 흐름인 '자유주의'가 있었습니다. 선열들이 흘린 피가 땅을 적셔 자유의 싹을 틔우면, 후손들이 자유와 풍요의 나라에서 행복하게 살 수 있다고 믿었습니다. 또한, 3·1운동은 어느 역사에서도 찾아보기 힘든 미래지향적 독립투쟁이었습니다. 왕정의 복원이 아닌, 남녀노소 구분 없이 자유를 누리는 새로운 나라를 꿈꿨습니다. 그리고 선열들의 믿음과 소망은 그대로 이루어졌습니다.

지금 우리 대한민국은 자유와 번영을 구가하는 글로벌 중추국가로 우뚝 섰습니다. 기미독립선언서에서 천명한 대로, 새롭고 뛰어난 기운을 발휘하는 나라, 세계 평화와 번영에 기여하며 독창적이고 매력적인 문화를 선물하는 나라가 되었습니다. 여기까지의 여정이 결코 쉽지는 않았습니다. 독립과 동시에 북녘 땅 반쪽을 공산전체주의에 빼앗겼고, 참혹한 전쟁까지 겪어야 했습니다. 하지만, 그 어떤 시련도 자유와 번영을 향한 우리의 도전을 막을 수 없었습니다. 자

본도 자원도 없었던 나라, 전쟁으로 폐허가 된 땅에, 고속도로를 내고, 원전을 짓고, 산업을 일으켰습니다. 끼니조차 잇기 어려웠던 시절에도, 미래를 바라보며 과학기술과 교육에 투자를 아끼지 않았습니다.

저는, 수많은 역경과 도전을 극복해 온 우리 국민들의 위대한 여정이 정말 자랑스럽습니다. 저와 정부는, 3·1운동의 정신인 자유의 가치를 지키며, 더 행복하고 풍요로운 대한민국 건설에 모든 노력을 기울일 것입니다.

국민 여러분,

저는 오늘 이 자리에서 우리 독립운동의 역사를 함께 돌아보았으면 합니다. 3·1운동을 기점으로 국내외에서 여러 형태의 독립운동이 펼쳐졌습니다. 목숨을 걸고 무장독립운동을 벌인 투사들이 있었습니다. 국제정치의 흐름을 꿰뚫어 보며, 세계 각국에서 외교독립운동에 나선 선각자들도 있었습니다. 우리 스스로 역량을 갖추도록, 교육과 문화 독립운동에 나선 실천가들도 있었습니다. 제국주의 패망 이후, 우리의 독립을 보장받을 수 있었던 것은 이러한 선구적 노력의 결과였습니다. 독립운동가들의 피와 땀이 모여, 조국의 독립을 이뤄내고 대한민국의 토대가 되었습니다. 저는 이 모든 독립운동의 가치가 합당한 평가를 받아야 하고, 그 역사가 대대손손 올바르게 전해져야 한다고 믿습니다. 어느 누구도 역사를 독점할 수 없으며, 온 국민과, 더 나아가 우리 후손들이 대한민국의 자랑스러운 역사에 긍지와 자부심을 가져야 합니다. 저와 정부는, 독립과 건국, 국가의 부흥에 이르기까지 선열들의 희생과 헌신이 올바르게 기억되도록 힘을 쏟겠습니다.

존경하는 국민 여러분,

기미독립선언서는 일본을 향해, 우리의 독립이 양국 모두 잘 사는 길이며, 이해와 공감을 토대로 '새 세상'을 열어가자고 요구했습니다. 그리고 지금 한일 양국은 아픈 과거를 딛고 '새 세상'을 향해 함께 나아가고 있습니다. 자유, 인권, 법치의 가치를 공유하며 공동의 이익을 추구하고, 세계의 평화와 번영을 위해 협력하는 파트너가 되었습니다.

북한의 핵과 미사일 위협에 대한 양국의 안보협력이 한층 공고해졌습니다. 산업과 금융, 첨단 기술 분야에서 두텁게 협력하고 있고, 지난해 양국을 오간 국민들이 928만 명에 달합니다. 무력 충돌이 벌어졌던 중동과 아프리카에서는 서로의 국민을 구출하며 도움을 주고받았습니다.

이처럼 한일 양국이 교류와 협력을 통해 신뢰를 쌓아가고, 역사가 남긴 어려운 과제들을 함께 풀어나간다면, 한일관계의 더 밝고 새로운 미래를 열어갈 수 있을 것입니다. 내년 한일 수교정상화 60주년을 계기로 보다 생산적이고 건설적인 양국관계로 한 단계 도약시켜 나가기를 기대합니다.

존경하는 국민 여러분,

3·1운동은, 모두가 자유와 풍요를 누리는 통일로 비로소 완결되는 것입니다. 이제 우리는, 모든 국민이 주인인 자유로운 통일 한반도를 향해 나아가야 합니다. 북한은 여전히 전체주의체제와 억압통치를 이어가며, 최악의 퇴보와 궁핍에서 벗어나지 못하고 있습니다. 북한 정권은 오로지 핵과 미사일에 의존하며, 2천 6백만 북한 주민들을 도탄과 절망의 늪에 가두고 있습니다. 최근에는 우리 대한민국을 제1의 적대국이자 불멸의 주적으로 규정했습니다. 참으로 개탄하지 않을 수 없습니다.

통일은 비단 한반도에 국한된 문제만은 아닙니다. 북한 정권의 폭정과 인권유린은 인류 보편의 가치를 부정하는 것입니다. 자유와 인권이라는 보편의 가치를 확장하는 것이 바로 통일입니다. 우리의 통일 노력이 북한 주민들에게 희망이 되고 등불이 되어야 합니다. 정부는 북한 주민들을 향한 도움의 손길을 거두지 않을 것이며, 북한 인권 개선을 위한 노력도 멈추지 않을 것입니다. 탈북민들이 우리와 함께 자유와 번영을 누릴 수 있도록, 따뜻하게 보듬어 나갈 것입니다. 정부는 올해부터 7월 14일을 〈북한 이탈 주민의 날〉로 제정했습니다. 이를 계기로 우리 국민 모두가 탈북민에게 보다 따뜻한 관심을 가지고 배려해 주시기를 부탁드립니다.

통일은 우리 혼자서 이룰 수 없는 지난한 과제입니다. 국제사회가 책임 있는 자세로 함께 힘을 모아야 합니다. 자유로운 통일 대한민국은, 동북아시아는 물론 인도·태평양 지역과 전 세계의 평화와 번영에 기여할 것입니다. 저는 대한민국 대통령으로서 이러한 역사적, 헌법적 책무를 다하기 위해 최선을 다하겠습니다.

존경하는 국민 여러분,
지금 우리는 시대사적 대변혁의 갈림길에 서 있습니다. 기미독립선언의 정신을 다시 일으켜, 자유를 확대하고, 평화를 확장하며, 번영의 길로 나아가야 합니다. 그 길 끝에 있는 통일을 향해 모두의 마음을 모아야 합니다. 저와 정부가, 열정과 헌신으로 앞장서서 뛰겠습니다. 함께 손을 잡고, 새롭고 희망찬 미래를 열어갑시다!

감사합니다.

현대 한일관계사 연표

1943

12. 01   미국·영국·중국 수뇌가 카이로에서 회담하고 일본의 무조건 항복 요구와 한국의 해방을 약속한 선언 발표

1945

02. 11   미국·영국·소련 수뇌가 얄타협정 조인, 독일 항복 후 소련의 대일전쟁 참전 약속
07. 26   미국·영국·소련 수뇌가 일본의 무조건 항복을 요구하는 포츠담선언 발표
08. 06   미국이 히로시마에 원자폭탄 투하
08. 09   소련이 만주·북한 국경 지대 침공 개시, 미국이 나가사키에 원자폭탄 투하
08. 14   일본이 연합국에 포츠담선언 수락 통보
08. 15   일본 천황의 무조건 항복 선언, 한국은 일단 해방을 맞았으나 남북 분단으로 연결됨
08. 24   우키시마호가 교토부 마이즈루항구 앞바다에서 침몰해 한국인 승객 등 익사자 524구 수습
08. 25   소련군이 평양에 진주, 일본군을 연해주 등으로 연행
09. 02   일본 정부가 도쿄만 미주리함상에서 항복문서에 조인
09. 09   조선총독 아베 노부유키가 서울을 점령한 미국 하지 장군 앞에서 항복문서에 서명
12. 06   재조선미국육군사령부 군정청(미군정청)이 군령 33호(Vesting Decree)를 발포해 일본 재산의 몰수 단행

1946

10. 01   서울시가 일본식 행정구역명을 한국식으로 바꿈
10. 03   도쿄에서 재일본조선인거류민단 결성
11. 03   일본 신헌법 공포(1947.5 시행)

1947

05. 02   일본 정부가 조선인을 외국인으로 분류해 각종 원호, 보상, 배상 등에서 제외

1948

07. 20   한국 제헌국회가 이승만을 대통령으로 선출
08. 15   대한민국 정부 수립, 이승만 대통령 집권(~1960.4.26)

09. 09 북한에서 조선민주주의인민공화국 출범, 수상은 김일성
09. 11 미군정청과 대한민국이 한미재산이전협정을 체결해 몰수한 일본 재산을 한국 정부에 이관
10. 19 이승만 대통령이 맥아더 사령관 초청으로 일본 방문, 한일 양국 무역 재개 공식 발표(~10.20)

1949
01. 04 한국이 주일 대한민국대표부 설치, 초대 대표는 정한경
04. 23 한일통상협정 체결

1950
02. 10 한일 간 국제전화 개통
02. 16 이승만 대통령이 맥아더 사령관 초청으로 일본을 방문해 요시다 총리 등 일본 요인과 면담(~2.18)
06. 25 북한의 남침으로 6·25전쟁 일어남
06. 28 북한군이 서울 점령
09. 15 유엔군이 인천상륙작전으로 반격, 서울 탈환
10. 19 이튿날 새벽에 걸쳐 중공군이 압록강을 건너 참전

1951
09. 08 샌프란시스코평화조약(대일강화조약)과 미일안전보장조약 조인
10. 20 도쿄에서 한일회담의 예비회담 시작(~12.4)

1952
01. 18 이승만 대통령이 '대한민국 인접 해양 주권에 관한 대통령 선언' 발표와 함께 평화선(이승만라인) 공포
02. 15 도쿄에서 제1차 한일회담 개최(~4.21)
04. 28 샌프란시스코평화조약과 미일안전보장조약 발효, 일본의 주권 회복, 어업의 조업구역(맥아더라인) 제한 철폐, 일본의 출입국관리체제 정비(외국인지문날인제도 개시), 한국이 이승만라인을 침범한 일본 어선 나포 시작
10. 15 일본이 경찰예비대를 안보대로 개조

1953
01. 05 이승만 대통령이 크라크 사령관 초청으로 일본을 방문해 요시다 총리와 면담(~1.7)
04. 15 도쿄에서 제2차 한일회담 개최(~7.23)
06. 26 일본인이 독도에 불법 상륙
07. 27 6·25전쟁의 휴전협정 조인, 한국은 불만 표시로 대표 파견 거부
10. 01 한미상호방위조약 체결
10. 06 도쿄에서 제3차 한일회담 개최(~10.21)
10. 21 일본 대표 구보타 간이치로의 식민지 지배 미화 망언으로 한일회담 결렬

현대 한일관계사 연표　471

1954

- 01. 18 한국이 독도에 영토 표시 구조물 설치
- 03. 21 한국이 표준시를 대한제국 때 설정한 동경 127도 30분으로 환원
- 06. 09 일본이 방위청설치법과 자위대법 공포(7.1 시행)
- 07. 25 이승만 대통령이 미국을 방문해 아이젠하워 대통령 등과 회담(~8.13)
- 11. 18 한미상호방위조약 발효

1955

- 02. 25 북한의 남일 외상이 일본에 국교정상화와 경제문화교류 제안
- 03. 하토야마 이치로 총리가 북한과의 관계 개선 의사 표명
- 05. 아시아제국(諸國)회의 일본 대표단이 북한 방문
- 08. 17 한국이 대일무역·인간왕래 금지(1956.1 재개)
- 10. 18 일본 사회당이 북한에 사절단 파견, 한국이 항의
- 11. 15 일본에서 자유당과 민주당이 합당해 자유민주당 결성(자민당, 55년체제 성립), 일조협회를 결성해 일본과 북한의 문화교류 추진

1956

- 03. 06 일조무역회 설립, 9월부터 일본이 북한과 중국 경유로 무역 개시
- 12. 12 일본이 소련과 국교 수립
- 12. 18 유엔 총회의 결의로 일본이 유엔에 가입

1957

- 07. 01 유엔군사령부가 도쿄에서 서울로 이전, 일본에 유엔군후방사령부 설치
- 09. 27 일본과 북한이 민간 차원의 무역협정 체결
- 12. 31 한국과 일본이 '구보타 망언' 철회와 억류자 상호 석방 발표

1958

- 04. 15 제4차 한일회담 개최(~1960.4.15)
- 05. 19 기시 노부스케 총리 특사가 한국 방문
- 09. 08 북한 김일성이 재일한국인의 귀국을 환영한다고 발표, 재일한국인의 '귀국운동(북송운동)' 개시

1959

- 02. 13 일본 정부가 각의에서 재일한국인의 '북송사업' 결정
- 06. 15 한국 정부가 재일한국인의 '북송사업'에 반발해 대일무역 중단(10.8 해제)
- 08. 13 일본과 북한의 적십자사가 콜카타에서 재일한국인 '북송협정' 체결
- 12. 14 일본과 북한의 합작으로 재일한국인의 '북송선'이 처음으로 니가타항 출항

1960

- 04. 26 이승만 대통령이 4·19학생의거의 뜻을 받아들여 대통령직 사임 발표
- 06. 20 미일 신안전보장조약 체결
- 09. 06 일본의 고사카 젠타로 외상이 최초로 한국 방문(~9.7)

10. 25　제5차 한일회담 개최(~1961.5.15)
12. 27　이케다 하야토 내각 출범, 국민소득배가계획 마련

1961

04. 26　자민당에 일한문제간담회 발족
05. 06　일본 자민당 국회의원단이 최초 한국 방문(~5.12)
05. 16　박정희 소장 군사쿠데타로 정권 장악, 민주당 정권 붕괴
06. 20　이케다 총리가 워싱턴에서 케네디 대통령과 정상회담을 갖고 한일 국교 정상화의 조기 실현 합의
08. 19　한국 국가재건최고회의가 표준시를 일본과 같이 동경 135도로 환원
10. 20　제6차 한일회담 개최(~1964.11.5)
11. 11　박정희 국가재건최고회의 의장이 도쿄에서 이케다 하야토 총리와 환담(~11.12)
11. 13　박정희 국가재건최고회의 의장이 미국을 방문해 케네디 대통령과 정상회담(~11.25)
12. 26　일본 외무성이 독도 영유권 주장

1962

11. 12　김종필 중앙정보부장이 도쿄에서 오히라 마사요시 외무대신과 대일청구권 자금 규모 협의(김종필·오히라 메모 교환)

1963

12. 17　박정희 대통령 집권(~1979.10.26)

1964

05. 20　한국에서 한일회담 반대운동 격화, 한일굴욕회담반대학생총연합회가 한일회담 반대 선언문과 결의문 발표
06. 03　서울에서 한일회담 반대시위 격화로 비상계엄령 선포
10. 09　도쿄올림픽 개막
12. 03　도쿄에서 제7차 한일회담 개최(~1965.6.22)

1965

02. 20　이동원 외무부장관과 시나 에쓰사부로 외무대신이 서울에서 기본관계협정 가조인, 공동성명 발표
05. 16　박정희 대통령이 미국을 방문해 존슨 대통령과 정상회담 후 전투부대의 베트남 파병 결심
06. 22　도쿄에서 기본관계조약, 청구권협정, 재일한국인의 법적지위협정, 어업협정, 문화재협정 등 체결
06. 23　박정희 대통령이 한일회담 타결에 즈음한 특별담화 발표

1966

06. 14　한국의 주도로 아시아태평양이사회 각료회의 서울에서 개최

1967
05. 03 박정희 정부가 제2차 경제개발5개년계획 추진, 한일 정기 각료회의 개최

1968
01. 21 북한군 특수부대가 한국 대통령 관저를 습격했으나 실패
01. 23 북한이 미국 정찰함 푸에블로호 나포
04. 27 서울 광화문광장에 이순신 장군 동상 건립
06. 06 한일의원간담회 발족
10.   한국 울산시와 일본 하기시가 한일 간에 최초로 자매도시 결연

1969
07. 25 미국 닉슨 대통령이 괌 독트린 발표(아시아 방위는 아시아인의 힘으로)
11. 21 미일 정상회담에서 한국조항 합의(한국 유사시에 개입)
12. 03 포항종합제철소 건설자금 조달을 위한 한일기본협약 체결

1970
03. 31 일본 적군파가 요도호를 납치해 김포공항에 기착했다가 북한으로 감
06. 17 한일 정기여객선 부관페리호 취항

1971
03. 24 미국 정부가 주한미군 1개 사단 2만 명 철수 발표
07. 15 키신저 미국 국무장관이 중국을 방문해 닉슨 대통령의 중국 방문 계획 발표
12. 26 박정희 대통령이 국가비상사태 선포

1972
02. 21 미국 닉슨 대통령이 중국 방문
05. 02 한일 의원간담회가 의원간친회로 개칭
05. 15 미국이 오키나와를 일본에 반환
07. 04 한국과 북한이 자주적 통일을 지향하는 남북공동성명 발표
09. 25 다나카 가쿠에이 총리가 중국 방문
09. 29 일본과 중국이 국교정상화
10. 17 박정희 대통령이 국회를 해산하고 비상계엄령을 선포해 유신체제 출범
          (~1980.10.26)

1973
03. 15 한국군이 베트남에서 완전 철수
06. 23 박정희 대통령이 평화통일 외교정책에 대한 특별성명 발표
07. 03 일본의 자본과 기술 협력으로 포항종합제철소 준공
08. 08 도쿄에서 한국 중앙정보부 요원의 김대중 납치사건 발생
11. 02 김종필 총리가 일본을 방문해 김대중 납치사건 사죄

1974
01. 30 한국과 일본이 대륙붕협정 조인

06. 19 일본에서 재일한국인 박종석이 취직차별재판 승소
08. 15 재일한국인 문세광이 박정희 대통령을 저격해 영부인 사망
08. 19 영부인 육영수 여사 장례식에 다나카 총리 참석

1975
05.　　북베트남이 남베트남을 완전 점령
07. 09 한일 의원간친회가 의원연맹으로 개편

1976
06. 07 한국에서 한미군사연습 팀스피릿 개시
08. 18 북한군이 비무장지대에서 작업 중인 미군 살해

1977
03. 09 미국 정부가 5년 이내에 주한미군 철수를 한국 정부에 통고
07. 26 일본 정부가 한국으로 귀환을 희망하는 사할린 제주 한국인의 일본 입국 허용

1978
11. 28 일본 정부가 '미일방위협력을 위한 방침'(가이드라인) 결정

1979
05. 01 한일 의원안보협의회가 주한미군 철수 반대 채택
07. 20 미국 카터 대통령이 주한미군 철수 동결 발표
10. 26 김재규 중앙정보부장이 박정희 대통령 사살, 전국에 비상계엄령 선포(제주 제외)
12. 12 국군보안사령부(박정희 대통령 살해 합동수사본부)가 정승화 계엄사령관을 방조 혐의로 체포

1980
05. 17 한국에서 비상계엄령을 전국으로 확대
05. 18 광주 시민과 계엄군의 유혈 충돌(광주민주화운동 격화와 진압)
09. 01 전두환 장군이 유신헌법 아래 대통령에 취임
09. 17 김대중에게 사형 판결
10. 27 한국에서 신헌법 발효
11. 28 한일 간 해저케이블 개통

1981
03. 03 신헌법 아래 전두환 대통령 집권(~1988. 2. 24)
04.　　한국 정부가 일본 정부에 100억 달러 차관 타진

1982
06. 26 일본 언론이 정부의 교과서 검정에서 침략과 식민지 지배 등의 기술을 약화시켰다고 보도(역사 교과서 왜곡사건), 이후 한국에서 반일여론 고조
08. 26 미야자와 기이치 관방장관이 역사 교과서에 대한 정부 견해 발표
11. 24 오가와 헤이지 문부대신이 역사 교과서의 근현대사 기술 검정에서 근린제

국의 역사인식을 배려한다는 담화 발표('근린제국' 조항 신설)

1983

01. 11 나카소네 야스히로 총리가 최초로 한국을 공식 방문, 전두환 대통령과 회담, 대한경제협력 40억 달러 제공 합의

1984

03. 02 제1회 한일 고급사무레벨협의 개최
04. 일본 공영방송이 한글강좌 방송 개시
09. 06 전두환 대통령이 처음으로 일본을 국빈 방문해 총리·천황과 회담(~9.9)

1985

08. 15 나카소네 총리가 야스쿠니신사를 공식 참배
12. 12 북한이 핵확산금지조약에 가입

1986

03. 일본에서 역사 교과서 왜곡사건 발생
09. 제1회 한일 정기 외교부장관회의

1987

06. 10 한국에서 대통령직선제를 요구하는 민주화운동 격화
06. 29 노태우 여당 대표가 대통령직선제 개헌 의향 발표
10. 29 한국에서 대통령 직선 5년 단임제 헌법 공포

1988

02. 25 신헌법 아래 노태우 대통령 집권(~1993.2.24)
09. 17 서울에서 하계올림픽 개최(~10.2)

1989

12. 02 미소 정상이 몰타에서 회담 후 냉전 종식 선언

1990

05. 24 노태우 대통령이 국빈으로 일본을 방문해 천황·총리와 회담
09. 30 한국과 소련의 국교 수립

1991

01. 10 한일 외무장관이 서울에서 재일한국인 3세 이하 자손의 법적지위(영주권 부여 등)에 관한 합의 각서 조인
08. 14 김학순이 기자회견에서 일본군 '위안부'였음을 증언
09. 17 남북한이 유엔에 동시 가입
12. 06 전 일본군 '위안부'가 일본 정부에 보상청구소송 제기
12. 13 남북한이 화해 협력에 관한 기본합의서 및 한반도 비핵화 선언 체결

1992

01. 16 미야자와 기이치 총리가 한국을 방문해 일본군 '위안부' 문제에 사죄
08. 24 한국이 중국과 수교

06.20 일본 정부가 외국인등록법을 개정해 영주자의 지문날인제도를 1993년 1월부터 철폐 결정

1993
02.25 김영삼 대통령 집권(~1998.2.24)
03.12 북한이 핵확산방지조약 탈퇴
08.04 일본 정부가 일본군 '위안부' 문제에 대해 관헌의 관여와 강제성을 인정하고 사죄하는 담화 발표(고노 담화)
08.06 자민당 정부가 무너지고 호소카와 모리히로 내각 출범(~1994.4.25)
11.06 호소카와 총리가 한국을 방문해 김영삼 대통령과 회담(~11.7)

1994
03.24 김영삼 대통령이 일본 방문
06.29 무라야마 도미이치 내각 출범(~1996.1.11)
07.08 북한 김일성 주석 사망
07.23 무라야마 도미이치 일본 총리가 한국 방문

1995
06.09 일본 중의원 본회의에서 전후 50년 국회 결의 채택
07.19 일본에서 여성을 위한 아시아평화국민기금(아시아여성기금) 발족
08.15 무라야마 총리가 침략전쟁과 식민지 지배를 사죄하는 성명(무라야마 담화) 발표, 한국에서 구 조선총독부 건물 철거 개시

1996
05.31 2002 월드컵 한일 공동개최 결정

1997
01.11 아시아여성기금이 한국의 전 일본군 '위안부' 7명에 보상금 전달식(총리의 사죄편지 동봉)
02.27 자민당 안에 보수우파의 '일본의 전도와 역사교육을 생각하는 젊은 의원 모임' 결성(사무국장 아베 신조 의원)
12.04 한국의 금융위기로 국제통화기금과 일본 등의 긴급 지원을 받음

1998
02.25 김대중 대통령 집권(~2003.2.24)
10.07 김대중 대통령의 일본 국빈 방문(~10.10)
10.08 김대중·오부치 게이조, '21세기의 새로운 한일 파트너십 공동선언' 발표
11.28 대한민국과 일본국 간의 어업에 관한 협정 조인(1999.1.22 발효)

1999
11.28 한국과 일본이 ASEAN+3 정상회담 참석

2000
06.13 김대중·김정일이 평양에서 남북한 정상회담 개최(~6.14), 15일 공동선언

2001
- 03. 30 일본 정부가 내셔널리즘이 강한 중학교 '새 역사 교과서'를 검정에서 합격시킴. 한국에서 반일여론 고조
- 10. 20 한일 정상회담에서 역사공동연구 합의

2002
- 05. 31 한일 월드컵대회 공동개최(~6.30)
- 09. 17 고이즈미 준이치로 총리가 평양에서 김정일 국방위원장과 정상회담 후 공동선언 발표

2003
- 02. 25 노무현 대통령 집권(~2008.2.24)
- 06. 06 노무현 대통령이 일본을 국빈 방문해 천황·총리와 회담
- 08. 27 북핵 문제를 둘러싸고 한국과 일본을 포함해 베이징에서 제1회 6자 회담 개최(~8.29)

2004
- 02. 13 서울행정법원이 한일회담 관련 외교문서 공개 명령
- 07. 22 한일 정상회담에서 노무현 대통령이 임기 중에 역사 문제를 제기하지 않겠다고 표명(~7.23)

2005
- 03. 16 일본 시마네현이 매년 2월 22일을 '다케시마의 날'로 삼는 조례 제정
- 03. 17 노무현 대통령이 한일 역사 문제에 대처하는 신독트린 발표
- 06. 20 한일 정상의 합의에 따라 제2기 한일역사공동연구위원회 발족
- 08. 15 고이즈미 총리가 전후 60년에 즈음한 담화 발표
- 08. 26 한국 국무조정실 민관공동위원회가 한일회담 문서공개 후속대책 발표. 징용을 제외한 일본군'위안부', 재한 원자폭탄 피해자, 사할린 잔류 한국인 피해자의 보상은 청구권협정에 들어가 있지 않다고 밝힘

2006
- 04. 25 노무현 대통령이 역사 문제를 둘러싼 한일 간의 대립에 관한 특별담화문을 발표
- 10. 09 아베 신조 총리가 서울에서 노무현 대통령과 정상회담. 북한의 첫 핵실험에 대해 반대 입장 발표

2007
- 02. 26 한국인 강제연행 피해자 유족이 야스쿠니신사를 상대로 합사 철회 및 손해배상요구를 도쿄지방재판소에 제소
- 03. 01 노무현 대통령이 일본의 역사인식을 비판하는 3·1절 특별담화 발표
- 03. 16 아베 정부가 고노 담화에서 언급한 구 일본군이나 관헌에 의한 '위안부' 강제연행을 직접 보여주는 기술은 발견되지 않았다고 각의 결정

03. 26 워싱턴포스트가 일본군 '위안부' 문제와 납치 문제를 결부시킨 사설 게재, 아베 총리는 '전혀 별개의 문제'라고 반론
03. 31 아시아여성기금 해산
05. 02 '친일 및 반민족행위자 재산조사위원회'가 이완용 등 친일파 9명 자손으로부터 재산 36억 원 몰수 조치 발표
07. 19 제15회 한일방위실무자회담 개최, 한국 국방부가 일본 방위백서가 독도를 일본 영토로 표기한 데 대해 항의
10. 04 노무현 대통령과 김정일 국방위원장이 평양에서 정상회담 후 공동선언 발표
11. 20 싱가포르에서 한중일 정상회담 개최(노무현 대통령, 원자바오 총리, 후쿠다 야스오 총리)

2008

02. 25 이명박 대통령 집권(~2013.2.24), 후쿠다 총리와 한일정상회담, 셔틀외교 재개 합의
04. 21 이명박 대통령이 일본에서 후쿠다 총리와 정상회담, 한일 신시대 공동연구 프로젝트 발족 합의
07. 14 일본 중학교 사회 교과서의 새 학습지도요령 해설서에서 독도를 분쟁지역으로 기술
07. 15 한국 정부가 일본의 독도 영유권 주장에 항의하는 뜻으로 권철현 주일대사를 일시 소환
07. 17 한국 여야당 의원이 〈독도영유권선포특별법〉 발의
07. 29 한승수 국무총리 독도 방문
10. 02 아소 다로 총리가 중의원 본회의에서 무라야마 담화 계승 표명
10. 05 아소 총리가 일본군 '위안부' 문제에 대해 구 일본군의 관여를 인정한 고노 담화 답습 표명
11. 07 한미일 국방 관계자가 6년 만에 안보대화 개최(워싱턴), 정례화 합의
11. 21 일본이 강제징용 희생자 한국인 유골 59주 반환, 충남 천안에 있는 '망향의 언덕'에서 추도식 개최
11. 22 한미일 정상회담 개최(이명박 대통령, 부시 대통령, 아소 다로 총리)
12. 13 후쿠오카에서 한중일 정상회담 개최(이명박 대통령, 원자바오 총리, 아소 다로 총리)

2009

01. 12 아소 총리가 한국을 방문해 이명박 대통령과 정상회담 개최
02. 26 헌법재판소가 독도를 한일 양국의 중간수역에 포함시킨 한일 어업협정에 대해 합헌 판정
03. 13 일본 정부가 북한의 로켓 발사에 즈음해 일본 영역에 낙하하면 미사일 방어 시스템을 작동시켜 요격하겠다고 선언

04.05 북한이 일본 동쪽 태평양을 향해 인공위성 발사실험 실시, 한미일은 유엔 안보리 결의 위반이라고 북한을 비난
04.10 한중일 정상회담 개최(태국 파타야), 3국 간 협력과 북한 미사일 문제 등과 관련된 의견 교환
10.09 민주당 하토야마 유키오 총리가 한국을 방문해 이명박 대통령과 정상회담 개최

2010

02.03 정운찬 총리가 국회에서 일본 천황의 방한을 위해서는 천황의 과거 반성이 필요하다고 발언
02.28 일제강점하강제동원진상규명위원회가 식민지 시기 강제동원 조사결과 발표
03.15 한국 외교통상부가 일본군'위안부', 사할린 잔류 한국인, 재한 원폭 피해자 문제와 관련된 개인청구권은 유효하다는 입장 재확인
03.17 일본 외무성이 청구권협정에 따라 개인의 청구권 문제는 '완전하고도 최종적으로' 해결되었다는 입장 표명
03.23 한일역사공동위원회가 최종보고서 발표
04.06 일본 외무성이 『외교청서』를 통해 독도 영유권 주장
08.10 간 나오토 총리가 '한국병합' 100주년 담화를 발표해 식민지 지배의 강제성 인정
10. 한일 신시대공동연구프로젝트위원회가 핵심적 어젠다 제출

2011

08.30 한국 헌법재판소가 일본군'위안부' 및 원폭 피해 문제가 청구권협정에 따라 법적으로 해결되었는지 해석상의 분쟁이 발생하고 있음에도 한일 청구권협정 제3조에 의거하여 분쟁을 해결하지 않는 부작위는 위헌이라고 판시
12.04 정대협이 주한일본대사관 정문 앞에 소녀상('평화의 비') 설치
12.17 이명박 대통령과 노다 요시히코 총리가 교토에서 정상회담, 일본군'위안부' 문제 해결을 둘러싸고 설전

2012

05.05 서울시 마포구에 전쟁과여성인권박물관 개관
05.24 한국 대법원이 청구권협정에도 불구하고 징용 피해자의 개인청구권은 소멸되지 않았다고 판시
06.29 한국 정부가 한일군사정보포괄보호협정 체결 연기 결정
08.10 이명박 대통령이 독도 방문, 노다 총리가 유감 표명
08.11 일본 정부가 독도 영유권 문제를 국제사법재판소에 제소 검토 표명
08.14 이명박 대통령이 일본 천황이 방한하고 싶으면 식민지 지배에 대해 사과해야 한다는 취지로 발언
08.15 노다 총리가 이명박 대통령의 발언에 대해 이해하기 어렵다는 견해 표명

08.17 노다 총리가 이명박 대통령의 독도 방문에 유감을 표시하는 친서 발송, 한국 정부는 접수 거부 표명
08.30 한국 정부가 독도 영유권 문제를 국제사법재판소에 제소하자는 일본 정부의 제안 거부
12.26 제2차 아베 신조 내각 출범

2013

02.25 박근혜 대통령 집권(~2017.3.10)
04.06 일본 외무성이 『외교청서』를 통해 독도 영유권 주장
05.15 아베 총리가 참의원 예산위원회에서 무라야마 담화를 계승하겠다는 뜻을 밝힘
12.26 아베 총리가 야스쿠니신사 참배

2014

03.25 한미일 정상회담 개최(헤이그)
06.20 일본 정부가 고노 담화 작성 과정에 관한 검증 결과를 발표해 한국 정부와 의견을 주고받은 내용 공개, 한국 외교부가 비난 성명 발표

2015

01.15 아베 총리가 한일의원연맹 한국 측 회장에게 고노 담화를 계승하겠다는 뜻을 밝힘
06.22 박근혜 대통령과 아베 총리가 한일 국교정상화 50주년 기념행사에 각각 참석
08.14 아베 총리가 전후 70년 담화 발표, 식민지 지배에 대한 사죄 표명 생략
12.28 한일 외무장관이 서울에서 회담하고 일본군 '위안부' 문제 합의 발표, 한일 정상의 전화회담

2016

03.18 일본 고등학교 교과서 검정 결과 발표, '위안부' 기술에서 '군(軍)' 삭제
06.09 한국에서 '일본군 성노예 문제 해결을 위한 정의기억연대'(정의기억연대)라는 시민운동단체 발족
07.28 '한일 위안부 문제 합의'의 후속 조치로서 일본군 '위안부' 피해자를 지원하는 화해·치유재단 설립
08.29 서울시가 구 통감·총독관저 터에 일본군 '위안부' 추모공원 '기억의 터' 조성
08.31 일본 정부가 화해·치유재단에 10억 엔 송금
12.09 국회가 박근혜 대통령 탄핵소추안 결의, 대통령 권한 행사 정지

2017

03.10 헌법재판소가 국회의 탄핵소추안을 인용해 박근혜 대통령을 파면
05.10 문재인 대통령 집권(~2022.5.9)
05.11 문재인 대통령이 아베 총리에게 '한일 위안부 문제 합의'는 받아들일 수 없다고 말함

10.31 한국과 일본의 공동추진위원회가 '조선통신사에 관한 기록'의 유네스코 세계기록유산 등록 성취
11.23 한국 국회가 매년 8월 14일을 일본군'위안부' 피해자를 기리는 날로 지정
12.28 한국 정부가 '한일 일본군위안부 피해자 문제 합의 검토결과 보고서' 발표, 문재인 대통령이 이를 수용하는 입장문을 냄

2018
07.11 한국정신대문제대책협의회 등이 정의기억연대로 통합
10.30 한국 대법원이 신일철주금에 강제동원 피해자에 배상하라고 판결, 일본 외무대신이 대법원 판결을 비난하는 담화 발표
11.21 한국 정부가 화해·치유재단 해산 발표
11.29 한국 대법원이 미쓰비시중공업에 강제동원 피해자에 배상하라고 판결

2019
01.21 한국 여성가족부가 화해·치유재단 허가 취소
07.01 일본 정부가 한국에 대해 수출규제 조치 발표
07.04 한국에서 일본제품 불매 및 관광거부운동 시작
08.02 일본 정부가 한국을 특수물자의 수출우대 조치(화이트 리스트)에서 제외 발표
08.22 한국 정부가 한일비밀군사정보보호협정(지소미아) 연장 거부 결정
11.22 한국 정부가 지소미아 종료 통지의 효력 정지 발표

2020
05.07 전 일본군'위안부' 이용수가 정대협 대표 윤미향의 부정부패를 비난하는 기자회견을 함
09.14 한국 검찰이 윤미향 대표를 사기 등의 혐의로 기소

2021
01.08 서울중앙지방법원이 일본 정부에 대해 일본군'위안부' 제소자에게 1억 원을 배상하라고 판결
01.18 문재인 대통령이 기자회견에서 서울지방법원의 판결에 곤혹스럽고, 징용 판결금의 강제 집행(일본 기업자산의 현금화)은 바람직하지 않으며, '위안부' 합의를 인정한다고 발언
04.27 일본 정부가 각의 결정을 통해 교과서의 역사용어 수정, 종군위안부에서 '종군'을 삭제하고, 노무동원에서 '강제연행'을 사용하지 않도록 권고
10.04 기시다 후미오 내각 출범

2022
03.29 일본 정부가 고등학교 교과서 검정 결과 발표, '종군', '강제연행' 표기를 삭제한 데 대해 한국 정부가 항의
05.10 윤석열 대통령 집권(~2025.4.4)

2023

- 03.06 한국 박진 외교부장관이 강제징용 대법원 판결 해법으로 제삼자 변제 방식을 활용하겠다고 발표
- 03.16 윤석열 대통령이 일본 방문(~3.17), 기시다 총리와 정상회담, 악화된 한일관계 개선 추진
- 03.16 한국 전국경제인연합회와 일본 경제단체연합회가 '한일·일한 미래 파트너십 기금' 창설
- 05.07 기시다 총리가 한국 방문(~5.8), 윤석열 대통령과 회담, 셔틀외교 복원
- 05.21 윤석열 대통령과 기시다 총리가 히로시마에서 G7 정상회의 중 한국인원폭희생자위령비 공동참배
- 08.19 한미일 정상이 캠프데이비드에서 회담하고 공동성명 발표, 세계 평화·안보·번영을 위해 삼국의 연대와 협력 강화 천명

2024

- 03.01 윤석열 대통령이 제105주년 3·1절 기념사에서 일본의 침략과 지배를 언급하지 않고 일본을 보편적 가치를 공유하며 글로벌 어젠다에서 협력하는 파트너라고 언명함
- 07.27 일본의 사도광산 유적이 유네스코세계유산에 등재, 한국과 논란을 빚었던 조선인 노동자의 사역에 대해서는 가혹한 노동에 시달렸다는 식으로 기술해 전시함
- 09.06 기시다 총리가 서울을 방문해 윤석열 대통령과 12차 정상회담, 재외국민보호협력각서 체결, 우키시마호 승선명부 자료 전달
- 10.01 이시바 시게루 내각 출범
- 12.14 국회가 윤석열 대통령 탄핵소추안 가결, 대통령 직무 정지

2025

- 01.20 도널드 트럼프가 미국 대통령에 취임, 공화당 정부 출범
- 04.04 헌법재판소가 국회의 탄핵소추안을 인용해 윤석열 대통령을 파면

참고문헌

국민대학교 일본학연구소 편, 2010, 『외교문서 공개와 한일회담의 재조명 1: 한일회담과 국제사회』, 선인.

_____, 2010, 『외교문서 공개와 한일회담의 재조명 2: 의제로 본 한일회담』, 선인.

김도형·아베 마코토 외, 2015, 『한일관계사 1965-2015: Ⅱ(경제)』, 역사공간.

남상구, 2019, 『20개 주제로 본 한일 역사 쟁점』, 동북아역사재단.

동북아역사재단 한일역사문제연구소, 2019, 『한일협정과 한일 관계-1965년 체제는 극복 가능한가?』, 동북아역사재단.

박진희, 2008, 『한일회담-제1공화국의 대일정책과 한일회담 전개과정-』, 선인.

심규선, 2021, 『위안부 운동, 성역에서 광장으로-심규선의 위안부 운동단체 분석』, 나남.

유의상, 2016, 『대일외교의 명분과 실리-대일청구권 교섭과정의 복원』, 역사공간.

_____, 2022, 『한일 과거사 문제의 어제와 오늘-식민지 지배와 전쟁 동원에 대한 일본의 책임-』, 동북아역사재단.

외교부 동북아1과, 2013.5, 『한일관계 관련 주요 문서』, 외교부.

이원덕, 1996, 『한일 과거사 처리의 원점』, 서울대학교출판부.

_____, 2022, 『한일회담』, 동북아역사재단.

_____, 2024, 『대일 청구권협정 및 기본관계조약』, 국립외교원.

이원덕·기미야 다다시 외, 2015, 『한일관계사 1965-2015(Ⅰ. 정치)』, 역사공간.

이종구·이소자키 노리요 외, 2015, 『한일관계사 1965-2015(Ⅲ. 사회·문화)』, 역사공간.

이창민, 2021, 「한일 경제네트워크의 확장적 심화」, 『복합 대전환기 새로운 한일 파트너십을 찾아서』, 재단법인 한반도평화만들기/한일비전포럼.

장박진, 2014, 『미완의 청산-한일회담 청구권 교섭의 세부 과정』, 역사공간.

조세영, 2014, 『한일관계 50년, 갈등과 협력의 발자취』, 대한민국역사박물관.

조윤수 편, 2020, 『한·일 관계의 궤적과 역사인식』, 동북아역사재단.

정재정, 2014, 『주제와 쟁점으로 읽는 20세기 한일관계사』, 역사비평사(市村繁和 譯, 『主題と争点で読む20世紀日韓関係史』, 拓殖新社, 2022).

_____, 2014, 『한일의 역사갈등과 역사대화』, 대한민국역사박물관(金廣植·徐凡喜 譯, 『日韓〈歷史対立〉と〈歷史対話〉』, 新泉社, 2015).

_____, 2015, 「한일 역사인식과 과거사의 갈등을 넘어서」, 『한일관계, 이렇게 풀어라』, 김영사.

_____, 2015, 『한일회담·한일협정, 그 후의 한일관계』, 동북아역사재단.

_____, 2016, 『서울과 교토의 1만 년』, 을유문화사.

_____, 2013, 「역사에서 본 한일관계와 문명전환」, 『역사교육』 128, 역사교육연구회 (『연동하는 동아시아 문화』, 동북아역사재단, 2016에 재수록).

_____, 2013, 「한일관계의 위기와 극복을 향한 오디세이: 영토와 역사를 둘러싼 갈등을 중심으로」, 『영토해양연구』 5, 동북아역사재단.

_____, 2015, 「한일국교정상화 50년의 회고와 평가 그리고 과제」, 『한일협력의 미래 비전: 왜 서로 필요한가?』, 한국정치학회·일본정치학회·동아일보·아사히신문 심포지엄.

_____, 2016, 「한일협력과 역사문제-갈등을 넘어 화해로」, 『日本硏究論叢』 43, 現代日本學會.

_____, 2020, 「한일 과거사 현안, 어떻게 풀어야 하나?」, 『갈등에 휩싸인 한일관계-현안, 리스크, 대응』, 재단법인 한반도평화만들기/한일비전포럼.

_____, 2021, 「한일 역사 현안의 극복과 역사 화해의 실현」, 『복합 대전환기 새로운 한일 파트너십을 찾아서』, 재단법인 한반도평화만들기/한일비전포럼.

_____, 2022, 「현대 한일관계의 성찰과 비전」, 『조약의 프리즘을 통해 읽는 한일 역사 갈등: 공존의 길을 모색하며』 (제17회 제주포럼 동북아역사재단 자료집).

_____, 2022, 「한·일의 역사 갈등과 극복-일본군 '위안부' 문제를 중심으로」, 『일본공간』, 국민대학교 일본학연구소(『용서와 화해 그리고 치유』, 새물결플러스, 2022에 수정고 수록).

_____, 2023, 「히로시마평화기념공원과 한국인원폭희생자위령비」, 『동북아역사리포트』 40, 동북아역사재단.

_____, 2023, 「'히로시마'가 '제암리'로 … 한·일 역사화해 첫걸음 뗐다」, 『주간조선』 2761.

_____, 2024, 「증오와 학살 그리고 공생과 화해 : 재일 코리언의 경우」, 『지식의 지평』 36, 대우재단.

_____, 2024, 「한일역사공동연구위원회의 성과와 과제」, 『동북아역사리포트』 59, 동북아역사재단.

木宮正史, 2021, 『日韓關係史』, 有斐閣.

李鍾元·木宮正史·磯崎典世·淺羽祐樹, 2017, 『戰後日韓關係史』, 有斐閣.

사진출처

사진 1   영국 임페리얼전쟁박물관(IWM) 소장
사진 2   미국 국립문서기록관리청(NARA) 소장
사진 3   국가기록원 소장
사진 4   국가기록원 소장
사진 5   ⓒ 조선일보
사진 6   ⓒ 한국정책방송원
사진 7   국가기록원 소장
사진 8   ⓒ 동아일보
사진 9   양윤세·주익종, 2017, 『고도성장시대를 열다: 박정희 시대의 경제외교사 증언』, 도서출판 해남
사진 10 국가기록원 소장
사진 11 ⓒ 연합뉴스
사진 12 ⓒ 연합뉴스
사진 13 ⓒ 동북아역사재단
사진 14 ⓒ 정재정
사진 15 ⓒ 연합뉴스
사진 16 ⓒ 연합뉴스
사진 17 ⓒ 합천원폭피해자복지회관
사진 18 ⓒ 연합뉴스
사진 19 ⓒ 한국국제의료보건재단
사진 20 ⓒ 연합뉴스
사진 21 ⓒ 연합뉴스
사진 22 ⓒ 연합뉴스
지도 1   미국 국립문서기록관리청(NARA) 소장

찾아보기

ㄱ

가나야마 마사히데(金山政英) 125
가미카와 요코(上川陽子) 213
가이후 도시키(海部俊樹) 221
가토 고이치(加藤紘一) 192
간 나오토(菅直人) 152, 243, 257
간 담화 152, 153, 242
강제동원 배상 문제 160
강제동원 피해자 210, 230
고노 다로(河野太郎) 236
고노 담화 154, 193, 194, 198, 203, 204, 206, 213, 215, 256
고노 요헤이(河野洋平) 193
고르바초프 227
고사카 젠타로(小坂善太郎) 181
고이소 구니아키(小磯國昭) 173
고이즈미 담화 154
고이즈미 준이치로(小泉純一郎) 95, 132, 135, 150, 151, 172, 176, 177, 184, 256, 257
간토대진재(關東大震災) 242
구보타 간이치로(久保田貫一郎) 70~71, 80, 110, 114, 115
국가재건최고회의 44
국가총동원법 231
국제수로기구(IHO) 188
대일배상회의 60
귀속재산(歸屬財産) 44, 45, 62
기본관계조약 88, 100, 101, 109~113, 117, 124, 126, 127, 139, 142, 155, 181, 249

기시 노부스케(岸信介) 36, 71, 75, 91, 115
기시다 후미오(岸田文雄) 19, 154, 155, 172, 178, 187, 223, 224, 239, 240, 263~265, 282
김대중(金大中) 146, 148, 149, 163, 183, 198, 214, 250, 254, 275, 277, 279, 286
김대중·오부치 공동선언 151, 154
김영삼(金泳三) 147, 171, 192, 195, 197, 198, 214, 227, 228, 254, 256
김일성(金日成) 39, 41, 91, 94
김정일(金正日) 95, 132, 135, 150, 151, 256
김종필(金鍾泌) 73, 76, 77, 85, 86, 91, 92, 181
김종필·오히라 메모 77, 78, 116
김학렬 125
김학순 190

ㄴ

나가사키 29, 216
나눔의 집 200, 211
나카소네 야스히로(中曾根康弘) 143, 172, 173, 175, 251, 252
노다 요시히코(野田佳彦) 202, 203
노무현(盧武鉉) 104, 177, 184, 200, 201, 233, 257
노태우(盧泰愚) 145, 192, 221
농지개혁법 45

ㄷ

다나카 가쿠에이(田中角榮) 226
다카스기 신이치(高杉晋一) 79, 80
다케시마(竹島)의 날 177, 183, 184, 257
대외문화연락협의회 94
대일굴욕외교반대범국민투쟁위원회 85
〈대일민간청구권보상에 관한 법률〉 231
〈대일민간청구권신고에 관한 법률〉 231
「대일배상요구조서」 60, 62, 114, 115
대일청구권자금 117
대일평화회의 62, 63
〈대일항쟁기 강제동원피해조사 및 희생자 등 지원에 관한 특별법〉 234
대한민국과 일본국 간의 기본관계에 관한 조약 99
대한민국 인접 해양 주권에 관한 대통령 선언 53, 68, 121, 180
대한민국임시정부 110
대한제국 칙령 제41호 179
독도 영유권 130, 179, 180

ㄹ

러스크(Dean Rusk) 84
러일전쟁 173, 179, 224, 241, 242
로스토(Walt W. Rostow) 78
루스벨트(Franklin D. Roosevelt) 29, 30, 64

ㅁ

마오쩌둥(毛澤東) 41, 64
만주사변 173
맥아더(Douglas MacArthur) 31, 37, 49, 50
맥아더라인(MacArthur Line) 53, 68

머피(Robert D. Murphy) 69
메이지유신 173, 188
메이지 천황 143
모스크바삼상회의 40
무라야마 담화 148, 154, 256
무라야마 도미이치(村山富市) 147, 151, 159, 194, 195
문재인(文在寅) 190, 202, 208, 209, 211, 214, 230, 234~238, 241, 261~263
문화재협정 122, 123, 241
미소공동위원회 40
미쓰비시중공업 235
미야자와 기이치(宮澤喜一) 157, 192
미야자와 담화 157
미일안전보장조약 34, 35, 248
민관공동위원회 234, 236

ㅂ

바이든(Joe Biden) 264, 268
박근혜(朴槿惠) 178, 202~204, 207, 208, 210, 214, 235, 261
박정희(朴正熙) 44, 59, 73~75, 77, 78, 82~89, 91, 93, 95, 102, 104, 105, 107, 115, 125, 127, 134, 232, 233, 242, 249~251, 253, 278, 279
박진 239
반민족행위 처벌 47
반민족행위처벌법 46
배타적 경제수역(EEZ) 121, 183
법적지위협정 118, 119
베트남전쟁 78, 79, 92, 93, 110, 250
북관대첩비 242
북송사업 54

북조선임시인민위원회 39
분쟁처리에 관한 교환공문의정서 182

ㅅ

사사오입 43
4·19학생의거 94
사토 에이사쿠(佐藤榮作) 79, 84
사할린 224
사할린 잔류 한국인 226, 228
사할린 한인문화센터 229
38도선 36, 41, 42, 51
새 역사 교과서 177, 184, 198
새 역사 교과서를 만드는 모임 159
샌프란시스코평화조약 34, 53, 63~66, 68, 92, 101~103, 110, 115, 133, 134, 174, 180, 233, 248, 249
샌프란시스코평화회담 58, 134
성공사관 24
성찰사관 24
소녀상 201, 202
손진두(孫振斗) 수첩재판 218, 219
쇼와(昭和) 천황 32, 145
수요집회 201, 202
스가 요시히데(菅義偉) 154, 160, 178, 187, 237
SCAPIN 제677호 180
스탈린(Joseph Stalin) 39
시나 에쓰사부로(椎名悦三郎) 79~81, 85, 88, 99, 142, 143, 181
시마네현 179
시볼드(William J. Sebald) 67
신독트린 184
신안보조약 35, 36, 91
신어업협정 139~142, 183

신일철주금 235
신탁통치 30, 40

ㅇ

아베 노부유키(阿部信行) 38
아베 신조(安倍晋三) 153, 160, 177, 185, 187, 198, 202, 203, 237, 241, 257, 258, 261~263
아시아에서 전후 책임을 생각하는 모임 227
아시아태평양전쟁 32, 44, 52, 60, 66, 173, 225, 230, 248
아키히토(明仁) 천황 145, 146
안보투쟁 36, 91, 93, 116
야스쿠니신사(靖國神社) 151, 155, 173, 174, 176, 178, 242
야스쿠니신사 참배 172
야스쿠니신사 참배 중단 촉구 결의안 177
얄타회담 29
어업협정 66, 119, 121, 122, 183
여성을 위한 아시아평화국민기금(아시아여성기금) 189, 194~199, 203, 205, 206, 213~215, 256
여운형(呂運亨) 39
역사 교과서 156
『역사총합』 161
역사화해 284, 286
역청구권(逆請求權) 69, 70, 71, 114, 115
연합국최고사령부(GHQ) 31~35, 49, 52, 53, 60, 62, 63, 174, 226, 248
오가와 헤이지(小川平二) 157
오바마(Barack Hussein Obama) 204

오부치 게이조(小淵惠三) 148, 149, 151, 163, 275, 280, 286
55년체제 35
5·16군사정변 73, 85, 95
5·18민주화운동 251
오코노기 마사오(小此木正男) 271
오히라 마사요시(大平正芳) 76, 77, 85, 91
요시다 시게루(吉田茂) 31, 49, 50, 69, 110, 114
울릉도 도해금지령 179
〈원자폭탄 피폭자에 대한 특별조치법〉 217
〈원자폭탄 피폭자 의료 등에 관한 법률〉 217
〈원자폭탄 피폭자의 원호에 관한 법률〉 217
원폭 피해자 222
6·25전쟁 33~35, 42, 46~48, 62, 65, 66, 70, 71, 90, 134, 216, 248, 252
윤덕민(尹德敏) 240
윤미향사건 210, 211
윤석열(尹錫悅) 19, 104, 155, 172, 223, 224, 238~241, 263~265, 277, 279, 282
이동원(李東元) 79~81, 99, 143, 181
이동원·시나 공동성명 157
이명박(李明博) 170, 182, 185~187, 202, 243, 261
이세키 유지로(伊關佑二郎) 181
이승만(李承晩) 41~43, 46, 47, 49, 50, 53, 54, 59, 60, 62~64, 68, 69, 72, 90, 110, 114, 115, 121, 131, 180, 248
이승만라인 180

이시바 시게루(石破茂) 155, 172, 178, 187, 266
21세기의 새로운 한일 파트너십 공동선언 (한일파트너십선언) 148, 149, 159, 163, 256, 275~276, 286
이용수 214
이케다 하야토(池田勇人) 72, 74, 75, 77, 85, 115, 116
이해찬(李海瓚) 234, 236
인천상륙작전 41
일본군 성노예제 문제 해결을 위한 정의기억연대(정의기억연대) 207, 210
일본군성노예제 문제해결을 위한 정의기억재단 207
일본군'위안부' 154, 156, 160, 189~191, 193, 197, 201
일본군'위안부' 문제 202~204, 209
일본원수폭피해자단체협의회 224
일본회의(日本會議) 160
일소공동선언 226
일제강제동원피해자지원재단 265
「일제하 군대'위안부' 실태조사 중간보고서」 192
〈일제하 일본군위안부에 대한 생활안정지원법〉 192, 199
〈일제하 일본군위안부 피해자에 대한 생활안정지원 및 기념사업 등에 관한 법률〉 199
〈일제하 일본군위안부 피해자에 대한 생활안정지원 및 기념사업 등에 관한 법률 개정안〉 208
일조협회(日朝協會) 91, 92, 94, 95

ㅈ

자유사관 159
장면(張勉) 72, 73, 115
장제스(蔣介石) 29, 30, 37
재레드 다이아몬드(Jared Diamond) 19, 271, 288
재사할린 한국인 지원 공동사업체 227, 228
재일한국인의 법적지위 139
재일한국인의 법적지위협정 118
재한 원자폭탄 피해자 216
적폐사관 24
전두환(全斗煥) 143, 144, 157, 250~253
정한경(鄭翰景) 60
제1기 한일역사공동연구위원회 164
제2기 한일역사공동연구위원회 166
제2차 세계대전 64
제헌국회 40
조국통일민족전선 94
조국평화통일위원회 94
조선건국준비위원회 39
조선민주주의인민공화국 41, 65
조선왕실의궤 243
조일평양선언 96, 132, 135, 150, 151
중일전쟁 60, 225
중화인민공화국 41, 78
지소미아(GISOMIA, 군사정보보호협정) 237

ㅊ

처칠(Winston L. Spencer-Churchill) 29, 30
청구권 77, 91, 94, 112, 115, 116, 127, 129, 249, 280
청구권 자금 140, 232, 250~252, 282
〈청구권 자금의 운용 및 관리에 관한 법률〉 231
청구권협정 66, 100, 101, 103, 113, 117, 124~126, 130, 193, 201, 203, 205, 210, 213~215, 230, 234~236, 241, 262
청일전쟁 173
최덕신(崔德新) 181

ㅋ

카이로선언 29, 30, 40, 70, 110, 180
캠프데이비드공동성명 265, 268
캠프데이비드 정상회의 264
케네디(John F. Kennedy) 74, 75, 116
클라크(Mark Wayne Clark) 49, 50, 69

ㅌ

〈태평양전쟁 전후 국외 강제동원 희생자 등 지원에 관한 법률〉 230, 234
태평양전쟁희생자유족회 200
태평양한국인추념평화탑(太平洋韓國人追念平和塔) 146
테헤란회담 29
통화 스와프(SWAP) 254
트럼프(Donald Trump) 268
트루먼(Harry S. Truman) 41, 64, 65, 70
트루먼선언 70

ㅍ

평화선 54, 70, 71, 85, 88, 90, 115, 120~122, 180

평화헌법 31, 35
포스코 241
포츠담선언 29
포츠담회담 36
포츠머스조약 224
포항종합제철 125

ㅎ

하시모토 류타로(橋本龍太郎) 176, 197
하지(John R. Hodge) 38
한국병합 19, 111, 153, 258
한국병합조약 78, 99, 100, 109, 110, 112, 132
한국원폭피해자원호협회(원호협회) 217, 218
한국인원폭희생자위령비 223, 224
한국정신대문제대책협의회(정대협) 190, 192, 194~199, 202, 205~207, 210
한미상호방위조약 47, 248
『한일 교류의 역사 – 선사부터 현대까지』 158
한일 국교정상화 108, 110, 155, 156, 271, 278
한일굴욕회담반대학생총연합회 86, 267
한일 기본관계조약 80, 83
한일비전포럼 171
한일 신시대 어젠다 21 171
한일 신어업협정 141
한일 어업협정 120
한일 역사공동교재 158
『한일역사공동연구보고서』 167
한일역사공동연구위원회 162, 163, 169
한일 월드컵 254, 255
한일 위안부 문제 합의 191, 206, 208, 212, 213, 215
한일 일본군위안부 피해자 문제 합의 검토 태스크포스 208
한일·일한 미래 파트너십 기금(미래기금) 282~284
한일협정 82, 233
한일협정체제 21, 22, 249
합천원폭피해자복지회관 220
호소카와 모리히로(細川護熙) 147, 171, 227, 228, 256
화해·치유재단 207, 209, 213, 215, 261
후쿠다 다케오(福田赳夫) 183
후쿠다 야스오(福田康夫) 170, 185
휴전협정 42
히로시마 216
히로시마평화기념공원 한국인원폭희생자 위령비 155
히로시마 G7 정상회의 223
히로히토(裕仁) 천황 143~145, 251

정재정

서울대학교 역사교육과를 졸업하고, 도쿄대학 대학원에서 문학수사학위, 서울대학교 대학원에서 문학박사학위를 취득하였다. 한국방송통신대학교·서울시립대학교 교수, 일본방송교육개발센터·국제일본문화연구센터·도호쿠대학 외국인 연구원, 홋카이도 대학·도쿄대학 특임교수, 광주과학기술원 초빙석학교수 등을 역임하였다. 한일관계사학회 회장, 동북아역사재단 이사장, 대한민국역사박물관 운영위원장, 국사편찬위원회, 서울시사편찬위원회 등의 위원, 서울시역사자문관 등으로 활동하였다. 서울시립대학교 인문대학장, 대학원장, 서울역사박물관 운영위원장, 경상북도 독도위원회 위원장 등을 역임하고, 현재 서울시립대학교 명예교수이다.

『일제침략과 한국철도(1892~1945)』, 『일본의 논리-전환기의 역사교육과 한국인식』, 『한국의 논리-전환기의 역사교육과 일본인식』, 『韓国と日本-歴史教育の思想』, 『서울과 교토의 1만 년』, 『주제와 쟁점으로 읽는 20세기 한일관계사』, 『新しい韓国近現代史』, 『帝国日本の植民地支配と韓国鉄道』, 『한일의 역사갈등과 역사대화』, 『철도와 근대 서울』, 『일제의 조선교통망 지배-해운·철도·소운송·도로·항공』 등을 저술했으며, 『서울 근현대 역사기행』, 『한국철도의 르네상스를 꿈꾸며』, 『역사 교과서 속의 한국과 일본』, 『한국과 일본에서 함께 읽는 열린 한국사』, 『한국과 일본의 역사인식』, 『한일교류의 역사-선사에서 현대까지』, 『근대조선의 경제구조』, 『일본의 본질을 다시 묻는다』, 『서울 20세기 생활·문화 변천사』, 『近代朝鮮の植民地工業化』, 『黒船と日清戦争: 歴史認識をめぐる対話』, 『HISTORY EDUCATION AND RECONCILIATION: Comparative Perspectives on East Asia』, 『History Textbooks and the Wars in Asia: Divided memories』, 『Designing History in East Asian Textbooks: identity politics and transnational aspirations』, 『Japan und Korea auf dem Weg in eine gemeinsame Zukunft: Aufgaben und Perspektiven』 등을 함께 썼다. 번역서로는 『한국병합사의 연구』, 『식민통치의 허상과 실상』, 『일본의 문화내셔널리즘』, 『러일전쟁의 세기』, 『일본군'위안부' 문제의 해결을 위하여』 등이 있다.

자료와 함께 읽는
현대 한일관계사

초판 1쇄 발행 2025년 4월 30일

지은이 정재정
펴낸이 박지향
펴낸곳 동북아역사재단

등 록 제312-2004-050호(2004년 10월 18일)
주 소 서울시 서대문구 통일로 81 NH농협생명빌딩
전 화 02-2012-6065
홈페이지 www.nahf.or.kr
제작·인쇄 역사공간

ISBN 979-11-7161-180-5 93910

- 이 책은 저작권법에 의해 보호를 받는 저작물이므로 어떤 형태나 어떤 방법으로도 무단전재와 무단복제를 금합니다.
- 책값은 뒤표지에 있습니다. 잘못된 책은 바꾸어 드립니다.